La guerra en las palabras

La guerra en las palabras

Una historia intelectual del "narco" en Mexico
(1975–2020)

OSWALDO ZAVALA

La guerra en las palabras
Una historia intelectual del "narco" en México (1975-2020)

Primera edición: marzo, 2022

D. R. © 2021, Oswaldo Zavala Espinoza

D. R. © 2022, derechos de edición mundiales en lengua castellana:
Penguin Random House Grupo Editorial, S. A. de C. V.
Blvd. Miguel de Cervantes Saavedra núm. 301, 1er piso,
colonia Granada, alcaldía Miguel Hidalgo, C. P. 11520,
Ciudad de México

penguinlibros.com

ISBN: 978-607-380-323-6

Impreso en México – *Printed in Mexico*

*A la memoria de Julián Cardona (1960-2020), fotoperiodista,
maestro y amigo, que capturó para siempre la trágica belleza
de nuestra Ciudad Juárez.*

*A la memoria de los jóvenes estudiantes José Luis Aguilar Camargo,
Rodrigo Cadena Dávila, Edgar Martín Díaz Macías, José Adrián
Encina Hernández, Brenda Ivonne Escamilla Pedroza, Juan Carlos
Medrano, Carlos Lucio Moreno Ávila, Horacio Alberto Soto Camargo,
Jesús Armando Segovia Ortiz, Marcos Piña Dávila, Juan Carlos Piña
Dávila, y los adultos Eduardo Becerra, Jesús Enríquez Miramontes,
Jaime Rosales Ceniceros y Manuel Eduardo Villegas, asesinados en la
colonia Villas de Salvárcar de Ciudad Juárez, el 31 de enero de 2010.*

¿Cómo, desde cuándo y por qué se empezó a advertir o imaginar que lo que funciona por debajo de y en las relaciones de poder es la guerra? ¿Desde cuándo, cómo, por qué se imaginó que una especie de combate ininterrumpido socava la paz y que, en definitiva, el orden civil —en su fondo, su esencia, sus mecanismos esenciales— es un orden de batalla? ¿A quién se le ocurrió que el orden civil era un orden de batalla? ¿Quién percibió la guerra como filigrana de la paz? ¿Quién buscó en el ruido, la confusión de la guerra, en el fango de las batallas, el principio de inteligibilidad del orden, del Estado, de sus instituciones y su historia?

MICHEL FOUCAULT, *Defender la sociedad*

La guerra no es simple. Exige mucho tiempo de cálculo. Tiene un discurso pacifista y una esmerada justificación moral. Nunca dice "yo soy la guerra". Dice otras cosas. No son suficientes los hechos para identificarla o comprenderla […] Analizarla con paciencia en la región o modalidad que asuma, implica distinguir y desprender la película discursiva que se le adhiere, la cubre o la distorsiona. Distinguir entre discurso y hechos en la guerra de ejércitos, en la guerra de invasión, en la guerrilla campesina, en los objetivos de seguridad nacional, en la guerra sucia, en el combate al narcotráfico regional o internacional, en la reorganización militar actual, es una tarea que a menudo se torna, como la piedra de Sísifo, interminable, o, al menos, recurrente.

CARLOS MONTEMAYOR, *La guerrilla recurrente*

Índice

PRIMERA PARTE
La "Operación Cóndor" y la soberanía del Estado
(1975-1985)

SEGUNDA PARTE
El caso Camarena y la nueva doctrina securitaria
(1985-1994)

La guerra en las palabras

> El mayor enemigo de la verdad
> no es la mentira. Es el mito.
> *The West Wing*[1]

DOS NOTICIAS

El 30 de enero de 2019 circularon en los medios de comunicación y las redes sociales dos noticias extraordinarias que resumían, pero también interrumpían, la trágica historia de violencia que cimbró a la sociedad mexicana entre 2006 y 2018. Esa mañana de invierno, con una inusual temperatura mínima de 16 °C a causa de un crudo vórtice polar que congeló el noreste de Estados Unidos, comenzó el último día de un alargado proceso judicial en contra de Joaquín "El Chapo" Guzmán Loera en un juzgado federal en la zona de Brooklyn de la ciudad de Nueva York. Durante los tres meses que duró el juicio, la fiscalía presentó 300 mil páginas de documentos, 117 grabaciones de audio y miles de fotos y horas video, además de testimonios de otros traficantes y colaboradores, para probar que el presunto jefe del "Cártel de Sinaloa" era en realidad un disminuido campesino, monolingüe y sin ninguna fortuna a su nombre, que aguardó en silencio y paciente la inapelable sentencia que lo remitiría a prisión por el resto de su vida.

Esa misma mañana, pero en la Ciudad de México, Andrés Manuel López Obrador (AMLO) —electo presidente el 1 de julio de 2018— sorprendió al país con un anuncio durante su cotidiana rueda de prensa "mañanera": la suspensión de la "guerra contra el narco", es decir, la cancelación de la brutal

---

[1] *The West Wing*, "Constituency of One", 5.5 *NBC*, creador Aaron Sorkin, directora Laura Innes, guionistas Eli Attie y Michael Oates Palmer, estrenado el 29 de octubre de 2003.

estrategia de militarización en México que inició en 2006 bajo órdenes del entonces presidente Felipe Calderón y continuada por el presidente Enrique Peña Nieto hasta el final de su gobierno en 2018. En nombre del combate a los "cárteles de la droga", la militarización dejó el siniestro saldo de más de 272 mil asesinatos y más de 40 mil desapariciones forzadas en México.[2] "Ya no hay guerra, oficialmente ya no hay guerra —dijo López Obrador—. Nosotros queremos la paz y vamos a conseguirla."[3]

La coincidencia de estas noticias evidenció una profunda ruptura en el discurso hegemónico de la "guerra contra el narco": mientras que el sistema judicial estadounidense enjuiciaba al mayor traficante de la historia que ahora se revelaba como un delincuente común sin mayores pretensiones, el presidente de México abandonaba la retórica que justificó la militarización del país supuestamente para confrontarlos. La fiscalía estadounidense consolidaba la derrota final del último "jefe de jefes" del "narco" y el gobierno mexicano hacía lo suyo reconsiderando al tráfico de drogas apenas como un problema de salud pública. Aquello que el nuevo gobierno mexicano se disponía a dejar atrás se correspondía con el rostro demacrado y vencido del traficante en el juzgado neoyorquino. La época de los "capos de la droga", el largo reinado de los "cárteles", por fin había terminado.

Por lo menos tal debió ser la interpretación de quienes estuvieron atentos a esas noticias.

Algo muy distinto ocurrió.

En el juzgado federal de Nueva York, "El Chapo" fue presentado como el líder de un imperio criminal que monopolizó el mercado de la cocaína en el hemisferio. En ese día del juicio, la fiscal Andrea Goldbarg presentó los alegatos finales en contra de Guzmán y preguntó retóricamente al jurado: "¿Quién viaja en carros blindados? ¿Quién no tiene uno, sino toda una serie de túneles de escape? ¿Quién posee una pistola incrustada de diamantes? ¿Quién tiene un sistema de comunicaciones privado? Un jefe del Cártel de Sinaloa, respondió ella".[4]

---

[2] Isaí Lara Bermúdez, "150 mil 992 ejecutados: la herencia de Peña", *Zeta*, 3 de diciembre de 2018.
[3] Rubén Mosso y Jannet López, "Ya no hay guerra: AMLO", *Milenio*, 31 de enero de 2019.
[4] Irene Plagianos, "El juicio de 'El Chapo' termina con una pregunta clave: ¿Quién es el jefe?", *Los Angeles Times*, 31 de enero de 2019.

Pocos repararon en la enorme incongruencia que supone creer que "El Chapo" construyó una organización capaz de influir en los más altos niveles del gobierno mexicano que, sin embargo, fue extraditado por ese mismo gobierno sin temor a represalia alguna. Los medios de comunicación repitieron hasta el vértigo que asistiríamos al "juicio del siglo", pero se nos mostró a un encogido hombrecito, enamoradizo y melancólico, cuyo mayor ingenio consistía en curiosos y folclóricos métodos de contrabando, como cargamentos de cocaína escondida en plátanos de plástico o en cientos de latas de chiles jalapeños.[5] Presas de su fantasía autoinducida, las autoridades estadounidenses temían un intento de liberación digno de una película de Hollywood cada vez que trasladaban a "El Chapo" al juzgado. Para ello, ordenaban a la policía de Nueva York cerrar totalmente el acceso al puente de Brooklyn, una de las vías más transitadas para entrar a Manhattan.[6] No obstante, dentro de la corte, el traficante fue presentado por su equipo de defensa no como el líder sino como un subalterno más del "Cártel de Sinaloa" y como víctima del poder oficial en México, extorsionado incluso por los presidentes Calderón y Peña Nieto, a quienes habría pagado millones de dólares para evitar ser detenido por las autoridades.[7] Nadie iría a rescatarlo porque "El Chapo", a fin de cuentas, no era nadie: "La verdad es que él no controlaba nada —aseguró el abogado Jeffrey Lichtman—. [...] Dicen que [Guzmán] es el gran narcotraficante a nivel mundial; no es cierto. El gobierno sabe que hay muchos líderes, muchas facciones [dentro del Cártel de Sinaloa], algunas peleándose entre ellas".[8]

El mayor obstáculo entonces, según los abogados, no fue la evidencia presentada por la fiscalía, que podía haber sido cuestionada con facilidad, sino el hecho de haber estado "luchando contra una percepción" pública que medió irremediablemente en la decisión del jurado como una narrativa imposible de

---

[5] Claudia Torrens, "Narcotraficante: pagué millones a funcionarios en México", *Associated Press*, 20 de noviembre de 2018.

[6] Alan Feuer, "Gridlock on the Brooklyn Bridge? Blame El Chapo", *The New York Times*, 14 de agosto de 2018.

[7] Isaías Alvarado, "'«El Chapo» no controlaba nada': abogado del capo culpa a dos presidentes mexicanos y a 'El Mayo' Zambada", *Univision*, 13 de noviembre de 2018.

[8] *Idem.*

desarticular.[9] Poco importó si "El Chapo" fue jefe o empleado del "Cártel de Sinaloa", o si su escasa carrera criminal había llegado a un patético fin: antes y después del juicio fue siempre un "narco".

El presidente López Obrador no corrió con mejor suerte. Durante la misma rueda de prensa en que declaraba el fin de la "guerra contra el narco", su secretario de Marina, José Rafael Ojeda, dio a conocer que una nueva organización, el "Cártel de Santa Rosa de Lima", encabezaba ya una violenta red de robo de combustible en el estado de Guanajuato, desde donde controlan las tomas clandestinas de los ductos de Pemex. La misma organización de "huachicoleros" o ladrones de combustible, dijo, llevó una camioneta con explosivos a la entrada de la refinería de la ciudad de Salamanca, donde también se encontraron "mantas" como las habitualmente usadas por los "narcos", pero ahora amenazando a López Obrador. Este "cártel" ya tenía también su propio capo de nombre original, José Antonio Yépez Ortiz, alias "El Marro".[10] Y como para consignar la irracionalidad fanática de los ladrones de gasolina, pronto se reportó la veneración a un "Santo Niño Huachicolero" que hacía eco del notorio culto de los traficantes a su "santo" Jesús Malverde.[11] Como con la aparición de la "narcocultura", en unas semanas ya se habían grabado los primeros corridos sobre huachicoleros: "Ya le cantamos a narcos, ya le cantamos al jefe, y ahora vengo a cantarle a toditita esta gente que se la rifan bonito chingando a Pemex, pariente", dice una de las más populares canciones.[12] Lo mismo ocurría en la televisión: el 11 de septiembre de 2018 la cadena Telemundo —que produjo *La reina del sur*, telenovela sobre una mujer al mando de su propio "cártel" y *El señor de los cielos*, sobre el traficante sinaloense Amado Carrillo Fuentes— estrenó *Falsa identidad*, una telenovela que gira en torno a la "guerra contra el huachicoleo".[13]

---

[9] David Brooks, "Declaran a 'El Chapo' culpable de todos los cargos", *La Jornada*, 12 de febrero de 2019.

[10] Chris Dalby, "Mexico's Santa Rosa de Lima Cartel Risks Burning Too Bright, Too Fast", *InSight Crime*, 15 de febrero de 2019.

[11] Rodrigo Vera, "La iglesia católica censura el culto al Santo Niño Huachicolero", *Proceso*, 21 de enero de 2019.

[12] Redacción, "Las cumbias y corridos del huachicol 'que se la rifan bonito chin… a Pemex'", *El Universal*, 15 de enero de 2019.

[13] Abundio Novello, "'Falsa identidad' o la continuidad del huachicol", *Vanguardia MX*, 20 de abril de 2019.

La captura de "El Marro" la madrugada del 2 de agosto de 2020, acompañado de cinco hombres que no opusieron mayor resistencia a un "operativo limpio" de un grupo élite del Ejército mexicano, contradijo el supuesto poder del "Cártel Santa Rosa de Lima".[14] El grupo quedó reducido a una anécdota menor cuando se documentó que 80% del robo de hidrocarburos en realidad ocurre al interior de las refinerías, las terminales de abastecimiento y las bases navales de Pemex.[15] Pero también desmintió el anunciado fin de la "guerra contra el narco". Desconcertantemente, las cifras de la violencia no han menguado: 2019 cerró con 34 mil 608 asesinatos que, según datos oficiales, lo posicionan como el año más violento en la historia reciente en México, con una tasa de 27 homicidios por cada 100 mil habitantes.[16] Aunque se registró una ligera reducción, 2020 culminó con el mismo nivel de horror al sumar 34 mil 515 homicidios dolosos.[17] De diciembre de 2018 a septiembre de 2021 —la mitad del sexenio de López Obrador— ya se habían registrado más de 100 mil 300 homicidios.[18] A esto se le debía sumar el horror de más de 88 mil desapariciones forzadas desde que comenzó la militarización antidrogas en 2006, una cifra que rebasaba el total de casos de desaparecidos en Argentina, Chile y Guatemala juntos.[19]

El 11 de mayo de 2020 el *Diario Oficial de la Federación* terminó de sacudir el país al anunciar un decreto presidencial que "dispone de la Fuerza Armada" para realizar "tareas de seguridad pública de manera extraordinaria,

---

[14] Eduardo Murillo, Carlos García y César Arellano, "La captura de 'El Marro', por grupo élite del Ejército", *La Jornada*, 3 de agosto de 2020.

[15] Ana Lilia Pérez, "Huachicoleo a escala multimillonaria: dentro de Pemex, toda una 'industria paralela'", *Proceso*, 30 de diciembre de 2018, p. 7.

[16] Alberto Nájar, "Violencia en México: el récord de homicidios en 2019 durante el primer año de gobierno de AMLO", *BBC News Mundo*, 21 de enero de 2020. El total de homicidios de 2019 es hasta ahora el más alto desde que inició el registro en 1990 en el Instituto Nacional de Estadística y Geografía (INEGI). Las cifras más actualizadas se encuentran en la página oficial del Secretariado Ejecutivo del Sistema Nacional de Seguridad Pública del gobierno de México en <https://www.gob.mx/sesnsp/accio nes-y-programas/victimas-nueva-metodologia?state=published>.

[17] Sebastián Barragán, "35 mil asesinatos en México durante 2020", *Aristegui Noticias*, 22 de enero de 2021.

[18] Manuel Espino, Pedro Villa y Alberto Morales, "A la mitad del sexenio de AMLO, México rebasa los 100 mil homicidios y feminicidios", *El Universal*, 20 de octubre de 2021.

[19] Ryan Devereaux, "A U.S.-Mexico pledge to end disappearances fails to grapple with the complicity of the state", *The Intercept*, 21 de junio de 2021.

regulada, fiscalizada, subordinada y complementaria".[20] El decreto establece que los "fines" de la "seguridad pública" son "salvaguardar la vida, las libertades, la integridad y el patrimonio de las personas, así como contribuir a la generación y preservación del orden público y la paz social". Bajo esta amplia premisa se autorizó ese día que las Fuerzas Armadas volvieran a "suplementar" las responsabilidades de la Guardia Nacional con un ambiguo acuerdo de cooperación entre el mando civil y el militar, que se mantendrá vigente bajo una modificación constitucional hasta el 27 de marzo de 2024, periodo que cubriría prácticamente la duración total del gobierno de López Obrador.[21]

Según la Oficina de Naciones Unidas sobre la Drogas y el Crimen, la pandemia de covid-19 había generado en 2020 una fuerte escasez de múltiples tipos de droga, derivando en un alza en los precios y una reducción en la pureza de los productos.[22] En Estados Unidos, el distanciamiento social costaba fortunas a los traficantes del narcomenudeo ese año. La circulación de dinero en efectivo producto del crimen organizado había estado más expuesta que nunca en las calles de las grandes urbes. Entre el 1 de marzo y el 8 de mayo de 2020, por ejemplo, se decomisaron 10 millones de dólares solamente en Los Ángeles, California, duplicando los 4.5 millones asegurados en esas mismas fechas del año anterior.[23] En México, sin embargo, se especulaba en medios de comunicación y entre la comentocracia de "expertos" en seguridad que la pandemia no sólo *no* debilitaba el potencial destructivo del llamado "crimen organizado", sino que agrandaba aún más sus posibilidades. Sin evidencia, periodistas y analistas afirmaban que los supuestos miembros de los "cárteles" de la droga —con frecuencia indiferenciados del cuerpo mestizo y precario del obrero de maquiladora o del campesino desplazado de las serranías del norte y sur del país— eran los principales ganadores de la crisis planetaria, compitiendo con las ganancias multimillonarias de empresas legítimas como Amazon o

---

[20] Jorge Monroy, "Ejército seguirá en tareas de seguridad, por decreto", *El Economista*, 11 de mayo de 2020.
[21] Véase el texto completo del decreto publicado en el *Diario Oficial de la Federación* el 11 de mayo de 2020 en <https://www.dof.gob.mx/nota_detalle.php?codigo=5593105&-fecha=11/05/2020>.
[22] United Nations Office on Drugs and Crime, "Covid-19 and the drug supply chain: from production and trafficking to use", 6 de mayo de 2020.
[23] Andre Blankstein, Tom Winter y Rich Shapiro, "Covid-19 is costing drug cartels millions of dollars", *NBC News*, 24 de mayo de 2020.

Apple, que habían visto duplicado el precio de sus acciones en el mercado de valores entre marzo y agosto de ese año.[24] Bastó apenas con algunos videos e imágenes del llamado "Cártel Jalisco Nueva Generación" (CJNG) distribuyendo despensas en ciudades de Veracruz y Jalisco para asumir que los traficantes estaban en tal bonanza que podían suplementar las funciones del Estado mismo.[25]

El 17 de julio de 2020 un golpe mediático convalidaría, si no la realidad del "crimen organizado", por lo menos la del discurso securitario: ese día circuló en redes sociales un video en el que supuestos miembros del CJNG mostraban su poder en un convoy militarizado con tanques blindados, uniformes y armas de alto poder propios del Ejército mexicano. Según declaraban los infundados traficantes, todos trabajaban para Nemesio Oseguera Cervantes, alias "El Mencho", el "jefe" de ese "cártel". Para octubre, y pese a los estragos planetarios causados por la pandemia de covid-19 y la subsecuente cuarentena global que continuó vigente hasta mediados de 2021, la Administración de Control de Drogas (DEA, por sus siglas en inglés) afirmaba que el CJNG había consolidado un imperio global de la droga que lo posicionaba entonces como la tercera organización criminal más peligrosa del mundo, desplazando al "Cártel de Sinaloa" (aún con el liderazgo de su "verdadero" capo, Ismael "El Mayo" Zambada) y sólo por debajo de la mafia rusa y las tríadas chinas.[26]

11:40 PM · Jul 17, 2020 · Hootsuite Inc.

Noticia en la cuenta de Twitter del sitio *Aristegui Noticias* sobre la circulación de un video del supuesto "Cártel Jalisco Nueva Generación", en el que hombres armados dicen estar al servicio de Nemesio Oseguera Cervantes, alias "El Mencho".

---

[24] Ioan Grillo, "How Mexico's Drug Cartels Are Profiting From the Pandemic", *The New York Times*, 7 de julio de 2020.

[25] Manuel Espino y Edgar Ávila, "Entregan despensas en Veracruz a nombre de presuntos integrantes del CJNG", *El Universal*, 16 de mayo de 2020.

[26] Gustavo Castillo García, "El CJNG, de los más peligrosos del mundo", *La Jornada*, 4 de octubre de 2020.

Post de la cuenta personal de Twitter de Manuel Clouthier Carrillo, exdiputado federal y exmiembro del Partido Acción Nacional, que acusó a Morena de haber realizado un "pacto" con el "Cártel de Sinaloa" para ganar las gubernaturas de Nayarit, Sinaloa, Sonora y los estados de la península de Baja California durante las elecciones federales intermedias de 2021.

El "narco" supuestamente volvió de lleno a la vida pública en junio de 2021, tras una contundente victoria en las elecciones intermedias del Movimiento de Regeneración Nacional (Morena), que expandió su control territorial ganando 11 de 15 gubernaturas en disputa. El partido del presidente López Obrador controlaba así un corredor que cubría los estados de Nayarit, Sinaloa, Sonora y la península de Baja California. Durante las campañas electorales medios dentro y fuera de México reportaron una preocupante ola de violencia —90 políticos asesinados— que se atribuía sin mayor evidencia a "grupos criminales que antes se concentraban en exportar drogas a Estados Unidos" pero que ahora "se han diversificado hacia la extorsión, el secuestro y la venta de narcóticos", repitiendo el discurso oficial antinarcóticos de las agencias estadounidenses.[27] La oposición de derecha y algunos expertos en seguridad en México utilizaron esa narrativa para criminalizar a los votantes de Morena en los estados supuestamente controlados por el "narco", donde "resulta cada vez más evidente que la gente del *Chapo* sí quiso darle una ayudadita al partido del Presidente".[28]

---

[27] Mary Beth Sheridan, "Mexico's deadly elections: Crime groups target candidates in a fight for turf", *The Washington Post*, 2 de junio de 2021.

[28] Eduardo Guerrero Gutiérrez, "La operación electoral del Cártel de Sinaloa", *El Financiero*, 20 de junio de 2021. El periodista Ismael Bojórquez hizo un recuento de varios incidentes en que supuestos "narcos" cometieron actos de intimidación e incluso secuestraron a operadores políticos del PRI, la alianza Va por Sinaloa (PRI-PAN-PRD) y la coalición formada por Morena y el Partido Sinaloense (Pas). El artículo no presenta evidencia de que hayan sido en efecto "narcos" los responsables de la violencia. Bojórquez tampoco

¿Cómo era posible que aún después de la caída del mayor traficante de la historia de México y la declaración oficial del fin de la "guerra contra el narco" sigamos hablando, precisamente, de "guerra" y de "narcos"? ¿Por qué, ante un gobierno que se proponía pacificar al país, aumentaron los homicidios y continuó la militarización para "suplementar" las "tareas de seguridad"?

LA NARCONARRATIVA QUE PREVALECE

Comencemos a responder estas preguntas comprendiendo primero que el fenómeno del narcotráfico en México ha estado siempre determinado por el lenguaje, por narrativas que imaginan organizaciones criminales que se convierten en el enemigo doméstico para justificar un conflicto armado. Por más de cuatro décadas, el sistema político mexicano, aunque en una inestable, contradictoria y hasta accidentada sintonía con la agenda de seguridad estadounidense, ha logrado imponer la narrativa sobre el "narco" que la sociedad en general ha aceptado como la explicación dominante para comprender los altos índices de violencia en el país. Como argumenté en mi libro *Los cárteles no existen. Narcotráfico y cultura en México* (2018), se trata de un relato efectivo por su simpleza conceptual que yo denomino *narconarrativa* y que puede reducirse a la siguiente aseveración: los "cárteles", con un "gran poder" —económico, social militar—, ante "la ausencia y debilidad histórica del Estado mexicano", desataron una guerra por el control de las rutas y las plazas del mercado de la droga, provocando "una tragedia de dimensiones colosales".[29] La narconarrativa ha sido aceptada primero por la mayoría de los periodistas que reportan el fenómeno reproduciendo fuentes oficiales y legitimando como *real* las estrategias de seguridad de los gobiernos de México y Estados Unidos. La clase intelectual y creadora de ambos países ha adoptado

---

hace mención alguna de que los supuestos traficantes hubieran hecho un "pacto" con Morena para beneficiar a sus candidatos. Véase Ismael Bojórquez, "El juego de los narcos por el poder total en Sinaloa", *Ríodoce*, 15 de junio de 2021.

[29] Guillermo Valdés Castellanos, *Historia del narcotráfico en México*, México, Aguilar, 2013, p. 431. De entre las fuentes oficiales, el libro de Valdés —director del Cisen durante el gobierno de Felipe Calderón— ofrece acaso la versión más estructurada y sistematizada de la narrativa oficial hegemónica hasta la fecha.

a su vez la representación oficial del fenómeno según aparece en los medios de comunicación. Incontables novelas, películas, canciones, estudios académicos y piezas de arte conceptual reiteran la misma narrativa para atribuir a los supuestos "cárteles" toda responsabilidad de la corrupción y violencia generalizada en México. De ese modo, la narconarrativa permite a la clase política designar un enemigo permanente que justifica la militarización de la sociedad y el estado de excepción que violenta los derechos de la ciudadanía. Trágicamente, en el país donde se ha experimentado una siniestra campaña de exterminio por la que han muerto mujeres, jóvenes y niños, la opinión pública sigue creyendo en el relato oficial y culpa a los "cárteles" y sus interminables guerras. Las instituciones de Estado, en México como en Estados Unidos, utilizan también al "narco" para deslindarse de su participación en el crimen organizado y en las economías clandestinas de ambos países.[30] La violencia es real, pero la explicación oficial dominante es un ardid político, una fantasía redituable que permite a las autoridades ejercer la más cruel violencia en contra de la población, pero siempre legitimada por la reciclable trama de la "guerra contra el narco".

La narconarrativa también convalidó, desde luego, el proceso judicial en contra de Guzmán Loera. En un gesto espontáneo de metaficción, por ejemplo, el actor que hace el papel de "El Chapo" en la popular serie *Narcos: México*, producida por Netflix, estuvo presente entre el público del juzgado para estudiar a su personaje.[31] Varios de los miembros del jurado admitieron que la única información que tenían del traficante provenía precisamente de otra exitosa serie de Netflix: *El Chapo*.[32] Menos que un proceso para determinar su culpabilidad, el juicio fue el espacio donde se visualizó la contradictoria, pero no menos efectiva, narconarrativa. Por un lado, se nos asegura que México es un país tomado por un sofisticado traficante. Por el otro, ese mismo traficante se nos presenta como un rústico delincuente presa de sus más arrebatados instintos, protagonista de una patética vida picaresca y traicionado

---

[30] Oswaldo Zavala, *Los cárteles no existen. Narcotráfico y cultura en México*, Barcelona, Malpaso, 2018. Véanse sobre todo los primeros dos capítulos.

[31] Claudia Torrens, "Actor que interpreta a 'El Chapo' va a verle a su juicio", *Associated Press*, 28 de enero de 2019.

[32] Alan Feuer, "Wanted: 12 People Willing to Serve as Jurors in El Chapo Trial", *The New York Times*, 5 de noviembre de 2018.

hasta por el más insignificante de sus colaboradores para terminar hundido en una prisión estadounidense. Será el "jefe de jefes" hasta que los medios de comunicación "descubran" que un nuevo "jefe de jefes", el "verdadero", permanecía oculto en las sombras y ahora emerge a la luz pública como la privilegiada mente criminal que lidera una insondable organización trasnacional que hace circular droga, dinero y armas por todo el planeta. Con todo, ni siquiera el "narco" importará: la narrativa, como comprobó el presidente López Obrador, puede adaptarse, reinscribirse en otro delito que sin embargo contará la misma historia: el "narco" o el "huachicolero" serán indistinguibles, los jefes del siguiente "cártel", de todos los "cárteles".

El presente libro propone una historia intelectual de esta persistente narrativa de la "guerra contra el narco" que ha sido utilizada a lo largo de cuatro décadas para justificar la agenda de "seguridad nacional" y su violenta estrategia de militarización, asesinato y despojo. La narconarrativa ha sido parte integral de la política militarista que ha conseguido con éxito *inventar* la amenaza de los "cárteles de la droga" y la necesidad de combatirlos con un permanente estado de excepción mediante el cual los gobiernos de México y Estados Unidos han legitimado la represión, la tortura y el asesinato. Basado en una investigación de archivos oficiales, reportajes periodísticos, estudios académicos y producciones culturales sobre el tráfico de drogas, el presente libro revisa el arco histórico del lenguaje en el que se inscribe un relato de guerra con personajes intercambiables en lugares variables que configuran la ilusión sobre el "narco" en nuestra sociedad contemporánea. Pongo atención especial a los productos culturales sobre el tráfico de drogas en general y sin distinción porque su importancia en conjunto no debe subestimarse. La narconarrativa prevalece sobre todo a partir del consumo de cultura popular —en particular el cine, las series de televisión y la música—, pero también de las expresiones de "alta cultura" —la literatura y el arte conceptual—, con un grado de consentimiento espontáneo que más que instituido, ha sido aprendido, interiorizado, y ulteriormente confundido con la realidad.

Desde una perspectiva interdisciplinaria, en estas páginas se examina también el trabajo clave de periodistas, académicos, escritores, músicos, cineastas y artistas conceptuales que han desafiado la explicación oficial sobre el "narco". Más allá de los "cárteles", estos intelectuales, comunicadores y creadores han comenzado a cuestionar los alcances simbólicos del sistema político y su responsabilidad en el ejercicio de una brutal violencia de Estado. Junto con ellos, busco contribuir con herramientas críticas para analizar las funciones simbólicas del Estado en el centro de aquello que equivocadamente hemos llamado "narco" y que no es sino una expresión de una práctica discursiva que influye en la manera en que pensamos los sectores ilegalizados de la sociedad. En suma, el presente libro analiza cómo aquello que sabemos e imaginamos sobre el tráfico de drogas es en gran medida el resultado de estrategias discursivas de gobierno que se materializan en violentas políticas represivas que militarizan el espacio público y criminalizan a los sectores más vulnerables de la sociedad, mientras que facilitan la expansión de los intereses particulares de élites político-empresariales. El libro intenta articular una mirada por fuera de la hegemonía discursiva del "narco" y así poder dilucidar la historia del lenguaje que por primera vez enunció esa palabra.

El historiador estadounidense Dominick LaCapra concibe la práctica de la historia intelectual como "una historia de los usos situados del lenguaje constitutivo de textos significativos". La etimología de *texto*, explica LaCapra, incluye el verbo *texere*, que en latín se refiere al acto de *tejer* o *componer* conceptos, "y en su uso expandido designa a una textura o una red de relaciones entretejidas con el problema del lenguaje".[33] En la misma dirección, trazaré los usos situados del lenguaje de la "guerra contra el narco" a través de los documentos oficiales, las políticas de Estado, las notas periodísticas y los productos culturales que fueron constituyendo la narrativa bélica a través de décadas. Mostraré cómo el traficante se fue convirtiendo en el objeto discursivo de una disputa de poderes geopolíticos —la figura de un delincuente literalmente *creado* por el prohibicionismo estadounidense— utilizado a voluntad por instituciones del Estado mexicano y manipulado por los esperpénticos procesos judiciales de ambos países para sustentar la fantasía del combate a las drogas. Para ello me adentro en una historia intelectual de la hegemonía que funcionó como la plataforma epistémica de la "guerra contra el narco" entre 1975 y 2020, las fechas que marcan el inicio y el improbable final de la política de militarización para supuestamente combatir a los "cárteles de la droga" y que yo localizo en cuatro eventos cruciales de las décadas de la "guerra contra el narco".

---

[33] Dominick LaCapra, *Rethinking Intellectual History: Texts, Contexts, Language*, Ithaca, Cornell University Press, 1983, p. 19.

En la primera parte examino la "Operación Cóndor" y la soberanía simbólica que el Estado mexicano ejerció directamente sobre los grupos criminales entre 1975 y 1985. Como se sabe, este evento marcó la primera acción militar binacional entre México y Estados Unidos concebida para erradicar los sembradíos de droga en el llamado "Triángulo Dorado" de las montañas entre Sinaloa, Chihuahua y Durango, desplazando a miles de campesinos y desarticulando comunidades enteras. A partir de esta incursión armada en territorio nacional, el Estado mexicano, propulsado por el intervencionismo estadounidense, concibió una estructura policiaca y política para administrar el tráfico de drogas. Ésa fue, entre otras, una de las atribuciones clave del Ejército y de la policía política del régimen, la Dirección Federal de Seguridad (DFS), fundada en 1947 simultáneamente con la CIA y con la ayuda del FBI. Al revisitar este evento, discuto cómo el Estado mexicano, siguiendo la agenda securitaria de Estados Unidos, dirigió una eficiente política de información policial y militar doméstica que criminalizaba la pobreza al mismo tiempo que instrumentalizaba a los traficantes de droga con fines geopolíticos específicos. Es en estos años que cobran visibilidad traficantes como Miguel Ángel Félix Gallardo, Ernesto Fonseca Carrillo y Rafael Caro Quintero, todos en su momento hombres útiles del perverso sistema de gobierno que dominó y subalternizó a las organizaciones criminales hasta volverlas parte integral de las estructuras mismas de Estado. Mientras que los imaginarios culturales de esos años, sobre todo en los corridos y las películas de bajo presupuesto, narran la vida precaria de los traficantes como sujetos residuales cuya vida se extinguía con rapidez y sin relevancia alguna, el Estado mexicano permitía flujos controlados de droga, armas y dinero en función de las necesidades políticas del país y su imbricada relación geopolítica con Estados Unidos en el contexto de la Guerra Fría. En el anacronismo propio de una serie creada para la era actual de la "seguridad nacional", *Narcos: México* es un producto fiel a su tiempo, pero absolutamente ajeno a la época que refiere. El "narco" imaginado en los setenta era un desecho de la economía del "milagro mexicano" que lo colocaba junto con el inventario de los excluidos —la fichera, el pelado, el pachuco—, mientras que el traficante real estaba integrado a las estructuras del poder oficial, dócilmente participando en una economía ilegal controlada por instituciones militares, policiales y políticas. Los traficantes de *Narcos* no se encuentran en ninguna de esas dos figuraciones, sino en el presente que sólo puede imaginarlos como enemigos domésticos a los que hay que combatir en el nombre de la "seguridad nacional", un concepto que en México no se relacionaría con el tráfico de drogas, sino hasta finales de la década de 1980. Pero esa época de disciplina y control tuvo una corta duración. En la segunda parte del libro me concentro en el evento que dislocó profundamente la soberanía estatal: el secuestro y asesinato en la ciudad de Guadalajara del agente de la DEA Enrique "Kiki" Camarena. Conforme se agotaba la utilidad de la lucha anticomunista y Estados Unidos reconfiguraba al narcotráfico como la nueva amenaza de "seguridad nacional", la DFS pronto se convirtió en una obsoleta reliquia de la Guerra Fría que comenzó a obstaculizar la nueva agenda securitaria para el hemisferio a finales de la década de 1980. La muerte de Camarena en 1985 fue el pretexto que Estados Unidos utilizó para forzar el cierre de la DFS. Recientes investigaciones académicas y periodísticas indican que probablemente Camarena fue asesinado bajo órdenes de la CIA para impedir que el agente de la DEA revelara parte del programa estadounidense de contrainsurgencia en Nicaragua financiado con dinero del narcotráfico generado en México y Estados Unidos. No sin ironía, el asesinato de Camarena fue utilizado por la administración Reagan para obligar a México a transformar su política antidrogas que gradualmente pasó del control policial doméstico a una permanente estrategia de combate militar por todo el país. Con ello se impuso la represiva acción de policías y soldados que transformó simbólicamente a los mismos traficantes en enemigos domésticos que poco antes todavía servían a los intereses de la clase gobernante.[34] Para facilitar este tránsito, en las siguientes décadas el Estado mexicano concibió una estrategia discursiva, siguiendo de nuevo la política exterior estadounidense, integrando el nuevo lenguaje con el que habría de referirse al narcotráfico públicamente. Hacia finales de los años ochenta ya circulaba en México la idea de un "cártel" que transformó con radicalidad el espacio simbólico del crimen organizado en el país. Con la consolidación del neoliberalismo a mediados de los noventa, otras nociones se incorporaron al imaginario del "narco":

---

[34] Véase Russell H. Bartley y Sylvia Erickson Bartley, *Eclipse of the Assassins: The CIA, Imperial Politics and the Slaying of Mexican Journalist Manuel Buendía*, Madison, The University of Wisconsin Press, 2015, p. 10; Charles Bowden y Molly Molloy, "Blood on the Corn", *Medium*, 17 de noviembre de 2014.

"levantón", "sicario" y, sobre todo, "guerra de cárteles". Esa narrativa pronto adquiriría las funciones de un *mito* —una suerte de metáfora práctica que naturaliza el discurso de "seguridad nacional"— para reforzar la idea de que los "cárteles" comenzaban a poner en riesgo a la sociedad civil y que incluso podrían intentar desafiar al poder oficial. Ese mito constituye a su vez lo que ahora denominamos "narcocultura": corridos, películas, ficción literaria y periodismo narrativo sobre la violenta y trágica vida de los "narcos" que irían adquiriendo mayor protagonismo en la vida cultural y política del país.

En la tercera parte me enfoco en la invención discursiva del "Cártel de Juárez" y su "jefe de jefes", Amado Carrillo Fuentes, en la era de la "seguridad nacional" (1995). Destruida la política doméstica de sometimiento del narcotráfico, el gobierno estadounidense se abocó a la tarea de construir una nueva narrativa en la que los traficantes mexicanos fueron transformados en la primera gran amenaza trasnacional del hemisferio. La aparición del "Cártel de Juárez", pese al efímero liderazgo de Carrillo Fuentes —muerto apenas dos años después de haber ocupado la atención de los principales medios de comunicación dentro y fuera de México— inauguró una nueva comprensión del "narco" como un horizonte expansivo de "cárteles" y "capos" que, uno a uno, fueron reemplazándose como amenazas de la "seguridad nacional". Al reconstruir la historia del primer "jefe de jefes", veremos la artificialidad de su personaje, pero también las hondas implicaciones que dejó en las instituciones políticas de México y Estados Unidos y la indeleble marca constitutiva de los imaginarios culturales actuales sobre el supuesto mundo de los traficantes. No es un azar que sea en estos años que circulan productos culturales que han internalizado esta narrativa. Desde corridos como "Jefe de jefes" (1997) de Los Tigres del Norte, hasta películas como *Traffic* (2000) de Steven Soderbergh y novelas de ficción como *La reina del sur* (2002) de Arturo Pérez Reverte, la reconfiguración epistémica que dejó la aparición del "Cártel de Juárez" puede percibirse hasta el día de hoy.

La última parte del libro analiza la "guerra contra el narco" como la consumación más radical de este proceso de simbolización que nos alcanza hasta el presente. Sus repercusiones no tienen precedentes históricos: enmarcó la sangrienta militarización del país ordenada en México por el presidente Felipe Calderón (2006-2012) y continuada por el presidente Enrique Peña Nieto (20012-2018), que dejó ese saldo de más de 272 mil asesinatos y más de 40 mil desapariciones forzadas, según cifras oficiales. A dicho horror debe agregarse el oprobio de más de 345 mil personas que han sido víctimas de desplazamiento forzado durante la militarización, como ha demostrado el trabajo de la antropóloga Séverine Durin.[35] El argumento central de esta última parte propone comprender la narrativa de la "guerra contra el narco" como el exitoso mecanismo para generar un consenso colectivo ante la militarización del país promovida por el gobierno de Calderón y respaldada por el gobierno de Estados Unidos a partir de 2008 mediante la Iniciativa Mérida, un paquete primeramente de mil 500 millones de dólares en equipo militar, tecnologías de vigilancia y comunicaciones y entrenamiento táctico para el combate a las organizaciones de traficantes. Según los investigadores académicos Will Pansters, Benjamin Smith y Peter Watt, la militarización de los últimos 12 años "totalizó la guerra contra las drogas y la violencia".[36] Calderón extremó la frialdad fascista de su lenguaje: "Costará vidas humanas inocentes, pero vale la pena seguir adelante".[37] Esta perversa normalización de la violencia ha tenido desde entonces profundas repercusiones en la comprensión generalizada de la militarización en México. Al final de dicho proceso, para culminar este arco histórico, veremos cómo la narrativa de la "guerra contra las drogas" fue adoptada de un modo estandarizado por el periodismo nacional y extranjero con un vocabulario recibido que a la fecha describe conflictos armados inverificables en un Estado que se asume débil y hasta fallido pero que, contradictoriamente, sigue haciendo crecer el aparato de seguridad más grande, preciso y letal de su historia. Derivados de este discurso, incontables novelas, series de televisión, películas, música y arte conceptual reproducen espontáneamente este imaginario, reificando la explicación oficial de la violencia mediante variaciones sobre "narcos", sus "cárteles" y su "guerra". Entendida así, la versión oficial aparece como una estrategia que no está diseñada para cerrar un archivo y dar un "carpetazo", como comúnmente se dice en los medios de comunicación, sino para movilizar una agenda, para justificar

---

[35] Juan Alberto Cedillo, "Desplazamientos forzados, el oculto resultado de la violencia: Ciesas", *Proceso*, 14 de septiembre de 2018.

[36] Will G. Pansters, Benjamin T. Smith y Peter Watt (eds.), *Beyond the Drug War in Mexico. Human Rights, the Public Sphere and Justice*, Nueva York, Routledge, 2018, pp. 2-3.

[37] Redacción, "Mientras AMLO salva vidas inocentes Calderón decía que se perderían pero valdría la pena", *El Heraldo de México*, 20 de octubre de 2019.

acciones, condicionando las acciones de funcionarios públicos, soldados y policías, las más de las veces para perpetrar crímenes en contra de los más vulnerables. La función de la narconarrativa no consiste en ocultar la verdad, sino en inventar una percepción alternativa de la realidad.

Es en esos eventos, entre 1975 y 2020, que se enmarca la historia discursiva de la "guerra contra el narco". A partir de ella se estudia la ola de violencia que ha ensangrentado a México, pero no por causa de los "narcos", sino por una deliberada política de Estado que facilitó y continúa legitimando el control social y político del país con la militarización en el nombre del combate al tráfico de drogas. Cada uno de estos eventos transformó la narconarrativa hegemónica y trastocó la política de seguridad mexicana y las instituciones encargadas de ejecutarla. Con cada giro, la imagen del "narco" se fue radicalizando hasta llegar a la figura de traficantes como "El Chapo", cuyo proceso fue considerado el "juicio del siglo", esa curiosa etiqueta periodística que se ha reciclado en el mundo angloparlante para referir procesos judiciales altamente mediáticos.[38]

ESTADO, SOBERANÍA Y EXCEPCIÓN

Pero antes de "El Chapo", incluso antes de que los gobiernos de Estados Unidos y México comenzaran a usar la palabra *cártel* para nombrar las organizaciones de traficantes en México y Colombia, el nombre de la guerra ya se había pronunciado. Antes de la desaparición forzada, los desplazamientos internos, el secuestro, la tortura y la muerte, es decir, antes de todas estas modalidades de la violencia de Estado, la guerra se activa primero en un plano simbólico. Es necesario aquí hacer un repaso conceptual de este proceso. Como ha argumentado el sociólogo francés Pierre Bourdieu, revisando la célebre definición de Max Weber, el Estado detenta no sólo el monopolio de la violencia

---

[38] En la lista de los 10 más importantes del planeta, según la *Enciclopedia Británica*, se encuentran los juicios a Sócrates y Galileo (en la posición 10 y 9), mientras que el juicio al deportista O. J. Simpson por el asesinato de su esposa y el "impeachment" al presidente Bill Clinton por su *affair* con la joven Mónica Lewinsky ocupan respectivamente las posiciones 2 y 1. La lista completa se encuentra en esta liga: <https://www.britannica.com/list/order-in-the-court-10-trials-of-the-century>.

legítima, sino también el monopolio de la violencia simbólica. De hecho, el Estado prevalece mediante "el monopolio de la violencia física y simbólica, en tanto que el monopolio de la violencia simbólica es la *condición* para poseer el ejercicio mismo del monopolio de la violencia física".[39] Esto ocurre, según Bourdieu, porque el Estado debe concebirse como el productor de principios de clasificación que lo convierten en una institución "que tiene el extraordinario poder de producir un mundo socialmente ordenado sin la necesidad de dar órdenes, sin ejercer una coerción constante".[40] Con ello, se ejerce una suerte de procedimiento mágico que emana de la producción de símbolos dominantes que al circular en lo social se imponen como reglas, límites, condiciones. El Estado es el generador de los linderos simbólicos de lo social.

Para operar, sin embargo, aquello que hasta este punto he denominado "Estado" funciona como una suerte de mito que con frecuencia damos por sentado sin cuestionar su racionalidad. Cuando se apela a la integridad del Estado, como advirtió el sociólogo Philip Abrams, en realidad se *legitima* "algo que visto directamente y en sí mismo sería ilegítima, inaceptable dominación".[41] Los más violentos procesos de dominación, por tanto, son encubiertos en nombre de la seguridad del "Estado", que no es sino un constructo ideológico detrás del cual se escudan grupos políticos que instrumentalizan el poder público para avanzar intereses particulares.

En las ciencias sociales ha persistido una larga discusión sobre el concepto de soberanía estatal y la célebre consigna de Weber sobre el monopolio estatal de la violencia legítima. Es cierto que ese monopolio ha sido "compartido y/o delegado activamente con actores privados, legítimos e ilegítimos, que participan de la construcción del orden junto con autoridades públicas".[42] Me parece, sin embargo, que la discusión puede complejizarse más. Weber observaba la monopolización de la violencia *legítima* por el Estado como el factor esencial de construcción del orden político. Los usos legítimos de la

---

[39] Pierre Bourdieu, *On the State. Lectures at the Collège de France, 1989-1992*, Cambridge, Polity, 2014, p. 4.

[40] *Ibid.*, p. 166.

[41] Philip Abrams, "Notes on the Difficulty of Studying the State (1977)", *Journal of Historical Sociology*, 1.1, marzo de 1988, pp. 58-89, p. 76.

[42] "Trascender las guerras. Desentrañar las violencias en México y América Central desde lo local", *Noria*, 14 de enero de 2019.

violencia organizada por el Estado como técnica de gobierno no implican de ningún modo que el Estado lograría la contención de la violencia ejercida por otros actores, sino su *principio de organización*. "La organización de la violencia es una (si no es que la) característica esencial de todo orden político. La política es sobre el gobierno, sobre el ejercicio de la autoridad. Y la autoridad está básicamente fundamentada en el uso real o amenazante de la violencia. La violencia organizada en el mundo contemporáneo es a la vez estatista y territorial."[43]

El Estado recurre al monopolio de la violencia legítima para la imposición del orden político, al ser la única fuerza *legitimadora* de la violencia, la única instancia que puede marcar la diferencia entre una política de gobierno y el delito común. Sólo el Estado puede determinar qué es aceptable entre las múltiples expresiones de violencia en un determinado territorio. Dicho esto, debemos comprender que el Estado nunca es el único actor de la violencia en una sociedad y que la violencia que éste ejerce en un orden territorial dado no siempre es legítima. El monopolio de la violencia legítima es entonces una herramienta de gobierno que permite al Estado designar (desde su legitimidad oficial) actores alternativos de violencia (ilegítima porque surge por fuera del Estado) y esa facultad en sí es precisamente la que refrenda el monopolio estatal.

Podemos ir todavía más lejos. Bajo la visión de Weber, el Estado ni siquiera garantiza que la violencia en sí sea siempre organizada por las estructuras de gobierno en su totalidad. Pero esto tampoco significa que pierda el monopolio estatal de la violencia legítima o que ese monopolio sea menos efectivo. Como explica el politólogo alemán Andreas Anter, "un monopolio de la violencia nunca puede ser absoluto":

Ni siquiera un estado total o dictatorial podría ser capaz de prevenir todas las fuentes de violencia en competencia. La monopolización siempre permanece incompleta porque la violencia es una forma de acción humana que está —ya sea latente o manifiesta— siempre presente. Esta imperfección del monopolio de

---

[43] Janice E. Thomson, *Mercenaries, Pirates and Sovereigns. State Building and Extraterritorial Violence in Early Modern Europe*, Princeton, Nueva Jersey, Princeton University Press, 1994, p. 4.

la violencia nos lleva a rearticular el significado de esta noción. Sus problemas conceptuales como prácticos derivan del hecho de que el monopolio "real" sólo puede realizarse parcialmente. Entonces, el monopolio debe entenderse no en términos absolutos sino en un sentido teleológico, pues es una demanda que debe afirmarse y hacerse valer constantemente.[44]

El sentido teleológico del monopolio estatal de la violencia legítima es una condición más deseable y productiva que su (por demás inalcanzable) totalización. Al tratarse de un proceso siempre inconcluso, las instituciones de Estado que detentan la violencia física y simbólica —las corporaciones policiacas, el Ejército, la Marina, las fiscalías estatales y la Fiscalía General de la República— se permiten desarrollar políticas represoras precisamente con el objetivo perenne de consolidar el monopolio estatal sobre la violencia que de antemano se sabe imposible. Se establece entonces el principio de la guerra en el territorio del Estado, concebida paradójicamente por un Estado que recurre a la violencia legítima para intentar establecer su monopolio de la violencia legítima.

Tendemos a aceptar las terribles consecuencias de la guerra cuando el Estado formaliza sus razones para declararla, como si así se pronunciara un rito sagrado e inapelable. Creemos en la necesidad del conflicto armado porque el orden de la modernidad occidental se organizó alrededor de la guerra como el mecanismo esencial para conseguir y mantener la paz. Nadie comprendió este principio fundamental mejor que Michel Foucault. En sus visionarios cursos en el Collège de France, el filósofo francés anotó que la sociedad occidental fue reconstituida en un orden permanente de guerra después de la Segunda Guerra Mundial. Todo entre nosotros ha sido codificado como una forma de confrontación, de hostilidad, de latente aniquilación. Entendida así, la guerra ha sido el mecanismo fundamental de la dominación en el orden de la modernidad actual. En su seminario del 21 de enero de 1976, Foucault pregunta: "¿La relación de poder es en el fondo una relación de enfrentamiento, de lucha a muerte, de guerra? Por debajo de la paz, el orden, la

---

[44] Andreas Anter, "The Modern State and Its Monopoly on Violence", en Edith Hanke, Lawrence A. Scaff y Sam Whimster (eds.), *The Ofxord Handbook of Max Weber*, Nueva York, Oxford University Press, 2019, pp. 227-234, p. 231.

riqueza, la autoridad, por debajo del orden apacible de las subordinaciones, por debajo del Estado, de los aparatos del Estado, de las leyes, etcétera, ¿hay que escuchar y redescubrir una especie de guerra primitiva y permanente?".[45]

Como explicita el primer epígrafe del presente libro tomado del mismo seminario de Foucault, el argumento central de esta historia del "narco" es que la guerra como tecnología de gobierno ha sido el dispositivo central de la dominación en la sociedad occidental que entre México y Estados Unidos ha tomado la forma de una guerra en el nombre de la "seguridad nacional" de ambas naciones. Esta condición de guerra se ha convertido en lo que Foucault llama *gubernamentalidad*, es decir, las estrategias y técnicas de gobierno para regular cuerpos, acciones y mentalidades de la sociedad contemporánea. La guerra, enseña Foucault, no es la continuación de la política por otros medios, como insiste el célebre *dictum* de Clausewitz. Por el contrario, la política es la continuidad de la guerra, es otro de los nombres de la guerra, sobre todo en tiempos de paz. Cobra sentido bajo esta perspectiva la imaginación distópica de George Orwell en su clásica novela *1984* cuando describe a la sociedad dominada por un discurso normalizado de guerra:

Aquellos cuya actitud hacia la guerra es más racional son los súbditos de los territorios disputados. Para estas gentes, la guerra es sencillamente una calamidad continua que pasa por encima de ellos con movimiento de marea. Para ellos es completamente indiferente cuál de los bandos va a ganar. Saben que un cambio de dueño significa sólo que seguirán haciendo el mismo trabajo que antes, pero sometidos a nuevos amos que los tratarán lo mismo que los anteriores.[46]

Para el ejercicio permanente de la guerra, es necesario comprender otro concepto clave: el *estado de excepción*. Es la expresión del poder oficial extrajudicial y violento, en el límite de lo constitucional, por medio del cual el Estado pone en práctica políticas de gobierno que exceden las constricciones del derecho y que desacatan las garantías individuales. Como analiza Giorgio

---

[45] Michel Foucault, *Defender la sociedad. Curso en el Collège de France (1975-1976)*, México, Fondo de Cultura Económica, 2000, p. 52.
[46] George Orwell, *1984*, Rafael Vázquez Zamora (trad.), Buenos Aires, Ediciones Destino, 2002, p. 221.

Agamben, el estado de excepción, contradictoriamente, se ha transformado en un recurso permanente de la vida democrática y del Estado de derecho, la creación deliberada de un permanente estado de emergencia. Apunta Agamben: "En este sentido, el totalitarismo moderno puede definirse como el establecimiento, por medio del estado de excepción, de una guerra civil legal que permite la eliminación física no sólo de adversarios políticos, sino de categorías enteras de ciudadanos que por alguna razón no pueden integrarse en el sistema político".[47]

Esta condición de guerra se ha extendido a nivel global como un principio de organización de lo social, según Michael Hardt y Antonio Negri, un régimen de gobierno en sí mismo que produce y reproduce los principales aspectos de la vida en comunidad sin importar la orientación política del gobierno en turno, demócrata o autoritario por igual.[48]

Ahora bien, siguiendo el trabajo del geógrafo marxista David Harvey, es crucial comprender que el estado de excepción se intersecta en la economía neoliberal con un mecanismo de *acumulación por desposesión* que opera detrás de la cortina de humo de los conflictos armados para avanzar los intereses de la clase político-empresarial trasnacional. Éste es, en realidad, el modo operativo más básico del capitalismo. Harvey se refiere al principio de acumulación primitiva que Marx analizó en los procesos primarios de expansión capitalista mediante la violenta apropiación de bienes de producción que originan la riqueza. Una vez establecida la primera acumulación, el capitalismo entonces procede hacia la generación de plusvalía mediante la explotación de la clase trabajadora. Retomando a Rosa Luxemburg, Harvey advierte que el principio de acumulación primitiva en realidad continúa operando en las zonas marginales de la sociedad capitalista global —Latinoamérica, Asia y África, en vías de desarrollo— por medio de un amplio rango de procesos que incluyen la privatización de tierra y la expulsión forzada de poblaciones rurales echando mano de procesos imperiales de apropiación de recursos naturales. De este modo, el Estado "con su monopolio de la violencia y sus

---

[47] Giorgio Agamben, *State of Exception*, Chicago, The University of Chicago Press, 2005, p. 2.
[48] Michael Hardt y Antonio Negri, *Multitude. War and Democracy in the age of empire*, Nueva York, Penguin Books, 2004, pp. 12-13.

definiciones de legalidad, juega un rol crucial en respaldar y promover estos procesos" que se han acelerado en regiones del planeta sometidas a regímenes de explotación trasnacional, como México y la India.[49] Ahí donde el capitalismo dominante establece los bordes de la sociedad "del primer mundo" es donde la acumulación primitiva continúa siendo el método primordial para generar riqueza. En otras palabras, la guerra como forma de enriquecimiento planetario no ha cesado, pero disfrazado de inversión extranjera, de tratados de libre comercio para integrar economías, de ayuda humanitaria, de rescate financiero por medio de organismos como el Fondo Monetario Internacional o el Banco Mundial. Se habla de desarrollo, de inversión, de ayuda, pero se lleva a cabo el saqueo, el despojo, el desplazamiento forzado. Ante la brutal actualidad de la guerra, el trabajo del intelectual mexicano Carlos Montemayor resulta esencial: como se advierte en el segundo epígrafe del presente libro, tomado de su estudio *La guerrilla recurrente*, Montemayor supo que la guerra está sustentada en un proceso simbólico que debe deslindarse sobre todo en el lenguaje que encubre la realidad de su violencia: "Este velo discursivo cubre cada paso de la guerra, cada uno de sus hechos".[50]

Desde este marco conceptual comprenderemos mejor cómo los gobiernos de México y Estados Unidos utilizan la narrativa de terror del "narco" para generar sustanciales ganancias políticas y materiales. En el plano político, las Fuerzas Armadas ocupan territorios donde dominan grupos políticos antagónicos. Intervienen para trastocar o incluso destruir estructuras locales de poder inconvenientes para los intereses de la cúpula federal. En el plano económico, con la transformación neoliberal de las estructuras de gobierno que a partir de la década de 1980 fueron privatizando las mayores fuentes de ingreso de la nación, la militarización posibilita brutales campañas de violencia organizada con desplazamientos forzados internos de comunidades enteras en territorios ricos en recursos naturales. Los investigadores Dawn Paley y Simon Granovsky-Larsen explican cómo "los procesos duales de seguridad y Estado de derecho para el capital, por un lado, y de inseguridad e injusticia para la gente y las comunidades en el otro, son, de hecho, atractivos para los

---

[49] David Harvey, *The New Imperialism*, Nueva York, Oxford University Press, 2003, p. 145.

[50] Carlos Montemayor, *La guerrilla recurrente*, México, Grijalbo, 2013, p. 9.

inversionistas".[51] Los territorios ocupados son ulteriormente explotados por la industria de la extracción de energéticos controlada por oligarquías nacionales y conglomerados trasnacionales. El vehículo esencial para el expolio de gas, petróleo, agua y minería, no son los "cárteles", sino las Fuerzas Armadas al servicio de intereses especiales. Como advierte la antropóloga Kristin Norget, el Ejército "se ha convertido en una formidable fuerza política" que crece desproporcionadamente junto con las partidas presupuestales en nombre de la "seguridad nacional".[52]

En este punto es importante, no obstante, establecer un deslinde teórico. La guerra como tal es una tecnología que en realidad se instrumentaliza por *fuera* de la soberanía del Estado, como explican Gilles Deleuze y Felix Guattari. En su demarcación conceptual, el ejercicio de la guerra debe comprenderse como una "máquina" que se realiza en un espacio *exterior* al Estado. Contra la idea estandarizada de la guerra como herramienta inherente al poder oficial, Deleuze y Guattari localizan el origen de la guerra en las sociedades primitivas nómadas como un recurso que más bien impedía las formaciones de Estado. La modernidad estatal, en ese sentido, es una domesticación de la "máquina de guerra" siempre latente, pero nunca irreducible al Estado en sí. Bajo esta visión, es preciso no confundir ni al Estado ni a sus instituciones militares con la guerra ya en desarrollo: la guerra permanece por fuera de la soberanía estatal, externa al Poder Ejecutivo o al Legislativo, que pueden nombrarla e incluso instrumentalizarla, pero la "máquina de guerra" como tal persiste en un entorno exterior propio, pues "es de una especie, de una naturaleza, de un origen distinto al del Estado".[53]

El despliegue de un ejército estatal no es la materialidad de esa máquina de guerra en sí, un proceso bélico que desde luego incluye una multiplicidad

---

[51] Dawn Paley y Simon Granovsky-Larsen (eds.), *Organized Violence: Capitalist warfare in Latin America*, Regina, Canadá, University of Regina Press, 2019, p. 10. Todas las traducciones son mías a menos que se indique otra fuente.

[52] Kristin Norget, "Caught in the Crossfire. Militarization, Paramilitarization, and State Violence in Oaxaca, Mexico", en Cecilia Menjívar y Néstor Rodríguez (eds.), *When States Kill. Latin America, the U.S., and Technologies of Terror*, Austin, The University of Texas Press, 2005, p. 123.

[53] Gilles Deleuze y Felix Guattari, *Mille Plateaux. Capitalisme et Schizophrénie*, París, Les Éditions de Minuit, 1980, p. 436.

de actores extraestatales: mercenarios, paramilitares, delincuentes comunes, ciertamente traficantes. La guerra es la racionalidad que se instrumentaliza en un sentido político de gobierno. Explican Deleuze y Guattari: *"El estado por sí solo no tiene una máquina de guerra*; sólo se la apropiará bajo forma de institución militar, y ella no dejará de causarle problemas. De ahí la desconfianza de los Estados con respecto a su institución militar, ya que hereda una máquina de guerra extrínseca".[54] Así entenderemos mejor cómo la narrativa de la "guerra contra el narco" es reducible a ese intento de apropiación de una máquina de guerra que, sin embargo, el Estado no podrá controlar del todo. Habrá fisuras, discordia, paranoia y un sentido de profunda dispersión en el centro mismo del aparato estatal, saturado de accidentes, arbitrariedad, mezquindad, banalidad. Pero aquello que nombrará la "guerra contra el narco" —los cientos de miles de homicidios y desapariciones forzadas, la *bruma de la guerra* que provoca la militarización— no podrá ser anticipado ni contenido por el Estado y de hecho terminará amenazándolo, asediando su legitimidad, revelando la dimensión criminal de sus decisiones de gobierno. Veremos así que, aunque hegemónica, la narrativa oficial queda siempre incompleta, insuficiente. Son numerosas sus contradicciones, evidente la fragilidad de su lógica, abarcables sus límites. Podremos entonces recorrer la extensión de su dominio. Podremos historizar su lenguaje, las genealogías de sus palabras dominantes, su lógica narrativa que, aunque en crisis permanente, ha resultado eficaz para justificarse.

Para establecer dicha territorialización simbólica, las instituciones de Estado generan un imaginario que intenta reducir el conflicto, enmarcarlo de una imagen inteligible. Es lo que Judith Butler ha denominado "marcos de guerra": formas de organizar y representar a sectores enteros de la población para ser validados o reconocidos como sujetos legítimos de la vida política y social. Es desde estos criterios de inteligibilidad de la vida humana que se establece la división entre quienes merecen vivir y quienes deben ser sacrificados, incluso entre cuáles vidas son dignas de duelo y cuáles no merecen ser lloradas. Las vidas desechadas son expuestas a una *precariedad inducida*, un concepto acuñado por Butler para describir un proceso mediante el cual se construyen las condiciones sociopolíticas que distinguen entre quiénes serán las víctimas

---

[54] *Ibid.*, p. 439. Cursivas en el original.

de una guerra y quiénes, en cambio, serán identificados como los enemigos a combatir.

Al discriminar entre las vidas dignas de ser vividas y las vidas que serán deliberadamente vulneradas, Butler nota una continuidad entre la violencia imaginaria y la violencia física. Así, explica, "no hay manera de separar, en las condiciones históricas actuales, la realidad material de la guerra de los regímenes representacionales mediante los cuales opera y que racionalizan su propio funcionamiento".[55] No es posible escindir, entonces, la narrativa de la guerra de la guerra en sí, pues es la racionalidad de la guerra la que condiciona la concreción del conflicto bélico. Y aunque en todo conflicto pueda haber una multiplicidad de actores estatales y extraestatales, advierte Butler, "es muy raro encontrar un caso contemporáneo de violencia que no guarde ninguna relación con esta forma política [del Estado]".[56]

El "narco" es un discurso

Desde las ciencias sociales, el trabajo de investigadores como Luis Astorga, Mónica Serrano, Froylán Enciso y Benjamin Smith, entre otros, ha contribuido con importantes estudios sobre la historia del tráfico de drogas, la estructura legal que criminalizó la producción, la circulación y el consumo de sustancias impuestas desde las primeras décadas del siglo XX, las corporaciones policiacas y las agencias de inteligencia en México y Estados Unidos. Desde los estudios culturales y literarios, José Manuel Valenzuela, Ryan Rashotte, Gabriela Polit y Hermann Herlinghaus, han realizado notables investigaciones sobre las representaciones de la violencia en México en el contexto del mercado de drogas ilegales, los efectos en las comunidades del norte del país y las formas de subjetivación entre traficantes y consumidores de narcóticos. Por su parte, los reportajes de Dolia Estévez, Javier Valdez, Jesús Esquivel y José Reveles, han relatado las genealogías de traficantes y las disputas entre rivales de Sinaloa, Baja California, Chihuahua o Tamaulipas y los laberínticos

---

[55] Judith Butler, *Marcos de guerra. Las vidas lloradas*, Bernardo Moreno Carrillo (trad.), México, Paidós, 2010, p. 51.
[56] *Ibid.*, p. 47.

procesos judiciales, diplomáticos y policiales que se generan en las relaciones binacionales. En la academia y en el periodismo la comprensión del fenómeno continúa tejiendo con inteligencia crítica la complejidad geopolítica hemisférica del fenómeno.

El presente libro no es propiamente *sobre* el tráfico de drogas como fenómeno histórico, político o cultural, aunque abreva directamente de esos campos de conocimiento y aprende de ellos. Mi trabajo propone contribuir a esta discusión trazando la plataforma epistémica desde la cual se configura lo que he denominado *narconarrativa* como una racionalidad de gobierno. Busco abordar la *lógica discursiva* con la cual un campesino que siembra marihuana o adormidera es simultáneamente un enemigo de la "seguridad nacional" y un superviviente de las periferias de la economía global, la misma lógica que produce a un traficante que se observa a sí mismo *narrado* como un criminal con presencia planetaria, aunque jamás haya puesto un pie afuera de la serranía de Sinaloa o Chihuahua. Partiendo de la dimensión simbólica del narcotráfico, mi trabajo no pretende entonces explicar lo *real* de los productores, los traficantes o los consumidores de droga. Tampoco se propone una revisión de los procesos políticos y judiciales del prohibicionismo. Me interesa, más bien, el momento en el que se *imagina* la "guerra contra el narco" como una estrategia discursiva que rebasa la materialidad del narcotráfico, efectivamente borrándola. Sin intentar agotar tampoco la vastedad de los archivos oficiales, los partes policiales, los reportes de inteligencia o las declaraciones de funcionarios para la prensa, me propongo observar la conformación de esa narconarrativa construida durante décadas no para entender la totalidad del "narco", sino su reducción simbólica como un enemigo de la sociedad civil y una amenaza a la "seguridad nacional" de México y Estados Unidos. Analizaré, finalmente, esos momentos de inscripción en el discurso como una forma de representación *anterior* al despliegue de las Fuerzas Armadas en México que, con el respaldo político y económico de Estados Unidos, terminará militarizando el territorio nacional atacando comunidades, destruyendo el tejido social, saqueando la riqueza del subsuelo y, en suma, operando una guerra en contra de la ciudadanía más vulnerable que debía proteger.

La guerra no empieza, por tanto, movilizando a un ejército. La guerra empieza con el uso estratégico del lenguaje que imagina una guerra inexistente.

La guerra se origina en el lenguaje que utilizamos a diario para enmarcarla, para habituarnos a su violencia, para dar un sentido socialmente aceptable a la muerte, la destrucción y el despojo. La guerra no comienza entre la tropa que acciona un arma de fuego, entre quienes matan acatando una orden superior. Tampoco en una confrontación anecdótica entre traficantes rivales o sus grupúsculos supuestamente disputándose la ruta para el trasiego de droga. La guerra está, primero y antes que en ninguna otra parte, en nuestro lenguaje.

La guerra está en las palabras.

El lenguaje de la "guerra contra el narco" está construido históricamente desde las instituciones oficiales del Estado, desde donde se articula una *hegemonía*, es decir, una plataforma ideológica que media en nuestra comprensión de la realidad. Como en su momento explicó Antonio Gramsci, la hegemonía es la estructura simbólica desde la cual nos relacionamos cotidiana y espontáneamente con el mundo. No es una distorsión politizada de la realidad: es la realidad que creemos percibir libremente, pero cuyo sentido ha sido articulado por narrativas que se repiten incesantemente a partir de múltiples sectores de lo social hasta que se entremezclan con nuestra más básica interiorización del presente inmediato. La construcción de la hegemonía se encuentra en la tensa pero productiva relación entre lo que Gramsci llamó "sociedad política" y la "sociedad civil", los dos polos complementarios de su concepto de Estado. La sociedad política, mediante las instituciones de gobierno administrativas y represivas (incluyendo al Ejército y la Policía), ejerce la hegemonía en la sociedad civil a la vez como coerción y violencia. La sociedad civil es el lugar desde donde se produce el consentimiento colectivo hegemónico. Sólo con un balance entre coerción y consentimiento es posible la circulación de la hegemonía: "En otras palabras, hegemonía protegida por la armadura de la coerción".[57]

La fuerza hegemónica se localiza en un principio en el lenguaje. Como enseña el politólogo Ernesto Laclau, es "la representación de una totalidad mítica" que se edifica en *significantes vacíos*, es decir, en conceptos sin referente —el nombre de una cosa inexistente— que se organizan en torno a un *punto nodal*, un significante central que unifica el campo semántico y que constituye

---

[57] Antonio Gramsci, *The Gramsci Reader. Selected Writings (1916-1935)*, David Forgacs (ed.), Nueva York, New York University Press, 2000, p. 235.

su identidad general para dar sentido ideológico a la realidad.[58] El "cártel", el "jefe de jefes", la "plaza" y el "sicario", por ejemplo, son significantes vacíos que integran el horizonte mítico del "narco", su punto nodal, porque aunque suponemos que nombran a personas, grupos y lugares reales, aducen a una dúctil función narrativa que constantemente intercambia sus vagas alusiones entre un horizonte inagotable de personas, grupos y lugares. Por esa razón insisto en escribir estos términos entre comillas, para desnaturalizarlos y mostrar su artificialidad junto con la de otros significantes de la narconarrativa hegemónica. Un día "El Chapo" es el "jefe de jefes", pero pronto es reemplazado por "El Mayo". El "Cártel de Sinaloa" es la principal organización criminal de México hasta que el "Cártel Jalisco Nueva Generación" o el "Cártel Santa Rosa de Lima" los desplace de la noche a la mañana. La narconarrativa hegemónica funciona, así, como la configuración discursiva capaz de inventar al criminal en turno de acuerdo con necesidades políticas coyunturales que responden a los intereses de quienes normativizan el campo discursivo, con una limitada relación con los referentes reales de los "narcos" —los traficantes en sí—, cuya existencia es meramente circunstancial e inconsecuente. Contamos ya con valioso trabajo académico que revela con certeza que la violencia atribuida a los "narcos" a partir de 2006 fue ante todo el relato que acompañó a la estrategia de militarización que se proponía combatirlos, pero que terminó siendo la condición de posibilidad de la misma violencia. Ahí donde se reconcentraron las Fuerzas Armadas para luchar contra los "cárteles de la droga" es donde los índices de homicidio repuntaron y el Ejército mexicano condujo una guerra de exterminio en contra de su propia ciudadanía.[59] La narrativa de los "cárteles" que competían por la "plaza" construyó el consenso hegemónico que justificó la militarización ante una sociedad que aprendió aplicadamente a culpar a los "narcos" de todas las matanzas del país. Coerción y consentimiento legitimaron y sustentaron desde entonces la "guerra contra el narco".

---

[58] Ernesto Laclau, *La razón populista*, México, Fondo de Cultura Económica, 2005, p. 149.
[59] Véase, entre varios estudios, Valeria Espinosa y Donald B. Rubin, "Did the Military Interventions in the Mexican Drug War Increase the Violence?", *The American Statistician*, vol. 69, núm. 1, 2015, pp. 17-27.

Pero al campo discursivo del "narco" lo rige un punto nodal mayor: la "seguridad nacional". Este concepto opera como la condición misma del delito, pues es el generador simbólico de "enemigos" configurados por instituciones políticas de Estados Unidos y México que juntas ejercen una práctica discursiva orgánica que, aunque contradictoria y discontinua, termina por construir consensos generalizados. Anclada en una estructura que puede fácilmente reproducirse, la narconarrativa opera como una *forma* hegemónica sin un *contenido* fijo. Es, dicho de otro modo, una guerra con un enemigo variable que desde la década de 1970 ha sido el "narco", pero que antes fue el "comunista" y el "guerrillero" durante las décadas de la Guerra Fría, y ahora también el "huachicolero", ese advenedizo ladrón de combustible de reciente aparición en la escena criminal de México.

A finales de la década de 1980 se articula, como registra la investigadora María José Rodríguez Rejas, un proceso de "norteamericanización" de los discursos y políticas de seguridad en Latinoamérica. Se trató de una plataforma de intervención a largo plazo construida a partir de mecanismos de cooperación internacional, diplomacia, acuerdos sobre seguridad, cumbres de gobiernos de alto nivel, todo bajo el paradigma de un "Proyecto Hemisférico". Quedaron establecidos entonces los alcances de la geopolítica estadounidense en Latinoamérica, con la agenda de seguridad y la explotación de recursos naturales como elemento central de su avance. Uno de sus puntos de articulación fue el llamado "Washington Consensus", que, como sabemos, propulsó el ideario neoliberal en Latinoamérica en el año clave de 1989. No es una coincidencia que haya sido durante el mismo año de la caída del Muro de Berlín, que preludió el fin de la Guerra Fría y la hegemonía global estadounidense. Es el mismo año en que México adoptó de lleno la nueva racionalidad securitaria con la creación del Centro de Investigación y Seguridad Nacional (Cisen), que habría de construir la plataforma simbólica y política que justificó la "guerra contra el narco" durante las siguientes dos décadas. Así se fueron firmando en el continente 12 acuerdos sobre seguridad y defensa hemisférica, produciendo, por ejemplo, la creación en 1995 del Comité de Seguridad Hemisférica de la Organización de Estados Americanos (OEA). Para 1998 ya existiría una nueva "Estrategia Antidrogas del Hemisferio", gracias a la mediación de la misma OEA. Con ello se consolida la nueva era securitaria que prepara un escenario de guerra en "un proyecto consensado en espacio institucional, con carácter continental como parte del proyecto de seguridad hemisférica".[60] Estamos, desde entonces, sujetos a la estrategia de guerra pensada desde y para Estados Unidos, pero ejercida asimétricamente en el territorio latinoamericano, que aunque por momentos oponga instancias de resistencia y disidencia, constituye un espacio de conflicto armado que no ha podido frenarse.

La mayor contradicción del discurso de la "guerra contra las drogas", como veremos más adelante, radicó en que la supuesta amenaza de los "cárteles" acechaba al Estado mexicano durante un descenso histórico de la tasa de homicidios hasta 2007, como demostró el trabajo del sociólogo Fernando Escalante Gonzalbo.[61] Al mismo tiempo, el enorme gasto público en seguridad desde mediados de la década de los noventa ya había duplicado el tamaño de las policías, el Ejército y la Marina en el país. Me basta por ahora este solo dato: en 2006, el primer año de gobierno de Calderón, se asignaron 26 mil 31 millones 900 mil pesos al Ejército y la Fuerza Aérea. En 2011 ese presupuesto ascendió a 50 mil 39 millones. El gasto en la Secretaría de Marina se incrementó de 9 mil 100 millones a 18 mil 270 millones en el mismo plazo.[62]

El descenso de la tasa nacional de homicidios se interrumpió en 2008 cuando comenzó la ocupación militar del país en el nombre de la "guerra contra las drogas". El único factor de cambio en las zonas donde repuntaron los asesinatos fue la presencia de las Fuerzas Armadas, no las inverificables "guerras" entre "cárteles". Recordemos, entre otros estudios, el análisis del Centro de Investigación y Docencia Económicas (CIDE) que demostró el alto índice de letalidad de las Fuerzas Armadas en México, superior al de otras regiones afectadas por el narcotráfico, como Brasil o Colombia. Entre 2007 y 2011, 84% de los enfrentamientos fue provocado por agentes del estado. Sólo 7% comenzó como agresiones en contra de las Fuerzas Armadas.[63] Los operativos

---

[60] María José Rodríguez Rejas, *La norteamericanización de la seguridad en América Latina*, México, Akal, 2017, p. 250.

[61] Fernando Escalante Gonzalbo, "Homicidios 2008-2009. La muerte tiene permiso", *Nexos*, 1 de enero de 2011.

[62] Jesús Aranda, "En la lucha de Calderón contra el narco, Sedena y Semar duplicaron su presupuesto", *La Jornada*, 6 de septiembre de 2011.

[63] Manuel Hernández Borbolla, "Guerra contra el narco 'perfeccionó' letalidad de fuerzas armadas", *Huffington Post*, 1° de febrero de 2017.

perpetraron deliberadamente la violencia de Estado con fines mediáticos, como en la ejecución extraoficial de Arturo Beltrán Leyva en 2009, cuyo cuerpo fue cubierto con billetes de dólares por los soldados de la Marina que condujeron el operativo.[64] Un año más tarde, el presidente Barack Obama se vio obligado a rechazar públicamente la comparación entre Colombia y México que hizo su entonces secretaria de Estado, Hillary Clinton, cuando afirmó que los "cárteles" mexicanos mostraban "un mayor nivel de insurgencia".[65] El Ejército mexicano se mostraba claramente en control de la supuesta amenaza del "narco". Ningún "cártel" superaba, ni entonces ni ahora, el brutal despliegue de la violencia de Estado.

No debió sorprendernos, con este panorama, la detención "sin un solo disparo" de "El Chapo" Guzmán, que en 2014 "perforó" el "casi mítico estatus" del traficante.[66] En enero de 2016 el traficante tuvo que arrastrarse literalmente entre mierda para huir por un drenaje la última vez que fue capturado en Sinaloa por policías federales, que lo retuvieron en un motel de paso mientras aguardaban refuerzos de la Marina y con el traficante sentado en la cama de la habitación.[67] "El Chapo" pasó un año detenido en penales del país hasta que fue finalmente extraditado a Estados Unidos sin que nadie obstaculizara el proceso.

Aquí regresamos al punto inicial: la narconarrativa es un discurso que justifica la "guerra contra el narco" pero cuya verosimilitud se desfonda ante la caída de los traficantes, muertos o encarcelados por el resto de su vida. Sus cuerpos, en todo momento, carecieron de agencia: aparecieron en la esfera pública nombrados por el poder oficial, el mismo que al final del relato deshecha sus vidas como objetos, en algún punto en el centro de las noticias nacionales, ahora abandonados a su peor suerte toda vez que su utilidad fue gastada. La narconarrativa también se tensiona con la violencia generalizada,

---

[64] Associated Press, "Cesan a 6 por manipular el cadáver de El Barbas", *Vanguardia*, 29 de diciembre de 2009.

[65] Frank James, "Obama Rejects Hillary Clinton Mexico-Colombia Comparison", *NPR*, 9 de septiembre de 2010.

[66] Carrie Kahn, "El Chapo's Arrest Punctures Drug Lord's Near-Mythical Status", *NPR*, 23 de febrero de 2014.

[67] Azam Ahmed, "Los detalles de la gran cacería para capturar al 'Chapo' en México", *The New York Times*, 16 de enero de 2016.

cuya causalidad difícilmente puede vincularse a los grupos de criminales antes que a la destrucción del tejido social de ciudades y regiones enteras como daño colateral de la militarización del país.

Al reflexionar sobre la función del crimen en el mundo capitalista en el siglo XIX, Karl Marx comprendió que la invención del delincuente posibilita también la creación del delito y que ambos son fundamentales para sustentar el orden social. El delincuente, considera Marx, es responsable también de la aparición de la policía, del derecho penal y del sistema de justicia en general. Pero hay más: "El crimen descarga al mercado de trabajo de una parte de la superpoblación sobrante, reduciendo así la competencia entre los trabajadores y poniendo coto hasta cierto punto a la baja del salario, y, al mismo tiempo, la lucha contra la delincuencia absorbe a otra parte de la misma población".[68]

Trasladado al tema del "narco", Noam Chomsky lo entendió del siguiente modo: "La guerra contra las drogas es un esfuerzo para estimular miedo a personas peligrosas de quienes debemos protegernos. También es una forma de control directo de las llamadas 'clases peligrosas', aquellas personas superfluas que no tienen realmente una función para contribuir a la generación de ganancias y riquezas. De algún modo deben ser atendidos".[69]

La guerra es el modo en que los traficantes han sido "atendidos", pero esta guerra se inscribe en un horizonte que se ha expandido a lo largo de medio siglo. Con cada década, se imagina que sus protagonistas extreman el uso de la violencia, el desprecio por la vida humana, la ambición de poder y riqueza. Pero quienes iniciaron esta guerra no fueron los traficantes: sus verdaderos arquitectos fueron los mismos gobernantes que después nos ofrecieron al ejército como una única solución viable cuando todas las demás medidas de control supuestamente fracasaron. "Paradoja de una guerra cuyas batallas perdidas consolidaría el poder de la burocracia más interesada en mantenerla con vida", anotaba en 2004 Luis Astorga, anticipando la siguiente década de

---

[68] Karl Marx y Friedrich Engels, *Obras fundamentales*, t. 12: *Teorías sobre la plusvalía*, W. Roces (trad.), México, Fondo de Cultura Económica, 1980, p. 360.
[69] John Veit, "The Drug War Industrial Complex. An Interview With Noam Chomsky", *High Times*, abril de 1998. Véase también Diana R. Gordon, *The Return of the Dangerous Classes: Drug Prohibition and Policy Politics*, Nueva York, W.W. Norton, 1994. Más adelante me referiré al trabajo de Gordon en particular en su relación con el lenguaje oficial de la política antidrogas estadounidense.

sangre, destrucción y caos. "En realidad, no se tratará de ganar una guerra sino de que ésta sea permanente".[70]

Éste es, pues, el itinerario de la presente historia intelectual del "narco": la invención de una guerra expansiva, en apariencia interminable, generadora de fortunas y muerte, en nombre de la "seguridad nacional" pero en contra de nuestra propia vida. Terminaremos la lectura con un alegato final que, aunque por ahora resulte improbable, no es menos irrealizable: para frenar la guerra, es necesario demoler el lenguaje que en primera instancia *articuló* la racionalidad del conflicto, deconstruir su arquitectura simbólica, pronunciar el nombre de quienes encendieron el fuego que ahora arrasa con México. Comencemos derrumbando uno a uno los cimientos de la "guerra contra el narco" y veremos juntos cómo cada uno de esos objetos que antes pensábamos reales —los "cárteles", los "jefes de jefes", las "plazas" y los "sicarios"— son reducidos a un frágil cascarón vacío, superficies sin fondo, tan planos como la línea final de un relato agotado, cuerpos sin referente, ficciones interpoladas en el horror tangible de nuestra historia.

---

[70] Luis Astorga, *Drogas sin fronteras*, México, Debolsillo, 2015, p. 497.

PRIMERA PARTE

La "Operación Cóndor" y la soberanía del Estado

(1975-1985)

1

Un desfile para la guerra

El 16 de enero de 1977, entre las 11:45 a.m. y las 12:15 p.m., el entonces presidente José López Portillo ordenó un desfile militar que recorrió las calles centrales de Culiacán, Sinaloa. Lo encabezó el general de división José Ernesto Hernández Toledo, acompañado por el gobernador de Sinaloa Alfonso G. Calderón, y el general de brigada Ricardo Cervantes García Rojas, comandante de la Novena Zona Militar del Ejército Mexicano. Según un informe de la Dirección General de Investigaciones Políticas y Sociales (DGIPS) —la agencia de inteligencia encargada de "estudiar los problemas de orden político y social del país"—,[1] el desfile "se inició en el Parque Constitución pasando por Palacio de Gobierno y concluyó en el Parque Revolución sin incidentes, habiendo participado paracaidistas y 150 elementos de tropa".[2]

Los desfiles oficiales, sobre todo los de corte militar, normalmente celebran episodios cruciales de la historia nacional, como el estallido de la Revolución Mexicana el 20 de noviembre de 1910, o bien conmemoran hitos del progreso internacional, como la marcha global del 1 de mayo por el Día

---

[1] La historia de las distintas etapas de los servicios de inteligencia de México se encuentra en el sitio oficial del Centro Nacional de Inteligencia (CNI), el nombre que le designó el gobierno de Andrés Manuel López Obrador tras el cierre del Centro de Investigación y Seguridad Nacional (Cisen). Puede consultarse en la siguiente página web: <https://www.gob.mx/cms/uploads/attachment/file/489394/AntecedentesCNI.pdf>.

[2] "Hoy se puso en marcha", 16 de enero de 1977, Archivo General de la Nación (AGN), Dirección General de Investigaciones Políticas y Sociales (DGIPS), caja 2006.

del Trabajo. Pero esa mañana de invierno no refería ninguna efeméride de la historia nacional o extranjera. El desfile fue organizado para marcar el inicio de la "Fuerza de Tarea Cóndor", mejor conocida como "Operación Cóndor", la primera acción militar conjunta entre los gobiernos de México y Estados Unidos para "intensificar el combate contra la siembra, cultivo y tráfico de drogas". Entre los discursos oficiales de esa jornada, el general Hernández Toledo —un veterano de la represión militar que participó en la masacre de Tlatelolco del 2 de octubre de 1968— se comprometió a "que en 4 meses el narcotráfico estará reducido a lo mínimo".[3] La extraordinaria demostración de poder no celebraba una gesta heroica del Ejército mexicano: anunciaba el inicio de una guerra.

Fue el día en que comenzó, oficialmente, la "guerra contra el narco".

¿En qué pensó el primer campesino que vio el primer helicóptero del Ejército mexicano cruzar el cielo de la serranía en Sinaloa esos últimos días de enero de 1977? ¿Quiso creer que aquello que caía sobre sus sembradíos no era una lluvia de paraquat, ese tóxico herbicida químico, de uso ilegal en varios países del mundo? ¿Que esos soldados no bajarían a buscarlo, que no vendrían por él hasta esa remota serranía donde prácticamente todos los campesinos sembraban mariguana y amapola? ¿Cuál habrá sido el alcance del horror, la impotencia, el odio, entremezclados en las familias pobres del municipio de Badiraguato que vieron sus casas allanadas, sus cuerpos ultrajados, cuando los soldados que aparecieron unas semanas más tarde no encontraron la droga que supuestamente escondían? ¿Cómo nombrar el miedo de una familia de turistas despertada en Culiacán en medio de la noche por aquellos soldados que entraban por la fuerza en su habitación de hotel buscando mariguana? ¿Qué reacción habrán tenido los agentes de la Policía Judicial del Estado que fueron desarmados por otros soldados que de pronto los rodearon apuntando sus armas, tratándolos como a cualquier delincuente? Fueron múltiples los reportes de abusos, golpizas, vejaciones y, en una palabra, los *crímenes* cometidos por las Fuerzas Armadas.

Habían pasado apenas cuatro semanas de haber iniciado la "Operación Cóndor" y Sinaloa parecía estar en medio de un conflicto armado. No podía

---

[3] *Idem.*

experimentarse de otra manera: unos mil 200 soldados ocupaban municipios enteros de la Sexta Zona, el nombre que los militares daban oficialmente al Triángulo Dorado o Triángulo Crítico, la región entre Chihuahua, Durango y Sinaloa que cubre unos 80 mil kilómetros cuadrados y donde se estimaban alrededor de 11 mil campos de adormidera y mariguana, el lugar de trabajo de alrededor de 20 mil campesinos.[4] "Con la inauguración de la Operación Cóndor", escribió el politólogo estadounidense Richard Craig, uno de los primeros en estudiar la militarización antidrogas, "los habitantes de Sinaloa habrán pensado que el ejército mexicano entero se habría transferido al triángulo crítico y establecido su cuartel general en Culiacán".[5] No era para menos: según un reporte de inteligencia datado el 9 de febrero de 1977, los soldados ya habían recorrido 20 mil kilómetros cuadrados. Alrededor de 720 plantíos de mariguana habían sido destruidos junto con 212 toneladas de la droga ya procesada, cinco kilos de goma de heroína, más de mil armas de fuego confiscadas y alrededor de 50 personas detenidas.[6] Con fecha de ese mismo día, el embajador de Estados Unidos en México, el experimentado diplomático Joseph John Jova, envió su propio reporte al Departamento de Estado de su país con los avances de la militarización antidrogas: "Después de setenta días de la nueva administración [del presidente José López Portillo, que tomó posesión el 1 de diciembre de 1976], mi staff y yo tenemos la clara impresión de que los programas de control de narcóticos han empezado mejor de lo previsto

---

[4] El total de soldados que participaron en la primera oleada militar de la "Operación Cóndor" varía según la fuente consultada. De acuerdo con un telegrama del embajador de Estados Unidos en México, se contaron mil 200 soldados en el Triángulo Dorado. Otros mil 900 soldados fueron enviados a seis zonas militares más en todo el país. Véase Joseph J. Jova, "Telegram from the Embassy in Mexico to the Department of State and the Mission in Geneva", México, 9 de febrero de 1977, 2308Z. Foreign Relations, 1977-1980, vol. XXIII, *Mexico, Cuba and the Caribbean*, Washington, Government Printing Office, documento 129. Por su parte, el politólogo Richard Craig afirma que participaron 2 mil 500 soldados y 250 agentes de la Policía Federal, además de unidades de la Fuerza Aérea Mexicana, la Marina, la Policía Judicial de Sinaloa y policías municipales. Véase Richard B. Craig, "Operation Condor: Mexico's Antidrug Campaign Enters a New Era", *Journal of Interamerican Studies and World Affairs*, vol. 22, núm. 3, agosto de 1980, pp. 345-363, p. 352.

[5] Craig, "Operation Condor", *op. cit.*, p. 352.

[6] "El comandante de la IX zona militar", 9 de febrero de 1977, AGN, DGPIS, caja 1497.

por los más optimistas. Si este espíritu prevalece, habremos de ver una cooperación mucho mayor que la de la administración anterior".[7]

El grado de "cooperación" rayaba en la sumisión a Estados Unidos. Aunque la política antidrogas del sexenio de López Portillo inicialmente preocupó en Washington, el embajador Jova constataba una nueva apertura en México para el también recién inaugurado gobierno de Jimmy Carter unas semanas atrás, el 20 de enero de 1977. Los técnicos en aviación estadounidenses pudieron inspeccionar los helicópteros que habrían de utilizarse en el operativo. Incluso los pilotos de la Fuerza Aérea Mexicana se sometieron a exámenes de pericia que calificaron los agentes norteamericanos. Todavía más importante, el procurador general de México, Óscar Flores Sánchez, y su equipo se mostraron "extremadamente abiertos con los representantes de la DEA". La Procuraduría General de la República (PGR) otorgó un "permiso verbal" para que los agentes antidrogas estadounidenses portaran armas de fuego en territorio mexicano: junto a los militares mexicanos, 26 agentes de la DEA fueron autorizados para "observar y monitorear la campaña de erradicación".[8]

No era, desde luego, la primera vez que el Ejército mexicano se internaba en las zonas rurales de Sinaloa o en los barrios marginales de ciudades como Culiacán. De hecho, el desfile del 16 de enero de 1977 fue organizado como el evento político y militar para anunciar pública y oficialmente el arranque de la "Operación Cóndor". Se trataba, antes que nada, de un evento mediático, el necesario gesto simbólico para advertir sin ambigüedades que el país entraría en una nueva etapa de militarización. La "fase intensiva" de la campaña de erradicación se había anunciado en realidad el 13 de noviembre de 1975, en una conferencia de prensa con Pedro Ojeda Paullada, el procurador general de la República durante el gobierno de Luis Echeverría.[9] Después de una decidida presión diplomática desde Estados Unidos, Ojeda Paullada dio a conocer la nueva embestida militar en el Triángulo Dorado en la que participarían hasta 5 mil soldados, 350 agentes de la Policía Judicial Federal, 39 helicópteros y aviones, y en la que por primera vez se utilizarían herbicidas

---

[7] Joseph J. Jova, "Telegram from the Embassy in Mexico...", *op. cit.*

[8] *Idem.*

[9] Juan Barona Lobato, *México ante el reto de las drogas*, México, Procuraduría General de la República, 1976, p. 183.

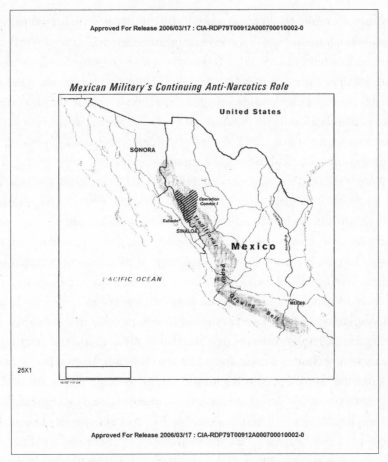

Mapa de la "Operación Cóndor".
FUENTE: "Latin America. Regional and Political Analysis", CIA, The U.S. National Archives and Records Administration, 7 de julio de 1977.

químicos —entre ellos el paraquat, ilegal en la Unión Europea desde 2007— para destruir los sembradíos de mariguana y amapola.[10] A partir de 1975 se contó con "una verdadera revolución tecnológica para la detección de plantíos ilícitos de adormidera y mariguana": aviones equipados con cámaras

---

[10] Véase Carta de Henry S. Dogin, administrador interino de la DEA, al senador Charles H. Percy, 4 de diciembre de 1975, Congressional Record of the U.S. Senate, 23 de marzo de 1976, p. 7555.

de fotografía multiespectral con sensibilidad infrarroja y con herramientas de posicionamiento cartográfico que registraban el tiempo, lugar y temperatura media del terreno observado.[11] Todo esto se logró, como se verá en lo que sigue, mediante una sofisticada operación diplomática que involucró al aparato de seguridad estadounidense, su embajada en la Ciudad de México, y la efectiva negociación de un diplomático enviado específicamente por la Casa Blanca para asegurar que el gobierno de México aceptara la nueva era del combate militarizado al tráfico de drogas.

Ante la falta de "una amenaza externa real", como recuerda el historiador militar Stephen Wager, entre las décadas de 1920 y 1950 el Ejército mexicano se había concentrado en tareas civiles como la reforestación, la construcción de caminos y escuelas, campañas de alfabetización e incluso programas para la erradicación de plagas y epidemias.[12] La cooperación antidrogas entre México y Estados Unidos comenzó de manera explícita a partir de 1930 con un intercambio de notas diplomáticas entre la embajada estadounidense en México y la cancillería mexicana. La información se enfocaba en los desplazamientos de contrabandistas al momento de cruzar la frontera entre ambos países, apenas "un arreglo administrativo de ayuda policíaca mutua para perseguir a los traficantes de droga".[13] A partir de 1947 el Ejército mexicano fue gradualmente asumiendo tareas de seguridad. Ese año, explica Wager, el Departamento de Estado norteamericano giró instrucciones a su embajada en la Ciudad de México "para urgir al gobierno de México a prevenir el cultivo de drogas ilegales".[14] Los resultados de esa presión diplomática rindieron el efecto deseado apenas un año más tarde. Así lo registra un estudio ordenado por el propio procurador Ojeda Paullada y publicado en septiembre de 1976:

> Fue en el año de 1948 cuando por primera vez el Gobierno Federal, por instrucciones expresas del señor licenciado Miguel Alemán Valdés, entonces Presidente

---

[11] Barona Lobato, *México ante el reto...*, *op. cit.*, pp. 45-46.

[12] Stephen J. Wager, "The Mexican Military Approaches the 21st Century: Coping with a New World Order", Carlisle Barracks, PA, Strategic Studies Institute, U.S. Army War College, 21 de febrero de 1994, p. 6.

[13] Barona Lobato, *México ante el reto...*, *op. cit.*, p. 171.

[14] Wager, "The Mexican Military Approaches...", *op. cit.*, p. 8.

de la República, instauró una campaña para localizar y destruir los sembradíos clandestinos de adormidera. Estos cultivos se localizaban en las laderas de las abruptas montañas de la Sierra Madre Occidental, en el noroeste del territorio nacional, abarcando varios distritos del Estado de Sinaloa y Sur de Sonora. Desde entonces comenzaron a ser conocidas las poblaciones de Badiraguato, Santiago de los Caballeros, Cosalá y muchas otras.[15]

Dio inicio entonces una *campaña militar antidrogas permanente* que ha ido escalando a través de décadas hasta convertirse en la "guerra contra el narco" que ahora conocemos. Entrada la década de 1950, el ejército ya participaba en los ocasionales operativos para la destrucción de sembradíos de droga y en la detención de traficantes en Chihuahua, Sinaloa y Durango, los estados que serían después conocidos como el Triángulo Dorado. En 1966 el Ejército mexicano lanzó el "Plan Canador" —nombre que combina las plantas de *cannabis* y adormidera—, para continuar con la campaña militar antidroga que pronto daría resultados importantes.[16]

En el contexto geopolítico, habría que esperar unos años más para que la idea de una "guerra contra el narco" comenzara a gestarse. En septiembre de 1968 el todavía candidato presidencial Richard Nixon se dirigió a su base republicana más fiel: la ciudad de Anaheim, en el estado de California, donde la clase blanca trabajadora se incomodaba con la efervescencia de la contracultura que entremezclaba mariguana y LSD en la oleada hippie que clamaba por la paz en medio de la guerra de Vietnam mientras que movimientos de derechos civiles ponía en el mapa a las minorías negras y latinas del país. Los californianos conservadores todavía recordaban con resentimiento, asco y horror el llamado "verano del amor" de 1967: esos intensos meses de música, literatura y droga en que, apasionados por la Generación Beat de los escritores Allen Ginsberg y Jack Kerouac y al ritmo del rock de Jimi Hendrix y Pink

---

[15] Barona Lobato, *México ante el reto...*, *op. cit.*, p. 40. Mayúsculas en el original.

[16] Al responder a una solicitud del Instituto Federal de Acceso a la Información y Protección de Datos (IFAI), la Sedena dio a conocer una lista oficial de todos los operativos relacionados con las diferentes fases de la estrategia de combate al narcotráfico. La lista comienza precisamente con el "Plan Canador" en 1966, como también es reconocido en numerosos trabajos periodísticos y académicos. Véase "Sedena restringe información sobre estrategia antinarco en México", *Aristegui Noticias*, 10 de octubre de 2012.

Floyd, unos 100 mil jóvenes hippies experimentaron con alucinógenos y sexo congregados alrededor del distrito de Haight-Ashbury de la ciudad de San Francisco.[17] Según la investigadora Kate Doyle, fue en ese evento en Anaheim donde Nixon concibió por primera vez la idea de la "guerra contra las drogas". Prometió a su base una acción directa y eficaz "en contra de la fuente de las drogas".[18] El 21 de septiembre de 1969, ya en la Casa Blanca, el presidente Nixon ordenó la "Operación Interceptación", mediante la cual:

> los Estados Unidos de América en forma unilateral instauraron rigurosas medidas de inspección en personas, equipajes y vehículos en las garitas aduaneras y migratorias a lo largo de la frontera, así como en los puertos y aeropuertos estadounidenses a donde llegaban naves y aeronaves procedentes de México, con las consiguientes demoras y molestias a las personas que cruzaban la frontera y a los pasajeros internacionales, con lo que se provocaron grandes irritaciones y aun incidentes.[19]

Desde Tijuana a Brownsville, miles de agentes de migración, aduanas y la Patrulla Fronteriza detenían y auscultaban a cada persona y sus pertenencias al momento del cruce, "creando una pesadilla instantánea para millones de comerciantes y personas desplazándose legalmente".[20] La consigna era muy precisa, como recomendó un consejero presidencial a Nixon: que el gobierno mexicano fuera "forzado a [implementar] un programa de defoliación de plantas de mariguana", un objetivo que habría de cumplirse a plenitud unos años más tarde. Y aunque redituó pocos decomisos de droga y unas cuantas detenciones de traficantes, el éxito de la "Operación Interceptación" habría sido principalmente político. Así lo explicitó con cierta crudeza Gordon Liddy —el notorio consejero del Departamento del Tesoro que habría de ser inculpado en el caso Watergate— cuando admitió en su autobiografía los verdaderos motivos del gobierno de Nixon: "La Operación Interceptación, con

---

[17] "What was the summer of love?", *The Guardian*, 26 de mayo de 2007.
[18] Kate Doyle, "Operation Intercept: The perils of unilateralism", *The National Security Archive*, 13 de abril de 2003.
[19] Barona Lobato, *México ante el reto...*, *op. cit.*, p. 172. La llamada "Operation Intercept" fue traducida como "Operación Interceptación" por las autoridades mexicanas.
[20] *Idem.*

su disrupción económica masiva y social, podría haber sido sustentada por más tiempo en Estados Unidos que en México. Fue un ejercicio de extorsión internacional, pura, simple y efectiva, designada para doblar a México a voluntad".[21]

Las acciones de la política antidrogas del gobierno mexicano no se hicieron esperar ante la extorsión. Entre 1973 y 1974 se destruyeron 8 mil 112 sembradíos de mariguana y otros 6 mil 540 de adormidera. Un año más tarde, entre 1975 y 1976, esas cifras ascendieron a 16 mil 686 parcelas de mariguana y 21 mil 405 de adormidera.[22] Bajo el supuesto combate al "narcotráfico", las Fuerzas Armadas en México hostilizaban con frecuencia a los campesinos más vulnerables, mientras que los traficantes más organizados habían aprendido a someterse al violento sistema policial y militar que vigilaba —y manipulaba— virtualmente cada uno de sus pasos. Recordemos, por ejemplo, un operativo militar ocurrido el 8 de febrero de 1975, dos años antes de que iniciara oficialmente la "Operación Cóndor". El historiador Froylán Enciso registró cómo tres helicópteros con soldados y policías federales incursionaron en San José del Barranco, un minúsculo poblado en la serranía de Sinaloa de menos de 130 habitantes, ubicado cerca de La Tuna, el lugar de origen de Joaquín "El Chapo" Guzmán: "Lo primero que hicieron fue recorrer el pueblo mostrando sus armas —cuenta Enciso—. Para iniciar la visita, para que aflojaran, juntaron a algunas mujeres, las golpearon y las desnudaron". Los soldados y los policías balearon a dos niños de 11 y 12 años y robaron una fuerte suma de dinero a una mujer que había vendido unas vacas.[23] Luego estaba la hostilidad constante ejercida por la temida Dirección Federal de Seguridad (DFS). Sus 400 agentes, que controlaban una red nacional de alrededor de 10 mil informantes, incurrían en todo tipo de ilegalidad con absoluta impunidad.[24]

---

[21] Kate Doyle, "Operation Intercept. The perils of unilateralism", *The National Security Archive*, 13 de abril de 2003.

[22] Richard B. Craig, "La campaña permanente: Mexico's Antidrug Campaign", *Journal of Interamerican Studies and World Affairs*, vol. 20, núm. 2, mayo de 1978, pp. 107-113, p. 121.

[23] Froylán Enciso, *Nuestra historia narcótica. Pasajes para (re)legalizar las drogas en México*, México, Debate, 2015, p. 123.

[24] Sergio Aguayo, *La charola. Una historia de los servicios de inteligencia en México*, México, Grijalbo, 2001, p. 228.

En este clima, según Astorga, en Sinaloa eran "cada vez menos raros los enfrentamientos armados de judiciales federales y soldados contra 'narcotraficantes' o 'gomeros' durante esos años".[25]

Pero eso que llamamos "guerra" de un modo impreciso, todavía no cristalizaba del todo. A pesar de haberse organizado esa campaña militar antidrogas permanente, el presupuesto de las Fuerzas Armadas de hecho declinó entre las décadas de 1940 y 1970. Para 1976, México gastaba 0.6% del total de su producto interno bruto (PIB), menos que cualquier otro país del hemisferio. La comparación es significativa: el país latinoamericano que más invertía en su ejército en ese entonces era Chile, con 6.1% de su PIB destinado a las Fuerzas Armadas.[26] Aunque atendían a las presiones políticas de Washington, el gobierno mexicano continuaba con un fuerte mando civil que mantenía al Ejército ajeno a las principales políticas públicas del país.

Es por ello que lo que comenzó a experimentar la sociedad mexicana a partir de la "Operación Cóndor" en 1977 habría de comprenderse de otro modo. No sería sólo una continuación de la estrategia para la erradicación de droga. Según Craig, con la "Operación Cóndor" la campaña permanente dio un giro transformativo: "Si el primer año de la Operación Canador fue descrito como una acción 'sin precedentes' —advirtió—, Cóndor fue mejor entendido como 'guerra'".[27]

Desde entonces, la idea de que en México se libra una "guerra contra el narco" se ha radicalizado. En el horizonte histórico inaugurado esa mañana del 16 de enero de 1977 se instaló públicamente el concepto de un conflicto armado constante en el territorio nacional que no ha hecho sino agravarse. Así lo entendió también Astorga: "La metáfora bélica se convirtió en política prioritaria de Estados Unidos, con efectos devastadores. México, con la Operación Cóndor, fue el primer laboratorio en América Latina donde se inició la estrategia que implicaba la participación central, creciente y masiva de las fuerzas armadas".[28]

---

[25] Luis Astorga, *El siglo de las drogas*, México, Espasa, 1996, p. 166.
[26] Thomas Rath, "The Army and the Limits of Hegemony in PRIista Mexico, 1940-1960", en Paul Gillingham y Benjamin T. Smith (eds.), *Dictablanda. Politics, Work, and Culture in Mexico, 1938-1968*, Durham, Duke University Press, 2014, p. 95.
[27] Craig, "Operation Condor", *op. cit.*, p. 350.
[28] Luis Astorga, *Drogas sin fronteras*, México, Debolsillo, 2015, p. 10.

Los efectos de la hegemonía estadounidense en la "guerra contra el narco" no han terminado. Según un recuento de la Secretaría de la Defensa Nacional, una vez oficializado su inicio ese 16 de enero de 1977, la "Operación Cóndor" se alargó con ese nombre por 10 años. El Ejército la denominó internamente "Fuerza de Tarea 'Cóndor'" —que pareciera una traducción literal de la expresión estadounidense "task force" utilizada para referirse tanto a comités de trabajo administrativo como a operativos policiales y militares— y estuvo dividida en 18 fases que se extendieron al 31 de enero de 1987. De acuerdo con datos de la Secretaría de la Defensa Nacional (Sedena), durante la década de la "Operación Cóndor" se destruyeron 224 mil 252 plantíos de mariguana y adormidera y se consignó a 2 mil 19 traficantes. La información sobre el costo humano es harto más conservadora: 27 civiles y 19 militares muertos. Más allá de estas cifras, la militarización continúa hasta nuestros días. La "Operación Cóndor" fue renombrada "Fuerza de Tarea 'Marte'" en 1987, "Fuera de Tarea 'Azteca'" en 1996, "Operación 'Guardián' en la frontera norte, sur y península de Yucatán", "Plan General contra el Narcotráfico 'Milenio'" en 2000, y finalmente "Directiva para el combate integral al narcotráfico" a partir de 2006.[29]

Así, la "Operación Cóndor" no fue simplemente una acción más de la campaña militar antidrogas: fue el arranque de una guerra doméstica, expansiva y sin tregua, cuyo nombre operativo ha ido cambiando, pero no el sentido general de la permanente ocupación militar que a la fecha no ha podido detenerse.

Con frecuencia se data el inicio del control de narcóticos a partir de la aprobación en Estados Unidos de la Harrison Narcotics Act en 1914, el primer intento de regulación imponiendo impuestos y obligando a empresas e individuos a un registro federal, pero siempre proyectando los prejuicios raciales de ese país: "La cocaína generaba el espectro del negro salvaje, el opio el chino perverso, la morfina las prostitutas de los barrios bajos", escribe David Musto en su ya clásico *The American Disease*, "se temía que el uso de todas estas drogas

---

[29] La cronología completa preparada por la Sedena sobre su involucramiento en la "guerra contra el narco" en una respuesta al IFAI se encuentra en el expediente RDA 2898/12, 3 de octubre de 2012.

se estaba extendiendo a las 'clases altas'".[30] Cuando el gobierno de México prohibió la mariguana en 1920 y luego el opio en 1925, respondió junto con Estados Unidos a una tendencia global que en realidad había comenzado desde la década de 1870 en las iglesias protestantes de Inglaterra y Estados Unidos, como recuerda Alfred McCoy. Bajo el liderazgo estadounidense, se aprobó en 1912 un convenio internacional en La Haya para restringir todo uso del opio no medicinal. Para 1925 una nueva convención en Ginebra creó un sistema de registro de todos los cargamentos de narcóticos. Pero lejos de pensarse como una "guerra contra el narco", el prohibicionismo de las primeras décadas del siglo xx "fomentaría una economía global ilícita que financiaría a criminales, caudillos, rebeldes, terroristas y operaciones encubiertas".[31]

El saldo político y social que dejó la "Operación Cóndor" ha sido pensado por académicos y periodistas principalmente de un modo cuantitativo. Es decir, se ha considerado la relevancia de este evento desde la contundencia de sus cifras: las hectáreas de amapola y mariguana destruidas, los traficantes detenidos, los aviones, helicópteros y soldados que participaron en la operación, los miles de campesinos desplazados, el paso de la represión y la violencia. La "Operación Cóndor", sin duda, "fue el primer ensayo en el continente americano de una estrategia antidrogas dirigida por militares".[32] Pero precisamente por la brutalidad perpetrada por soldados y policías a una población civil pobre, precaria y las más de las veces indefensa, la "Operación Cóndor" debe examinarse sobre todo como una violenta estrategia de Estado que se articuló como una etapa inicial de la "guerra contra el narco" para enmascarar, primero a un nivel simbólico y luego práctico, los usos políticos, económicos y culturales de la militarización más allá de los propósitos explícitos y públicos de las instituciones de gobierno y ciertamente más allá de la mera producción y circulación de narcóticos.

En ese sentido, para intentar comprender el problema de la "guerra contra el narco" en México, se requiere de una mirada crítica que trascienda las

---

[30] David F. Musto, *The American Disease. Origins of Narcotic Control*, Nueva York, Oxford University Press, 1999, p. 65.

[31] Alfred W. McCoy, *The Politics of Heroin: CIA Complicity in the Global Drug Trade, Afganistan, Southeast Asia, Central America, Colombia*, Chicago, Lawrence Hill Books, 2003, p. 11.

[32] Luis Astorga, *Seguridad, traficantes y militares*, México, Tusquets, 2006, p. 12.

discusiones en torno al tráfico de narcóticos y la historia puramente material de las agencias de seguridad, el Ejército y las corporaciones policiacas. Reorientando la mirada, la "guerra contra el narco" aparece como la historia discontinua de un discurso bélico que no fue concebido en los países productores de droga sino recibido por ellos. Tampoco se inscribe en las leyes prohibicionistas, igualmente recibidas, que volvieron ilegal la producción, la circulación y el consumo de mariguana o heroína. La "guerra contra el narco" tiene un trasfondo de organización incluso anterior a los presidentes Richard Nixon y Ronald Reagan, con quienes se asocia recurrentemente la escalada de la militarización. Su origen está a mediados del siglo xx, con mayor precisión en 1947, cuando la necesidad de repensar el orden global después de la Segunda Guerra Mundial llevó a Estados Unidos a concebir una nueva agenda de "seguridad nacional". A esa estrategia general se habría de incorporar el combate al narcotráfico, en el horizonte securitario entre la lucha anticomunista y la amenaza planetaria del terrorismo islámico, es decir, entre los problemas geopolíticos identificados por los gobiernos de Estados Unidos desde mediados del siglo xx hasta el presente, que han servido para establecer su hegemonía política, económica y cultural por medio de sus permanentes campañas militares por todo el mundo.

En consecuencia, siguiendo de cerca la agenda de "seguridad nacional" estadounidense durante la década de 1970, revisemos cómo las Fuerzas Armadas, la Policía Federal y los servicios de inteligencia ejercieron juntos en México una soberanía doméstica total sobre el narcotráfico hasta llegar al punto de instrumentalizar a los grupos de traficantes en tareas de represión política y en la operatividad general de los intereses domésticos y geopolíticos en el marco de la Guerra Fría. Fue durante esos años también cuando comenzó a aparecer la llamada "narcocultura" como un relato disonante de la realidad política del narcotráfico. Se asume que es la expresión espontánea de las comunidades afectadas por el trasiego de drogas como fenómeno social. Propongo, por el contrario, pensar que la práctica dispersa de la "narcocultura" —en la música, la literatura, el cine y la televisión— es principalmente el producto de una profunda mediación de ese relato de Estado que se consolidó en esa misma época a contracorriente de la realidad política y militar del país. Mientras que un grupo de traficantes servía los intereses domésticos y geopolíticos de la clase gobernante, dominaba en los campos de producción cultural la narrativa del traficante marginal, el campesino desposeído, pero con aspiraciones, que protagoniza una antiépica que con frecuencia culmina con su muerte. Esta narrativa, más cercana a las telenovelas producidas por Televisa entre 1970 y 1980, prevaleció hasta que el discurso oficial comenzó a describir a los grupos de traficantes como "cárteles" que amenazan la "seguridad nacional" del país. Mucha de la investigación académica y periodística entiende este quiebre como una evolución en el poder de los "cárteles", cuando en realidad, como veremos a lo largo de las siguientes partes, obedece más bien a un giro en el discurso oficial que reacciona al cambio de paradigma propulsado deliberadamente desde Washington con el fin de la Guerra Fría para intercambiar al comunismo por el narcotráfico como el nuevo objeto —el nuevo enemigo— en la agenda securitaria estadounidense.

Lo que ahora llamamos "guerra contra el narco", que entendemos como un conflicto armado civil entre las fuerzas del orden público y el supuesto "crimen organizado", fue desde el principio algo muy distinto. El mejor nombre para entenderlo acaso esté inscrito de un modo más directo en nuestro país desde esa *campaña militar permanente*, es decir, en el Estado militarizado que poco a poco se fue expandiendo hasta llegar al presente de la violencia estatal que condiciona todo aspecto de la sociedad, que construye enemigos domésticos, que convierte a nuestro país en algo que se percibe como una zona de guerra. Pero no se trata de una guerra en el sentido convencional, sino de una política de militarización focalizada en los sectores más desprotegidos del país que al mismo tiempo benefició a la élite gobernante, a la clase empresarial y a los traficantes que tuvieron un lugar en la estructura delictiva hasta que, ellos también, fueron desplazados por una historia que los nombra pero que rara vez ellos han podido escribir a su favor.

2

El nacimiento de la "seguridad nacional"

Retrocedamos en el tiempo para comenzar en el verdadero punto de origen de la "guerra contra el narco": el concepto de "seguridad nacional" tal y como fue definido por el Congreso de Estados Unidos con la aprobación de la National Security Act (Ley de Seguridad Nacional) el 26 de julio de 1947. Ese día, el presidente Harry Truman firmó la propuesta de ley mientras volaba en el avión Sacred Cow (Vaca Sagrada), un VC-54C que sirvió como el primer Air Force One, el célebre transporte presidencial de Estados Unidos.[1] En el aire y de un plumazo, se efectuó un profundo reordenamiento del aparato militar estadounidense, unificando a los departamentos de Guerra y Marina bajo el National Military Establishment, que más tarde sería renombrado como el Departamento de Defensa. Todavía más importante, ese día se crearon dos instituciones clave de la agenda de seguridad nacional para la política estadounidense en el exterior: el National Security Council (Consejo de Seguridad Nacional) y la Central Intelligence Agency (Agencia Central de Inteligencia), o CIA.

La CIA comenzó a conceptualizarse secretamente en la sala 1501 del edificio Longworth, del Congreso estadounidense en Washington, D. C. El comité del Congreso, que se reunía a puerta cerrada y vigilada por guardias armados, fue liderado por Allen Dulles, un joven abogado que se había distinguido como diplomático durante la Primera Guerra Mundial y que era

---

[1] Andrew Glass, "Truman signs National Security Act, July 26, 1947", *Politico*, 26 de julio de 2011.

considerado como un espía experto en el contexto de la naciente Guerra Fría.[2] Con la intención de continuar con las operaciones encubiertas que Estados Unidos llevó a cabo durante la guerra, la CIA se convertiría en la agencia de espionaje permanente para avanzar los intereses estadounidenses en tiempos de paz, la institución encargada de dar forma y movilidad a la racionalidad de la "seguridad nacional". Aunque inicialmente se pensó como un aparato de inteligencia al servicio del Consejo de Seguridad Nacional, la CIA pronto adquirió "su propia identidad institucional" con un amplio presupuesto y una compleja burocracia separada del gobierno federal en sus instalaciones de Langley, Virginia, a partir de 1961.[3]

Importará decisivamente que las funciones específicas de la CIA en el exterior quedaran deliberadamente ambiguas en la ley de 1947:

> La Ley de Seguridad Nacional no señaló nada sobre las operaciones secretas en el exterior. Instruyó a la CIA para correlacionar, evaluar y diseminar inteligencia —y para ejecutar "otras funciones y deberes relacionados con la inteligencia que afectan nuestra seguridad nacional". Con el tiempo, cientos de importantes operaciones encubiertas —81 durante el segundo periodo presidencial de Truman— se llevaron a cabo por medio de este tecnicismo [en el lenguaje].[4]

Articulada como una estructura legal sin contenido, es decir, como un significante vacío, la Ley de Seguridad Nacional opera desde entonces como una estructura, pero también como una *mentalidad* de gobierno cuyo uso específico maleable fue adecuándose a los proyectos intervencionistas de Estados Unidos. El historiador Greg Grandin ha analizado los años del gobierno de Truman como la instalación de "un coherente sistema de administración

---

[2] Tim Weiner, *Legacy of Ashes. The History of the CIA*, Nueva York, Anchor Books, 2008, p. 26. Dulles fue el primer director de inteligencia estadounidense y coordinó, entre otros, los operativos que llevaron al golpe de Estado en Irán en 1954, el de Guatemala en 1954, e incluso la invasión de Bahía de Cochinos en Cuba en 1961. Su hermano John Foster Dulles (cuyo nombre designa el Aeropuerto International Dulles en Washington, D. C.) fue secretario de Estado durante el gobierno de Dwight Einsenhower.

[3] Douglas T. Stuart, *Creating the National Security State. A History of the Law that Transformed America*, Princeton, Princeton University Press, 2008, p. 273.

[4] *Idem.*, p. 28.

extraterritorial" y la abierta colaboración de los países latinoamericanos: "Era un sistema flexible de administración extraterritorial, el cual permitía a los Estados Unidos, en el nombre de la lucha al comunismo y promoviendo el desarrollo, estructurar relaciones políticas y económicas internas con países aliados de forma que permitía acumular más y más poder para ejercitar un control efectivo sobre reservas de petróleo, oro, minerales y otros recursos primarios, todo libre de la carga del colonialismo formal".[5]

La raíz de esta mentalidad acaso se encuentra en las formulaciones históricas del concepto de estado de excepción, que como explica Giorgio Agamben, significó la entrada del ejército en la esfera civil moderna para contrarrestar amenazas externas e internas mientras que se ordenaba la suspensión de garantías constitucionales para la ciudadanía. Uno de los principales precedentes de este concepto se articuló en Francia por decreto imperial el 24 de diciembre de 1811, cuando Napoleón Bonaparte instituyó la facultad de declarar un estado de sitio aun cuando el territorio nacional no se encontrara bajo amenaza de ejército invasor alguno. Napoleón lo llamó *estado de sitio ficticio o político*, y al invocarlo, fue posible ceder el poder civil al militar, aunque no hubiera razones concretas para efectuar esa transferencia de poderes.

La subsecuente historia del estado de sitio es la historia de su gradual emancipación de una situación de guerra a la cual estaba originalmente vinculada para poder ser utilizado como una medida policial extraordinaria para lidiar con sedición y desorden interno, y de este modo cambiando de un estado de sitio real o militar a uno ficticio o político. En cualquier caso, lo importante es no olvidar que el estado moderno de excepción es creación de la tradición democrática revolucionaria y no de la absolutista.[6]

Es en esta pulsión histórica donde aparece el concepto de "seguridad nacional", derivado de la larga historia del estado de excepción. Al igual que en sus orígenes europeos, la seguridad de la nación puede estar constantemente

---

[5] Greg Grandin, *Empire's Workshop. Latin America, the United States and the Rise of the New Imperialism*, Nueva York, Holt Paperbacks, 2007, pp. 39-40.
[6] Giorgio Agamben, *State of Exception*, Chicago, The University of Chicago Press, 2005, p. 5.

amenazada por fuerzas ficticias, es decir, políticas, que desplazan la balanza de la soberanía que fluye desde lo civil hacia lo militar para confrontar la situación de emergencia. En el decurso de esta transferencia de poderes, la soberanía estatal se reduce a una única función: la guerra. "Porque el poder soberano del presidente está esencialmente basado en la emergencia ligada al estado de guerra —apunta Agamben—, a lo largo del siglo veinte la metáfora de la guerra se convierte en parte integral del vocabulario político presidencial cuando las decisiones de importancia vital son impuestas."[7]

Desde su conceptualización, la "seguridad nacional" expresa esa genealogía militar que conduce a un discurso de guerra siempre a la mano del presidente que puede declarar un estado de sitio independientemente de los contrapesos de gobierno de toda democracia moderna. Los estudiosos del concepto de "seguridad nacional" —como ahora se le practica— explican que de hecho se trata de una compleja dimensión del Poder Ejecutivo, que además de la inteligencia militar opera a un nivel diplomático y económico. "Desde una perspectiva intelectual —explica David McIntyre, uno de los principales expertos estadounidenses en el tema—, la estrategia de seguridad nacional vino a dominar las actividades militares y diplomáticas y frecuentemente la escena política nacional."[8] El concepto es tan flexible que conecta al mismo tiempo la seguridad del territorio nacional como también de los intereses geopolíticos estadounidenses en el exterior. En la amplitud de este marco, Estados Unidos organiza sus intereses de acuerdo con la intensidad de las situaciones, según se explica en un estudio militar preparado por los politólogos Dennis Drew y Donald Snow en 2006, el año en que coincidentemente comenzó la "guerra contra el narco" del entonces presidente Calderón en México. Mientras que una guerra nuclear representa un "interés de supervivencia", la proximidad y el entrelazamiento de México como país fronterizo lo convierte, si no en una cuestión de supervivencia, sí en un "interés vital" para Estados Unidos. "La emergencia de un régimen agresivo y hostil en México (o el colapso del sistema político mexicano debido a los efectos de la corrupción conducida por la droga) —según Snow y Drew—,

---

[7] *Ibid.*, p. 21.
[8] David H. McIntyre, *How to Think About Homeland Security, Vol. 1. The Imperfect Intersection of National Security and Public Safety*, Nueva York, Rowman & Littlefield, 2020, p. 19.

claramente violaría nuestros intereses en mantener un vecino amigable y estable en nuestra frontera sur."[9]

Como señalan Peter Dale Scott y Jonathan Marshall en su estudio *Cocaine Politics*, el *establishment* estadounidense del aparato securitario ha garantizado su prominencia en el espacio político doméstico e internacional desde su concepción en 1947 por medio de la articulación permanente de "una creíble amenaza internacional"[10] que se ha ido adaptando de acuerdo con los cambios en el panorama político internacional. La primera amenaza creíble del discurso securitario, como hemos visto, fue durante cuatro décadas el espectro del comunismo global que justificó las numerosas intervenciones militares estadounidenses en el hemisferio. Bajo este paradigma, la hegemonía estadounidense ha construido constantemente escenarios de guerra en múltiples regiones del mundo para ventilar precisamente sus intereses políticos y económicos más estratégicos. Archivos estadounidenses desclasificados confirman, por ejemplo, cómo la CIA manipuló al presidente Gustavo Díaz Ordaz para convencerlo de la necesidad de atacar al movimiento estudiantil de 1968 hasta ordenar la masacre del 2 de octubre en la plaza de las Tres Culturas en Tlatelolco. Díaz Ordaz y el siguiente presidente, Luis Echeverría, fueron de hecho informantes pagados para la CIA en un programa secreto cuyos alcances todavía no han sido comprendidos del todo, como ha demostrado el reciente trabajo de investigadores como Kate Doyle y Sergio Aguayo.[11]

En las décadas siguientes desde la aprobación de aquella ley de 1947, el concepto de "seguridad nacional" ha sido el espacio político de contienda controlado simbólicamente por la hegemonía estadounidense. Es un campo político y cultural de significación propia que se inscribe perniciosamente como el aspecto constitutivo de la geopolítica global. El securitarismo —la

---

[9] Dennis M. Drew y Donald M. Snow, *Making Twenty-First Century Strategy. An Introduction to Modern National Security Processes and Problems*, Maxwell Air Force Base, Alabama, Air University Press, 2006, p. 33.

[10] Peter Dale Scott y Jonathan Marshall, *Cocaine Politics. Drugs, Armies and the CIA in Central America*, Berkeley, University of California Press, 1998, p. 1.

[11] Véanse Kate Doyle, "Tlatelolco Massacre: Declassified U.S. Documents on Mexico and the Events of 1968", National Security Archive, The George Washington University, 2 de octubre de 1968; y Sergio Aguayo Quezada, *El 68. Los estudiantes, el presidente y la CIA*, México, Ediciones Proceso, 2018.

lógica operativa de la "seguridad nacional"— se ha convertido así en una estructura que invade y transforma la vida política doméstica de prácticamente el mundo entero porque se inscribe en la visualización de las supuestas amenazas contingentes que fueron surgiendo en las décadas subsecuentes: comunismo, migración indocumentada, terrorismo, y desde luego, el narcotráfico.

En México, el concepto se ha interiorizado a tal grado que la Comisión Bicamaral del Congreso de la Unión ya habla de una "cultura de la seguridad nacional" en la que el concepto mismo de "seguridad nacional" se ha convertido en una matriz abarcadora de múltiples aspectos de las políticas de Estado que ahora se enmarcan bajo una sola gubernamentalidad. Así, por "seguridad nacional" el Congreso de la Unión entiende una "condición necesaria que proporciona el Estado para garantizar la prevalencia de su integridad territorial, independencia, soberanía, Estado de derecho, su estabilidad política, social y económica y la consecución de sus Objetivos Nacionales".[12]

El gobierno de México ha reconfigurado prácticamente todas las dimensiones policiales y militares del Estado, subsumiendo conceptos clave como "seguridad interior" ("condición necesaria que proporciona el Estado para salvaguardar sus instituciones, su población, garantizar el desarrollo nacional y mantener el Estado de derecho y la gobernabilidad al interior de su territorio"), "seguridad pública" ("la prevención especial y general de los delitos, la investigación para hacerla efectiva, la sanción de las infracciones administrativas, así como la investigación y la persecución de los delitos y la reinserción social del individuo") y "soberanía" ("supremacía del orden jurídico del Estado en todo su territorio, para enfrentar los obstáculos que se oponen a la conquista y sostenimiento de los Objetivos Nacionales").[13] Estos conceptos son redefinidos en relación con el significante maestro de la "seguridad nacional" desde intervenciones académicas por parte de especialistas que trabajan dentro de las mismas estructuras del aparato de seguridad.[14] El sociólogo

---

[12] Comisión Bicamaral de Seguridad Nacional, "Cultura de la Seguridad Nacional", LXIV Legislatura, Cámara de Diputados, H. Congreso de la Unión. Consultado el 30 de mayo de 2020 en <http://www5.diputados.gob.mx/index.php/camara/Comision-Bicamaral-de-Seguridad-Nacional2/Cultura-de-la-Seguridad-Nacional>.

[13] *Idem.*

[14] Véase, por ejemplo, José Luis Vergara Ibarra, *La seguridad nacional en México: hacia una visión integradora*, México, Siglo XXI Editores, 2018, y Marco Antonio López Valdez, *La*

José Luis Piñeyro ha reparado precisamente en la maleabilidad del discurso securitario en el que "voluntaria o involuntariamente se confunde la seguridad de la nación, la seguridad de las instituciones del Estado y la seguridad del gobierno nacional en turno. Las tres pueden coincidir o no, a lo largo del tiempo o durante una crítica coyuntura económica o militar".[15] Los debates sobre las diferencias conceptuales han quedado rebasados bajo el paradigma securitario que resignifica marcos teóricos pensados originalmente para la protección ciudadana, por ejemplo, pero que ahora están redirigidos a la preservación prioritaria del "Estado" y la problemática y ambigua integridad de la "seguridad nacional".

---

seguridad nacional en México, México, Porrúa, 2016. El libro de Vergara Ibarra, almirante de la Marina y académico, se deriva de su tesis doctoral para el programa en Defensa y Seguridad Nacional del Centro de Estudios Navales de la Secretaría de Marina. López Valdez, por su parte, es maestro en ciencias penales y obtuvo un diplomado en seguridad nacional del Cisen. Entre otros cargos oficiales, fue agente del Ministerio Público en la Fiscalía Especializada para la Atención de Delitos contra la Salud (FEADS) de la Secretaría de Gobernación.

[15] José Luis Piñeyro, "Las fuerzas armadas mexicanas en la seguridad pública y la seguridad nacional", en Arturo Alvarado y Mónica Serrano (eds.), *Los grandes problemas de México. Vol. XV. Seguridad Nacional y Seguridad Interior*, México, El Colegio de México, 2010, pp. 105-189, p. 179.

3

La DFS y el estado de excepción mexicano

Todavía durante la década de 1950 el narcotráfico sólo aparecía tangencialmente como un problema de "seguridad nacional" limitado a las regiones productoras de opio en Asia. Como quedó asentado en un reporte preparado para una audiencia en el Congreso de Estados Unidos en 1998, la CIA se adentró en el mundo del narcotráfico desde su primer año de existencia en 1947, involucrándose con la mafia siciliana para desarticular a los sindicatos comunistas de Italia. A unos meses de haber comenzado a operar, la CIA "reclutó fuertemente entre el inframundo de Nueva York y Chicago", utilizando a contrabandistas como Charles "Lucky" Luciano y Meyer Lansky para facilitar los contactos con la mafia siciliana, lo que en parte permitió el surgimiento de la llamada "conexión francesa", que estableció una de las rutas internacionales de la heroína durante las décadas de 1960 y 1970. Según el reporte, la CIA también recurrió a bandas criminales japonesas para evitar la entrada del comunismo en el archipiélago.[1]

La ruta de la heroína asiática estaba a tal grado privilegiada por la CIA que dificultaba el tráfico de la adormidera mexicana. El historiador Alfred McCoy recuerda el fallido intento de Howard Meltzer, un traficante judío de Nueva York, que quiso surtir a los consumidores estadounidenses con opio mexicano, pues Luciano y Lansky contaban con el crucial respaldo de la CIA para poder prosperar en el negocio. Anota McCoy: "Finalmente, y quizá con mayor importancia, el fracaso de Meltzer muestra la importancia

---

[1] Eric Umansky, "History 101: The CIA & Drugs", *Mother Jones*, 16 de junio de 1998.

fundamental de la política en el tráfico de drogas internacional. A pesar de sus ventajas geográficas naturales, la empresa mexicana de Meltzer no contaba con la protección política de la más remota operación europea de Luciano".[2]

La lección aprendida por Meltzer pone de manifiesto la falacia del actual discurso que considera al narcotráfico como una amenaza securitaria. A mediados del siglo XX, pese a la proximidad y la proliferación de mariguana y adormidera mexicana con la frontera estadounidense, era virtualmente imposible siquiera imaginar una organización continental que monopolizara el trasiego de mariguana o heroína a Estados Unidos. Como muestra Luis Astorga en su detenido estudio *Drogas sin fronteras*, el narcotráfico de la primera mitad del siglo XX en México era un problema más bien parroquial, contenido y disciplinado por el Ejército y las corporaciones policiacas. En cada uno de los estados productores y consumidores hay abundantes historias de traficantes picarescos y patéticos, constantemente asediados por la violencia de Estado. Era común que los traficantes entraran y salieran de prisión o terminaran asesinados sin mayor importancia. Con frecuencia se habla de contingentes militares "que solicitaban a los cultivadores el pago de una mordida al sargento o al teniente para asegurar la protección de los sembradíos".[3] Por otra parte, en estados como Sinaloa, el tráfico de droga se había integrado a la vida política y económica sin aspavientos, en un complejo y productivo sistema que el historiador Benjamin Smith denomina "narcopopulismo". Dominado por el gobierno del estado, la industria de la droga facilitó la construcción de un delicado balance entre la clase política, los terratenientes y los campesinos que colectivamente se beneficiaron del control regulado de la droga y sus redituables ganancias. El cultivo de mariguana y adormidera, explica Smith, jugó un papel clave "para mantener el equilibrio social, apaciguando a grupos de derecha e izquierda radical".[4]

México fue un colaborador cercano de la agenda de seguridad estadounidense, incluyendo el desarrollo de una singular política doméstica para el

---

[2] Alfred W. McCoy, *The Politics of Heroin: CIA Complicity in the Global Drug Trade, Afganistan, Southeast Asia, Central America, Colombia*, Chicago, Lawrence Hill Books, 2003, p. 43.

[3] Luis Astorga, *Drogas sin fronteras*, México, Debolsillo, 2015, p. 130.

[4] Benjamin T. Smith, "The Rise and Fall of Narcopopulism: Drugs, Politics, and Society in Sinaloa, 1930-1980", *Journal for the Study of Radicalism*, vol. 7, núm. 2, 2013, pp. 125-165, p. 127.

control de la droga como parte operativa de los intereses compartidos entre ambos países. En 1947, el mismo año de la fundación de la CIA, se creó en México la Dirección Federal de Seguridad (DFS) bajo órdenes de Miguel Alemán Valdés, el primer presidente civil en la historia del México posrevolucionario. La DFS fue concebida como una suerte de policía política que ejercería desde entonces una represión sistémica en contra de todo reclamo social para garantizar la continuidad del régimen, pero, aunque este punto con frecuencia se pasa por alto, entre sus funciones principales también estaría administrar el estado de excepción mexicano. Como registra el periodista Rafael Rodríguez Castañeda, la creación de la DFS se pensó desde el inicio como una agencia subalterizada por Estados Unidos en todos los sentidos. La DFS sería entonces, según dijo el presidente Alemán Valdés al coronel Marcelino Inurreta de la Fuente, quien se convertiría en el primer director de la nueva agencia, "una especie de FBI de huarache": "Uncido México al gigante imperial, su relación con Washington se enmarcaba en la paranoia anticomunista que culminaría en la Guerra Fría. En ese contexto, Alemán emulaba a su antecesor, el general Manuel Ávila Camacho, en el objetivo de dar un viraje a la política social y expropiatoria que caracterizó al gobierno del general Lázaro Cárdenas".[5]

Como si así se volviera atrás en el camino que llevó al reclamo de soberanía sobre el petróleo, el presidente Alemán se adhirió al nuevo orden mundial dirigido por Estados Unidos creando una nueva agencia para inaugurar la era securitaria en territorio mexicano. Pero el contexto geopolítico y los intereses primordiales que lo movilizaban habían sido concebidos por la política exterior estadounidense. La nuestra, en el mejor de los casos, era su consecuencia.

Es cierto que la historia de los servicios de inteligencia modernos en México se remite a los años de la Revolución, con la creación en 1918 de la Sección Primera de la Secretaría de Gobernación durante el gobierno de Venustiano Carranza. Se transformó en el Departamento Confidencial en 1929 con la presidencia de Emilio Portes Gil y luego en la Oficina de Información Política

---

[5] Rafael Rodríguez Castañeda, *El policía. Perseguía, torturaba, mataba*, México, Grijalbo, 2013, p. 15.

en 1939 bajo el gobierno de Lázaro Cárdenas.[6] Pero aquellas eran burocracias pobremente organizadas y con alcances en extremo limitados. Como recuerda el historiador Aaron W. Navarro, la creación de la DFS en 1947 fue un parteaguas: "Este cambio radical fue el resultado de varios factores: la cooperación entre México y Estados Unidos durante la guerra, el temor que aumentaba en Estados Unidos ante la influencia fascista y comunista en México, y los esfuerzos determinados de elementos dentro de la élite política dominante para crear una fuerza para controlar el disenso".[7]

La DFS acompañó un complejo proceso de desmilitarización del poder presidencial en México. El presidente Alemán incentivó el reclutamiento de jóvenes cadetes que servirían directamente a los intereses de la presidencia y que asegurarían la continuidad del sistema de gobierno que sustentaría al PRI durante el siguiente medio siglo. La lealtad del Ejército, entonces, se reorientó hacia "una defensa más encubierta de la nación involucrando la vigilancia de grupos de oposición, identificando e infiltrando grupos subversivos, y otras actividades de inteligencia".[8] Al mismo tiempo, la presidencia de Alemán se inauguró con un abierto y explícito compromiso de alianza política con Estados Unidos frente a la inminente confrontación con la Unión Soviética, prometiendo públicamente "ayuda militar efectiva" para el país vecino.[9]

En sus primeros años, sin embargo, la DFS tuvo un dudoso y desigual desempeño, por decir lo menos. Como recuerda Sergio Aguayo, desde el inicio el entrenamiento y el rendimiento de sus agentes era irregular, descuidado y con frecuencia violatorio de los derechos civiles. Pero considerando su naturaleza como policía del régimen, la efectividad de la DFS en más de un modo se correspondía con su razón de ser: "La DFS tenía como funciones proteger

---

[6] Véase la página oficial del Centro Nacional de Inteligencia, la agencia creada en 2018 al inicio del gobierno de Andrés Manuel López Obrador en reemplazo del Centro de Investigación y Seguridad Nacional (Cisen): <https://www.gob.mx/cms/uploads/atta chment/file/489394/AntecedentesCNI.pdf>.

[7] Aaron W. Navarro, *Political Intelligence and the Creation of Modern Mexico, 1938-1954*, University Park, Pensilvania, The Pennsylvania State University Press, 2010, p. 150.

[8] *Ibid.*, p. 156.

[9] María Emilia Paz, *Strategy, Security, and Spies. Mexico and the U.S. as Allies in World War II*, University Park, Pensilvania, The Pennsylvania State University Press, 1997, p. 244.

al presidente (y a los mandatarios que visitaran el país), investigar asuntos delicados (o aquellos considerados como tales por sus jefes), analizar la información obtenida y realizar operativos especiales contra los enemigos del
régimen".[10] Para cumplir esas tareas, la DFS operó un programa de violencia
y represión que movilizó los intereses del sistema presidencial durante las siguientes cuatro décadas.

Mucho se ha escrito sobre la DFS como una de las instituciones más perversas de la llamada "guerra sucia" de las décadas de 1960 y 1970. La eficacia
en sus estrategias de espionaje político y represión condujo a la desarticulación
de grupos disidentes, movimientos estudiantiles y sindicalistas.[11] La profunda
corrupción e impunidad en la que operaban los agentes de la DFS no debe
entenderse, sin embargo, como una debilidad de la agencia o como un fallo
estructural de la política de seguridad del país. Por el contrario, si la corrupción y la impunidad eran constitutivas de la DFS esto se debía a que ejercían
de un modo inmediato el estado de excepción concebido por la cúpula gobernante. Es por ello, como anota Aguayo, que los agentes de la DFS debían
recurrir constantemente a una estrategia de violencia simbólica que se corres-
pondiera con la necesidad de los servicios de inteligencia, aun cuando, como
admitió un agente veterano de la DFS, "no hubo amenazas reales al señor
presidente" durante esos años. En su lugar, explica Aguayo, "la DFS debió sus
éxitos en la infiltración a la ingenuidad de los opositores. Pese a la debilidad
del 'enemigo', tenían que justificar su existencia ante el régimen y ante ellos
mismos. Lo que hicieron fue exagerar la importancia y peligrosidad de quienes se oponían a los gobiernos priistas".[12]

Es productivo revisar la imaginación literaria que atiende las especificida-
des de la política securitaria en México. En la novela *El amante de Janis Joplin*
(2001), el escritor Elmer Mendoza cuenta la vida de David Valenzuela, un

---

[10] Sergio Aguayo, *La charola, Una historia de los servicios de inteligencia en México*, México,
Grijalbo, 2001, p. 67.
[11] Entre la vasta bibliografía sobre la DFS y la "guerra sucia", quisiera destacar la investigación periodística *México Armado 1943-1981* (México, Era, 2007) de Laura Castellanos y el
ensayo *La violencia de Estado en México. Antes y después de 1968* (México, Random House,
2010) de Carlos Montemayor, acaso la más profunda reflexión sobre el tema más allá de la
historiografía sobre los servicios de inteligencia en México, como discutiré más adelante.
[12] Sergio Aguayo, *La charola, op. cit.*, pp. 71-72.

joven que debe huir de su pueblo en la sierra de Sinaloa para intentar reiniciar su vida en Culiacán, después de haber asesinado en defensa propia al hijo de una influyente familia de traficantes de la localidad. La historia toma lugar en 1970, mientras los movimientos guerrilleros sacuden el país y el rock en inglés y la contracultura estadounidense domina entre los jóvenes de la clase media y alta. Se narran las condiciones de la política de seguridad de la época, enfocada en el combate a los grupos guerrilleros mientras que el tráfico de drogas permanecía sutilmente sometido a la impunidad de los propios aparatos de seguridad. Aunque en algún punto de la novela David se involucra en el tráfico de mariguana, es boletinado como guerrillero peligroso y finalmente detenido por el violento comandante Mascareño, jefe de "Los Dragones", una unidad de la Policía Federal que impunemente secuestra, tortura y asesina a guerrilleros. La novela acierta en mostrar cómo el comandante Mascareño deja de lado al narcotráfico para enfocarse en la captura de guerrilleros, incluso cuando tiene que inventarlos, como en el caso de David. Los traficantes, en cambio, consiguen amasar cierta riqueza siempre y cuando se sometan a la constante extorsión de la policía. La viabilidad del flujo de drogas y dinero depende de su capacidad de "conservar las buenas relaciones con el alto mando", es decir, las autoridades federales.[13] No hay "guerra contra el narco" en esta novela porque en 1970 el tráfico de drogas todavía no ha ingresado al discurso de "seguridad nacional" en Estados Unidos ni México.

Todavía durante la década de 1970 el tráfico de drogas era entendido domésticamente en Estados Unidos como una cuestión de salud pública por el impacto inmediato entre los consumidores, el enorme gasto público para atender la explosión de casos de sobredosis, la transmisión de enfermedades venéreas y las malformaciones congénitas en los hijos de los adictos, todo desde una perspectiva fuertemente clasista y racializada. En el exterior, sin embargo, el tráfico de drogas fue visto como una herramienta más para el establecimiento de la hegemonía estadounidense. El hecho de que la DFS fuera desde sus primeros años una agencia entrenada y respaldada por el FBI y la CIA permitió que sus objetivos se alinearan en una agenda binacional compartida. Según Peter Dale Scott, académico y diplomático, el tráfico de drogas fue en parte administrado y protegido por la DFS, a su vez

---

[13] Élmer Mendoza, *El amante de Janis Joplin*, México, Tusquets, 2001.

"administrada y protegida por su organización hermana", la CIA.[14] Ciertamente la DFS respondía a las veleidades del gobierno federal y sobre todo del presidente de la República. Aun así, con frecuencia se pasa por alto que los vectores políticos generales que orientaban los trabajos de inteligencia y represión estaban siempre en coordinación con los intereses estadounidenses en México. Explica Scott: "No quiero sugerir que Washington controlaba completamente el curso de los eventos. La DFS no estaba simplemente al servicio de la CIA. Sin embargo, no podría haber operado con impunidad por tanto tiempo sin la continua protección de la CIA para sus ilegalidades. Y la presencia de la CIA en la DFS fue tan dominante que parte de su inteligencia sólo era vista por ojos estadounidenses, de acuerdo con el famoso periodista mexicano Manuel Buendía".[15]

Scott se refiere, en efecto, a la información que durante décadas diseminó Buendía sobre las actividades de la CIA en México. Según el periodista, a unos meses de haberse creado la DFS y la CIA, agentes de esta última llegaron a México para formar un "grupo mixto de investigación" con una oficina permanente en la capital del país. Escribe Buendía: "Lo que en un principio fue una asociación institucional, de gobierno a gobierno, pronto comenzó a derivar hacia una hegemonía de los norteamericanos que mediante dádivas empezaron a lograr que ellos fueran los primeros y a veces los únicos beneficiarios con la información captada por los agentes mexicanos".[16]

Y advierte Buendía: "Me gustaría saber si alguien puede citar un solo caso en que el gobierno de los Estados Unidos, como consecuencia de la

---

[14] Peter Dale Scott, "Drugs, Anti-Communism and Extra-Legal Repression in Mexico", en Eric Wilson (ed.), *Government of the Shadows. Parapolitics and Criminal Sovereignty*, Nueva York, Pluto Press, 2009, pp. 173-194, p. 178.

[15] *Ibid.*, p. 174.

[16] Manuel Buendía, *La CIA en México*, México, Océano, 1983, p. 24. Según Russell H. Bartley y Sylvia Erickson Bartley, Buendía y el agente de la DEA Enrique Camarena habrían sido "silenciados por órdenes de Washington para impedir que pusieran en peligro las operaciones encubiertas de Estados Unidos en México y Centroamérica". Véase *Eclipse of the Assassins. The CIA Imperial Politics and the Slaying of Mexican Journalists Manuel Buendía*, Madison, The University of Wisconsin Press, 2015, p. 10. Como examinaré con detalle en el siguiente capítulo, ambos crímenes están vinculados a la estrategia de contrainsurgencia en Nicaragua financiada en parte con dinero proveniente del narcotráfico en México y Estados Unidos bajo el auspicio de la CIA.

información suministrada por sus agentes de inteligencia, se haya sentido inclinado a un mayor respeto para las leyes e instituciones mexicanas. En cambio, creo que los ejemplos en contrario son muy abundantes".[17]

El tiempo le dio la razón a Buendía. El periodista Jefferson Morley recuerda que, para Washington, México "era visto como un campo de batalla" desde esas primeras décadas de la Guerra Fría. El esfuerzo de inteligencia que Estados Unidos puso en México pronto rindió importantes resultados. En 1959 y durante toda la siguiente década, Winston Scott —uno de los más cercanos colaboradores de Allen Dulles— fungió como el jefe de la estación mexicana de la CIA. Un oficial de alto rango en la agencia advirtió su relevancia crucial: "Nuestra estación en México era la más elaboradamente equipada y efectiva en el campo de la contrainteligencia que teníamos en el mundo".[18] Un agente del Departamento de Estado norteamericano fue todavía más aventurado: "Los mexicanos llaman a la estación de la CIA 'la verdadera embajada'".[19]

Sabemos ahora que, en la tensión geopolítica de la Guerra Fría, la DFS y el gobierno federal mexicano mantuvieron una relación íntima de colaboración con Estados Unidos. Se estructuró como una red de información pagada que la CIA construyó en 1958 y que denominó como el programa Litempo, bajo el cual un selecto número de funcionarios públicos mexicanos, incluyendo los presidentes de la República Adolfo López Mateos (1958-1964), Gustavo Díaz Ordaz (1964-1970) y Luis Echeverría (1970-1976), aceptaron transmitir información sensible directamente a los agentes de la CIA en México. Para principios de los setenta, la política de seguridad en México se había vuelto indistinguible de la agenda estadounidense en el país: "El aparato de represión mexicano y Litempo crecieron juntos", anota Morley.[20]

No es mi intención describir estos eventos como el resultado unívoco de la dominación estadounidense en México. Los alcances de la hegemonía de Estados Unidos en el contexto de la Guerra Fría han sido ampliamente discutidos, como sabemos, sobre todo entre historiadores de ese país y del nuestro. Max Paul Friedman fue uno de los primeros en cuestionar la interpretación

---

[17] Buendía, *La CIA en México*, *op. cit.*, p. 23.
[18] Jefferson Morley, *Our Man in Mexico. Winston Scott and the Hidden History of the CIA*, Lawrence, Kansas, The University Press of Kansas, 2008, p. 89.
[19] *Ibid.*, p. 90.
[20] *Ibid.*, p. 94.

más recurrente que asume a los gobiernos latinoamericanos durante la segunda mitad del siglo xx como "marionetas" de los intereses estadounidenses en la región.[21] Es cierto que resulta importante comprender, como explica Renata Keller, que el papel que jugó Estados Unidos en esas décadas no puede simplificarse como una fuerza impositiva puramente imperial, pues bajo esa visión se tiende "a pasar por alto las maneras en que los latinoamericanos a veces tomaron el liderazgo en la Guerra Fría y moldearon la política de EUA".[22] No obstante, pese a los importantes momentos de aparente agencia y autonomía de parte de los gobiernos latinoamericanos —muchos de los cuales discutiré a lo largo de este libro—, tenemos la certeza de que en la desigual relación de poder entre Estados Unidos y Latinoamérica, los gobiernos de la región fueron sometidos a las coordenadas de la Guerra Fría a pesar de —y paradójicamente también debido a— la resistencia, la manipulación y el doble juego de sus respectivas políticas exteriores y domésticas. "Los Estados Unidos no fueron omnipotentes y los líderes latinoamericanos no fueron meras marionetas de los Estados Unidos", argumenta Stephen Rabe. "Pero los historiadores pueden ir demasiado lejos negando las realidades de la distribución global del poder o el papel activo que jugó Estados Unidos para fomentar el caos en la región durante la Guerra Fría."[23]

El estado de excepción que se estableció a partir de 1947 con la creación de la DFS fue un proyecto paralelo a la era de la "seguridad nacional", que no puede comprenderse sin la hegemonía estadounidense que, como hemos visto, jugó desde entonces un papel fundamental en la política securitaria doméstica de México. Pese a todo, la DFS tenía una presencia limitada a nivel nacional si se le compara con el poder del Ejército que prevalecía aún en los años inmediatos a la Revolución mexicana. Como señala Thomas Rath, la DFS era, a fin de cuentas, sólo una más entre las agencias activas del gobierno federal, pues el Ejército continuaba fungiendo como el eje central del estado de excepción

---

[21] Max Paul Friedman, "Retiring the Puppets, Bringing Latin America Back In: Recent Scholarship on United States-Latin America Relations", *Diplomatic History*, vol. 27, Issue 5, octubre de 2003, pp. 621-636.

[22] Renata Keller, *Mexico's Cold War. Cuba, the United States and the Legacy of the Mexican Revolution*, Nueva York, Cambridge University Press, 2015, p. 9.

[23] Stephen G. Rabe, *The Killing Zone: The United States Wages Cold War in Latin America*, Nueva York, Oxford University Press, 2016, p. XL.

mexicano. La DFS había emergido como el servicio de inteligencia que habría de corresponder a la campaña anticomunista global y la complejidad de un panorama político diverso en Latinoamérica. El Ejército mexicano no se quedaría atrás en esta nueva época de íntima colaboración estadounidense. Aunque la DFS ejercía con libre impunidad un cerco de protección política al régimen, el ejército, en apariencia por fuera de tales responsabilidades, reaparecería pronto en la esfera pública. "En todo caso —escribe Rath—, durante las décadas de 1940 y 1950, se esperaba que mucho del ejército todavía hiciera tareas policiales en el interior del país, reprimir disidentes y proveer su propia inteligencia sobre disturbios políticos y sociales a la Secretaría de Defensa Nacional."[24] Pronto la presencia del ejército adquiriría una nueva relevancia en la activación de la primera "guerra contra el narco" en nuestro país.

---

[24] Thomas Rath, *Myths of Demilitarization in Postrevolutionary Mexico, 1920-1960*, Chapel Hill, The University of North Carolina Press, 2013, p. 99.

4

Genealogías del prohibicionismo

En las historias sobre el narcotráfico se acostumbra citar el nombre de Harry J. Anslinger, el primer comisionado a cargo del Federal Bureau of Narcotics (FBN, o Buró Federal de Narcóticos), como el iniciador de la retórica más dura del prohibicionismo estadounidense que precedió a la política antinarcóticos de la actualidad. Esto resulta cierto sólo si se considera el alargado arco histórico en el que fue desarrollándose el lenguaje bélico antinarcóticos como una suerte de continuidad. En la práctica, ese lenguaje es discontinuo, contradictorio y aparece recurrentemente afectado por los prejuicios, la ignorancia y las mezquindades políticas de quienes lo fueron enunciado en las décadas siguientes.

El FBN fue creado en 1930 como el relevo de la Narcotics Division, pero a diferencia de ésta, que se dedicaba a regular los usos clínicos de drogas, el FBN fue concebido como una agencia que criminalizaba tajantemente a todos los usuarios de droga. Más importante aún, el cargo de Anslinger le permitió ejercer una inusual influencia en la política exterior estadounidense en materia de drogas. Así lo explican Douglas Clark Kinder y William Walker III:

Aunque estaba consciente de los orígenes domésticos y extranjeros de los problemas de droga de la nación, [Anslinger] exageraba los peligros que presentaban las fuentes extranjeras de narcóticos. Usando esa táctica persuadió al Congreso para adoptar legislación más estricta para el control de drogas y promover internacionalmente la aceptación de acuerdos antinarcóticos amplios. Al mismo tiempo, la manipulación del miedo básico del público hacia las drogas le permitió a Anslinger presentarse a sí mismo y a su buró como la primera línea de defensa de la nación en contra de una percibida amenaza de la droga extranjera.[1]

Desde su inicio, la política prohibicionista estadounidense operaba en un desfase con el resto de Latinoamérica. La incursión del FBN en México comenzó a movilizar la política antidrogas en el país hacia el papel central que tendría a partir de la década de 1970, ya articulada bajo el paradigma de la guerra. Me detengo en dos aspectos fundamentales del papel que Carlos Pérez Ricart atribuye a Anslinger en la temprana transformación de la política antidrogas de México. Primero, su presión efectiva para frenar la reforma al Reglamento de Toxicomanías de 1940 durante el gobierno de Lázaro Cárdenas, suspendiendo el proyecto del doctor Leopoldo Salazar Viniegra que buscaba crear un programa ambulatorio para el tratamiento de adicciones con el objetivo de reducir el mercado ilegal de drogas en México. Y segundo, la crítica que Anslinger hizo en 1947 a la política antinarcóticos del gobierno de Miguel Alemán, que derivó en la creación de una campaña de erradicación permanente: "Con ello, las campañas de erradicación dejaron de ser un acontecimiento regional y se convirtieron en política de Estado. Entre otras medidas, se multiplicaron los soldados y agentes de la Policía Judicial (PJ) involucrados, se expandió la zona de acción con la ayuda de tecnología aérea y se incrementó el presupuesto de la cruzada antidrogas".[2]

Anslinger fue además el primer articulador de la narrativa que habría de allanar el camino para la campaña de militarización en México y el resto del continente. Esa mirada se construyó originalmente a partir de una imaginación no sólo voluntariosa y discriminatoria sino también desapegada de la realidad latinoamericana.

Su influencia simbólica en México fue particularmente intensa. "El comisionado [Anslinger] estaba dispuesto a borrar la distinción entre realidad y ficción al discutir las fuentes internacionales de los problemas de droga del

---

[1] Douglas Clark Kinder y William O. Walker III, "Stable Force in a Storm: Harry J. Anslinger and United States Narcotic Foreign Policy 1930-1962", *The Journal of American History*, vol. 72, núm. 4, marzo de 1986, pp. 908-927, p. 909.

[2] Carlos A. Pérez Ricart, "El papel del *Federal Bureau of Narcotics* en el diseño de la política de drogas en México (1940-1968)", *Frontera Norte*, vol. 31, art. 12, 2019, pp. 1-23, p. 10.

país."[3] Según Kinder y Walker, Anslinger instigó una retórica racista que hilvanaba la piel morena de los latinoamericanos con "pereza" e "inmoralidad". La presión era directa y se potenciaba en el contexto de la Guerra Fría: "Reportes de la embajada de Estados Unidos sugerían que las autoridades en México que no hicieran valer los programas de control favorecidos por el FBN estaban albergando simpatías comunistas y debían ser tratadas con desprecio".[4]

Notemos en este punto que la lógica del prohibicionismo se construye ante todo como una plataforma simbólica que se entrelaza desde su origen con los intereses estadounidenses en el exterior. No hay, en ningún momento, una conexión real entre la hostilidad de la política antidrogas y la relevancia sociopolítica de la producción, la circulación y el consumo de narcóticos. Esto evidencia, como observa Astorga, "las categorías y esquemas de percepción que la burocracia antidrogas de Estados Unidos fue desarrollando a través del tiempo para conformar su discurso, su filosofía y razón de ser, y dividir al mundo en amigos y enemigos".[5] Anslinger, que condujo la política prohibicionista entre 1930 y 1962 como comisionado del FBN, instruyó a sus agentes bajo ese giro policial que todavía se percibe en la racionalidad militar contra el "narco": "Dejen de investigar a la farmacia de la esquina y al doctor familiar y vayan en contra de traficantes y mafiosos".[6]

Esa visión trascendió al FBN conforme la agencia fue cambiando de nombre y expandiendo sus atributos. A partir de 1968 se llamó Bureau of Narcotics and Dangerous Drugs (BNDD) hasta convertirse en 1973 en la actual Drug Enforcement Administration (DEA). La renovada DEA, tal y como ahora la conocemos, se reinventó luego de aprobarse en 1970 la Comprehensive Drug Abuse Prevention and Control Act —también llamada Controlled Substances Act—, el nuevo marco legal por medio del cual el gobierno de Richard Nixon haría valer su promesa de una "guerra contra las drogas", categorizando el riesgo de cada droga ilegal, ampliando las facultades de las autoridades antinarcóticos e incrementando las condenas carcelarias para los traficantes: 15 años de prisión por la primera violación de la ley, 30 años por vender droga a

---

[3] *Ibid.*, p. 912.
[4] *Ibid.*, p. 919.
[5] Luis Astorga, *Drogas sin fronteras*, México, Debolsillo, 2015, p. 22.
[6] David F. Musto, *The American Disease. Origins of Narcotic Control*, Nueva York, Oxford University Press, 1999, p. 185.

un menor y prisión de por vida si el traficante es miembro de una "empresa criminal".[7] Según Pérez Ricart, la DEA tuvo en este proceso un doble papel determinante: primero, impuso una división geográfica organizada en torno a sus oficinas distritales, y segundo, promovió "la persecución puntual de redes de narcotraficantes sin menoscabo del territorio".[8]

La política antidrogas de Nixon tuvo dos expresiones internacionales importantes: la primera comenzó en 1969 con la "Operación Interceptación", que, como discutí antes, consistió en la intensificación de los protocolos de revisión en los cruces fronterizos, puertos marítimos y aeropuertos, que deliberadamente ocasionó una profunda disrupción socioeconómica para ingresar a Estados Unidos desde México. Esto forzó un nuevo acuerdo, anunciado el 10 de octubre de 1969 y llamado, no sin ironía, "Operación Cooperación". Como explica Froylán Enciso, el arreglo conllevaba una serie de reuniones de alto nivel entre ambos gobiernos que consolidaron la hegemonía estadounidense en México. "El tono en que se realizaron estas reuniones marcó un punto de quiebre —subraya Enciso—; el gobierno estadounidense se aseguró de que México seguiría los lineamientos de Washington en lo que a política de combate al narcotráfico se refería".[9]

El 17 de junio de 1971 Nixon escaló decisivamente la agenda prohibicionista firmando la Orden Ejecutiva 11599 para la creación de una "Oficina Especial de Acción para la Prevención del Consumo de Drogas". Este nombramiento presidencial coordinaría toda la política antidrogas del gobierno federal. En un discurso ofrecido en la Casa Blanca ese día al firmar la orden, Nixon afirmó que el tráfico de drogas se había convertido en el "enemigo público número uno en los Estados Unidos". Y advirtió: "Habrá una ofensiva

---

[7] Richard Nixon, "Special Message to the Congress on Drug Abuse Prevention and Control", XXXVII President of the United States: 1969-1974, 17 de junio de 1971. Para un análisis completo de esta ley véase: Joanna R. Lampe, "The Controlled Susbtances Act (CSA): A Legal Overview for the 117th Congress", Congressional Research Service, 5 de febrero de 2021.

[8] Carlos A. Pérez Ricart, "El papel de la DEA en la emergencia del campo policial antidrogas en América Latina", *Foro Internacional*, vol. 58, núm. 1 (231), enero-marzo de 2018, pp. 5-48, p. 8.

[9] Froylán Enciso, "Régimen global de prohibición, actores criminalizados y la cultura del narcotráfico en México durante la década de 1970", *Foro Internacional*, vol. 49, núm. 3 (197), julio-septiembre de 2009, p. 600.

mundial para atender el problema de las fuentes del suministro [...] Abarcará a todo el gobierno, reuniendo las nueve fragmentadas áreas dentro del gobierno desde las cuales se lleva a cabo ahora, y será a nivel nacional en cuanto al nuevo programa educativo que confiamos resultará de las discusiones que hemos tenido".[10]

Notemos el poder actante del lenguaje: Nixon puso en vigencia entonces la nueva era del prohibicionismo que habría de propulsar una campaña permanente contra las drogas en el exterior, mientras que domésticamente sería un poderoso mecanismo de represión doméstica dirigido a la disidencia política de izquierda que se oponía a la guerra de Vietnam. En consecuencia, el Cabinet Committee on International Narcotics Control (CCINC) fue creado oficialmente el 7 de septiembre de 1971, también por orden directa de Nixon, para coordinar la política antidrogas que integraría "funciones diplomáticas, de inteligencia y de cumplimiento de la ley".[11]

La decisión de radicalizar la política antidrogas en el hemisferio no estaba exenta de cierto grado de complejidad: "Los motivos de Nixon al parecer eran mixtos; combinaban una aversión genuina a las drogas psicoactivas y el miedo a la desintegración social asociada con su uso, con la conciencia de que un programa que incluyera una postura de dureza contra las drogas y el crimen le generaría votos."[12]

Con ese doble razonamiento político y social en mente, el presidente dejó clara la dirección que tomaría su nueva agenda de seguridad. La cruzada moralista con fines electorales impondría un nuevo sentido a las pulsiones de "ley y orden" de la política estadounidense. En su mensaje al Congreso estadounidense con motivo de la creación de la DEA el 28 de marzo de 1973, Nixon fue tajante: "Esta administración ha declarado una guerra global sin cuartel a la amenaza de las drogas".[13]

---

[10] Richard Nixon, "Remarks About an Intensified Program for Drug Abuse Prevention and Control", XXXVII President of the United States: 1969-1974, 17 de junio de 1971.
[11] Richard Nixon, "Memorandum Establishing the Cabinet Committee on International Narcotics Control", XXXVII President of the United States: 1969-1974, 7 de septiembre de 1971.
[12] Nigel Inkster y Virginia Comolli, *Drogas, inseguridad y Estados fallidos: los problemas de la prohibición*, Bogotá, Universidad de los Andes, 2013, p. 64.
[13] Richard Nixon, "Message to the Congress Transmitting Reorganization Plan 2 of 1973 Establishing the Drug Enforcement Administration", en Gerhard Peters y John T.

Los alcances globales de esta nueva era van acompañados de narrativas que legitiman a las agencias estadounidenses involucradas en la política antinarcóticos y que con frecuencia se reproducen inadvertidamente en muchos de los recuentos hechos por especialistas. Se asume, por ejemplo, que el supuesto desmantelamiento en 1972 de la llamada "conexión francesa" —el tráfico de heroína turca controlado por mafias corsas y sicilianas establecidas en la ciudad francesa de Marsella— facilitó el ascenso de los "cárteles" mexicanos en esa década. Pero como explica Alexandre Marchant, la "conexión francesa" era en realidad un "mito" concebido por las autoridades estadounidenses. Los mafiosos corsos y sicilianos —en particular los hermanos Antoine y Barthélemy Guérini— no operaban una organización jerárquica con un mando único. Tampoco se dedicaban exclusivamente al tráfico de drogas, sino que participaban en una variedad de actividades ilícitas como la prostitución y el juego de apuestas. Encima, su limitada prominencia había surgido en parte con el financiamiento y protección de la CIA a cambio de colaborar en la lucha anticomunista atacando organizaciones sindicales. Explica Marchant: "No existía una Conexión Francesa, sino un dispositivo común investido por clanes rivales con sensibilidades diferentes. Más que jefes indiscutibles, los Guérini obraban como jueces de paz para equilibrar el poder y las actividades de uno y otros: no implicados directamente en el tráfico, ellos sólo encubrían a los clanes encargados del tráfico".[14]

Así, eso que ahora llamamos "conexión francesa" era en realidad una multiplicidad asediada por las autoridades estadounidenses desde su origen, activa sólo mediante una dispersa y discontinua interacción de "grupúsculos mafiosos diferentes", que además continuó operando aun después de los arrestos de traficantes y decomisos de droga en Nueva York y en Marsella, incluyendo los célebres 415 kilogramos de heroína a bordo del barco *Caprice des Temps* en el puerto francés con destino a Miami.[15]

El mito de la "conexión francesa" es en parte el modelo original del "cártel" como ahora lo conocemos. Su legado no es la dislocación del mercado

---

Woolley (eds.), *The American Presidency Project*, University of California at Santa Barbara. Consultado en <https://www.presidency.ucsb.edu/node/256311>.

[14] Alexandre Marchant, "La French Connection, entre mythes et réalités", *Vingtième Siècle. Revue d'histoire*, núm. 115, julio-septiembre de 2012, pp. 89-102, p. 94.

[15] *Ibid.*, p. 96.

global de drogas de Turquía y Francia hacia Colombia y México, sino la reterritorialización de una fantasía mediterránea en una latinoamericana, es decir, el reciclaje de una muy básica narrativa de policías y delincuentes. Esa fantasía de implacables agentes estadounidenses que desarticulan bandas de traficantes en el exterior es la misma que informa, entre otros productos culturales, la película *The French Connection* (1971) de William Friedkin. La misma imaginación fílmica se suma a la genealogía que potenció la novela *The Godfather* (1969) de Mario Puzo, que luego fue llevada célebremente al cine por Francis Ford Coppola en 1972, el mismo año en que al parecer se desarticuló la "conexión francesa". Como explicó el propio Puzo, todos los referentes de su novela son producto de su más antojadiza imaginación: el término *padrino* nunca fue utilizado por ningún mafioso italiano. La famosa frase "le haré una oferta que no podrá rechazar" no la pronunció jamás ningún matón enviado por un capo para efectuar un ajuste de cuentas. Y aunque según Puzo algunos mafiosos confundidos creían lo contrario, los traficantes que él conocía sabían que la trama de la novela y la película eran invención pura. Así lo resumió Puzo en una entrevista: "Estoy escribiendo sobre un mito".[16]

El mito tiene usos importantes en la geopolítica estadounidense. Cuando se normalizaron las relaciones con China en el mismo año de 1972, según anotan Scott y Marshall, se afianzó la necesidad de relocalizar la amenaza del narcotráfico bajo nuevas coordenadas globales más allá de la amenaza de la "heroína roja china".[17] El periodista Dan Baum lo describe tajantemente en su libro *Smoke and Mirrors*: la "guerra contra las drogas" funcionaba más bien como una "metáfora" que se refería desde entonces a una multiplicidad de estrategias políticas para acallar a la disidencia y reprimir grupos minoritarios, "pero rara vez es realmente sobre las drogas".[18]

---

[16] "Su imaginación es todavía robusta, sin embargo, y está igualmente intacta la devoción de los lectores convencidos de que Puzo puede llevarlos a donde no han estado antes, dentro de la Mafia. ¿Cómo reaccionaría si supieran que él mismo no ha estado dentro de la Mafia? 'Quizá no debamos decirles', decide Mario Puzo." Fred Bruning, "Mario Puzo sees no evil. Creator of 'The Godfather' and 'The Last Don' insists he knows nothing about the Mafia. No one believes him", *The Baltimore Sun*, 31 de julio de 1996.

[17] Peter Dale Scott y Jonathan Marshall, *Cocaine Politics. Drugs, Armies and the* CIA *in Central America*, Berkeley, University of California Press, 1998, p. 172.

[18] Dan Baum, *Smoke and Mirrors: The War on Drugs and the Politics of Failure*, Nueva York, Little, Brown and Company, 1997, p. VII.

Y más que una metáfora, la "guerra contra el narco" es una narrativa totalizante que se activa con todo un campo semántico y reglas de enunciación. Según Luis Astorga, desde la década de 1950 comienza a circular mucho del lenguaje que en la actualidad se utiliza para hablar del tráfico de drogas. La palabra *narcotraficante*, de hecho, tiene sus primeras apariciones alrededor de 1956.[19] En la década siguiente ese concepto ya se ha establecido principalmente en los medios nacionales, mientras que en periódicos de los estados más referidos en el fenómeno, como Sinaloa, se continúa utilizando *gomero* para señalar a los productores de opio. Este desfase se debe, en buena medida, a que el discurso oficial que comienza a construir el lenguaje que gradualmente dominará para describir a los traficantes y su campo de acción fue constituido sobre todo por el gobierno federal, siguiendo una lógica narrativa del securitarismo estadounidense, que poco a poco fue permeando en los distintos estados del país. Al finalizar el siglo xx nadie en México o Estados Unidos podrá siquiera *imaginar* el narcotráfico por fuera de esa narrativa recibida. Explica Astorga: "La palabra *narcotraficante* tenderá a integrar y sustituir la totalidad de la gran variedad de significantes anteriores para referirse a los diversos agentes sociales relacionados con el cultivo, procesamiento, consumo y tráfico de fármacos prohibidos".[20]

En 1975 faltaban aún décadas para que ese lenguaje terminara de integrarse. La "Operación Cóndor", sin embargo, fue el evento clave que funcionó como un significante central en la construcción de esa narrativa. En más de un modo, fue la culminación de la agenda antidrogas estadounidense de la época al reunir los principales aspectos constitutivos de la "guerra contra las drogas": una violenta racionalidad policial en contra del consumo de droga intersectada por una punitiva imaginación prejuiciosa que observaba a las organizaciones de traficantes en el extranjero —y no tanto las domésticas— como el primer enemigo a combatir. Examinemos ahora cómo, bajo el gobierno de Richard Nixon y el de su sucesor Gerald Ford, se preparó la plataforma simbólica de la "guerra contra el narco" en México.

---

[19] Luis Astorga, *El siglo de las drogas*, México, Espasa, 1996, p. 92.
[20] *Ibid.*, pp. 103-104.

5

El arquitecto de la "Operación Cóndor"

Tras la renuncia de Nixon por el escándalo de Watergate el 9 de agosto de 1974, el presidente Gerald Ford tomó las riendas de la agenda de seguridad con el objetivo de dar continuidad a la política antidrogas en el hemisferio. Ford decidió dejar que la "guerra contra las drogas" mantuviera su curso bajo la supervisión directa de Henry Kissinger, quien continuó como secretario de Estado hasta 1977.

En el estudio comisionado en 1976 por el entonces titular de la PGR Pedro Ojeda Paullada (mencionado en el capítulo 1), se recuerda el momento en que se realizó un giro importante en la política antidrogas mexicana "por la serie de acontecimientos que se han desarrollado de 1975 a la fecha en las relaciones bilaterales de cooperación entre los gobiernos de México y los Estados Unidos de América": múltiples reuniones entre los gabinetes presidenciales de Echeverría y Ford, comunicaciones directas entre ambos presidentes, pero sobre todo la intensa labor secreta entre los principales funcionarios de ambos países que construyeron la "guerra contra el narco" y cuyo trabajo quedó inscrito en "todos aquellos documentos que fijan y determinan el marco de la política del Gobierno de México en esta materia, a nivel nacional e internacional, que por su alta y urgente prioridad ha merecido la atención del Jefe de Estado".[1]

Uno de esos encuentros clave tuvo lugar el 8 de noviembre de 1975, cuando Sheldon Baird Vance, director ejecutivo del Cabinet Committee on

---

[1] Juan Barona Lobato, *México ante el reto de las drogas*, México, Procuraduría General de la República, 1976, p. 148. Mayúsculas en el original.

International Narcotics Control (CCINC, Comité del Gabinete para el Control Internacional de Narcóticos) de la Casa Blanca, se encontraba en la Ciudad de México para reunirse en secreto con el procurador Ojeda Paullada. Vance era un diplomático de carrera que había regresado a Estados Unidos después de haber sido embajador en Zaire (ahora República Democrática del Congo) durante cinco años, en donde operó el apoyo estadounidense a Mobutu Sese Seko, el dictador que estableció un régimen militar totalitario y colaborador en la lucha anticomunista global.[2] En el mismo marco de la Guerra Fría que promovía regímenes de mano dura, el embajador Vance llegaba a México con una consigna precisa: convencer al gobierno de iniciar una nueva etapa de militarización en la "guerra contra el narco". Había sido nombrado a su nuevo cargo personalmente por Kissinger, todavía secretario de Estado bajo el gobierno de Nixon, el 1 de abril de 1974. Como explica Kissinger en una carta personal a William E. Colby, el entonces director de la CIA, Vance recibía un rango equivalente a subsecretario de Estado en su cargo como director ejecutivo del CCINC, organismo creado el 17 de agosto de 1971 por el presidente Nixon. El embajador Vance había sido designado "responsable de la coordinación del programa internacional de control de drogas del presidente".[3]

Entre sus responsabilidades, según detalló Kissinger, Vance supervisaría "actividades y programas para el control internacional de narcóticos de todas las agencias estadounidenses involucradas", así como la "implementación de la política de Estados Unidos en cuestiones del control internacional de narcóticos". En otras palabras, la CIA, la recién creada DEA, las embajadas y consulados del Departamento de Estado y cualquier otra agencia relacionada con la política antidrogas estadounidense estarían bajo su directa supervisión, así como la política de extradiciones, entrenamiento de personal, tecnología y toda inteligencia sobre el tráfico de narcóticos obtenida en el exterior. En su carta de respuesta, Colby saludó el nombramiento, prometiendo "la más cercana cooperación posible" y enviando un representante de la CIA para las reuniones del CCINC: "El embajador Vance es visto con alta estima por todos

---

[2] Sean Kelly, *America's Tyrant: The CIA and Mobutu of Zaire*, Washington, D. C., The American University Press, 1993, p. 200.
[3] Carta de Henry Kissinger a William E. Colby, 19 de abril de 1974. Sheldon B. Vance Records 1967-1976. Caja 2. General Records of the Department of State, 1973-2002.

los oficiales de la agencia [la CIA] que lo conocen, muchos de los cuales han trabajado con él en el extranjero".[4]

Con esas credenciales validadas por los hombres más poderosos de la política exterior estadounidense —el secretario de Estado y el director de la CIA—, pero al mismo tiempo encarnando en persona la política antidrogas de la Casa Blanca ya en la presidencia de Gerald Ford, Vance había llegado a la Ciudad de México ese 8 de noviembre de 1975 como el primer "zar antidrogas" estadounidense —aunque ese concepto se acuñó propiamente hasta la década de 1980, como veremos en la siguiente parte— para operar un cambio significativo en la estrategia de erradicación en el territorio mexicano bajo la influencia de la Casa Blanca.[5]

La narrativa que enmarcó las maniobras diplomáticas del embajador Vance tuvo una de sus primeras articulaciones el 18 de octubre de 1974, cuando el presidente Ford proclamó que del 20 al 26 de octubre se llevaría a cabo la National Drug Abuse Prevention Week (Semana Nacional de Prevención de Drogas). A diferencia de Nixon, Ford mostraba una clara preocupación por la rehabilitación de consumidores de droga y no sólo por la parte punitiva de la política antidrogas. El programa se proponía crear una concientización nacional sobre los peligros del consumo de drogas que terminaría por legitimar las duras leyes en contra de los consumidores que el mismo Ford apoyó y que desproporcionadamente se aplicaban a las minorías negras y latinas en Estados Unidos.[6] La proclamación también subrayaba los acuerdos de cooperación

---

[4] Carta de William E. Colby a Henry Kissinger, 29 de abril de 1974. Sheldon B. Vance Records 1967-1976. Caja 2. General Records of the Department of State, 1973-2002. National Archives and Records Administration.

[5] Hay una discrepancia en torno a la fecha de la reunión entre Vance y Ojeda Paullada en la residencia del embajador Jova. Craig afirma que la reunión ocurrió el 7 de noviembre de 1977 ("La campaña permanente", p. 128), mientras que Van Wert la registra el 9 de noviembre ("El control de los narcóticos en México", p. 96). Tanto Kissinger como Dogin corroboran que la reunión en realidad ocurrió el 8 de noviembre, aunque el 9 del mismo mes Dogin dice haberse reunido una segunda vez con Ojeda Paullada. No queda claro si Vance estuvo en ese segundo encuentro. Véase Congressional Record of the U.S. Senate, 23 de marzo de 1976, pp. 7555-7556.

[6] Como representante en el Congreso antes de ser vicepresidente en el gobierno de Nixon, Ford fue uno de los patrocinadores de la ley H.R. 5946, que incrementó las sentencias para personas detenidas con droga. Una persona sorprendida con menos de cuatro onzas de heroína o morfina recibía una sentencia mínima de cinco años y máxima

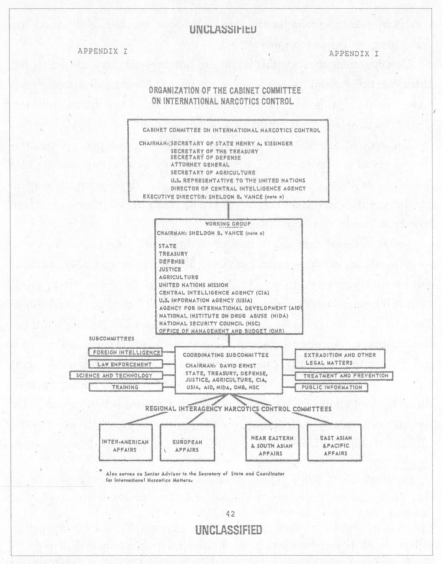

Diagrama de la estructura del Cabinet Committee on International Narcotics Control (CCINC). Nombrado por Henry Kissinger como el primer "zar antidrogas" del gobierno estadounidense a partir de 1974, el embajador Sheldon B. Vance coordinaba la totalidad de la política de control del tráfico de narcóticos del presidente Richard Nixon y también de su sucesor, Gerald Ford.

FUENTE: Report of the Comptroller General of the United States, "Opium Eradication Efforts in Mexico: Cautious Optimism Advised", United States General Accounting Office, 18 de febrero de 1977, p. 42.

El 18 de octubre de 1974 el embajador Sheldon B. Vance, director ejecutivo del CCINC, recibe como *souvenir* la pluma con la que el presidente Gerald Ford acaba de firmar la orden para poner en vigor la National Drug Abuse Prevention Week, el nuevo programa antidrogas que involucraba la totalidad del servicio exterior estadounidense.

FUENTE: Acervo de la Gerald R. Ford Presidential Library and Museum, Serie A1498, cuadro 10A.

con 60 países del mundo. Para ello, ese mismo día se ordenó desde el Departamento de Estado la circulación de un telegrama confidencial en todas las representaciones diplomáticas estadounidenses en el mundo. En el telegrama, el presidente Ford hacía un llamado administrativo general, planeado en colaboración con el embajador Vance, para alinear la agenda antidrogas de la Casa Blanca con el servicio exterior estadounidense. Ahora conocido como la Semana Nacional de Prevención, el programa creado por Ford continúa llevándose a cabo anualmente, organizado por el Departamento de Salud

_____

de 15 años en prisión, además de una multa por 50 mil dólares. A partir de las cuatro onzas, la pena mínima era 10 años y hasta prisión de por vida, además de una multa por hasta 100 mil dólares. Véase Nancy E. Marion y Willard M. Oliver, *Drugs in American Society. An Encyclopedia of History, Politics, Culture ad the Law*, Santa Bárbara, California, ABC-CLIO, 2014, p. 421.

y Servicios Humanos de Estados Unidos.[7] Dentro y fuera de Estados Unidos, el presidente Ford construyó un consenso hegemónico que terminaría por normar la manera en que hasta hoy en día la esfera pública global comprende —y acepta— la "guerra contra el narco".

A partir de ese momento, todos los embajadores y jefes de sedes diplomáticas debían reportar cualquier avance en la creación de acuerdos de cooperación con sus respectivos países anfitriones. "Nuestra experiencia ha mostrado que el papel clave que juegan los embajadores y otros altos funcionarios de misiones [diplomáticas] está en convencer a funcionarios de alto nivel administrativo y político de otros gobiernos que responde a los intereses de su nación dar alta prioridad al control de narcóticos [...] Con algunos gobiernos hemos tenido arreglos de profunda cooperación que, un año antes, parecían muy improbables."[8]

La construcción del nuevo discurso antidrogas alcanzaría un nuevo nivel con la publicación del *White Paper on Drug Abuse* el 29 septiembre de 1975. El documento, preparado desde la Casa Blanca con la colaboración de las principales agencias antidrogas y, entre otros funcionarios, del embajador Vance, replanteaba la gravedad del narcotráfico con particular énfasis en el supuesto surgimiento de México como el principal país exportador de heroína y mariguana. El reporte —circulado por orden de Kissinger entre todas las sedes diplomáticas de Estados Unidos— advertía sin ambigüedad: "México es actualmente el país con mayor prioridad en el programa internacional de control de narcóticos, puesto que las drogas son producidas en y transportadas a través de México".[9] Más adelante, el documento proponía renovar los acuerdos de cooperación en la frontera a través del servicio de Aduana, la DEA y la Patrulla Fronteriza. Todavía más importante, el *White Paper on Drug Abuse*

---

[7] Véase el sitio oficial de la Semana Nacional de Prevención en <https://www.samhsa. gov/semana-de-prevencion/acerca-de>.

[8] "Presidential Directive on Narcotics Control", Telegram from the Department of State, octubre de 1974. Sheldon B. Vance Records 1967-1976. Caja 2. General Records of the Department of State, 1973-2002. National Archives and Records Administration.

[9] *White Paper on Drug Abuse. A Report to the President from the Domestic Council Drug Abuse Task Force*, U.S. Department of Health, Education, and Welfare; Public Health Service; Alcohol, Drug Abuse and Mental Health Administration; National Institute on Drug Abuse, 29 de septiembre de 1975, p. 56.

"recomienda que se den instrucciones al CCINC para discutir programas de mayor cooperación con el gobierno de México".[10] El 23 de octubre de 1975 el embajador Vance hizo circular un telegrama dirigido a todos los jefes de misiones diplomáticas estadounidenses para "enfatizar la importancia de la cooperación por parte de gobiernos extranjeros para cumplir nuestros objetivos en el control internacional de narcóticos", escribió Vance, quien también destacó encuentros recientes entre el presidente Ford y los presidentes de México y Colombia, además del primer ministro de Turquía como muestra de su "fuerte dedicación personal para fortalecer los esfuerzos para el control de narcóticos".[11] En público, el gobierno de México cuestionó tímidamente las aseveraciones del reporte que aseguraban que la heroína mexicana en el mercado estadounidense se había incrementado de 38% en 1972 a 77% en 1974. Simplemente "no hay evidencia técnica para afirmarlo".[12]

Pero más que una crítica a la política antidrogas mexicana, la retórica estadounidense tenía el objetivo de consolidar la agenda para facilitar la nueva escalada de la campaña binacional. Al *White Paper on Drug Abuse* lo precedió un paquete de asistencia económica y equipo militar para las acciones de erradicación de droga en el noroeste del país. Según un documento interno del CCINC fechado el 29 de octubre de 1974, el gobierno estadounidense ya había colaborado con seis helicópteros Bell 212, nueve Bell 206 —que serían piloteados por agentes estadounidenses para rociar herbicidas durante la "Operación Cóndor"—, y siete avionetas Cessna 185, y un presupuesto de 5 millones de dólares.[13] Para 1975 se proyectaba añadir tres helicópteros y una avioneta. El presupuesto general destinado para la campaña militar del gobierno mexicano casi se duplicó: de 5 millones de dólares en 1974 ascendió a 9.6 millones de dólares en 1975, lo que representaba casi una cuarta parte del

---

[10] *Idem.*

[11] "Memorandum From the Senior Adviser on International Narcotics Matters (Vance) to Acting Secretary of State Ingersoll", Foreign Relations of the United States, 1969-1976, vol. E-3, Documents on Global Issues, 1973-1976, Departament of State, 23 de octubre de 1975.

[12] Barona Lobato, *México ante el reto de las drogas, op. cit.*, p. 180.

[13] "Meeting of Working Group, October 29", Memorándum para el Working Group, Cabinet Committee on International Narcotics Control, 23 de octubre de 1974. Sheldon B. Vance Records 1967-1976. Caja 2. General Records of the Department of State, 1973-2002. National Archives and Records Administration.

total del presupuesto estadounidense para programas internacionales antinarcóticos. México continuaba en esos años como "el país de primera prioridad en nuestros esfuerzos de control de narcóticos".[14] La oficina de Vance llegó a tener acceso a información de primera mano de la campaña de erradicación del gobierno mexicano que le era trasmitida directamente de la Procuraduría General de la República. Según datos del CCINC, por ejemplo, el gobierno mexicano había gastado un total de 24 millones de dólares en 1974 en su campaña permanente de erradicación. En 1975 esa cifra aumentaría a 37 millones de dólares.

La información que circulaba sobre la gravedad del tráfico de drogas en México difícilmente podía considerarse confiable. Se hablaba en esos años de que en México existían entre 20 mil y 40 mil campos de adormidera.[15] Ya para 1975, de acuerdo con datos de Mathea Falco, subsecretaria de Estado para asuntos internacionales de narcóticos durante la presidencia de Gerald Ford, México era el proveedor de alrededor de 87% de la heroína y 95% de la mariguana en el mercado ilegal de drogas de Estados Unidos.[16] Ninguno de esos datos podía corroborarse con suficiencia —volveré a este punto más adelante—, pero el discurso oficial subrayaba de manera eficaz la urgencia de un problema que, por lo menos simbólicamente, justificaba la presión que ejercía el presidente Ford por medio del embajador Vance. Según María Celia Toro, pionera en el estudio de los efectos de la militarización en México, Ford había primero intentado orillar al gobierno mexicano a establecer una estrategia militar binacional en la frontera entre ambos países.[17] Ante la negativa del gobierno de Luis Echeverría, Ford decidió entonces aumentar la presión para un operativo militar en el llamado Triángulo Dorado de México. El politólogo Richard Craig resume las condiciones en las que se

---

[14] "Briefing Paper on Mexico", 5 de febrero de 1975, Cabinet Committee on International Narcotics Control, 23 de octubre de 1974. Sheldon B. Vance Records 1967-1976. Caja 2. General Records of the Department of State, 1973-2002. National Archives and Records Administration.

[15] Richard B. Craig, "La campaña permanente: Mexico's Antidrug Campaign", *Journal of Interamerican Studies and World Affairs*, vol. 20, núm. 2, mayo de 1978, pp. 115-116.

[16] Mathea Falco, *Winning the Drug War. A National Strategy*, Nueva York, Priority Press Publications, 1989, p. 36.

[17] María Celia Toro, *Mexico's "War" on Drugs. Causes and Consequences*, Boulder, Lynne Rienner, 1995, p. 16.

```
BRIEFING PAPER          MEXICO          Feb. 5, 1975


Narcotics Control Program Budget  MEXICO FY 1975


1. Federal Judicial Police                    $4,500,000
   (helicopters, spares, logistics,
    equipment, communication equip.).

2. Compass Flights                             1,000,000

3. Miscl. Mexican Customs-Detector
   Dog assistance; CEMEF-Drug Dependency
   Research; MFJP Acad.; Min. of Defense-
   helicopter,pilot,Training; Sec. of Navy-  1,100,000
   Commun. equip.

                                       $ 6,600,000

        Pending (3-4 helicopters) for      3,000,000
        Fed. Jud. Police
                                       $ 9,600,000

n.b., the cost of the 1975 Interdiction and Eradication
Program presently underway (estimated: $1.6 million is
included in items 1 and 2 above.

Highlights of first two reports on the 1975 Interdiction
and Eradication Program include: (Sinaloa, Chihuahua and
Began Jan. 15, 1975            Durango)
Eradication thus far: 304 marijuana fields
                      32 million marijuana plants
384 military
employed             212 poppy fields
with 60 Mexican      19 million poppy plants
narcotics agents
                     47 mixed marijuana and poppy fields
                     7 million mixed plants

                     2 arrests
Interdiction thus far: 7 narcotics labs found and destroyed
                       44 kg of marijuana seized
                       ½ kg cocaine seized
                       ½ kg raw opium seized
                       2 Americans arrested
12 Interdiction points have been established each manned by
a platoon of soldiers (12-15) on 12 hr. shifts with 2-3
Mexican agents. Also some air and bus terminals are watched.

Remote Sensing Program is proceeding slowly. All operations
somewhat hampered by maintenance problems and movement of
spare parts. DEA is taking steps to remedy this.
```

"Briefing Paper on Mexico." Hoja con el presupuesto del año fiscal de 1975 de ayuda destinada al gobierno mexicano para el control de narcóticos, incluyendo los primeros dos reportes de los resultados de la campaña militar de erradicación e interdicción en Sinaloa, Chihuahua y Durango.

FUENTE: Working Group, Cabinet Committee on International Narcotics Control, 5 de febrero de 1975. Sheldon B. Vance Records 1967-1976, caja 2. General Records of the Department of State, 1973-2002. The U.S. National Archives and Records Administration.

llevó a cabo la reunión. Se exigía al gobierno mexicano mayor apertura en el intercambio de información sobre el tráfico de drogas, un uso más amplio del ejército en esfuerzos de erradicación y, todavía más importante, el uso de herbicidas defoliantes para destruir los miles de sembradíos de droga:

> Las autoridades estadounidenses habían intentado convencer por largo tiempo a sus contrapartes mexicanas de que tales químicos constituían la clase para un esfuerzo de erradicación efectivo. Por años los mexicanos escucharon, estudiaron y experimentaron de un modo muy limitado. Sin embargo, no fue sino hasta el otoño de 1975 que decidieron emplear herbicidas en una escala masiva. Hubo dos razones primarias para el retraso. Los funcionarios mexicanos y los conocedores temían el posible efecto lateral dañino para individuos y sembradíos legítimos. La publicidad negativa de los resultados del uso para de herbicidas en la agricultura estadounidenses y en Vietnam no ayudó para aminorar los temores de muchos mexicanos. De hecho, los herbicidas y Vietnam eran inseparables en la mente de muchos mexicanos.[18]

El horror del uso del "agente naranja" en la población civil de Vietnam ya sacudía globalmente a la opinión pública internacional, mientras que ponía en duda la legitimidad de la hegemonía estadounidense, que parecía no tener reparos en cometer atrocidades para avanzar sus intereses políticos y económicos.[19]

En 1975 varios eventos marcaron un cambio sustancial en la política de erradicación, que decididamente se abrió hacia las demandas estadounidenses. El procurador general Pedro Ojeda Paullada se había reunido el 21 de febrero con los gobernadores de Sinaloa, Alfonso G. Calderón, y de Durango, Héctor Mayagoitia Domínguez, un representante del gobierno de Chihuahua, los procuradores de los tres estados y comandantes de zonas militares. Anticipando el giro en la política nacional antidrogas, Ojeda Paullada advirtió: "Ha llegado el momento de crear voluntad nacional para combatir

---

[18] Craig, "La campaña permanente", *op. cit.*, p. 127.
[19] Entre los numerosos libros sobre los efectos tóxicos del "agente naranja" durante la guerra de Vietnam, véase Philip Jones Griffiths, *Agent Orange: Collateral Damage in Vietnam*, Londres, Trolley Books, 2004.

al narcotráfico".[20] En marzo del mismo año Ojeda Paullada recibió la visita de Webster B. Todd, inspector general para asistencia extranjera del Departamento de Estado, y de Joseph John Jova, el embajador de Estados Unidos en México, quienes ofrecieron "ayuda para mejorar la imagen de México concerniente a sus labores de combate al narcotráfico".[21]

Pero la resistencia del gobierno mexicano ante la petición del uso de herbicidas continuaba hasta esa reunión del 8 de noviembre, convocada en la residencia del embajador Jova en la Ciudad de México. Junto con el anfitrión Jova se encontraban Vance y el director interino de la DEA, Henry S. Dogin. Del lado mexicano, Ojeda Paullada estaba acompañado por Alejandro Gertz Manero, quien sería nombrado coordinador de la "Operación Cóndor". No se tienen todos los detalles, pero hay por lo menos tres fuentes con información de lo discutido, además del contexto geopolítico en que se produjo y el efecto crucial que tuvo en la política antidrogas de la época. En una carta personal fechada el 22 de octubre de 1975 y dirigida a Kissinger, el influyente senador Charles Percy —miembro del poderoso Comité de Relaciones Exteriores del Senado—, escribió alarmado por la información que la DEA hacía circular en el Congreso sobre el tráfico de drogas. Según la agencia, hasta 1972 llegaba desde México 40% de la heroína que se vendía en el mercado estadounidense, 44% de Europa y el Medio Oriente y 8% de Asia. Siguiendo la narrativa oficial estadounidense señaló que tras el desmantelamiento de la llamada "conexión francesa", en los primeros meses de 1975 se reportó que México era ya el proveedor de 90% de la heroína, mientras que de Asia llegaba 9% y sólo 2% del Medio Oriente. "Con una población adicta estimada en 500 mil víctimas y crímenes relacionados con la droga costando a nuestra sociedad entre 10 y 15 mil millones de dólares anualmente, no sólo no hemos librado la llamada 'guerra contra las drogas', sino, increíblemente, tal vez estemos en retirada".[22] Luego conminó a Kissinger a escalar la presión diplomática directamente con el gobierno de Luis Echeverría:

---

[20] Luis Astorga, *El siglo de las drogas*, México, Espasa, 1996, p. 119.

[21] Froylán Enciso, "Régimen global de prohibición, actores criminalizados y la cultura del narcotráfico en México durante la década de 1970", *Foro Internacional*, vol. 49, núm. 3 (197), julio-septiembre de 2009, pp. 595-637, p. 607.

[22] Charles H. Percy, Carta a Henry Kissinger, 22 de octubre de 1975. Washington, D. C. Congressional Record of the U.S. Senate, 23 de marzo de 1976, p. 7556.

Entiendo completamente que los funcionarios mexicanos ya están cooperando en el esfuerzo de extirpar el contrabando de heroína de su país. Pero un esfuerzo mucho más intenso es necesario si vamos a contener este flujo internacional contaminado con gránulos mortales de heroína morena. Se requieren pasos diplomáticos inmediatos para llegar a arreglos de cooperación que aseguren un esfuerzo más efectivo de aplicación de las leyes antidrogas para detener el patrón de tráfico. Este tema sólo podrá resolverse en los más altos niveles de diplomacia entre gobiernos.[23]

El 2 de diciembre de 1975 Kissinger respondió con la noticia de que su embajador Vance había negociado con éxito el inicio de la nueva campaña militar:

El 8 de noviembre, en la Ciudad de México, el procurador general mexicano Pedro Ojeda Paullada se reunió con mi alto consejero en cuestiones de narcóticos, el embajador Sheldon B. Vance; el embajador ante México, Joseph J. Jova, y el administrador interino de la DEA, Henry Dogin, para revisar la planeación conjunta entre México y Estados Unidos para la actual campaña mexicana intensificada para la erradicación de amapola y la interdicción de heroína. Subsecuentemente, el 13 de noviembre, el procurador general mexicano anunció en una rueda de prensa la inauguración de la actual campaña expandida y, con mayor importancia, describió sus planes para comenzar el rociado aéreo de herbicidas para destruir campos de amapola.[24]

En una carta enviada por separado al mismo senador Percy, el director interino de la DEA, Henry Dogin, afirma que durante la reunión enfatizó la responsabilidad que el procurador Ojeda Paullada y el gobierno mexicano debían mostrar para afrontar el problema del narcotráfico. "Le hice un llamado para un compromiso total", dijo Dogin. Y agregó: "Mucho de lo que nos detalló [Ojeda Paullada] durante nuestras reuniones el 8 y 9 de noviembre fue confirmado en la rueda de prensa que sostuvo el 13 de noviembre".[25]

---

[23] *Idem.*
[24] Henry Kissinger, Carta a Charles H. Percy, 2 de diciembre de 1975. Washington, D. C. Congressional Record of the U.S. Senate, 23 de marzo de 1976, p. 7556.
[25] Henry S. Dogin, Carta a Charles H. Percy, 4 de diciembre de 1975. Washington, D. C. Congressional Record of the U.S. Senate, 23 de marzo de 1976, p. 7555.

Un tercer testimonio proviene del entonces director del programa de estupefacientes de la embajada estadounidense en México, César Bernal, quien confirmó la parte más importante de la negociación: "Después de una discusión inicial, Ojeda Paullada informó a sus visitantes estadounidenses que México utilizaría la defoliación química en gran escala en su campaña contra las drogas".[26]

La decisión se refrendó con cierto disimulo y eufemismos durante esa rueda de prensa convocada por el procurador el 13 de noviembre de 1975.[27] Ojeda Paullada dio a conocer que la nueva campaña militar comenzaría el 15

---

[26] James Van Wert, "El control de los narcóticos en México. Una década de institucionalización y un asunto diplomático", en Gabriel Székely (ed.), *México-Estados Unidos, 1985*, México, El Colegio de México, 1986, pp. 89-104, p. 96.

[27] Carlos A. Pérez Ricart afirma que la rueda de prensa de Paullada fue el "mayor logro de la DEA" en la configuración de la política antidrogas mexicana de la década de 1970. Véase "Taking the War on Drugs Down South: The Drug Enforcement Administration in Mexico (1973-1980)", *The Social History of Alcohol and Drugs* 34, núm. 1, primavera de 2020, pp. 82-113, p. 92. La interpretación de Pérez Ricart enfatiza la innegable relevancia de la DEA en el desarrollo de la "Operación Cóndor / Trizo", pero su lectura pasa por alto que la DEA estaba políticamente sometida a la autoridad del Cabinet Committee on International Narcotics encabezado por Sheldon Vance y bajo órdenes explícitas de Henry Kissinger. Esto es crucial porque, aunque ese gabinete se desintegró durante el gobierno de Jimmy Carter, en 1975 dirigía en la teoría y en la práctica la totalidad de la política antidrogas estadounidense. Es por ello que, en su recuento de la reunión en la embajada estadounidense en la Ciudad de México, Kissinger menciona primero a Vance dirigiendo el encuentro. Recordemos además que en 1975 la DEA atravesaba una severa crisis política de legitimidad debido a la renuncia forzada del primer administrador, John R. Bartels Jr., acusado de mala gestión administrativa, corrupción y encubrimiento. El presupuesto utilizado para operativos de compra de "evidencia" (es decir, drogas) y para pagar informantes se había disparado exponencialmente: de 750 mil dólares en 1969 y 10 millones de dólares en 1975. No obstante, una investigación hecha por el Senado mostró que durante los primeros dos años de funcionamiento de la DEA —de 1973 a 1975— se incrementó el tráfico de todos los tipos de narcóticos, con un promedio de 10 a 12 toneladas de heroína anualmente. Véase "Committee Probes Drug Enforcement Effort", *CQ Almanac 1975*, 31ª ed., Washington, D. C., Congressional Quarterly, 1976, pp. 538-540, en <http://library.cqpress.com/cqalmanac/cqal75-1215039>. El administrador interino Henry Dogin fue reemplazado un mes después de la reunión en la embajada con Vance y Ojeda Paullada. El 9 de diciembre de 1975 se nombró a Peter B. Bensinger como el nuevo administrador titular de la DEA y permaneció en su cargo hasta el 10 de julio de 1981. Véase *Drug Enforcement Administration: A Tradition of Excellence, 1973-2003, U.S.*, Washington, D. C., Department of Justice, Drug Enforcement Administration, 2003, p. 27.

de noviembre. La escala de esta fase rebasaba exponencialmente el gasto público y el personal empleado por lo general en los programas de erradicación. Vale la pena extenderse en la información que ofreció durante la rueda de prensa:

> Esto ha implicado que el Instituto Técnico de la Procuraduría impartiera cursos para que ingresaran dos generaciones de personal especializado. Tenemos casi el doble del personal que teníamos al principio de 1965 para labores concretas en la campaña. Las dos generaciones egresadas significan un aporte de 200 hombres, contra los 330 que eran agentes de la Policía Judicial Federal. Se preparó a personal para el servicio: 40 nuevos agentes del Ministerio Público Federal; 25 agentes para mandos intermedios y 120 elementos para pilotear helicópteros, operar los sistemas de sensores remotos y controlar las bases avanzadas que entraron en servicio en febrero. Los entrenamientos se efectuaron en México por los asesores de la fábrica de helicópteros Bell. Contamos con la flota aérea civil más grande de la República. Consiste en 39 aeronaves. En 1972 teníamos seis. En telecomunicaciones, existe ya el sistema de comunicación entre bases, entre aire y tierra, entre aire y escuadras o pelotones de tropas que se encuentran en el campo, así como con los elementos que se dedican a la destrucción de plantíos. Se instalará la red de retenes en las carreteras, con señales de luces. Tenemos coordinados con los Estados Unidos de América un sistema de información y detección de aviones que cruzan la frontera. Se reciben y se mandan informaciones para la localización de los aviones. Tenemos 13 helicópteros Bell 212, cada uno con capacidad para quince personas armadas; 14 helicópteros de cuatro plazas; siete aviones Cessna 185 y tres avionetas Aero-Commander. Además vamos a recibir dos aviones rápidos que pueden aterrizar en pistas cortas.[28]

El gobierno de México contrató, con mediación de la CIA, a la empresa estadounidense Evergreen International Aviation para pilotear aviones y helicópteros hasta que los pilotos mexicanos hubieran recibido suficiente capacitación. Según Scott y Marshall, esa empresa había comprado todos los bienes de Intermountain Aviation, una aerolínea que pertenecía directamente a la CIA.[29]

---

[28] Barona Lobato, *México ante el reto de las drogas*, op. cit., pp. 185-186.
[29] Peter Dale Scott y Jonathan Marshall, *Cocaine Politics. Drugs, Armies and the CIA in Central America*, Berkeley, University of California Press, 1998, p. 38.

El Procurador General de la República, Pedro Ojeda Paullada, en conferencia de prensa informó sobre la campaña intensiva contra el narcotráfico que se desarrollará en ocho zonas del país.

Recorte de la fotografía de la conferencia de prensa del 13 de noviembre de 1975 en la que el procurador general de la República, Pedro Ojeda Paullada, anunció el nuevo programa de erradicación de amapola y mariguana, que incluiría el uso del paraquat como herbicida —aunque no fue admitido así de modo explícito en la conferencia de prensa— en acuerdo con el gobierno estadounidense.

FUENTE: *Novedades*, 14 de noviembre de 1975.

En respuesta al diputado demócrata estadounidense Charles B. Rangel —que se había mostrado insatisfecho por la política de erradicación mexicana durante una visita a México un mes antes, que incluyó un vuelo por sembradíos de amapola en Culiacán, Sinaloa—,[30] el procurador Ojeda Paullada negó durante la rueda de prensa que se hubiera acordado el uso de químicos como el napalm, pues México "nunca se prestará a ser campo de experimentación y menos a sufrir el riesgo de poner en peligro su ecología". También asumió una postura crítica y señaló que mientras persista el mercado de

---

[30] Rangel apoyó al presidente Nixon en su política de "guerra contra las drogas" y durante décadas apoyó la política carcelaria en contra de consumidores y traficantes de droga, incluso a pesar de dirigirse desproporcionadamente en contra de minorías de color empobrecidas. Véase Brian Mann, "Charles Rangel and the Drug Wars", *WNYC*, 17 de agosto de 2013.

consumo de drogas en Estados Unidos "es poco realista pensar que pueda evitarse la producción y el tráfico de mariguana, heroína y otras drogas". Pero un importante matiz le restó contundencia: "Eso no quiere decir que no usaremos los herbicidas, pero aquellos que estén reconocidos internacionalmente y que se utilizan en los campos para la siembra, por ejemplo de la papa y el algodón, porque hemos demostrado que México tiene una gran parte de su agricultura tecnificada".[31] En el comunicado de prensa entregado a los medios se especificó que el programa de erradicación se extendería por los siguientes estados: Baja California, Colima, Chihuahua, Durango, Guerrero, Jalisco, Michoacán, Nayarit, Oaxaca, Sinaloa y Sonora, y aunque intentó diferenciar entre el uso de "productos químicos para destruir las plantas de estupefacientes" y herbicidas de uso sancionado en el país, terminó concediendo: "México no aceptará presiones de ningún país para utilizar esos productos químicos, pero sí productos usados y comprobados en las siembras de los campos de México".[32]

Más allá de la retórica, el gobierno mexicano aprobó desde entonces el uso del herbicida 2,4-D, de baja toxicidad, pero también de paraquat, un químico defoliante cuyo uso en Asia, las islas del Pacífico y Latinoamérica es una de las principales causas de muerte por envenenamiento. Según datos médicos, 70% de los casos de intoxicación por ingerir o inhalar paraquat son fatales.[33] De acuerdo con un reporte de la Oficina del Contralor del gobierno estadounidense, el gobierno mexicano de hecho había consentido que se probaran varios pesticidas antes de anunciar la decisión públicamente en 1975. Debido a la nula experiencia con estas técnicas de erradicación, se contrató a cinco pilotos estadounidenses para entrenar a pilotos de la Policía Judicial Federal en el uso de los herbicidas.[34]

---

[31] Carlos V. Gargallo, "Estados Unidos impide que se acabe con el narcotráfico", *Ovaciones*, 14 de noviembre de 1975.

[32] Barona Lobato, *México ante el reto de las drogas, op. cit.*, p. 188.

[33] Ana Gotter, "Paraquat Poisoning", *Healthline*, 16 de septiembre de 2018. Consultado en <https://www.healthline.com/health/paraquat-poisoning#treatment>.

[34] Primero se utilizó el pesticida gramoxone, pero debido a su alta toxicidad se optó por emplear 2, 4-D, mucho menos agresivo que el primero. "Opium Eradication Efforts in Mexico: Cautious Optimism Advised", Report of the Comptroller General of the United States, 18 de febrero de 1977, pp. 24-25.

Dos días después del anuncio del procurador Ojeda Paullada, el secretario de Estado Henry Kissinger expresó en un comunicado "su reconocimiento a los esfuerzos que [México] realiza contra el narcotráfico" y que circuló como noticia en los principales diarios nacionales: "El gobierno de Estados Unidos está decidido a resolver este problema tan grave y trágico que agobia a nuestra nación arruinando vidas y ocasionando crímenes violentos contra nuestros ciudadanos".[35]

La DEA llamó a la campaña de erradicación en México "Trizo" (una combinación de *triángulo* y *zona*). La diferencia semántica establecía también una relación dialéctica pero complementaria entre los objetivos mexicanos y estadounidenses en torno a la campaña: "Los mexicanos y los americanos trabajaron bien juntos, no porque confiaran uno en el otro, sino porque cada lado obtuvo exactamente lo que quería. El gobierno mexicano obtuvo publicidad favorable gratuita. Los funcionarios americanos proclamaron la Operación Cóndor / Trizo como un 'programa modelo' y llevaban escoltados a reporteros en tours en un esfuerzo para alentar a los líderes de otras naciones a lanzar campañas similares".[36]

Los resultados inmediatos de los primeros meses de la campaña militar se promovieron como extraordinarios: Del 20 de noviembre de 1975 al 14 de marzo de 1976 se decomisaron 233 libras de heroína pura, casi el doble del año anterior. En el mismo periodo se destruyeron más de 6 mil hectáreas de amapola, a diferencia de mil 284 del año anterior, lo que representó más de 400% de aumento. Durante los múltiples operativos también se detuvo a mil 179 personas y fueron destruidos 12 laboratorios clandestinos.[37] Esta respuesta del gobierno mexicano complació tanto a la Casa Blanca como al Congreso estadounidense. Así lo notó Kissinger: "El hecho es que el gobierno mexicano ha incrementado notablemente sus esfuerzos para el control de drogas y su compromiso con el control del problema. Podemos ahora razonablemente esperar más resultados sustanciales como consecuencia de la aumentada

---

[35] "Reconocimiento de Kissinger a la lucha de nuestro país contra el narcotráfico", *El Nacional*, 15 de noviembre de 1975.

[36] Elaine Shannon, *Desperados. Latin Drug Lords, U.S. Lawmen and the War America Can't Win*, Nueva York, Viking, 1988, p. 63.

[37] Testimonio de Charles H. Percy, Washington, D. C. Congressional Record of the U.S. Senate, 23 de marzo de 1976, p. 7556.

asistencia de Estados Unidos, el despliegue expandido de recursos humanos y materiales en México y la adopción de medidas más avanzadas para la erradicación e interdicción".[38]

El senador Percy subrayó además el efecto simbólico de la campaña militar en los principales medios de comunicación estadounidenses. El corresponsal del *New York Times* en México Alan Riding —autor del celebrado libro *Vecinos distantes*— publicó un largo reportaje al respecto el 2 de enero de 1976, por ejemplo. Por otra parte, los reporteros Sandra Salmans, Anthony Marro y William Schmidt de la revista *Newsweek* "colaboraron con la preparación de un análisis completo de la campaña mejorada para la edición del 15 de marzo" de 1976.[39] El programa había conseguido legitimar en la opinión pública la estrategia de militarización a pesar del costo humano que pronto habría de tener sobre todo entre los campesinos más vulnerables.

No queda claro cómo o cuándo exactamente recibió el nombre oficial de "Operación Cóndor", pero esa designación sin duda remite a la otra "Operación Cóndor" en Sudamérica que tuvo lugar durante la misma década y por medio de la cual Estados Unidos proyectó su más agresivo intervencionismo instrumentalizando dictaduras militares en el continente durante los años más álgidos de la Guerra Fría. Un reporte preparado por el juez Baltasar Garzón la define del siguiente modo:

La Operación Cóndor fue un acuerdo multilateral entre las dictaduras de seguridad nacional del Cono Sur dentro del sistema continental de contra-insurgencia promovido por los Estados Unidos. En noviembre de 1975, Argentina, Bolivia, Chile, Paraguay y Uruguay firmaron un pacto que permitía a sus fuerzas de seguridad coordinar la represión contra los exiliados políticos del Cono Sur por fuera de sus fronteras nacionales y atentar contra destacados dirigentes con influencia en la opinión pública internacional, incluso en Europa y Estados Unidos. A los países miembros iniciales, se sumó al poco tiempo Brasil, quien había asistido como observador. Posteriormente, adhirieron Ecuador y Perú, aunque con una participación más esporádica.[40]

---

[38] Kissinger, Carta a Charles H. Percy…, *op. cit.*
[39] Testimonio de Charles H. Percy, *op. cit.*
[40] Baltasar Garzón Real, *Operación Cóndor. 40 años después*, Buenos Aires, Centro Internacional para la Promoción de los Derechos Humanos, 2016, p. 83.

Notemos que la "Operación Cóndor" en el Cono Sur se estableció en noviembre de 1975, el mismo mes en que el embajador Vance convenció al procurador Ojeda Paullada de iniciar la operación del mismo nombre en México. Ambos operativos provenían de la misma gubernamentalidad securitaria estadounidense. Explica Patrice McSherry: "La Operación Cóndor incorporaba el concepto estratégico clave de la doctrina de seguridad nacional de la Guerra Fría: el concepto de *defensa hemisférica* definido por *fronteras ideológicas*, reemplazando la más limitada doctrina de defensa territorial".[41]

Según un cable de información de la CIA fechado el 21 de julio de 1976, el nombre de la operación sudamericana se decidió durante una serie de reuniones entre representantes de los servicios de inteligencia de Argentina, Bolivia, Brasil, Chile, Paraguay y Uruguay, entre el 31 de mayo y el 2 de junio de 1976 en Santiago de Chile. Meses después de haber iniciado en México la propia "Operación Cóndor", "estos servicios [de inteligencia] acordaron participar en un programa operativo para contrarrestar el terrorismo y la subversión. El nombre 'Cóndor' fue dado a este arreglo cooperativo".[42] Lo extraordinario de este encuentro es que terminó dos días antes de que iniciara la Sexta Asamblea General de la Organización de Estados Americanos (OEA). Según explica McSherry, la asamblea fue convocada del 4 al 18 de junio en Santiago a petición personal de Henry Kissinger con el objetivo de legitimar al gobierno golpista de Augusto Pinochet.[43] Mientras que los servicios de

---

[41] J. Patrice McSherry, *Predatory States. Operation Condor and Covert War in Latin America*, Oxford, Rowman and Littlefield Publishers, 2005, p. 1.

[42] "'Condor,' a Cooperative Program of the Intelligence Services of Chile, Argentina, Bolivia, Paraguay, Uruguay and Brazil to Counter Terrorism and Subversion; Basic Mission of 'Condor' Teams Bring Sent to France", Intelligence Information Cable C00513827, Central Intelligence Agency, 21 de julio de 1976.

[43] McSherry, *Predatory States...*, *op. cit.*, p. 111. En otro documento preparado el 22 de agosto de 1978 para George W. Landau, entonces embajador de Estados Unidos en Chile, la CIA afirma que tuvo conocimiento de la "Operación Cóndor" por primera vez en marzo de 1976, cuando se reportó que había sido concebida por el coronel Manuel Contreras, entonces jefe de la Dirección Nacional de Inteligencia (DINA), la policía secreta chilena creada por el régimen de Augusto Pinochet, pero que la cooperación regional probablemente había comenzado desde febrero de 1974. El coronel Contreras fue encontrado culpable del asesinato el 21 de septiembre de 1976 del diplomático chileno Orlando Letelier, exiliado en Washington, D. C., después del golpe de Estado en contra de Salvador Allende en 1973. Véase "A Brief Look at Operation Condor", Classified

seguridad formalizaban la "Operación Cóndor", los cancilleres de la OEA —con excepción de México y Cuba, que boicotearon el encuentro en protesta por las denuncias de violaciones a los derechos humanos en Chile— recomendaban tibia y vagamente a los países del hemisferio "preservar y mantener en plena vigencia los derechos humanos, de conformidad con la 'Declaración Americana de los Derechos y Deberes del Hombre'".[44] Kissinger viajó a Santiago el domingo 6 de junio y ese mismo día ya también declaraba públicamente que "los derechos humanos deben preservarse, atesorarse y defenderse en este hemisferio".[45] En una reunión privada con Pinochet, el mensaje de Kissinger era el opuesto: "En los Estados Unidos, como usted sabe, simpatizamos con lo que está tratando de hacer aquí".[46] De este modo consta, por lo menos, la cercanía personal del secretario de Estado con el encuentro en el que se decidió el nombre de la "Operación Cóndor" en Santiago de Chile, unos meses después de haber instruido al embajador Vance de persuadir al gobierno mexicano de embarcarse en su propia "Operación Cóndor". Kissinger es el vínculo, el factor en común, de ambas operaciones.

Pero hay más correspondencias. Una parte crucial de la estrategia de las tareas de contrainsurgencia de la "Operación Cóndor" sudamericana provenía de herramientas propias de la "guerra psicológica", como campañas de propaganda falsa, manipulación y desinformación. Entre esos recursos se concibió el concepto clave de "Estado paralelo", que McSherry define del siguiente modo:

El Estado paralelo fue un instrumento para lograr secretamente lo que no podía llevarse a cabo legal o políticamente. Fue creado para ejecutar políticas que violaban todas las leyes y normas y para sortear cualquier límite del poder coercitivo del

---

Reading Material re "Condor" for Ambassador Landau and Mr. Propper. Documento C00452069, Central Intelligence Agency, 22 de agosto de 1978. Propper era uno de los fiscales estadounidenses que investigó el crimen. Es coautor de *Labyrinth* (1983), un relato de no ficción sobre el caso.

[44] *Actas y Documentos. Vol. 1* del Sexto Periodo Ordinario de Sesiones de la Organización de Estados Americanos. Santiago, Chile, 4-18 de junio de 1976, p. 58.

[45] Associated Press, "Kissinger in Latin America, Makes Appeal on Rights", *The New York Times*, 7 de junio de 1976.

[46] Peter Kornbluh, "Declassifying U.S. Intervention in Chile", *NACLA*, 25 de septiembre de 2007.

Estado, permitiendo al estado el uso de violencia extrema en contra de "enemigos internos" más allá de las fronteras de lo civilizado, sin ninguna constricción legal y con total impunidad. Las estructuras del Estado paralelo fueron "para estatales", pero eran una deformación del Estado legítimo.[47]

McSherry corrige aquí el uso actual que se tiene del concepto de "Estado paralelo" en el contexto del narcotráfico. Lejos de significar "redes sociales autónomas que compiten con el poder legítimo del estado", como comúnmente se piensa de los "cárteles de la droga", el Estado paralelo es una "maquinaria secreta de represión creada por el Estado para llevar a cabo operaciones ilegales y guerras sucias".[48] Como veremos más adelante, la "Operación Cóndor" en México ya anticipaba una suerte de "Estado paralelo" para administrar la percepción colectiva de las organizaciones del narcotráfico y que justificaría desde entonces las atrocidades de la violencia de Estado.

La inmediatez entre las fechas en que las dos operaciones "Cóndor" fueron concebidas, así como las numerosas coincidencias entre sus estrategias de acción y objetivos en el panorama geopolítico de la Guerra Fría, permite suponer una conexión directa entre ambas y siempre con la mediación del gobierno estadounidense. El hecho de que fue bajo la supervisión directa de Kissinger que se acordaron las dos versiones de la "Operación Cóndor" tanto en México como para los países sudamericanos controlados por dictaduras militares, permite por lo menos plantear la hipótesis de que ambos programas hayan sido concebidos simultáneamente desde la Casa Blanca.

Para el caso mexicano la influencia de Washington es quizá más evidente. En la reunión del grupo de trabajo del CCINC el 17 de diciembre de 1975, el embajador Vance compartió los resultados obtenidos después de su reunión clave con el procurador Ojeda Paullada el 8 de noviembre en la Ciudad de México. Entre los asistentes en la sala 6320 del Departamento de Estado en Washington se encontraba la plana mayor del aparato de seguridad estadounidense: el comisionado de aduanas, Vernon D. Acree, el director interino de la DEA, Henry S. Dogin, el asistente especial para operaciones de control de narcóticos de la CIA, John Kennedy, y el representante estadounidense ante

---

[47] McSherry, *Predatory States...*, *op. cit.*, p. 21.
[48] *Ibid.*, pp. 21-22.

el Consejo Económico y Social de la ONU, Jacob M. Meyerson, entre otros. Se reconoció el nuevo nivel de cooperación del gobierno de México que incluía por fin la decisión de utilizar herbicidas químicos. Pero Vance no gastó demasiado tiempo autocongratulándose y fue al grano: "Prosiguiendo, [Vance] notó que estábamos todavía lejos de quedar satisfechos y que ahora continuamos empujando el ritmo de la actividad hacia adelante. Grupos de trabajo se han estado organizando en Washington y en la embajada de la Ciudad de México para coordinar de principio a fin el rol de asistencia de Estados Unidos en el programa mexicano de erradicación".[49]

La "guerra contra el narco" apenas comenzaba.

Vance habría de continuar dos años más como uno de los principales gestores de la nueva política antidrogas en México. Sus contactos de alto nivel siguieron avanzando los intereses estadounidenses por medio de constantes encuentros en México y Estados Unidos, donde los funcionarios mexicanos eran recibidos como iguales en reuniones a puerta cerrada con el presidente estadounidense y los directivos de las principales agencias del gobierno.

La influencia decisiva del embajador Vance, una suerte de arquitecto de la "Operación Cóndor", condujo un cuidadoso proceso político en el que gradualmente fue construyéndose la narrativa de la "guerra contra el narco" como una campaña militar binacional permanente entre Estados Unidos y México.

Con el gobierno del demócrata liberal Jimmy Carter (1977-1981), sin embargo, la continuidad de la guerra fue interrumpida abruptamente. Su gobierno emprendió una revisión general de la política antidrogas de Nixon y Ford. Entre 1970 y 1976, subrayó un reporte de la General Accouting Office del Congreso, el gobierno estadounidense había invertido exactamente 34 millones 558 mil 902 dólares en su programa de control de narcóticos en México.[50] El reporte notó que los métodos de inteligencia para recolectar

---

[49] Minutes of the Working Group, Cabinet Committee on International Narcotics Control, 17 de diciembre de 1975. Sheldon B. Vance Records 1967-1976. Caja 2. General Records of the Department of State, 1973-2002. The U.S. National Archives and Records Administration.

[50] Report of the Comptroller General of the United States, "Opium Eradication Efforts in Mexico: Cautious Optimism Advised", United States General Accounting Office, 18 de febrero de 1977, p. 48.

Reunión en la Oficina Oval de la Casa Blanca, 8 de junio de 1976. En la minuta de
la reunión se registró que el presidente Ford dijo al procurador Ojeda Paullada sen-
tirse "impresionado" por los esfuerzos de erradicación de opio en México. También
reconoció la "contribución" personal del procurador mexicano "en la lucha contra
las drogas". El *staff* del presidente Ford recomendaba que se utilizara la reunión como
una "oportunidad" para "elogiarlo públicamente" y continuar la cooperación en la
campaña de erradicación que por primera vez utilizaba herbicidas. Fotografía, de
izquierda a derecha: Sheldon Vance, director ejecutivo del CCINC; Brent Scowcroft,
consejero de Seguridad Nacional; James Cannon, director ejecutivo del Consejo
Doméstico de la Casa Blanca; Raúl Ortiz y Ortiz, intérprete; Pedro Ojeda Paullada,
procurador general de México; Gerald Ford, presidente de Estados Unidos, Edward
Levi, procurador general de Estados Unidos, Peter B. Bensinger, administrador de
la DEA; Alejandro Gertz Manero, coordinador de la "Operación Cóndor"; Richard
Parsons, funcionario del Consejo Doméstico de la Casa Blanca.
FUENTE: Acervo de la Gerald R. Ford Presidential Library and Museum, Serie B0131, cuadro 21. Minuta de la reunión: Archivo de James M. Cannon en la Gerald R. Ford Presidential Library and Museum, caja 11, fólder "Drug Abuse (7)".

información precisa sobre la producción de opio en México eran, en el mejor de los casos, "inadecuados": "Son costosos y requieren mucha mano de obra, además de que son muy peligrosos para los agentes involucrados. Las tareas requieren la penetración de grupos sociales cerrados localizados en áreas ampliamente dispersas y relativamente inaccesibles. Estos grupos son poco confiables y capaces de matar a foráneos sospechosos".[51]

Las cifras estimadas de producción de opio en México habían sido exageradas por la DEA. Si bien era cierto que la presencia de heroína mexicana en el mercado estadounidense se había incrementado después de la disrupción de la llamada "conexión francesa" en 1972 —el corredor de heroína turca por vía francesa—, la DEA había calculado el flujo de heroína mexicana basándose en muestras decomisadas en varios estados del país. Según la DEA, en 1975 se introdujeron ilegalmente 5.2 toneladas métricas de heroína. Se estimaba también que en México se produjo ese año un total de entre 100 y 110 toneladas métricas de opio, lo que generaría potencialmente entre 10 y 11 toneladas métricas de heroína (suponiendo que la totalidad de la cosecha fuera procesada). "Sin embargo, debido a lo inadecuado de la información utilizada, estos estimados no son confiables."[52] En 1972 se estimaba que la heroína mexicana ocupaba 40% del mercado estadounidense, pero que para 1975 había aumentado a 89%. Al revisar la pureza de las muestras utilizadas, no obstante, se determinó que la heroína mexicana en realidad representaba 70.3% del mercado. Por el contrario, mientras que el estimado oficial de la DEA afirmaba que la heroína proveniente del sureste de Asia representaba apenas 9% del mercado, el estudio mostró que en realidad ocupaba 27.5% del mercado. En otras palabras, las rutas históricas de la heroína asiática continuaban operando significativamente mientras que la heroína mexicana, aunque sin duda era el mayor problema del mercado estadounidense, no dominaba a nivel nacional como la DEA aseguraba. La situación se agravaba, porque el programa de erradicación en México era ya controlado prácticamente en su totalidad por el Ejército mexicano, dejando poco acceso a las agencias como la DEA para verificar sus resultados. La DEA admitió que sus estimados eran vagas hipótesis

---

[51] *Ibid.*, p. 52.
[52] *Ibid.*, p. 2.

basadas en información acumulada pero no en una investigación específica y sin obtener datos de primera mano sobre la producción de opio en México.

La presidencia de Carter advirtió las serias lagunas de la inteligencia anti-narcóticos, que requería de un muy alto presupuesto de operación, pero cuya efectividad era fácilmente puesta en entredicho. Un reporte del Departamento de Estado señaló que la DEA realizaba labor insuficiente que no reflejaba sus costos operativos: el presupuesto de la agencia era de 75 millones de dólares en 1973 cuando fue recién creada, pero en 1977 se había elevado a 161 millones de dólares aun cuando continuaba concentrada en generar más arrestos de traficantes y decomisos de droga que en construir redes de información sobre el crimen organizado. Al mismo tiempo, según el reporte, había "una creciente evidencia de que el programa de erradicación en México ha tenido ramificaciones negativas sociales, económicas y políticas significativas que podrían concebiblemente sobrepasar los aspectos positivos de la erradicación de adormidera".[53] Para empeorar aún más las cosas, el Subcomité Permanente de Investigaciones del Senado estadounidense determinó a principios de 1977 que el mismo programa de erradicación había causado una crisis sanitaria en Estados Unidos con la circulación de mariguana mexicana contaminada con paraquat, que se consumía en las principales ciudades de la costas este y oeste, y entre personal del ejército estadounidense de todo el país, según un reportaje del *New York Times*.[54]

Los cambios en la estructura institucional no se hicieron esperar. El 14 de marzo de 1977 Carter ordenó el desmantelamiento del Cabinet Committee on International Narcotics Control. Fue reemplazado por la White House Office of Drug Abuse Policy (ODAP), que a partir de entonces ejercería "la responsabilidad general" de la política antidrogas, pero ya no centralizaría en la Casa Blanca la coordinación de la totalidad de los programas de combate al tráfico de droga domésticos e internacionales. Pero los efectos de la agenda militarista de Estados Unidos en México ya eran palpables: en un reporte de la CIA fechado el 17 de marzo de 1977, apenas tres días de haberse ordenado

---

[53] Office of the Inspector General of Foreign Assistance, "International Narcotics Control – Mexico", United States Department of State, 17 de junio de 1977, p. 18.

[54] Jesse Kornbluth, "Poisonous Fallout from the War on Marihuana", *The New York Times*, 19 de noviembre de 1978.

el cierre del CCINC, ya se celebraba la "Operación Cóndor" como un éxito estratégico: "Las fuerzas armadas mexicanas se han enfocado tradicionalmente en la seguridad interna, pero mientras el tráfico de narcóticos ha tomado dimensiones más ominosas, el rol del ejército se ha expandido para incluir la eliminación del contrabando de drogas como una función de la seguridad nacional".[55]

Más allá de la política doméstica y de los vaivenes administrativos entre los gobiernos demócratas y republicanos, la agenda estadounidense había avanzado de un modo esencial: insertó la racionalidad securitaria en la gubernamentalidad mexicana. Ese paradigma continuará expandiéndose a lo largo de las siguientes décadas, como discutiré más adelante, colonizando políticas públicas, instituciones y prácticas de gobierno incluso más allá de cuestiones de seguridad pública y ciudadana.

Sheldon Vance se retiró de la función pública en 1977. El 20 de octubre de 1993, 16 años más tarde, el exembajador publicó una carta al editor en el periódico *The Washington Post*, en la que criticó la decisión del presidente Carter y recordó que ningún llamado "zar antidrogas" había tenido desde entonces "la autoridad para dirigir (y con ello quiero decir dar órdenes) a todos los elementos involucrados en la rama ejecutiva de nuestro gobierno: el Departamento de Estado, la Drug Enforcement Administration, la CIA, Aduanas, el FBI, otras policías etc.". Si bien es cierto que el concepto del "zar antidrogas" fue articulado a principios de los ochenta, el cargo de Vance prefiguró los alcances de la política antidrogas de las siguientes cuatro décadas al entrelazarse con la agenda de "seguridad nacional". Al concluir su carta, Vance se pregunta retóricamente: "¿Por qué no aprendemos de la historia?"[56]

---

[55] Central Intelligence Agency, "Latin America. Regional and Political Analysis", 17 de marzo de 1977, p. 13.

[56] Sheldon B. Vance, "War Over the Drug War", *The Washington Post*, 20 de octubre de 1993. En una carta personal fechada el 20 de diciembre de 1993, Henry Kissinger agradeció a Vance el haberle hecho llegar su artículo en el *Post* y se dijo de acuerdo en que debería crearse un nuevo organismo como el CCINC "para encargarse del siempre empeorando problema de la droga ilegal". Finalmente, Kissinger agradeció tener la opinión "de alguien tan cerca de la operación del Comité" como lo fue Vance. Véase Carta personal de Henry Kissinger a Sheldon B. Vance, 20 de diciembre de 1993. Sheldon and Jean Vance Papers, International Narcotics Control, 1974-1976, 1993, Loc. 147.H.3.2F, Archivos de la Minnesota Historical Society.

El análisis del embajador Vance era acertado: la articulación concertada de la estrategia antidrogas desde su oficina en la Casa Blanca y proyectada por todo el hemisferio mediante la poderosa hegemonía estadounidense estableció el camino original de la militarización que prevalece hasta el presente en la política de seguridad de México y el resto de Latinoamérica. Esa misma estrategia sería desde entonces la plataforma epistémica sobre la que se concibió el entendimiento estandarizado de la "guerra contra el narco" a través de la consistente circulación de ese discurso entre los principales medios de comunicación de Estados Unidos y México. El temprano cierre del CCINC dejó un vacío en la geopolítica antidrogas estadounidense que habría de tener consecuencias importantes en la siguiente década. Pero su narrativa de la "guerra contra las drogas" medió con éxito en la percepción colectiva que se tiene del tráfico de narcóticos en los campos de producción cultural, de donde surgen, como veremos a continuación, las múltiples expresiones de la llamada "narcocultura". Paradójicamente, la política antidrogas mexicana aprovechó la neutralización del "zar antidrogas" estadounidense para crear una nueva soberanía nacional sobre las principales organizaciones de traficantes que serían integrados a la lógica de la Guerra Fría con la protección de la CIA, sirviendo a la vez los intereses del gobierno mexicano y del estadounidense.

6

La soberanía y la imaginación estatal

"Las amapolas arden." Con esa imagen comienza el primer capítulo de la celebrada novela *El poder del perro* (2005) del escritor estadounidense Don Winslow. Es una elocuente metáfora de la transformación de la política antidrogas que Estados Unidos propulsó en México en 1975 con la "Operación Cóndor". A falta de una crónica periodística de esos eventos, consideremos la imaginación literaria:

> Los campesinos mexicanos corren delante de las llamas, aferrándose a las pocas posesiones que pudieron agarrar antes de que los soldados prendieran fuego al pueblo. Los campesinos empujan a sus hijos hacia delante, cargando sacos de comida, fotografías familiares compradas en rebaja, cobijas y algo de ropa. Sus camisas blancas y sombreros de paja (manchados de amarillo por el sudor) les dan la apariencia de fantasmas entre la bruma de humo.
>
> Con excepción de la ropa, piensa Art, podría ser Vietnam.[1]

Es una crónica imaginada de los primeros días de la campaña militarizada antidrogas en noviembre de 1975 en Badiraguato, Sinaloa. La comparación con Vietnam no es arbitraria: el agente de la DEA Art Keller, protagonista de la novela, sabe mejor que nadie hasta qué punto esta guerra fue también *producida* por la hegemonía estadounidense en México al igual que el conflicto en el sureste de Asia.

---

[1] Don Winslow, *The Power of the Dog*, Nueva York, Vintage, 2005, p. 9.

Técnicamente todas las aeronaves son mexicanas (de manera oficial, Cóndor es un show mexicano, una operación conjunta entre la Novena Zona Militar y el estado de Sinaloa), pero los aviones fueron comprados y pagados por la DEA y son pilotos contratados por la DEA, la mayoría exempleados de la CIA del viejo equipo del sureste asiático. Bonita ironía, piensa Keller: muchachos de Air America que antes transportaban heroína a los señores de la guerra tailandeses y ahora rocían con defoliantes el opio mexicano.[2]

Si bien novelas como la de Winslow llenan licenciosamente un vacío negado a la historiografía, es preciso marcar las coordenadas de enunciación de esa imaginación literaria desde el contexto político e histórico en que se produce. El hecho de que la principal voz narrativa provenga de un agente de la DEA en México tal vez sea la forma más honesta de concebir una "narconovela", pues la imaginación oficial estadounidense ha conducido fundamentalmente la lógica de la "guerra contra las drogas" que se impuso desde que esos helicópteros comenzaron a surcar el cielo sinaloense. *El poder del perro* somete a un examen crítico la narrativa preconcebida por el discurso oficial para mostrar las profundas implicaciones de la agenda securitaria estadounidense en México. Pero al hacerlo, es crucial observar esa historia a partir de sus verdaderos protagonistas: las instituciones, la diplomacia y los agentes estadounidenses que generaron el escenario de guerra con el consentimiento del gobierno mexicano en turno.

Winslow llamó a esa primera sección de su novela "Pecados originales", ya que es ahí, en el corazón de la siembra de droga, donde Keller comprenderá que la campaña militar tendrá consecuencias opuestas a los objetivos de erradicación en esos primeros años de la "guerra contra el narco". La desarticulación de los grupos de traficantes en el Triángulo Dorado, y en particular el asesinato del capo sinaloense Pedro Avilés Pérez —el único traficante que aparece con su nombre real en la novela—, allanó el terreno para el surgimiento de la primera gran organización de traficantes del país al mando de Miguel Ángel Barrera, personaje inspirado en el traficante y expolicía sinaloense Miguel Ángel Félix Gallardo. Con el corrompido amparo de la DFS y el Ejército mexicano, Barrera estableció su base de operaciones en la ciudad de

---

[2] *Ibid.*, p. 10.

Un grupo de soldados del Ejército mexicano desciende de un helicóptero durante la llamada "Operación Cóndor" para la destrucción de sembradíos de amapola y mariguana en la sierra de Sinaloa, en agosto de 1978.
FUENTE: Archivo General de la Nación, Fondo Hermanos Mayo.

Guadalajara y desde ahí controló el tráfico de estupefacientes a nivel nacional a lo largo de los siguientes 10 años, según la trama de la novela. "La Operación Cóndor pretendía extirpar de México el cáncer de Sinaloa —reflexiona Keller—, pero lo que consiguió fue propagarlo por todo el cuerpo."[3]

De un modo acaso inadvertido por Winslow, la metáfora del "cáncer" que invade el tejido social mexicano reproduce el modo más convencional de la narrativa de la "guerra contra el narco". Aunque advierte con agudeza que el escenario de guerra fue en buena medida el resultado de la agenda estadounidense con la complicidad del gobierno mexicano, Winslow terminará imaginando a los traficantes mexicanos con un nivel de agencia criminal que rebasará el contexto político que facilitó su ascenso hasta convertirse en una verdadera amenaza a la "seguridad nacional". En las siguientes dos entregas de la trilogía iniciada por *El poder del perro*, las novelas *El cártel* (2019) y *La frontera* (2019), los "cárteles de la droga" serán los responsables centrales de

---

[3] *Ibid.*, p. 103.

la violencia. La obra de Winslow se incorporó entonces al panorama literario de las primeras dos décadas del siglo XXI, que imaginó a los traficantes como los más desafiantes enemigos domésticos, que en su ambición criminal comprarán y subvertirán al poder oficial, evidenciando el fracaso de la política antidrogas entre Estados Unidos y México. Veremos esta narrativa reciclada en una multitud de novelas como *Trabajos del reino* (2004) de Yuri Herrera, *Balas de plata* (2008) de Élmer Mendoza y *Fiesta en la madriguera* (2010) de Juan Pablo Villalobos, pero también en una proliferación de películas, series, música y arte conceptual, como discutiré más adelante.[4]

Desde su origen, sin embargo, la política antidrogas se construyó a partir de una imaginación oficial prejuiciada cuyos objetivos reales no eran reducibles ni al combate a las organizaciones de traficantes, pero tampoco a la erradicación de mariguana y amapola en México. Con el respaldo de las mismas instituciones políticas y militares que propulsaron la primera ola de militarización, el gobierno federal en México dominó el campo criminal a partir de la "Operación Cóndor" en 1975. Ejerció así un doble control político y militar para disciplinar e instrumentalizar los cuerpos de los traficantes, funcionalmente integrados al estado de excepción durante una década de soberanía del Estado sobre el narco. Al mismo tiempo, la imaginación estatal articuló una narrativa sobre los traficantes —inspirada en la estadounidense—, que fue transformándose en las siguientes décadas en modos discontinuos y contradictorios. Antes de ser percibido como una "amenaza" a la "seguridad nacional", el traficante aparecía en el discurso oficial de la década de 1970 como un delincuente común, el desecho irrelevante del proyecto de nación que se quería en orden y en calma.

Revisemos la construcción de ese imaginario. La trama policial en *El poder del perro* sigue de cerca buena parte del trabajo académico que interpreta el surgimiento de un "cártel" de narcotraficantes como el resultado directo de la acción militar, que, en palabras de la académica María Celia Toro, produjo "consecuencias no deseadas": la "cartelización" del mercado de la droga.[5] Según Toro, la militarización ofreció a los grupos de traficantes capaces de

---

[4] Véase también el primer capítulo de mi libro *Los cárteles no existen*, "Cadáveres sin historia: la narconovela negra y el inexistente reino del narco".

[5] María Celia Toro, *Mexico's "War" on Drugs. Causes and Consequences*, Boulder, Lynne Rienner, 1995, p. 17.

"resistir" una oportunidad para reagruparse y hacer crecer el negocio de la droga sin la rivalidad de los pequeños delincuentes detenidos durante la "Operación Cóndor". Esta misma interpretación se consolidó en el periodismo durante la década de 1980.

Varias investigaciones periodísticas y académicas, no obstante, han demostrado cómo históricamente las organizaciones de traficantes, sobre todo después del arranque de la "Operación Cóndor" en 1975, se mantuvieron bajo un efectivo control político y militar organizado desde el estado de excepción mexicano. Sabemos, siguiendo a Luis Astorga, que la soberanía estatal aseguró "la subordinación estructural del campo del tráfico de drogas en México al campo de la política, los bajos niveles de violencia relacionados con el negocio ilegal y la exclusión de los traficantes de la actividad política. El negocio nació dentro del campo del poder donde el de la política ocupaba la posición dominante, hegemónica, y el del tráfico una secundaria, periférica, pero no ajena ni autónoma".[6]

Íntimamente incorporados a las instituciones policiales y militares, los traficantes caminaban plácidos en las calles de Guadalajara, se conducían en público sin temor a ser vistos e incluso portaban identificaciones de la DFS. Se habían integrado a una lógica de gobierno que no sólo no los antagonizaba, sino que de hecho los utilizaba con fines políticos específicos.

Sólo desde una mirada anacrónica podríamos suponer, como con frecuencia se hizo durante las dos primeras décadas del siglo XXI, que los traficantes "compraban" la protección del Estado para operar a base de millonarios sobornos. Por el contrario, debemos comprender que tras la "Operación Cóndor" la DFS y el Ejército construyeron una violenta red de soberanía policial y militar que reguló la producción y el tráfico de droga en el país, pero que fue a su vez incentivada por la CIA a pesar —aunque probablemente también con respaldo intermitente— de las investigaciones de la DEA en México. Según los académicos Peter Dale Scott y Jonathan Marshall, los traficantes portaban identificaciones de la DFS que desde luego no estaban dadas de alta en la corporación. "Los agentes de la DEA consideraban la placa de la DFS como una 'licencia para traficar'."[7] Pongamos atención, sin embargo, de la verticalidad

---

[6] Luis Astorga, *Drogas sin fronteras*, México, Debolsillo, 2015, pp. 9-10.
[7] Peter Dale Scott y Jonathan Marshall, *Cocaine Politics. Drugs, Armies and the CIA in Central America*, Berkeley, University of California Press, 1998, p. 39.

del poder oficial que instrumentalizaba a los traficantes: "Pero la DFS hacía mucho más que simplemente proteger a los más notorios traficantes. Los juntó para formar un cártel, centralizó y organizó su operación, eliminó a sus competidores y, a través de sus conexiones con la CIA, proveyó la protección internacional necesaria para asegurar su éxito".[8]

No había una relación de complicidad entre policías y criminales, sino la sumisión de éstos ante aquellos. Según Sergio Aguayo, existía de ese modo una "extraordinaria simbiosis de la DFS con los narcos. Era tan completa que los narcotraficantes pagaban la renta de la delegación de la DFS en Jalisco".[9] Al mismo tiempo, como retomaré en la siguiente parte, la CIA explotó esta relación para canalizar el flujo de armas y dinero hacia las operaciones de contrainsurgencia en Centroamérica durante los años más violentos de la Guerra Fría.

La soberanía del Estado mexicano explica el hecho de que no se registraran detenciones de traficantes importantes hasta mediados de los ochenta. El impune ejercicio del permanente estado de excepción mantuvo un efectivo control policial y militar por todo el territorio nacional que volvía los operativos antidrogas redundantes e innecesarios. Aunque la "Operación Cóndor" comenzó a introducir el discurso de la "guerra contra las drogas" en México, el estado de excepción continuó orientado principalmente hacia la inercia de la Guerra Fría durante toda la siguiente década. En Estados Unidos, la transición del gobierno de Carter había cancelado la política antidrogas de Nixon y Ford, mientras que los primeros años del gobierno de Ronald Reagan (1981-1989) se centraron en el combate al comunismo y sin interés por articular una nueva política antidrogas para México. La represión militar en contra de los movimientos armados en el país —la llamada "guerra sucia"— avanzó como uno de los principales objetivos militares aún durante los años de la "Operación Cóndor", pues la geopolítica estadounidense se había establecido primero sobre el comunismo y sólo hasta la siguiente década se enfocaría en el narcotráfico como enemigo doméstico.

---

[8] *Ibid.*, p. 40.
[9] Sergio Aguayo, *La charola. Una historia de los servicios de inteligencia en México*, México, Grijalbo, 2001, p. 241.

Durante estos primeros años de la militarización antidrogas, la palabra *cártel* no existía aún en el discurso oficial ni en México ni en Estados Unidos, en donde no comenzaría a circular sino hasta mediados de la década de 1980.[10] Como argumenta Juan Fernández Velázquez, tiene mucho más sentido entender a los grupos de productores y traficantes de droga de Sinaloa hasta la década de 1970 como "clanes" que operaban en redes de cooperación, con frecuencia por vínculos sanguíneos y relaciones personales, y no como organizaciones piramidales que intentaran monopolizar la producción de mariguana y adormidera:

> La construcción de las redes de parentesco, vecinales y comerciales, expresadas a manera de clanes, es también un acto racional, así fue posible mantener vigente el narcotráfico y consolidarse en la región, mismo que a través de la siembra, comercio y tráfico de opio y mariguana se convirtió en una práctica cotidiana para los habitantes serranos, lo cual propició el fortalecimiento de una identidad en torno al oficio y con ello la formación de clanes motivados por intereses comunes.[11]

En el plano simbólico, no obstante, el discurso de guerra confundió al guerrillero y al traficante como objetos simultáneos del aparato de seguridad que debían de ser sometidos de igual manera por las autoridades. Las operaciones del Ejército y la DFS a partir de la "Operación Cóndor" se organizaban, por lo menos nominalmente, en contra de "subversivos" y "narcotraficantes" a la vez. En ambos casos, el discurso oficial se cuidaba de no magnificar ninguna de las dos problemáticas, diseminando una política de violencia simbólica que convertía tanto a los traficantes como a los guerrilleros en delincuentes marginales y meros agitadores sociales. Con la "Operación Cóndor", el gobierno federal pronto declararía victoria: para junio de 1977, según datos proporcionados a los medios de comunicación personalmente por

---

[10] Como explicaré a detalle en el siguiente capítulo, el concepto de "cártel", como ahora lo conocemos, fue articulado por las autoridades federales de Estados Unidos para facilitar los procesos judiciales en contra de los traficantes colombianos integrantes del supuesto "Cártel de Medellín". Véase Jon Nordheimer, "U.S. Details Workings of Vast Drug Ring", *The New York Times*, 18 de noviembre de 1986.

[11] Juan A. Fernández Velázquez, *El narcotráfico en Los Altos de Sinaloa (1940-1970)*, Xalapa, Universidad Veracruzana, 2018, p. 12.

el secretario de la Defensa Nacional, Félix Galván López, en los primeros seis meses de la militarización ya se había conseguido reducir el tráfico de drogas en un 80%, destruyendo 4 mil 433 hectáreas de amapola y mil 950 de mariguana.[12] (Un mes antes había afirmado con mayor temeridad que 98% de la producción de droga en México había sido destruida.)[13]

Galván López fue todavía más sofisticado en su estrategia de información sobre los movimientos armados y los traficantes de droga. En la que fuera en la historia la primera entrevista pública concedida por un secretario de la Defensa Nacional, éste fue contundente: la guerrilla en México, afirmó, simplemente no existía. Y explicó: "Existe la llamada Liga 23 de septiembre, pero ésos no son guerrilleros, son infractores del orden común, que asesinan a mansalva a servidores públicos, que asaltan a los bancos y matan a gente inocente que nada tiene que ver con sus propósitos". Luego, en la misma conversación reiteró: "Vamos a dar un gran golpe al narcotráfico".[14] En los archivos de la ahora desaparecida Dirección General de Investigaciones Políticas y Sociales (DGIPS) depositados en el Archivo General de la Nación (AGN), en donde se resguardan los reportes oficiales sobre la "Operación Cóndor", aparecen también los recortes de noticias publicadas con las declaraciones del secretario de la Defensa Nacional sobre el narcotráfico y los movimientos armados. Como si la intención hubiera sido comprobar para sus superiores en la Secretaría de Gobernación el profundo nivel de mediación del discurso oficial, las numerosas notas de los principales periódicos nacionales repetían al unísono el mismo mensaje doble del gobierno federal: el narcotráfico está derrotado y la guerrilla ni siquiera existe.

Los gobiernos represivos de Echeverría y de López Portillo ejercieron en continuidad una política de comunicación que manipuló de este modo el discurso público sobre la guerrilla y el narcotráfico. El intelectual Carlos Montemayor fue uno de los primeros en comprender que el éxito de la política oficial de represión radicaba en neutralizar el estatuto legítimo de los movimientos armados negándoles la categoría de guerrilla ideologizada. Con

---

[12] Sergio Candelas, "El narcotráfico abatido en 80%, informó Félix Galván", *El Sol de México*, 1 de junio de 1977.

[13] Carlos Espinosa Martínez, "Ejército contra la '23'", *La Prensa*, 2 de mayo de 1977.

[14] Paz Muñoz, "El ejército dará un gran golpe al narcotráfico: Galván López", *El Día*, 9 de febrero de 1977.

un grupo politizado podía debatirse a un nivel político. A los simples delincuentes, en cambio, había que combatirlos en un escenario de guerra. Anota Montemayor: "La caracterización de tales movimientos desde la perspectiva oficial forma parte ya de una estrategia de combate y no de un análisis para comprenderlos como procesos sociales".[15] Pero esta política de caracterización se desarrolló mediante un complejo discurso diseñado para imponer formas de imaginación colectiva que terminaban por justificar las más violentas políticas de represión policial y militar. Al circular la versión oficial como el único acercamiento "real" tanto al mundo del narcotráfico como al de la guerrilla armada, el Estado conseguía organizar simbólicamente los espacios de acción de aquellos actores que después combatiría hasta la prisión o la muerte. Primero se les invalidaba una existencia simbólica propia; luego se les negaba el derecho a existir. Explica Montemayor:

> En el orden del discurso, por ejemplo, debemos destacar fundamentalmente que en toda formulación discursiva oficial hay un plano explícito y otros encubiertos. En el plano explícito discrepan las versiones sobre la realidad social que formulan los movimientos de inconformidad social y el Estado mismo. El discurso encubierto, en cambio, es el sustrato que a menudo acepta la sociedad en su conjunto como verdad inobjetable y que sirve de sustento y contexto al discurso explícito oficial.[16]

Al avanzar en el plano simbólico con ese discurso encubierto, el gobierno ya tenía la mitad de la batalla ganada. Deslegitimados, sin apoyo popular y considerados por la esfera pública como delincuentes, los guerrilleros quedaron a la intemperie. Retomando aquí a Max Weber, los guerrilleros terminaron expuestos al monopolio de la violencia legítima del Estado. "Al permanecer en silencio esta violencia constante y previa, la inconformidad se confunde con el inicio de la violencia social misma y no se le entiende, precisamente, como un proceso que surge para que cesen, mengüen o se suspendan temporal o definitivamente los indicadores de la violencia social

---

[15] Carlos Montemayor, *La violencia de Estado en México. Antes y después de 1968*, México, Random House, 2010, p. 180.
[16] *Idem.*

previa institucionalidad. En este caso, la inconformidad social no inicia la violencia; por el contrario, surge para que esa violencia cese."[17]

La efectiva y totalizante campaña militar y policial en contra de traficantes y guerrilleros tuvo éxito precisamente porque el Estado, como explica el sociólogo Pierre Bourdieu, también detenta el "monopolio de la violencia simbólica".[18] Bajo esa soberanía discursiva, el Estado dispone tanto positiva como negativamente de la sociedad legítima e ilegítima por igual, integrando a los dos ámbitos bajo una sola forma de gobierno, y vinculando a los cuerpos disciplinados, sometidos a una misma racionalidad que los coloca en un único horizonte de vulnerabilidad.

La hegemonía estadounidense produce un efecto ambiguo en torno al concepto de soberanía que explica en parte la consolidación de los aparatos securitarios y el despliegue de estrategias discursivas y militares para el control de los territorios tocados por la violencia de Estado. En este proceso, el concepto de soberanía se desdobla en el caso del Estado mexicano entre el principio constituyente de Carl Schmitt ("Soberano es quien decide sobre el estado de excepción")[19] y el concepto de *gubernamentalidad* articulado por Michel Foucault como una forma de poder constituido. Como se sabe, Foucault rechazó la idea de soberanía como el ejercicio vertical del poder hacia los sujetos dominados para tratar en cambio de comprender "cómo los fabrican las relaciones de sometimiento concretas".[20] La pregunta aquí, entonces, es dilucidar cómo los sujetos dominados son *producidos* por las relaciones de poder en un permanente ejercicio de la guerra. Sergei Prozorov ha pensado esta tensión precisamente como una oscilación entre el decisionismo de la soberanía constituyente y el efecto de una gubernamentalidad constituida, es decir, un péndulo entre el orden impuesto por el Estado y el discurso hegemónico que continúa independientemente de las instituciones del poder oficial que lo conformaron.[21]

---

[17] *Ibid.*, p. 183.

[18] Pierre Bourdieu, *On the State. Lectures at the Collège de France, 1989-1992*, Cambridge, Polity, 2014, p. 4.

[19] Carl Schmitt, *Teología política*, Francisco Javier Conde y Jorge Navarro Pérez (trads.), Madrid, Editorial Trotta, 2009, p. 13.

[20] Michel Foucault, *Defender la sociedad. Curso en el Collège de France (1975-1976)*, México, Fondo de Cultura Económica, 2000, p. 50.

[21] Sergei Prozorov, "X/Xs: Toward a General Theory of the Exception", *Alternatives: Global, Local, Political*, vol. 30, núm. 1, enero–marzo de 2005, pp. 81-112, p. 82.

La mayor complejidad de la política antidrogas en México se localiza exactamente en este punto. Mientras que el gobierno federal controlaba a los principales traficantes de Guadalajara hasta el punto de convertirlos en empleados, ese mismo sistema político los *nombraba* desde una narrativa que los presentaba públicamente como sujetos despolitizados. Así, desde la perspectiva oficial, el traficante no sería nunca ese campesino desposeído que intentaba sobrevivir a la explotación, la marginalidad y la violencia que estructuraba el propio Estado facilitando el tráfico de drogas para unos cuantos mientras extorsionaba o exterminaba a todos los demás. En la mirada del discurso estatal, el traficante aparecería como un ser tóxico y residual, un excedente de la modernidad nacional que no había encontrado un lugar a causa de su ignorancia, su pedestre ambición y su inmoralidad delictiva, es decir, *a pesar* de la sociedad funcional que le ofrecía una oportunidad de integrarse productivamente pero que el traficante había rechazado por decisión propia.

Bajo esas condiciones discursivas nació la llamada "narcocultura".

Detengámonos en un breve ejemplo para comprender este fenómeno. El estreno en 1972 de "Contrabando y traición" dio éxito internacional a la banda norteña Los Tigres del Norte y también marcó para la crítica especializada el inicio del género del "narcocorrido" como actualmente se le conoce: una forma celebrada de "narcocultura" que ha sido estudiada como vehículo de representación directa de las dinámicas sociopolíticas que enmarcan el fenómeno del tráfico de drogas. "Contrabando y traición" narra una historia de precariedad y violencia que en la década de 1970 se asociaba popularmente con los contrabandistas, construidos en ese imaginario oficial que los proyectaba como actores sociales indistinguibles del delincuente común. El corrido, como se sabe, es la historia de "Camelia la Texana" y "Emilio Varela", una pareja de traficantes que protagoniza un breve melodrama que hace eco del orden moral y ético heredado por la tradición del *exemplum* medieval como en *El libro de los ejemplos del Conde Lucanor y de Patronio* de Don Juan Manuel. Cuando consiguen cruzar la frontera hacia Estados Unidos con una cantidad más bien irrisoria de droga —"las llantas del carro repletas de yerba mala"—, Emilio divide las ganancias en partes iguales, pero revela a Camelia que está enamorado de alguien más y, así, le pide "rehacer" su vida. Despechada, Camelia lo asesina y huye con el dinero de ambos. (Véanse imágenes 1 y 2 en el cuadernillo central.)

En cuanto que objeto privilegiado de la "narcocultura", el "narcocorrido" en México ha sido estudiado tradicionalmente como una auténtica expresión popular contrahegemónica por su supuesta cercanía a una voz colectiva, en apariencia desde una posición de genuino disenso. Al organizar el catálogo general del "narcocorrido", académicos como José Manuel Valenzuela y Herman Herlinghaus tienden a concebir una continuidad conceptual que observa la evolución de este género en un tipo de *crescendo* en directa correlación simbólica con el supuesto desarrollo histórico del mercado trasnacional de drogas y el ejercicio de la violencia que el Estado le atribuye. Así, la crítica académica con frecuencia observa una tradición musical orgánica que se asume en correspondencia directa con lo *real* del tráfico de drogas.

Cierta crítica académica ha querido concebir esta supuesta exterioridad de lo real del "narco" en contraposición del discurso oficial. A diferencia de otros sectores sociales, las economías clandestinas carecen de un archivo propio. No existen actas de fundaciones de los supuestos "cárteles", organigramas administrativos, protocolos de operación ni mucho menos memorias de sus principales actores. Ante la falta de ese archivo independiente de la dominante matriz discursiva oficial, la crítica académica ha observado al "narcocorrido" como la inscripción espontánea de una narrativa alternativa. En su libro *Jefe de jefes. Corridos y narcocultura en México*, por ejemplo, José Manuel Valenzuela analiza al "narcocorrido" como "crónica, registro, referente axiológico, historia subalterna y recuento de asuntos de interés social".[22] El "narcocorrido" se estudia, entonces, como un objeto unívoco en un espacio de simbolización sincrónico que puede variar temáticamente a lo largo de décadas pero que se construye siempre desde las mismas funciones sociales desde su primera aparición: producir una "verdad" que se aleje de la oficial. Pero al analizar sus formas de representación y al resituarlo luego en su contexto histórico inmediato, veremos cómo el "narcocorrido" responde a la mediación del discurso oficial que aun en el ámbito de la cultura popular ejerce la misma soberanía simbólica.

---

[22] José Manuel Valenzuela, *Jefe de jefes. Corridos y narcocultura en México*, Tijuana, Colegio de la Frontera Norte, 2003, p. 10.

El "narcocorrido" deriva de una larga tradición popular que comenzó a gestarse hacia finales del siglo XIX y que se convirtió a través de las décadas en el registro afectivo de un recuento alternativo de la violenta modernidad mexicana. Pero "Contrabando y traición" no está basado en información factual. De hecho, según explica Elijah Wald, los referentes del compositor Ángel González —que hasta ese momento sólo había escrito canciones rancheras de amor— abrevaban de una imaginación provinciana que hacía eco de la precariedad social con la que se relacionaba a los traficantes, con frecuencia campesinos pobres y sin educación que se aventuraban en el contrabando a falta de otras opciones de supervivencia.[23] La aparición de Camelia como una inusual mujer contrabandista, lejos del *empoderamiento femenino* que le atribuye, por ejemplo, Herman Herlinghaus,[24] remite más bien a un dudoso feminismo que subrayaba los peligros que podría confrontar un traficante macho en compañía de una "hembra" despechada con sentimientos homicidas. El "narcocorrido", desde entonces y por lo menos hasta entrada la década de 1990, continuará estructurado como un melodrama deliberadamente ficticio, indistinguible del típico personaje de las sentimentales telenovelas mexicanas. En tanto forma de distinción que recoge "lo residual" de la cultura popular, como explica Jesús Martín-Barbero, el melodrama es a su vez el resultado de la mediación de otro discurso hegemónico que imagina los excedentes de la vida burguesa legitimada en su conservadurismo moral y católico, mientras que las formas de "verdadera" cultura de las minorías educadas se distancian del gusto del público promedio.[25]

El traficante es otro de los rostros de las mitologías del "ser mexicano" que estudia Roger Bartra en su clásico ensayo *La jaula de la melancolía*. El "pelado", ese "bárbaro agachado", es el campesino derrotado que tampoco es aceptado en la ciudad: "entre dos aguas, vive la tragedia del fin del mundo agrario y del inicio de la civilización industrial" en la modernidad mexicana de la

---

[23] Elijah Wald, *Narcocorrido. A Journey into the Music of Drugs, Guns and Guerrillas*, Nueva York, HarperCollins, 2001, pp. 18 y 42-43.

[24] Hermann Herlinghaus, *Narcoepics: A Global Aesthetics of Sobriety*, Nueva York, Bloomsbury, 2013.

[25] Jesús Martín-Barbero, *Oficio de cartógrafo. Travesías latinoamericanas de la comunicación en la cultura*, México, Fondo de Cultura Económica, 2002, p. 23.

primera mitad del siglo xx.[26] Con la representación de su incontrolable exceso, esa imagen del traficante, como la del "pelado", contribuyó a justificar parte de la identidad mexicana malograda tras el colapso del llamado "milagro mexicano", la promesa desarrollista de un crecimiento económico sostenido que promovió el sistema gobernante del PRI durante las décadas de 1940 a 1960.

La imaginación del mexicano decadente y delictivo en más de un modo explica también la derrota nacional de un país endeudado y en bancarrota económica y moral que comenzó a percibirse con mayor claridad a partir de la década de 1970. En plena correspondencia con ese momento del "ser mexicano" en 1972, "Contrabando y traición" es, en suma, un producto consecuente con el melodrama de las telenovelas, el cine de ficheras y los barrios bajos de México. El siguiente éxito de Los Tigres del Norte, el lanzamiento en 1975 del disco *La banda del carro rojo*, refrendó la misma narrativa del traficante precarizado y vulnerable que ante la crisis política y económica de México se atiene a un recurrente destino fatal determinado por la traición, la cárcel o la muerte, ya sea a manos de un traficante rival o de la violenta represión policial o militar.

Uno de los primeros hitos cinematográficos del género fue precisamente *La banda del carro rojo* (Rubén Galindo, 1978), la dramatización del "narcocorrido" anterior. Protagonizada por los míticos hermanos Almada, la trama cuenta la historia de un pequeño grupo de traficantes asesinado por policías texanos durante una espectacular balacera de la cual no tenían ninguna expectativa de sobrevivencia. En el momento climático de la derrota, al traficante sólo le queda un mínimo momento de agencia al mantener la integridad de su pacto criminal. A punto de morir, el traficante se rehúsa a denunciar a sus socios y repite uno de los versos del corrido: "Yo no sé cantar".[27]

Este traficante imaginado en la penumbra de una fatalidad, producto de sus propias decisiones equívocas e inmorales, consiguió ocultar para el público consumidor la verdadera tragedia que desató la militarización antidrogas a

---

[26] Roger Bartra, *La jaula de la melancolía. Identidad y metamorfósis del mexicano*, México, Grijalbo, 1996, p. 112.

[27] "Decía Lino Quintana/ Esto tenía que pasar/ Mis compañeros han muerto/ Ya no podrán declarar/ Y yo lo siento sheriff/ Porque yo no sé cantar". Letra de Paulino Vargas Jiménez.

partir de 1975. Son esas vidas no narradas, borradas de la memoria nacional, suplantadas por el mito del traficante desertor de la sociedad normativa, las que se irán excavando conforme la investigación académica fisura el discurso oficial para encontrar a las víctimas del estado de excepción mexicano.

Me detengo en una sola: el 9 de octubre de 1979 el campesino Jesús María Cevallos Fontes escribe desde el Instituto de Readaptación Social de Sinaloa: "DENUNCIO LAS ARBITRARIEDADES, QUE FUI ABJETO POR PARTE DE ELEMENTOS DEL GLORIOSO EJERCITO MEXICANO como les dare una reseña, esperando me hagan JUSTICIA y castigo para los responsables, los cuales en distintas formas abusaron de mi humilde Familia, lo mismo que de mi persona, como les dare una reseña".[28]

Tanto Cevallos Fontes como su esposa Catalina Rembao de Cevallos declararon por separado que el 27 de agosto de 1979 se encontraban en su casa en el rancho Los Guayabos, ubicado en el municipio de Morelos en el estado de Chihuahua, cuando Jesús María fue detenido alrededor de las seis de la mañana por soldados del Ejército mexicano "al mando del Sargento Jesús Tiendas", acompañados por Luis Cevallos Palmas, que también portaba un arma.

Me llevaron a un arroyo y me empesaron a dar golpez en distintas partes del cuerpo y me pusieron en la boca un pañuelo y por la nariz me metian agua, del mismo arroyo, y antes de vendarme los ojos, me di cuenta que ya tenían amarrado a mi hijo, José Miguel 17 años y a Leopoldo Javier de 14 años, los cuales los golpearon y les dieron tomentos en distintas formas, en la actualidad, José Miguel, se encuentra con fuertes dolores en el cuerpo, a rais de la Brutal golpiza, propinada por los Soldados, tanto a Mi como a mis hijos nos acusaban que Yo me dedicaba a la Siembra de Droga [...] a mis hijas que son menores de edad las asustaban con sus armas, y uno de los soldados a mi Esposa Sra. Catalina Rembao de Cevallos, de 46 años de edad, la invitaba que se diera un "TOQUE" dicho vulgar de los adictos a la Marihuana, y mi Esposa, tenia necesidad de hacer una necesidad Fisiologica, y no la dejaron hacerla en el WC.[29]

---

[28] Archivo General de la Nación, Secretaría de la Defensa Nacional, expediente 1298-1979, caja 15, oficio 197961. Reproduzco las mayúsculas y la redacción del original.
[29] *Idem.* Una vez más, reproduzco la redacción original.

Cevallos Fontes explicó que en mayo de 1978 descubrió que Luis Cevallos Palmas, un "pariente lejano", sembraba mariguana y amapola cerca de sus hortalizas. En lugar de ser atendida su denuncia, fue detenido por los sembradíos. La comandancia de la Novena Zona Militar remitió la denuncia a la comandancia de la Fuerza de Tarea Cóndor, notando que no existía registro de la detención, "lo que hace suponer que existen ciertas irregularidades con respecto a su captura".[30] La respuesta de la misma comandancia de la Fuerza de Tarea "Cóndor IV" se deslindó de la acusación constatando que "Jesús María Ceballos Fontes" (con error de redacción en el primer apellido) "reconoció haber sembrado en compañía de su hijo Héctor Ceballos Rembao cuatro plantíos de mariguana" con una superficie de mil 375 metros cuadrados. Además, según los soldados, los detenidos los llevaron hasta una cueva donde habían escondido tres armas de fuego.

Con respecto a la queja elevada anteriormente por la señora Catalina Rembao de Ceballos en el sentido de que su esposo e hijos fueron golpeados, es una forma normal de actuar de los familiares de narcotraficantes que son asesorados por un grupo de abogados que obtienen grandes ingresos en la defensa de estos individuos. Tomando en cuenta que el comandante de la multicitada Fuerza de Tarea ya aclaró la detención del individuo Ceballos Fontes, como le fue ordenado, se estima pertinente contestar de enterado.[31]

Los efectos de esta violencia generalizada entre los más vulnerables han sido documentados ampliamente. El investigador Jorge de la Herrán constató un marcado incremento en los flujos migrantes campesinos de municipios sinaloenses como Badiraguato, Culiacán y Cosalá, en particular a partir de 1978 con la "Operación Cóndor", que fueron registrados en el censo de población de 1980.[32] Para la década de 1980, el desplazamiento forzado de más de 2 mil comunidades diezmó los índices de crecimiento de población en el estado, con varios municipios en números negativos.[33]

---

[30] Idem.

[31] Idem.

[32] Jorge de la Herrán García, "La migración campesina en Sinaloa", Ciencia y Universidad, núm. 13, julio de 1980, pp. 77-102.

[33] Arturo Lizárraga Hernández, "Sinaloa: narcotráfico, violencia y emigración", Arenas, Revista Sinaloense de Ciencias Sociales, núm. 10, invierno de 2007.

Agentes de la Policía Federal detienen a dos campesinos en la sierra de Sinaloa en agosto de 1978.
Fuente: Archivo General de la Nación, Fondo Hermanos Mayo.

En su conocido ensayo "La vida de los hombres infames", Foucault recoge las breves historias de personas condenadas por los aparatos oficiales de la monarquía francesa entre los siglos XVII y XVIII. Son acusaciones escritas como pequeñas denuncias, traiciones, simulaciones, falsos alegatos, descarnadas y furiosas intrigas entre amigos, vecinos, familiares, incluso entre padres e hijos. Hurgando en los archivos policiales y órdenes reales, Foucault comprende con ironía que sólo en su encuentro con el registro imperial le ha sido posible recobrar el trazo de las mínimas biografías de aquellos que terminarán juzgados como criminales.

Todas estas vidas que estaban destinadas a transcurrir al margen de cualquier discurso y a desaparecer sin que jamás fuesen mencionadas han dejado trazos —breves, incisivos y con frecuencia enigmáticos— gracias a su instantáneo trato con el poder, de forma que resulta ya imposible reconstruirlas tal y como pudieron ser "en estado libre". Únicamente podemos llegar a ellas a través de las declaraciones, las parcialidades tácticas, las mentiras impuestas que suponen los juegos del poder y las relaciones de poder.[34]

Vuelvo al trabajo de Foucault porque no debemos olvidar que la vida de los hombres infames del narcotráfico, o por lo menos aquello que *imaginamos* que es su vida, es ante todo el producto directo de los discursos de poder que el Estado ha generado para describir al crimen organizado y para legitimar la práctica permanente de una guerra supuestamente para combatirlo. No son la memoria colectiva que se transmite en corridos o relatos narrados por el "pueblo". No son una forma de representación popular articulada espontáneamente "desde abajo". Eso que denominamos "narcotraficante" a partir de 1975 es el significante vacío que sólo es visible en el momento en que se inscribe en la perniciosa soberanía simbólica que lo nombra en primera instancia y cuya narrativa es después repetida sin cesar por periodistas, músicos, cineastas y autores de ficción fascinados por los excesos —muchas veces fabricados por policías y militares— que la mayoría de la gente en su mediocridad e hipocresía condena como si no fuera algo humano, sino monstruoso y abyecto. Las calculadas denuncias dirigidas al rey recurrían a un curioso lenguaje elevado que la gente común y sin educación reproducía torpemente para asegurar el encierro de un supuesto delincuente. También los relatos más recurrentes en la "narcocultura" cobran una inercia propia cuando tratan de imitar el sentido narrativo del discurso oficial y su insondable archivo de "traficantes" inculpados, casi como una suerte de seducción y deseo del imaginario gubernamental que inventó el delito, pero también al delincuente. En su defensa, los denunciados intentan también dialogar con ese lenguaje del poder imitando con torpeza y desesperación sus convenciones, sus fórmulas. Como observa Foucault, "es necesario apropiarse al menos por un instante de ese poder, canalizarlo, poseerlo y dirigirlo hacia donde uno quiere; es necesario, para utilizarlo en provecho propio, 'seducirlo'; el poder se convierte a la vez en objeto de codicia y en objeto de seducción".[35] Los creadores y transmisores de "narcocultura", al igual que los soldados, los policías y los

---

[34] Michel Foucault, *La vida de los hombres infames*, Fernando Álvarez-Uría (trad.), La Plata, Argentina, Caronte, 1996, p. 125.
[35] *Ibid.*, p. 132.

agentes que escriben los incontables partes donde se da cuenta de una detención más, se relacionan con los discursos de poder porque, a la larga, hay algo atractivo y provechoso en su práctica. Participar de esa imaginación es una forma de extraer ganancia personal, visibilidad, el beneficio de un profeta que narra otro episodio del fin del mundo. El soldado cumple su trabajo. El compositor graba su corrido. El narrador imprime su novela. El cineasta edita su película. Todos por encima del cuerpo del campesino detenido y ante cuya denuncia el Ejército simplemente se da por "enterado".

Según Foucault, es ahí donde se encuentra la base de la literatura moderna: en el discurso que abandona la vida de los héroes y su épica para adentrarse en lo deleznable, lo inaceptable, lo indecible, la transgresión, lo prohibido. Pero, advierte Foucault, tampoco debemos reducir las vidas mínimas de los infames al artificio literario: "No son ni casi-literatura, ni subliteratura, ni tan siquiera son el esbozo de un género; son fruto del desorden, el ruido, la pena, el trabajo del poder sobre las vidas y el discurso que verbaliza todo esto".[36] Antes que cultura, los corridos, el cine, las novelas, los cuentos y el arte conceptual sobre el "narco" son efectos de la gubernamentalidad, ecos de un pensamiento que concibe enemigos a la altura de su propia violencia. Los campesinos que sufrieron la "Operación Cóndor" fueron en esos años como los "hombres infames" que Foucault encontró entre los archivos de la Francia imperial: sujetos anónimos, desposeídos de toda agencia, que sólo aparecen en nuestro horizonte de percepción histórica porque fueron *tocados* por el poder, inscritos en la fuerza de la violencia de Estado para justificar con su cuerpo la soberanía Estatal que decidió la precariedad de su vida y el irrelevante evento de su muerte.

---

[36] *Ibid.*, p. 138.

SEGUNDA PARTE

El caso Camarena
y la nueva doctrina securitaria

(1985-1994)

7

La *Narcos Experience*

La mañana del domingo 18 de noviembre de 2018 me sumé a una fila de fans de la serie *Narcos: México* —producida por Netflix y estrenada en esa plataforma de internet dos días antes— que comenzó a formarse desde temprano para asistir a una "experiencia" en la terraza de la City Vineyard, un restaurante especializado en vinos, ubicado en las orillas del río Hudson, a unas cuadras de la nueva torre del World Trade Center en Nueva York. Dos anfitriones —disfrazados de agentes de la Drug Enforcement Administration (DEA) vestidos de negro, con lentes oscuros, chamarras, gorras y placas de metal— requirieron la firma de un *waiver*, un documento que eximía a la empresa organizadora de todo riesgo de demanda en caso de cualquier daño a los objetos personales, la integridad física o incluso la muerte accidental de los participantes durante la visita. La instalación consistía en una suerte de laberinto construido con paredes tapizadas con plantas de mariguana de plástico que ocupaban todo el *rooftop* de la vinatería.

Era posible sentarse en escritorios de agentes de la DEA, entre un caos de mapas, documentos oficiales y reportes de inteligencia. Unos pasos más adelante, una sala recreaba una bodega clandestina con paquetes de cocaína y mariguana, maletines repletos de dólares, máquinas contadoras de billetes y municiones de armas largas, todo entre una imagen de la Virgen de Guadalupe y la bandera de México, como enmarcando la idiosincrasia nacional del traficante en la devoción católica y un básico sentido de patriotismo. En uno de los pasillos se colocó una placa metálica con el mensaje de "Bienvenidos a México", réplica de los señalamientos oficiales de los cruces fronterizos mexicanos con

La "Netflix Narcos Experience" se llevó a cabo el 18 de noviembre de 2018 en la parte superior del restaurante City Vineyard en la franja oeste de Manhattan. Dentro, los asistentes leíamos breves cápsulas históricas que narraban la irrupción de los traficantes sinaloenses Miguel Ángel Félix Gallardo, Ernesto Fonseca Carrillo y Rafael Caro Quintero, como los principales criminales mexicanos de la década de 1980. Entre los pasillos se recreaban escenarios tomados de la nueva serie.
Fotografía de Oswaldo Zavala.

Oficina de la DEA en Guadalajara y bodega clandestina de traficantes mexicanos recreadas para la *Narcos: Mexico Experience* en Nueva York.
Fotografías de Oswaldo Zavala.

todo y el sello oficial del gobierno federal mexicano. Al terminar el recorrido, se regalaba a los asistentes una camiseta con el eslogan *Business is booming* ("El negocio está prosperando") y un juego de lotería ilustrado con imágenes de la serie que aparecen en el póster oficial y en otros anuncios promocionales. A la salida, como para completar la parafernalia cultural, se ofrecía también un churro cubierto de azúcar y un vaso de chocolate caliente. (Véase la imagen 3 en el cuadernillo central.)

Tras el éxito de las primeras dos temporadas de la serie enfocadas en el ascenso y caída de los "cárteles" colombianos de Medellín y Cali, *Narcos: México* se presentó como la continuación de una trama continental, pero ahora examinando la historia de los traficantes mexicanos que gradualmente fueron desplazando a las organizaciones colombianas en el trasiego de cocaína hacia Estados Unidos. A diferencia de las temporadas colombianas, sin embargo, la nueva serie no se limitaba a dramatizar la vida de los traficantes de la época. Se enfocaba, en cambio, en el asesinato de Enrique "Kiki" Camarena, un agente mexicoamericano de la DEA que fue secuestrado y asesinado en 1985. El crimen, atribuido históricamente por las autoridades de México y Estados Unidos a los traficantes Miguel Ángel Félix Gallardo, Ernesto Fonseca Carrillo y Rafael Caro Quintero, tuvo y sigue teniendo hasta el presente hondas repercusiones geopolíticas. Se le recuerda como un escándalo binacional que tensó las relaciones diplomáticas entre ambos países y que mostró en más de un modo el colapso del régimen político que había gobernado en México desde 1929. Todavía más, la muerte de Camarena ha sido inscrita en el imaginario colectivo de la llamada "narcocultura" de un modo estandarizado, como evidencia de la debacle del estado policial que comenzaba a ser rebasado por las organizaciones de traficantes y que según versiones oficiales expandían su dominio territorial ahí donde el Estado comenzaba a fallar.

El fenómeno mediático que ha suscitado *Narcos: México* es sintomático de la persistente narrativa hegemónica sobre el tráfico de drogas que ha justificado la militarización del país desde que inició la era de la "guerra contra el narco" en la década de 1970. *Narcos: México* preludia los primeros capítulos de su trama precisamente con la "Operación Cóndor", la primera estrategia binacional antinarcóticos que, como pudimos constatar en la primera parte, generó una ventana de oportunidad para que una nueva generación de traficantes, al

Arriba: publicidad de la serie *Narcos: México* de Netflix en las calles de Manhattan, indicando el tránsito de las primeras temporadas enfocadas en Colombia a la nueva serie ubicada en el México de mediados de 1980. Abajo: imitación de letrero oficial en los cruces fronterizos hacia México, colocado sobre una pared tapizada con mariguana de plástico en la *Narcos Experience* de Manhattan.
Fotografías de Oswaldo Zavala.

amparo del Estado, fundara una organización de alcance nacional destinada a llenar el vacío temporal que provocó la militarización del llamado "Triángulo Dorado". En lo que sigue, propongo examinar cómo a partir del asesinato de Camarena fue estructurada esta nueva etapa de la narconarrativa que ha manufacturado un consenso colectivo moldeando la opinión pública para legitimar la versión más reciente de la estrategia antidrogas que prevalece desde la presidencia de Felipe Calderón hasta el gobierno de AMLO, garantizando que las Fuerzas Armadas sigan encargadas de la "seguridad nacional" en México.

Aunque predecibles, los arquetipos de los traficantes de la época se construyen con rapidez y eficacia: o bien aparecen como fríos y calculadores empresarios, como en el caso de Miguel Ángel Félix Gallardo (interpretado por Diego Luna), o bien como sangrientos sociópatas como Ernesto Fonseca Carrillo (Joaquín Cosío), y hasta arrebatados y pasionales libertinos como Rafael Caro Quintero (Tenoch Huerta). Este *casting* retoma una de las más recurrentes fórmulas de las productoras de cine y televisión estadounidenses al elegir actores que ya han representado personajes equivalentes a la misma imaginación securitaria. Tal fue el caso del actor brasileño Wagner Moura, que interpretó al traficante colombiano Pablo Escobar en la primera temporada de *Narcos* luego de haber protagonizado, pero en el personaje de un policía, una de las más violentas apologías del securitarismo en el cine brasileño: la película *Tropa de élite* (José Padilha, 2007), un drama policial que criminaliza la pobreza en las *favelas* de Río de Janeiro como centros armados de los "cárteles" cariocas. No debería sorprendernos que José Padilha participara de una misma percepción securitaria de la delincuencia como director de la película brasileña y como uno de los productores de *Narcos*. Algo similar ocurre con el actor Joaquín Cosío, quien obtuvo reconocimiento nacional con el legendario papel del Cochiloco en la polémica cinta *El infierno* (Luis Estrada, 2010), para luego interpretar a Ernesto Fonseca Carrillo en *Narcos: México*. Pero mientras que Cosío es con frecuencia caracterizado como un delincuente, recordemos que actores como Moura han interpretado con mayor fluidez e intermitencia a policías y narcotraficantes por igual.

Con un tono propio de los discursos fascistas, el narrador de *Narcos: México* advierte en el primer capítulo de la serie: "Los traficantes son como cucarachas. Puedes envenenarlos, pisotearlos, carajo, puedes quemarlos. Pero siempre regresan. Usualmente más fuertes que nunca".[1] El llamado "efecto cucaracha" es un concepto popularizado por el politólogo estadounidense Bruce Bagley que deshumaniza a los traficantes y los resignifica como una peste que se extiende por Latinoamérica y que debe erradicarse con estrategia militar.

> Esta tendencia, observable en todo el hemisferio, a veces se etiqueta como el "efecto cucaracha", porque recuerda a escurridizas cucarachas que escapan de una cocina sucia hacia otros lugares para evitar ser detectadas después de que se les haya encendido una luz. Estrechamente vinculado al "efecto globo" [que se desplaza al dejar escapar gas bajo presión], el "efecto cucaracha" se refiere específicamente al desplazamiento de redes criminales de una ciudad / estado / región a otra dentro de un país dado o de un país a otro en busca de refugios más seguros y autoridades estatales más flexibles.[2]

El concepto, pese a su talante abiertamente racista y fascista, ha gozado de credibilidad en la esfera pública: se ha utilizado tanto en discusiones oficiales en el gobierno de Estados Unidos como en el campo académico de la ciencia política y los centros de investigación de políticas públicas. El filósofo David Livingstone Smith localiza esta práctica en los gobiernos genocidas que denigran a sectores de la sociedad para facilitar su exterminio, como fue el caso de los nazis alemanes que llamaban "ratas" a los judíos, o los hutus de Ruanda que describían a los tutsis, precisamente, como "cucarachas". Resulta ingenuo, explica Smith, pensar que se trata de una simple metáfora del discurso político convencional:

---

[1] "Camelot", *Narcos: México*, episodio 1, temporada 1, Netflix, 2018. Dirigido por Josef Kubota Wladyka, escrito por Eric Newman y Clayton Trussell. Guion completo disponible en <https://subslikescript.com/series/Narcos_Mexico-8714904/season-1/episode-1-Episode_41>.

[2] Bruce Bagley, *Drug Trafficking and Organized Crime in the Americas: Major Trends in the Twenty-First Century*, Washington, D. C., Woodrow Wilson International Center for Scholars, agosto de 2012, p. 11. Paradójicamente, Bagley admitió haber participado en el lavado de más de 2 millones de dólares provenientes de actos de corrupción de funcionarios del gobierno de Venezuela. Véase David Glovin, "Miami Professor and Crime Expert Admits to Money Laundering", *Bloomberg*, 1 de junio de 2020.

Describir a los seres humanos como ratas o cucarachas es un síntoma de algo más poderoso y más peligroso, algo que es de vital importancia para nosotros entender. Refleja cómo uno *piensa* en ellos, y pensar en una persona como subhumana no es lo mismo que insultarla. Insultar a la gente es un esfuerzo para herirla o humillarla. Es el uso del lenguaje como arma. Pero deshumanizar a una persona implica juzgarla menos que humana. Está pensado como una descripción más que como un ataque, y como tal es una desviación de la realidad, una forma de autoengaño.[3]

La serie afirma así que los traficantes, los campesinos que producen la droga y la clase político-empresarial del país son un colectivo de "cucarachas" que la DEA y el poder militar estadounidense deben combatir en nombre de su "seguridad nacional". No es un azar que en las secuencias de combate militarizado los productores y traficantes de droga aparezcan en la serie como cuerpos morenos de rostro indiferenciado que son asesinados sistemáticamente, como en un acto de fumigación impersonal, como quien erradica una peste subhumana.

Un curioso precedente de *Narcos: México* es *Drug Wars: The Camarena Story*, una miniserie de televisión producida por Michael Mann y transmitida originalmente en tres partes por la cadena NBC entre el 7 y 9 de enero de 1990. Aunque se trataba de una producción de baja calidad y un limitado presupuesto, la estructura narrativa e incluso las opciones de reparto sin duda informan todas las temporadas de *Narcos*. *Drug Wars* fue protagonizada por Steven Bauer, en el papel de Camarena, mientras que Benicio del Toro encarnó al violento Rafael Caro Quintero. Entonces un actor emergente, Bauer había cobrado cierta visibilidad al protagonizar a un traficante cubanoamericano al lado de Al Pacino en *Scarface* (Brian de Palma, 1983). Luego de su papel como Camarena, Bauer interpretó al empresario y traficante Carl Ayala en la célebre película *Traffic* (Steven Soderbergh, 2000). Por el contrario, el puertorriqueño Benicio del Toro pasó de traficante a policía mexicano en la misma *Traffic* y de nuevo como traficante, pero esta vez colombiano, al interpretar al notorio jefe del "Cártel de Medellín" en *Escobar: Paraíso perdido* (Andrea di Estefano, 2014). (En una entrevista, Del Toro admitió la

---

[3] David Livingstone Smith, *Less Than Human. Why We Demean, Enslave and Exterminate Others*, Nueva York, St. Martin's Press, 2011, p. 24.

recurrencia del personaje al grado de señalar que "Pablo Escobar es el Hamlet de los actores hispanos" en las producciones cinematográficas y teleseries de Estados Unidos.)[4] Esta referencialidad incluye hasta al mismo productor de *Drug Wars*, Michael Mann, quien estuvo detrás de la exitosa serie *Miami Vice* (1984-1989) y de películas como *Heat* (también dirigida por él mismo en 1995), ambas enfocadas en la tensión intermitente entre delincuentes y policías.

Las series de televisión son particularmente efectivas en la circulación del reciclado imaginario sobre el "narco". Su impacto masivo no debe subestimarse. *Drug Wars* causó una fuerte polémica binacional que resultó en una declaración pública del entonces embajador de México en Washington, Gustavo Petricioli, quien afirmó que la serie había distorsionado los eventos con "inexactitudes, especulaciones, acusaciones anónimas y, quizá, mala fe".[5] Una reseña del *New York Times*, aunque crítica de los aspectos más fallidos de la producción, saludó la relevancia de *Drug Wars* como "docudrama": "El caso Camarena sigue abierto. Esta explosiva película para televisión explica, mucho más vívidamente que los azarosos reportes de las noticias vespertinas, por qué la DEA no puede, y no debe, dejar de trabajar en ello".[6] (Véanse las imágenes 4, 5 y 6 en el cuadernillo central.)

En 2015, la primera temporada de *Narcos* fue uno de los objetos culturales sobre el tráfico de drogas más visibles en el mundo gracias al éxito de Netflix, que entonces contaba con más de 130 millones de suscriptores que generaban 14.9 mil millones de dólares anuales. Para 2018 la empresa había destinado ya 18.6 mil millones de dólares para la producción de contenidos, una cifra por mucho superior a la de las productoras de televisión más relevantes del mercado estadounidense, como Disney, HBO y NBC Universal.[7] Un estudio de la audiencia de las primeras tres temporadas de *Narcos* encontró que tanto el público de Estados Unidos como el de Colombia veía la serie para "obtener

---

[4] Rocío Ayuso, "Benicio del Toro: 'Pablo Escobar es el Hamlet de los actores hispanos'", *El País*, 27 de junio de 2018.

[5] Luis Astorga, *El siglo de las drogas*, México, Espasa, 1996, p. 147.

[6] John J. O'Connor, "To View; In the Trenches of the Drug Wars", *The New York Times*, 7 de enero de 1990.

[7] Edmund Lee, "Netflix's Cash-Fueled Road to Streaming Dominance", *The New York Times*, 17 de octubre de 2018.

información sobre violencia, las investigaciones policiacas, y las víctimas", justificando la explotación de la violencia como herramienta necesaria "para representar la realidad de lo que realmente ocurrió".[8]

Repaso las peculiaridades de estas series porque los ecos de sus representaciones del "narco" responden a un mismo evento clave en la historia del "narco" en México que acaso no ha sido del todo comprendido: el "caso Camarena". A la luz de recientes investigaciones periodísticas y académicas, además del análisis de documentos oficiales extraídos de los archivos gubernamentales de México y Estados Unidos, propongo examinar las implicaciones políticas y culturales del asesinato del agente estadounidense para mostrar cómo fue —y sigue siendo— instrumentalizado por la geopolítica estadounidense para afectar la agenda de seguridad mexicana que hasta 1985 ejercía un control soberano en las organizaciones de traficantes. De haber sido fieles colaboradores del régimen autoritario del PRI durante los años de la Guerra Fría, los traficantes se vieron repentinamente jugando el papel del mayor enemigo doméstico de la nación. Esto sólo fue posible a partir de que Miguel Ángel Félix Gallardo, Rafael Caro Quintero y Ernesto Fonseca Carrillo se convirtieron en el rostro del "mal" a nivel continental, al ser culpados del inconcebible asesinato de un agente estadounidense en territorio mexicano. Tomando el lugar de los guerrilleros rebeldes que amenazaban al orden mundial desde Cuba o Nicaragua, los traficantes poco o nada podían hacer para evitar ser el objeto de la nueva racionalidad securitaria proveniente de Estados Unidos que ahora se enfocaba en el narcotráfico para continuar avanzando sus intereses después de la derrota del comunismo global.

El asesinato de Camarena y su inmediata mitificación produjeron entonces un consenso general en la opinión pública de ambos países que justificó el endurecimiento militar de la política antidrogas. La inscripción simbólica del homicidio, imaginado y reimaginado en numerosas ocasiones a través de décadas de producciones culturales e investigaciones periodísticas, ha permeado en la esfera pública en general entre México y Estados Unidos, pero siempre descrito en apego a la misma versión oficial circulada entre los dos gobiernos. Y aquí radica el punto más sensible de esta historia: aunque se

---

[8] María Alejandra Cano, "The War on Drugs: An Audience Study of the Netflix Original Series Narcos", Trinity University Digital Commons, otoño de 2015, p. 19.

cuenta con información acreditada que indica que el asesinato de Camarena fue un crimen de Estado planeado por inteligencia estadounidense y ejecutado con el apoyo directo del gobierno mexicano, la narrativa de los "narcos" asesinos prevalece porque las mismas autoridades responsables del crimen detentaron también el privilegio de narrarlo. Así, el "caso Camarena" es uno de los principales eventos históricos que transformó la agenda de "seguridad nacional" para lograr lo que hasta 1985 parecía imposible: obligar al Estado mexicano a modificar su política antidrogas alentando el mito de un delincuente insignificante que paradójicamente habría de convertirse en el principal enemigo doméstico de la nueva "guerra contra el narco".

8

La *pax priista* en la Guerra Fría

Si la "Operación Cóndor" inauguró la primera campaña militar binacional a partir de 1975, también fue una herramienta por medio de la cual el régimen de gobierno del Partido Revolucionario Institucional (PRI) construyó un balance de operatividad que administró la dimensión criminal del Estado, es decir, su estado de excepción. Desde su inicio, la campaña de erradicación fue un simulacro militarizado que sólo fue posible gracias al monopolio de la violencia física y simbólica que el PRI ejercía a nivel nacional. Por tierra, el ejército se ensañaba en contra de campesinos sin amparo que eran aprehendidos como si fueran los verdaderos protagonistas del tráfico de droga. Por el aire, la estrategia de erradicación fue igualmente manipulada por el gobierno federal que, como explican Scott y Marshall, aprovechó la buena fortuna de una sequía que diezmó los sembradíos de mariguana y amapola para esconder el hecho de que los herbicidas anunciados por la "Operación Cóndor" no habían sido del todo utilizados. El *performance* de la erradicación tuvo hasta una dimensión lúdica: "Informantes reportaron que algunos funcionarios mexicanos usaban los aviones para dar paseos, mientras que otros funcionarios extorsionaron a los cultivadores de droga a cambio de protección en contra del uso de los herbicidas".[1] Los agentes de la DEA incluso comenzaron a escuchar "reportes de que los pilotos mexicanos estaban rociando agua o desechando cargas de herbicida en el desierto".[2]

---

[1] Peter Dale Scott y Jonathan Marshall, *Cocaine Politics. Drugs, Armies and the CIA in Central America*, Berkeley, University of California Press, 1998, p. 38.

[2] Elaine Shannon, *Desperados. Latin Drug Lords, U.S. Lawmen and the War America Can't Win*, Nueva York, Viking, 1988, p. 68.

En 1977 el gobierno de José López Portillo limitó drásticamente la presencia de los agentes estadounidenses en México, en particular de la DEA. Para enero de 1978 se impidieron los vuelos estadounidenses de "verificación". En este punto es interesante contrastar las lecturas divergentes que intentan explicar esta decisión. Según la DEA, el ejército mexicano procuraba deshacerse de la vigilancia estadounidense para "lucrar con la corrupción".[3] Shannon observa, en cambio, que López Portillo utilizó el tema de la DEA en México para negociar el precio de exportación de gas natural mexicano. "La cooperación en materia de drogas no estaba específicamente ligada a la negociación del gas", anotó Shannon, pero el gobierno de Carter cedió porque "no parecía haber nada que ganar, y mucho que perder, al insistir en la continuada intervención americana en la región".[4] Ante la disputa por el gas natural, ni la corrupción del Ejército ni el prohibicionismo tuvieron relevancia: el tema de los energéticos, como discutiré en la cuarta parte, supedita la política antidrogas y la agenda de "seguridad nacional". Aquí es importante dejar de lado el lenguaje institucional que los historiadores con frecuencia extraen de los archivos: ni la "corrupción", ni los "derechos humanos", ni la "cooperación binacional" tienen un peso específico en la política real de ambos países.

La Secretaría de la Defensa Nacional (Sedena) celebraba públicamente los supuestos triunfos de la militarización al tiempo que el trasiego de drogas era gradualmente absorbido por instituciones de Estado. Al comienzo de la década de 1980, la Dirección Federal de Seguridad (DFS) y la Policía Judicial Federal (PJF) terminaron como los principales administradores de lo que sería *de facto* una empresa paraestatal. Sus recursos eran básicos pero efectivos: represión, desaparición forzada, tortura, asesinato.[5] Paradójicamente, todo ello requirió de la protección del mismo gobierno estadounidense, que mantuvo una estrecha relación encubierta con la DFS para avanzar sus intereses durante la

---

[3] Pérez Ricart, "Taking the War...", *op. cit.*, p. 99.

[4] Elaine Shannon, *Desperados, op. cit.*, p. 68.

[5] Sobre la violencia de Estado en las corporaciones policiacas como técnica de gobierno, véase Jaime M. Pensado y Enrique C. Ochoa, *México Beyond 1968: Revolutionaries, Radicals, and Repression During the Global Sixties and Subversive Seventies*, Tucson, University of Arizona Press, 2018. Sobre la historia de la violencia policial en el siglo XX, véase Pablo Piccato, *A History of Infamy: Crime, Truth, and Justice in Mexico*, Oakland, California, University of California Press, 2017.

Guerra Fría. Los agentes de la DEA en Guadalajara se convirtieron en los solitarios emisarios de la "guerra contra las drogas" que sólo operaba a nivel público, mientras que en la práctica ambos gobiernos utilizaban a las organizaciones de traficantes con objetivos mutuamente provechosos.

A unos días del secuestro de Camarena, el entonces director de la DEA, Francis M. Mullen Jr., señaló la alarmante realidad del supuesto combate al tráfico de drogas: el gobierno mexicano, enfocado en la estrategia de erradicación de la "Operación Cóndor", no había arrestado a ningún "traficante importante" entre 1975 y 1985.[6] A instancias de la propia DEA, el cubano Alberto Sicilia Falcón, uno de los primeros contrabandistas de supuesto alcance continental radicado en Tijuana, fue detenido en la Ciudad de México en 1975 en un operativo encabezado por Florentino Ventura Gutiérrez, el comandante de la PJF considerado como "el oficial de policía más poderoso y temido de México".[7] (Ventura sería el mismo policía encargado de repatriar a Rafael Caro Quintero, detenido el 4 de abril de 1985 en Costa Rica.) Tres años más tarde, el 15 de septiembre de 1978, soldados del Ejército asesinaron a Pedro Avilés Pérez, conocido como "el león de la sierra", en un enfrentamiento cerca de Culiacán, novelizado por Don Winslow en *The Power of the Dog*, como discutí en capítulo 6. El veterano sinaloense había iniciado en el negocio del narcotráfico a Félix Gallardo, Caro Quintero y Fonseca Carrillo. Su muerte "causó alarma" entre los demás traficantes sinaloenses, quienes rápidamente compraron propiedades en la ciudad de Guadalajara, Jalisco, para reubicar a sus familias y negocios lejos de la zona de contingencia militar.[8]

Pero ni la detención de Sicilia Falcón ni la muerte de Avilés interrumpieron el flujo de drogas porque la continuidad del campo criminal, disperso y rizomático, no dependía de ningún traficante en específico. Por otra parte, la compleja relación binacional entre México y Estados Unidos, como veremos, incorporaba estructuras del tráfico de drogas para objetivos compartidos en

---

[6] Mary Thornton, "Three Held in DEA Agent's Disappearance", *The Washington Post*, 26 de febrero de 1985.

[7] Marjorie Miller, "Scandal Spurs Fears Over Violence: Death of 'the Tiger' Puts Mexico Police in Spotlight", *Los Angeles Times*, 28 de septiembre de 1988.

[8] David F. Marley, *Mexican Cartels. An Encyclopedia of Mexico's Crime and Drug Wars*, Santa Bárbara, California, ABC-CLIO, 2019, p. 113.

la era de la Guerra Fría. En ambos casos, no obstante, se ha exagerado la información que tanto engrandece a los traficantes de mayor visibilidad como glorifica la acción de las autoridades mexicanas y estadounidenses por igual. El comercio de narcóticos hasta mediados de la década de 1980, como también veremos más adelante, era más bien una asignatura secundaria para los aparatos de seguridad en los dos países ante la supuesta amenaza del comunismo internacional.

La caída de Sicilia Falcón, por ejemplo, fue mitificada por el periodista estadounidense James Mills en un muy celebrado libro en su tiempo, *The Underground Empire* (1986), cuyo principal mérito fue dar a conocer la existencia de un programa especial de la DEA conocido como "Centac" (Central Tactical Program), que se enfocaba en organizaciones criminales por medio de unidades de investigación multifacéticas pero centralizadas, que se creaban para cada uno de los casos específicos y que luego eran disueltas al cumplirse los objetivos planteados. El "Centac 12", anotó Mills, fue concebido para desmantelar la organización de Sicilia Falcón, descrita en el libro como "parte de un mundo de mansiones-fortalezas desbordadas, automóviles caros, barcos de alta velocidad, champaña Dom Perignon, puros Montecristo, cocaína por kilo".[9] A pesar del dinero y poder atribuidos a su organización, Sicilia Falcón fue detenido en "una casa relativamente modesta de dos pisos con un jardín pequeño, una cochera para dos vehículos, una entrada para el auto y una reja".[10] Y aunque acompañado por agentes estadounidenses, el comandante Ventura, el "más poderoso oficial de policía de Latinoamérica",[11] fue quien realmente llevó a cabo el operativo y quien rechazó el intento de soborno que le hizo Sicilia Falcón.

Entrevistado por *Los Angeles Times*, el propio administrador de la DEA, Francis M. Mullen Jr., criticó la forma exagerada y fantasiosa con la que Mills narra el trabajo del Centac: "No había nada único o inusual en el Centac en cuanto a técnicas de investigación", dijo Mullen. El programa, de hecho, "era

---

[9] James Mills, *The Underground Empire. Where Crime and Governments Embrace*, Nueva York, Doubleday & Company, Inc., 1986, p. 74.

[10] *Ibid.*, p. 524.

[11] *Ibid.*, p. 526.

apenas una solución burocrática de corto plazo para problemas de control administrativo".[12] Un reporte de la entonces General Accounting Office (GAO) —la agencia auditora y evaluadora de programas de gobierno adscrita al Congreso de Estados Unidos— determinó que la eficacia del Centac era más bien limitada: de un total de 731 detenciones de traficantes realizadas entre 1976 y 1978, sólo 260 (un 36%) terminaron con traficantes encontrados culpables de delitos graves. Más problemático aún resultaba que los agentes de la DEA carecían de entrenamiento para investigar los aspectos financieros de las organizaciones criminales, cuyos bienes y recursos quedaban prácticamente intocados por las autoridades.[13]

Aunque se ha detallado en ciertas investigaciones periodísticas y académicas, se pasa por alto que Sicilia Falcón era uno de varios traficantes que tenían contacto con productores de cocaína en Colombia gracias a las mediaciones de Juan Matta Ballesteros, un notorio traficante hondureño que había sido clave en el establecimiento de rutas de la droga en todo el continente. Su aerolínea SETCO, que transportaba dinero, armas y droga por todo el continente, fue utilizada por la CIA para financiar y armar a la guerrilla "Contra" en Nicaragua entre 1983 y 1985. Esto fue corroborado oficialmente por el Comité de Relaciones Exteriores del Congreso estadounidense en un reporte publicado en 1989 y firmado por el jefe del comité investigador, el entonces senador John Kerry (quien décadas más tarde sería el candidato del Partido Demócrata para las elecciones presidenciales de 2004). Ahí se establece el involucramiento de traficantes en los operativos estadounidenses para financiar a la contrainsurgencia en Nicaragua. El reporte constató que desde el Departamento de Estado se expidieron pagos a traficantes que ya habían sido indiciados judicialmente en Estados Unidos o que estaban siendo investigados por agencias estadounidenses.[14]

---

[12] David Johnston, "'Underground Empire': Credibility of Drug Book Challenged", *Los Angeles Times*, 2 de octubre de 1986.

[13] United States General Accounting Office, "The Drug Enforcement Administration's CENTAC PROGRAM —An Effective Approach To Investigating Major Traffickers That Needs To Be Expanded", 27 de marzo de 1980. La agencia fue renombrada y actualmente se le conoce como U.S. Government Accountability Office.

[14] Subcommittee on Terrorism, Narcotics and International Operations of the Committee on Foreign Relations of the United States Senate, "Drugs, Law Enforcement and

Subvencionada y protegida por las autoridades, la organización de Matta Ballesteros debe entenderse apenas como la punta del iceberg: SETCO era sólo una de cuatro empresas controladas y operadas por narcotraficantes que habían sido contratadas por el Departamento de Estado "para proveer asistencia humanitaria a los Contras". Por sus servicios, SETCO recibió 185 mil 924.25 dólares de un total de 806 mil 401.20 en pagos oficiales a las empresas transportistas.[15] En su libro *Whiteout*, los periodistas Alexander Cockburn y Jeffrey St. Clair argumentan que las siniestras operaciones de la CIA, lejos de pensarse como incidentes aislados, son parte constitutiva de la política exterior de Estados Unidos. Concluyen que "es siempre un error observar a la CIA como un tipo de 'agencia corrupta'", pues "al proteger la transferencia de drogas de Latinoamérica hacia el norte, la agencia estaba siempre siguiendo la política de seguridad nacional tal y como había sido determinada por el gobierno de los Estados Unidos".[16]

El vacío que dejó la detención de Alberto Sicilia Falcón o el asesinato de Pedro Avilés no tuvieron mayores consecuencias. La red de traficantes construida por la CIA en colaboración con la DFS, el Ejército mexicano y la PJF, no requería de ningún contrabandista en particular pues se ejercía en un campo criminal en dispersión, donde una multiplicidad de delincuentes estaba siempre dispuesta a participar en un negocio igualmente disperso y contingente. Algunos analistas han interpretado este tipo de procesos como una suerte *pax narca* o *pax narcótica*, en la que un "cártel" dominante establece acuerdos de pacificación con el consentimiento de las autoridades.[17] Es mucho más acertado denominar a la estructura de cooperación entre traficantes y Estado durante la década de 1975 a 1985 como una *pax priísta*, pero siempre en el contexto de la Guerra Fría y bajo la hegemonía estadounidense. Este concepto ha sido

---

Foreign Policy", Washington, US Government Printing Office, 1989, p. 36.

[15] *Ibid.*, p. 42-43.

[16] Alexander Cockburn y Jeffrey St. Clair, *Whiteout. The CIA, Drugs and the Press*, Nueva York, Verso, 1998, p. 347.

[17] Según el periodista británico Ed Vulliamy, por ejemplo, el traficante Joaquín "El Chapo" Guzmán habría construido una "pax narca" en Ciudad Juárez durante los peores años de la "guerra contra el narco" del presidente Felipe Calderón. Véase Ed Vulliamy, "Has 'El Chapo' turned the world's former most dangerous place into a calm city?", *The Guardian*, 18 de julio de 2015.

aplicado entre historiadores como el periodo de progreso y modernización también conocido como el "milagro mexicano" o el "desarrollo estabilizador", entre las décadas de 1940 y 1970. Como ha demostrado Tanalís Padilla, lejos de una paz institucionalizada, esas décadas estuvieron marcadas por una continuada estrategia de violencia estatal que consolidó un sistema político constantemente amenazado por movimientos sociales, descontento y reclamos colectivos de maestros, campesinos y obreros mucho antes del estallido estudiantil de 1968 y la masacre del 2 de octubre en la Plaza de las Tres Culturas de Tlatelolco.[18] Aunque el producto interno bruto creció en un promedio de 6.4% anualmente, los salarios urbanos y sobre todo los rurales sufrieron una caída significativa, todo mientras los aparatos de Estado recurrían a la violencia como una forma cotidiana de gobierno. Los historiadores Paul Gillingham y Benjamin Smith denominan esos años como una "dictablanda" —un término popularizado en México por el grupo de la revista *Vuelta* de Octavio Paz—, durante la cual "la fuerza era real, estratégicamente aplicada, y exitosamente enmascarada".[19] Propongo, sin embargo, reconsiderar el concepto de *pax priista* en su sentido irónico, acaso más fiel a su etimología romana: la *pax* del sistema consistía precisamente en el ejercicio de la violencia, pero una violencia organizada y dirigida a los sectores más vulnerables de la sociedad —obreros, campesinos, estudiantes, maestros, delincuentes comunes— contra quienes se descargaba la impunidad estatal que no operaba como un monolito protector del bienestar común, sino de intereses particulares en las élites político-empresariales de la época.

Los gestores de esa peculiar paz eran al mismo tiempo sus receptores: policías, militares y traficantes que construyeron una zona de excepción

---

[18] Tanalís Padilla, *Rural Resistance in the Land of Zapata. The Jaramillista Movement and the Myth of the Pax Priista, 1940-1962*, Durham, Duke University Press, 2008, p. 7.

[19] "Dictablanda" fue un término concebido durante el gobierno de Miguel Primo de Rivera y luego utilizado también durante la dictadura de Francisco Franco en España, pero introducido en México durante el célebre "Encuentro Vuelta" de 1990, en el que Octavio Paz, Mario Vargas Llosa y Enrique Krauze debatieron sobre la naturaleza del sistema político concebido por el PRI. Vargas Llosa llamó una "dictadura perfecta" a los gobiernos sucesivos del PRI, pero Paz lo refutó nombrando al Estado mexicano como una "hegemonía de partido único", mientras que Krauze se refirió al concepto de "dictablanda". Véase Paul Gillingham y Benjamin Smith (coords.), *Dictablanda. Politics, Work and Culture in Mexico, 1938-1968*, Durham, Duke University Press, 2014, p. x.

condonada por las cúpulas políticas de Estados Unidos y México. Pero si las principales organizaciones de tráfico de drogas consiguieron operar durante casi una década sin ver amenazada su existencia, esto fue posible gracias a esa deliberada voluntad geopolítica proveniente de ambos gobiernos. El esfuerzo de los traficantes nada habría significado sin el respaldo de las agencias de inteligencia de ambos países, el ejército y las policías que aseguraron la fluidez de la droga, el dinero y las armas, no exento de violencia y disrupciones, pero viable a mediano y largo plazos.

En 1996 los explosivos reportajes del periodista estadounidense Gary Webb confirmaron los vínculos de la CIA con el financiamiento de la Contra en Nicaragua con dinero del narcotráfico. Dos años más tarde, en su libro *Dark Alliance*, Webb fue más allá al contextualizar las numerosas instancias en que agentes, colaboradores e informantes de la CIA se relacionaron directamente con el tráfico de drogas desde Latinoamérica.[20] El piloto Adler Berriman "Barry" Seal, por ejemplo, subcontratado por la CIA y la DEA para transportar droga y armas entre Colombia y Estados Unidos, suplementaba la ayuda para la Contra en Nicaragua o bien fungía como testigo en una investigación para vincular a los sandinistas con el tráfico de narcóticos entre 1981 y 1984. En otro explosivo testimonio, un traficante colombiano dijo en una declaración jurada que durante una reunión escuchó a Pablo Escobar explicar cómo su organización estableció un acuerdo de cooperación con el gobierno de Estados Unidos para intercambiar armas para la Contra por cocaína para el mercado estadounidense. Según este testimonio, Escobar y los traficantes de Medellín apoyaban a los Contras y deploraban a los sandinistas, como también lo hacían con las guerrillas colombianas.[21] Tanto Escobar como Félix Gallardo se encontraban en la parte más baja de una cadena de dominación que ambos entendían parcialmente y cuya complejidad los rebasaba en sus respectivos contextos nacionales.

---

[20] El escándalo nacional en torno a los reportajes de Webb fue dramatizado en la película *Maten al mensajero*, dirigida por Michael Cuesta en 2014. La película se basa en el libro del periodista Nick Schou, *Kill the Messenger: How the CIA's Crack-Cocaine Controversy Destroyed Journalist Gary Webb*, Nueva York, Nation Books, 2006.

[21] Véase en especial el capítulo 13 "The Wrong Kind of Friends" en Gary Webb, *Dark Alliance: The CIA, the Contras, and the Crack Cocaine Explosion*, Nueva York, Seven Stories Press, 1998.

La posición de subalteridad de los traficantes mexicanos ha sido explicitada incluso por ellos mismos. En un inusual intercambio con el periodista Diego Osorno, Félix Gallardo negó haber sido él quien, en una supuesta reunión entre traficantes en la ciudad de Acapulco, asignó las "plazas" más importantes del país como Ciudad Juárez, Tijuana y Nuevo Laredo entre traficantes como Héctor "el Güero" Palma, los hermanos Ramón y Benjamín Arellano Félix y Amado Carrillo Fuentes, entre otros. "Debo confesar que no conozco siquiera Acapulco. Fui detenido por un delito que no cometí. En ese momento era necesario un espectáculo, inflar a un personaje [...] Los personajes o funcionarios que inventaron lo de las plazas (qué sé perfectamente quiénes son) fueron los mismos que inventaron los 'cárteles'."[22]

Según Félix Gallardo, la repartición de "plazas" estuvo a cargo de Guillermo González Calderoni, el legendario comandante de la PJF que en la década de 1980 adquirió enorme fama por haber detenido (o asesinado) a varios de los traficantes más visibles de la época. Pero todavía en 1989 —el año en que fue detenido por el mismo González Calderoni— Félix Gallardo recuerda que "no existían los 'cárteles'".[23] La palabra carecía de sentido no sólo porque históricamente fue introducida en forma gradual a lo largo de los ochenta por la DEA y el sistema judicial estadounidense, sino porque en la era de la soberanía territorial del PRI una organización de traficantes con autonomía del Estado era algo simplemente inaudito. Los traficantes mexicanos estaban subalterizados al grado de que, como explica Luis Astorga, permanecieron "marginados del poder político".[24] Entre 1975 y 1985 los "cárteles" no sólo no existían, no podían siquiera ser imaginados.

Para entender los límites de las organizaciones de traficantes es necesario, entonces, volver la mirada al Estado. En el libro *Druglord*, el periodista estadounidense Terrence Poppa confirma la importancia de González Calderoni, pero igualmente en una posición subordinada: "Calderoni era el hombre del sistema mexicano por antonomasia —anota Poppa—. Sus acciones policiales en México de hecho no tenían nada que ver con el cumplimiento de la ley,

---

[22] Diego Enrique Osorno, *El cártel de Sinaloa. Una historia del uso político del narco*, México, Random House Mondadori, 2009, p. 252.

[23] *Ibid.*, p. 241.

[24] Luis Astorga, *Seguridad, traficantes y militares. El poder y la sombra*, México, Tusquets, 2007, p. 31.

sino con el control".[25] González Calderoni llegó a tener el respecto y la admiración de las agencias estadounidenses. Según Phil Jordan, el exdirector del Centro de Inteligencia de El Paso, Texas (en el que convergen varias agencias, pero liderado por la DEA), González Calderoni "era uno de los intocables".[26] Sus tareas tenían que ver con la purga de los elementos tóxicos que podrían desestabilizar la *pax priista*, el equivalente de "una reestructuración corporativa en la que algunos ejecutivos son eliminados y nuevos directivos son contratados".[27] Su trayectoria fue determinante en la carrera de los principales traficantes de la década de 1980 y 1990, siempre ejerciendo los intereses de la clase gobernante por medio de los vistosos procesos judiciales que dominaban la atención de los medios de comunicación con la ilusión del combate a las organizaciones de tráfico de drogas, que comenzó a partir del asesinato de Camarena, rompiendo la década de funcionalidad del tráfico de drogas como actividad controlada por las instituciones oficiales.

La investigación de Poppa ofrece por sí misma un acercamiento a la mecánica del sistema concebido por el PRI precisamente a partir del orden estructurado en "plazas" por todo el territorio nacional. En la actualidad se piensa la "plaza" como el territorio controlado por un "cártel", por lo general ganado por la fuerza con un tipo de ejército de ocupación que debe estar constantemente defendiendo sus fronteras de la amenaza externa que suponen los demás "cárteles" rivales. Radicado en El Paso, Texas, Poppa comenzó a reportear sobre el tema a mediados de la década de 1980, sin experiencia previa. Su ignorancia, a diferencia de quienes se consideran "conocedores" del mundo del narcotráfico, le permitió formular una visión crítica de las dinámicas policiales detrás del lenguaje ya naturalizado por la mayoría de los medios de comunicación en ambos países, y mediante el inusual acceso a Pablo Acosta Villarreal, el famoso traficante que controlaba la "plaza" de la ciudad de Ojinaga, Chihuahua, y que colaboraba en la organización de Félix Gallardo. Pero determinar precisamente qué cosa era una "plaza" y las dinámicas de su operación, es sin duda uno de los mayores hallazgos de Poppa:

---

[25] Terrence E. Poppa, *Druglord. The Life and Death of a Mexican Kingpin*, El Paso, Texas, Cinco Puntos Press, 2010, p. 311.

[26] Christine Biederman, "The Comandante", *TexasMonthly*, julio de 1997.

[27] Poppa, *Druglord…*, *op. cit.*, p. 312.

La plaza no existe sin la complicidad de las autoridades. No se trata sólo de narcotraficantes corrompiendo a policías y soldados, sino de un esquema de convivencia de un sistema político con el crimen organizado, ideado, avalado y operado por autoridades federales de alto nivel. Aunque en el ámbito local el capo es intocable y una figura pública que no se esconde e incluso puede ser el jefe de los representantes de las agencias estatales y mandar sobre ellos, sabe que frente al gobierno federal es un subordinado y su poder depende de que le mantengan la concesión de la plaza.[28]

El aspecto clave aquí es que la "plaza" era administrada por el traficante en calidad de gerente operativo, cuyo liderazgo debía primero ser legitimado por autoridades federales (DFS, PJF, Ejército), quienes a su vez respondían directamente a la verticalidad del presidencialismo mexicano investido en la Secretaría de Gobernación.[29] En esta estructura piramidal, el traficante ocupaba una posición más bien inferior, aislado por completo del campo político y relegado al aspecto meramente práctico del estado de excepción:

Usualmente, las autoridades protegen a su hombre de sus rivales; otras veces no lo hacen, prefiriendo una variedad de selección natural para determinar quién debería encargarse de la plaza. Si las autoridades arrestan o matan al titular de la plaza, es porque usualmente ha dejado de hacer sus pagos o porque su nombre ha comenzado a aparecer en la prensa con demasiada frecuencia y el traficante se ha convertido en un lastre. A veces la presión internacional es tan fuerte que el gobierno se ve obligado a accionar en contra de un individuo en específico sin importar cuánto dinero genera para sus patrones.[30]

---

[28] *Idem.*, p. 131.

[29] La periodista Anabel Hernández reproduce un testimonio similar —aunque no verificado por ninguna otra fuente— de un "informante" no identificado del gobierno federal: "El Ejército mexicano se encargaba de vigilar los plantíos de droga; la PJF era la responsable del traslado de la mercancía, y la DFS tenía el contacto directo con los narcotraficantes y los controlaba. Los narcotraficantes le pagaban una especie de 'impuesto' al gobierno federal para dedicarse a esa actividad. Se pagaban 60 dólares por cada kilo: 20 dólares eran para el jefe de la zona militar, 20 dólares para la Policía Judicial Federal y los otros 20 los cobraba la DFS". Véase Anabel Hernández, *Los señores del narco*, México, Grijalbo, 2010, p. 121.

[30] Poppa, *Druglord...*, *op. cit.*, p. 43.

El trabajo periodístico de Poppa reflejaba una realidad que ha sido ampliamente documentada tanto en el periodismo como en la academia. Los académicos Mónica Serrano y Marco Palacios, por ejemplo, describen la misma dinámica establecida entre las instituciones y las organizaciones de traficantes:

> La autoridad se encargó de gestionar la organización eficiente y pacífica del mercado, a cambio de la aceptación de impuestos extraídos de la actividad criminal y de la sujeción de las organizaciones criminales a reglas debidamente acordadas. A lo largo de este periodo los traficantes no operaron como elementos autónomos, sino que asumieron el control de "franquicias" cumplidamente asignadas por las autoridades reguladoras. Gracias a estas "licencias" de operación y a la protección provista por las agencias oficiales, los empresarios criminales pudieron desarrollar enclaves de producción y hacer uso de las vías de comunicación para despachar su mercancía hacia el mercado estadounidense.[31]

El 24 de abril de 1987 Acosta Villarreal fue sacrificado por el sistema que aseguró la viabilidad de su organización: González Calderoni recibió la orden de detenerlo vivo o muerto luego de conceder una serie de entrevistas periodísticas en las que el traficante declaró sembrar mariguana con el permiso expreso —y remunerado— de la PJF y el Ejército mexicano.

Sólo al pensar el fenómeno del narcotráfico desde las coordenadas simbólicas que actualmente lo definen puede resultar aceptable la tesis de que las organizaciones traficantes representaban algún tipo de amenaza al régimen político o a la "seguridad nacional". En la década de la *pax priista* los supuestos "cárteles" ni siquiera recibían ese nombre. El "cártel" es un concepto que tardó en consolidarse en esa década. Fue usado primero por la DEA y el sistema judicial estadounidense para presentar públicamente a las organizaciones criminales como un tipo de crimen organizado trasnacional capaz de transgredir fronteras y soberanías estatales, del modo en que lo hacía el único "cártel" real de su tiempo: la Organización de Países Exportadores de Petróleo (la

---

[31] Mónica Serrano y Marco Palacios, "Colombia y México: Las violencias del narcotráfico", *Los grandes problemas de México. Vol. XV. Seguridad Nacional y Seguridad Interior*, Arturo Alvarado y Mónica Serrano (eds.), México, El Colegio de México, 2010, pp. 105-154, p. 117.

OPEP), que en el imaginario provinciano estadounidense se confundía con el terrorismo en el Medio Oriente y las guerrillas comunistas de América del Sur. Es verosímil que los traficantes de la década de 1980, fieles al sistema político que servían a cambio de asegurar su supervivencia, conocieran el término después de ser procesados judicialmente. Sólo en ese momento, en que sus vidas se cruzaron con el poder oficial que configuró tanto al delito como al delincuente, tendría sentido que los traficantes supieran el nombre oficial que les fue designado en una trama que no controlaban y cuyos alcances ignoraban.

Podemos explicar de ese modo que incluso un conocedor del sistema político como Sergio Aguayo subraye el supuesto poder desproporcionado de los traficantes, a pesar de mostrarlos con su propia investigación como sujetos desechables por las perversas estructuras de gobierno. En su libro *La charola* —basado en un acceso parcial a los archivos de la DFS autorizado durante el gobierno de Vicente Fox (2000-2006)—, Aguayo anota que durante la presidencia de Miguel de la Madrid (1982-1988) se tenía "poca conciencia de los riesgos que estaba creando el narco al interior del gobierno federal". Aguayo de hecho se sorprende de que el fenómeno no fuera considerado como una amenaza real cuando el presidente De la Madrid inauguró la primera sesión del "Grupo de Trabajo de Seguridad Nacional" el 26 de abril de 1983, a meses de iniciar su administración.[32] La imposibilidad de pensar al narcotráfico como una amenaza a la "seguridad nacional", sin embargo, no se debía a la negligencia del gobierno federal ni a una falta de seriedad en su análisis. Respondía a una racionalidad securitaria ajena al tráfico de drogas y todavía operando dentro de los límites epistémicos de la Guerra Fría. Los enemigos de México —los movimientos estudiantiles, sindicalistas, normalistas, los grupos armados que emprendieron una lucha en contra del represivo sistema político mexicano— se identificaban claramente con la estrategia anticomunista diseñada desde Washington. El tráfico de drogas, en cambio, todavía no había sido incorporado a ese violento horizonte de la agenda estadounidense reproducida en México. Ambos conceptos —"narco" y "seguridad nacional"— no se habían intersectado aún.

---

[32] Sergio Aguayo, *La charola. Una historia de los servicios de inteligencia en México*, México, Grijalbo, 2001, p. 279.

9

Un extraño enemigo

A principios de 1980 la "guerra contra el narco" en Estados Unidos se entendía como una cuestión de salud pública y como un problema de interés policial. Los programas de erradicación en Turquía y México que habían tenido resonancia internacional —el supuesto desmantelamiento de la "conexión francesa" y la festejada destrucción de sembradíos de mariguana y adormidera con la "Operación Cóndor"— parecían haber logrado un cambio significativo en las rutas de la droga. Con la presidencia de Ronald Reagan (1981-1989), la guerra retomó su camino. Su gobierno ejerció una nueva política antidrogas que se acomodó a los cambios históricos de la década. Durante los últimos años de la Guerra Fría fortaleció una agresiva estrategia doméstica. Luego, anticipando la derrota del comunismo global, la "guerra contra las drogas" se desplazó hacia el exterior como el nuevo objeto de la "seguridad nacional". En esa transición, explica Mathea Falco —subsecretaria de Estado para Asuntos Internacionales de Narcóticos en el gobierno de Gerald Ford—, el principal cambio de la política antidrogas de Reagan fue "considerar el uso de drogas exclusivamente como un problema policial".[1]

Entre 1981 y 1986 el presupuesto para las agencias federales de procuración de justicia creció más del doble: de 800 millones de dólares en 1981 a mil 900 millones en 1986. El 90% del incremento para el combate al tráfico de drogas se destinó igualmente a las tareas policiales. Según el procurador general

---

[1] Mathea Falco, *Winning the Drug War. A National Strategy*, Nueva York, Priority Press Publications, 1989, p. 25.

Edwin Meese, también director del Consejo Nacional para la Política Antidrogas, entrevistado por Falco, esta redistribución de recursos del gobierno de Reagan representó "los más grandes aumentos en el presupuesto y en el personal para la aplicación de la ley antidrogas en la historia del país". Al mismo tiempo, el presupuesto federal para programas de prevención, educación y tratamiento de adicciones se redujo de 404 millones de dólares en 1981 a 338 millones en 1985.[2] El gobierno de Reagan llevó al país a una nueva era de control policial desvinculando la dimensión doméstica del fenómeno. La adicción de la población estadounidense pasaría a un segundo plano en la política antidrogas que sería desde entonces una política principalmente securitaria.

Estos cambios fueron percibidos a un nivel operativo y luego simbólico. Aunque escaso, el concepto de "cártel" ya aparecía esporádicamente en el imaginario periodístico de principios de los ochenta, pero en un contexto muy distinto. Una de las primeras notas que he localizado con una mención directa a un "cártel" latinoamericano se publicó el 20 de julio de 1982 en la entonces influyente revista *Newsweek*. Firmada por las periodistas Melinda Beck y Elaine Shannon —esta última autora del libro más referenciado sobre el caso Camarena, que discutiré más adelante—, la nota informa sobre la "Operación Greenback", una investigación integrada por el FBI, el Servicio de Aduanas y el Internal Revenue Service (el sistema tributario estadounidense) dirigida a los flujos de droga y el dinero ilícito que convergían en la ciudad de Miami, Florida. Según las autoridades consultadas por las periodistas, 70% de toda la mariguana y cocaína consumida en el mercado estadounidense entraba por los puertos marítimos y aéreos del sur de Florida, generando entre 7 y 10 mil millones de "narcodólares" al año.

Resultaba urgente, entonces, presionar a los países productores de droga para que adoptaran campañas de erradicación. Pero México no era un problema en este respecto: "México paga por su propio programa para rociar campos de mariguana con un herbicida llamado paraquat", explicaba la nota aludiendo a la "Operación Cóndor". La droga, según las reporteras, fluía más bien desde Colombia y Bolivia, mientras que Miami funcionaba como

---

[2] *Ibid.*, pp. 26-27.

"el Wall Street del mundo de la droga ilegal".[3] El éxito de la película *Scarface* (Brian de Palma, 1983), en la que Al Pacino protagoniza a un violento traficante cubanoamericano que construye un imperio criminal precisamente en la ciudad de Miami, es uno de los efectos directos de este imaginario en transición.

Entre 1981 y 1982 la "Sección de Crimen Organizado" de la Criminal Investigative Division (CID) del FBI, se enfocaba en tres grupos: *1)* Los grupos mafiosos de origen italiano conocidos como "La cosa nostra", *2)* Las pandillas delictivas de motociclistas, y *3)* los "cárteles de narcóticos".[4] En esos años, sin embargo, las principales organizaciones de tráfico investigadas por el gobierno federal operaban todas en territorio estadounidense. En Miami, por ejemplo, las autoridades reportaron que un banco había lavado 178 millones de dólares. Se expidieron 66 acusaciones formales y se detuvo a 45 personas. El FBI procesó a 18 personas, incluyendo a policías municipales del Condado de Dade, involucradas en el tráfico de drogas. El 4 de febrero de 1982 el FBI detuvo a 66 personas implicadas en el "cártel de narcóticos", liderado por Bruce Emery "Pee Wee" Griffin, un popular ranchero y corredor de autos que terminó detenido en 1984 en un fastuoso rancho de 45 hectáreas, en donde se confiscó un Rolls-Royce y un Mercedes Benz, entre otros automóviles de lujo, 200 caballos y una fortuna en barras de oro y joyas. (Griffin fue condenado a tres años de prisión, pero luego de una batalla legal, un juez federal ordenó que su propiedad le fuera devuelta.)[5] Otras investigaciones en ciudades como Atlanta, Filadelfia, Seattle y Baltimore revelaron redes de corrupción que implicaron a más funcionarios públicos, policías y hasta un juez que brindaba protección a traficantes.[6]

A pesar de las numerosas investigaciones del gobierno federal, un reporte de la General Accounting Office del Congreso estadounidense encontró que entre 1977 y 1982, menos de 10% de la heroína y la cocaína y sólo 16% de la

---

[3] Melinda Beck y Elaine Shannon, "A New Attack on Drugs", *Newsweek*, 20 de julio de 1981.

[4] "Organized Crime Program 1981 & 1982", fólder "Organized Crime", Correspondencia de Ken Starr, 1981-1983, caja 5, RG 60, U.S. Department of Justice.

[5] Justine Gerety, "Judge Returns Ranch in Texas to Convicted Drug Smuggler", *Sun-Sentinel*, 11 de diciembre de 1985.

[6] "Organized Crime Program 1981 & 1982", *op. cit.*

mariguana que entraban al mercado de drogas de Estados Unidos había sido decomisado. Encima, 95 de los detenidos eran traficantes acusados de delitos menores y en promedio pasaban menos de un año en prisión.[7]

El relativo pero mediático éxito de la política antidrogas nacional, pronto hizo circular el concepto de "cártel" de un modo más definitivo. Es posible que la palabra haya ingresado en la esfera pública tal y como la conocemos la noche del 30 de noviembre de 1983. En un discurso ofrecido en la John F. Kennedy School of Government de la Universidad de Harvard, William French Smith, entonces procurador general de Estados Unidos, anunció que una "guerra federal" se libraba en contra de "cárteles modernos", que describió como "cientos de grupos nuevos de crimen organizado" dedicados al tráfico de drogas. El procurador señaló a las mafias de origen israelí, chino y japonés, pandillas como la Hermandad Aria y los Hell Angels, pero también a la "mafia mexicana" y los "cowboys de la cocaína de Colombia". Luego advirtió: "Estamos atacando estas organizaciones incluso cuando se están desarrollando".[8]

El 8 de abril de 1986 el presidente Ronald Reagan produjo finalmente un cambio profundo en la historia de la "guerra contra las drogas". Ese día, Reagan firmó la "National Security Decision Directive Number 221", un documento oficial de cinco páginas que por primera vez relacionó al narcotráfico con la agenda de "seguridad nacional" de Estados Unidos. La directiva, ahora desclasificada, estableció claramente su propósito: "Identificar el impacto del comercio internacional de narcóticos en la seguridad nacional de Estados Unidos y dirigir acciones específicas para incrementar la efectividad de los esfuerzos antinarcóticos para aumentar nuestra seguridad nacional".[9]

La importancia de este documento no puede exagerarse. Aunque ha sido poco analizada en la mayoría de los estudios sobre el tráfico de drogas, la directiva de Reagan fue central en la transformación de un entendimiento

---

[7] United States General Accounting Office, "Federal Drug Interdiction Efforts Need Strong Central Oversight", 13 de junio de 1983.

[8] Arnold Zeitlin, "Attorney General Pushes War on Drugs", *The Associated Press*, 1 de diciembre de 1983.

[9] Ronald Reagan, "National Security Decision Directive Number 221. Narcotics and National Security", The White House, 8 de abril de 1986.

global sobre el fenómeno del crimen organizado, cuyos alcances pueden localizarse hasta el presente en la manera en que los imaginarios colectivos en México y prácticamente el resto del mundo han internalizado por completo el programa de intervencionismo global concebido por el gobierno estadounidense en 1986. La lógica del documento ha justificado desde entonces décadas de militarización, violaciones a los derechos humanos, crímenes de lesa humanidad, incautación de bienes y fondos bancarios, extradición de delincuentes y funcionarios públicos y una sistémica y generalizada presión desde Washington a los principales países productores de droga y aquellos que sirven para el tránsito de narcóticos.

Según la directiva, la industria del narcotráfico ha florecido en países democráticos del hemisferio occidental, donde "una combinación de criminales organizaciones internacionales de tráfico, insurgentes rurales y terroristas urbanos puede socavar la estabilidad del gobierno local; corromper los esfuerzos de contención de la producción de sembradíos de droga, procesamiento y distribución; y distorsionar la percepción pública del problema de narcóticos de tal modo que se vuelve parte de un debate anti Estados Unidos y anti Occidente."[10]

Desde la primera página, la directiva tiene implicaciones de intervencionismo hemisférico. Se anticipa que varios de los gobiernos latinoamericanos no tendrán la voluntad política para confrontar a las organizaciones de traficantes. El documento advierte cómo esas organizaciones controlan a los medios de comunicación para generar disenso y para entorpecer la cooperación de los gobiernos locales con el estadounidense.

Más importante aún, la directiva inscribe una de las más fundamentales afirmaciones de la narrativa de la "guerra contra las drogas": "La actividad de los narcóticos está inevitablemente acompañada por un alza en los índices de violencia. Esto incluye crímenes cometidos por y en contra de aquellos que buscan comprar drogas, en contra de transeúntes inocentes, entre redes de traficantes competidores, y violencia en contra de funcionarios públicos asociados con el control de narcóticos, incluyendo personal estadounidense".[11]

---

[10] *Idem.*
[11] *Idem.*

~~SECRET~~

DECLASSIFIED
Authority *420 05 [handwritten]*
BY [handwritten] NARA DATE 6/0/11

THE WHITE HOUSE
WASHINGTON

SYSTEM II
90060

SECRET

April 8, 1986

NATIONAL SECURITY DECISION
DIRECTIVE NUMBER 221

Narcotics and National Security (U)

Purpose. To identify the impact of the international narcotics trade upon U.S. national security, and to direct specific actions to increase the effectiveness of U.S. counter-narcotics efforts to enhance our national security. (C)

Background. The expanding scope of global narcotics trafficking has created a situation which today adds another significant dimension to the law enforcement and public health aspects of this international problem and threatens the national security of the United States. (C)

While the domestic effects of drugs are a serious societal problem for the United States and require the continued aggressive pursuit of law enforcement, health care, and demand reduction programs, the national security threat posed by the drug trade is particularly serious outside U.S. borders. Of primary concern are those nations with a flourishing narcotics industry, where a combination of international criminal trafficking organizations, rural insurgents, and urban terrorists can undermine the stability of the local government; corrupt efforts to curb drug crop production, processing, and distribution; and distort public perception of the narcotics issue in such a way that it becomes part of an anti-U.S. or anti-Western debate. (S)

While these problems are endemic to most nations plagued by narcotics, their effects are particularly insidious for the democratic states of the Western Hemisphere. Moreover, the expansion of narcotics activity creates a regional, as well as a country specific, problem. (C)

A recent National Intelligence Estimate, "The International Drug Trade: Implications for U.S. Security" (NIE 1/8-85) examines the dangers from drug trafficking and highlights the following points: (S)

SECRET
Declassify on: OADR

COPY _1_ OF _13_ COPIES

~~SECRET~~

Primera página de la "National Security Decision Directive Number 221". La orden fue firmada el 8 de abril de 1986 por el presidente Ronald Reagan para designar el comercio internacional de narcóticos como "amenaza a la seguridad nacional de Estados Unidos" y para articular una nueva política de intervencionismo político y militar en los países productores de droga.

FUENTE: The U.S. National Archives and Records Administration.

De todos estos elementos se derivan las líneas esenciales de la narrativa hegemónica que desde entonces describe el campo criminal que comercia con drogas ilegales. Esta visión observa a los países latinoamericanos como débiles estructuras estatales *a priori* vulneradas por el poder asumido de las organizaciones delictivas, que también tendrían la capacidad de incidir en la percepción pública y en las políticas de seguridad de los gobiernos afectados. De capital importancia es también la dudosa correlación que se estableció entre el tráfico de drogas y el incremento de la violencia. Ésa será la explicación clave para legitimar las políticas de militarización en países como Colombia y México, que en las siguientes décadas aparecerán virtualmente eximidas de su responsabilidad en los índices de homicidio vinculados a la "guerra contra las drogas".

Uno de los puntos más delicados del documento establece que los traficantes latinoamericanos son capaces de agredir al propio "personal estadounidense". Como veremos en lo que sigue, el asesinato del agente Enrique Camarena un año antes, aunque el único en la historia entre los dos países hasta ahora, fue central para complementar la urgencia de la nueva doctrina de "seguridad nacional" concebida por el gobierno de Reagan.

Hay, por otra parte, significativas discontinuidades en el imaginario de este documento que evidencian sus fisuras y contradicciones históricas que es importante examinar. En este crucial reordenamiento de los objetivos de la agenda de seguridad nacional, la directiva de Reagan se limita al "comercio internacional de droga" y a "organizaciones de tráfico", pero no menciona en absoluto a los "cárteles", que ocuparían la imaginación oficial a partir de la década de 1990. El concepto ya ha sido articulado por el gobierno de Reagan, pero habrá que esperar una década más para que la narrativa de los "cárteles de la droga" pueda por fin consolidarse en el imaginario colectivo entre México y Estados Unidos. Quizá por ello ni Colombia ni México aparecen nombrados. En un eco de la todavía prevalente lógica de la Guerra Fría, los únicos dos países latinoamericanos señalados son Cuba y Nicaragua —los dos centros del socialismo continental en la época—, que según el documento "han apoyado o condonado el tráfico internacional de droga por razones financieras o políticas". Ciertos movimientos insurgentes se financian "cobrando impuestos por actividades relacionadas con la droga" o "sembrando su propia droga". Pero el terrorismo y el narcotráfico también se confunden:

"algunos grupos terroristas han sido vinculados al contrabando de droga principalmente para financiar sus actividades".[12] El intento por construir la imagen del "narcoterrorista", también desde el inicio parte de esta nueva etapa de la política antidrogas para el continente, no tendría en las siguientes décadas el mismo éxito que la narrativa del "narco" como amenaza securitaria, pero sería el puente para transitar de la amenaza del comunismo global a la supuesta amenaza del tráfico de drogas. La directiva presidencial de Reagan cumplió su cometido: a partir de 1986 las organizaciones de traficantes de droga latinoamericanas fueron configuradas como los nuevos enemigos de la "seguridad nacional" estadounidense y la más seria amenaza a la democracia y la justicia en los débiles países productores de droga como México y Colombia. El traficante todavía era, parafraseando el himno nacional mexicano, un extraño enemigo. Pero pronto dejaría de serlo.

El 19 y 20 de noviembre de 1985 el presidente Reagan y el secretario general soviético Mikhail Gorbachev sostuvieron en la ciudad de Ginebra, Suiza, la primera de varias reuniones para entablar un proceso bilateral de desarme nuclear. Aunque no se firmó ningún tratado sustancial, el comunicado conjunto sobre ese primer encuentro anunciaba ya el final de la Guerra Fría:

Las dos partes, después de discutir asuntos de seguridad clave, y conscientes de la responsabilidad de la URSS y los EUA para mantener la paz, han acordado que una guerra nuclear no puede ser ganada y no nunca debe ser peleada. Reconociendo que todo conflicto entre la URSS y los EUA podría tener consecuencias catastróficas, ambos han enfatizado la importancia de prevenir cualquier guerra entre ellos, ya sea nuclear o convencional. No buscarán lograr superioridad militar.[13]

Entendido en este contexto geopolítico global, la estrategia de desplazar la política de seguridad hacia Latinoamérica en torno al narcotráfico supuso la construcción de un enemigo apolítico, trasnacional, incapaz de articular algún

---

[12] *Idem.*

[13] "Joint Soviet-United States Statement on the Summit Meeting in Geneva", *The American Presidency Project*, 21 de noviembre de 1985.

tipo de réplica, mucho menos de solicitar un acuerdo legítimo bilateral para su desmovilización, y desde el principio dominado por los poderes estatales siempre dispuestos a la colaboración con la agenda estadounidense.

Para 1989, con la caída del Muro de Berlín y la inminente disolución de la Unión Soviética, el gobierno de Reagan había consumado la reconfiguración de su política exterior con la "guerra contra las drogas" como una nueva doctrina de "seguridad nacional". Así lo entendió la politóloga Waltraud Morales en un lúcido y visionario ensayo publicado ese año. Reemplazando a un enemigo por otro, explicó, la nueva doctrina securitaria inyectó un nuevo dinamismo a los múltiples frentes intervencionistas de Estados Unidos que debían asegurar su continuidad después de la derrota del comunismo. La "guerra contra las drogas", transformada en una campaña hemisférica de militarización, "proveyó un laboratorio para proyectar el poder de EUA, entrenar ejércitos locales para la nueva doctrina estratégica, transferir equipo militar y recolectar inteligencia". La hegemonía estadounidense en el continente había encontrado su nuevo vehículo de continuidad: "Ambos gobiernos de Reagan y Bush podían usar la doctrina de seguridad nacional de la guerra contra las drogas para generar respaldo público a la resurgente e intervencionista política exterior de Estados Unidos en América Latina".[14]

Ese mismo año apareció un libro colectivo cuyo título marcaba en la comunidad académica la transformación diseñada desde la Casa Blanca: *The Latin American Narcotics Trade and U.S. National Security*, editado por el historiador Donald J. Mabry. El índice de colaboraciones confirmaba la influencia del discurso securitario entre los especialistas como Richard B. Craig, quien había estudiado la "Operación Cóndor" pero ahora se enfocaba en las "implicaciones de seguridad binacional" del narcotráfico en México; el politólogo Bruce Bagley, quien se proponía comprender la política antidrogas como una "nueva guerra de los cien años" y que luego acuñaría la deshumanizante noción del "efecto cucaracha" para describir a los traficantes; José Luis Reyna, el sociólogo del Colegio de México, que analizaba la "fuerza desestabilizadora" de los narcóticos, pero que terminaría deplorando la "injustificable" guerra de

---

[14] Waltraud Morales, "The War on Drugs: A New U.S. National Security Doctrine?", *Third World Quarterly*, vol. 11, núm. 3, julio de 1989, pp. 147-169, p. 155.

Calderón;[15] y Samuel del Villar, quien pedía "repensar" la política antidrogas en el contexto de la "seguridad nacional" y que años más tarde, entre 1997 y 2000, sería nombrado como el primer procurador de justicia de la Ciudad de México bajo el gobierno de izquierda de Cuauhtémoc Cárdenas.[16]

Bajo la nueva doctrina securitaria, los países productores de droga habrían de "cooperar" necesariamente con los programas antinarcóticos de Estados Unidos. Esa cooperación consistiría en una estrategia militar organizada conjuntamente por el Departamento de Defensa, Estado, Justicia y Tesoro, con funciones primordiales asignadas a la CIA —es decir, la cúpula del gobierno federal— para "planear y ejecutar grandes operaciones antinarcóticos", "re-colectar, analizar y diseminar inteligencia", así como "entrenar y asistir a fuerzas militares extranjeras en la planeación y conducción de operaciones antinarcóticos".[17] La dramática transformación de la política antidrogas esta-dounidense escaló la retórica inaugurada por el presidente Nixon hacia algo mucho más concreto, según explica la especialista en políticas públicas Emily Crick: "Reagan se basó en el discurso de la 'guerra contra las drogas' que había sido establecido por Nixon, pero también instituyó políticas para res-paldarlo. Reagan militarizó la 'guerra contra las drogas' y la transformó de una 'guerra' retórica a una real".[18]

La velocidad con la que se dio este cambio de paradigma puede explicarse a partir de un doble proceso histórico: por un lado, el fin de la Guerra Fría obligó a los Estados Unidos a redefinir su política securitaria a finales de la década de 1980; por el otro, el presidente Reagan aprovechó el asesinato de Enrique Camarena para presionar al gobierno de México a adoptar comple-tamente la nueva narrativa de la "guerra contra las drogas".

La narrativa en torno al llamado "Cártel de Guadalajara" fue construida retroactivamente a partir de todos estos eventos, significándolos de acuerdo

---

[15] José Luis Reyna, "Sí, la guerra de Calderón es injustificable", *Milenio*, 6 de marzo de 2017.

[16] Donald J. Mabry (ed.), *The Latin American Narcotics Trade and U.S. National Security*, Westport, Connecticut, Greenwood Press, 1989.

[17] *Idem*.

[18] Emily Crick, "Re-thinking the 'War on Drugs'. Reagan's Militarization of Drug Con-trol", en Susannah Wilson (ed.), *Prohibitions and Psychoactive Substances in History, Culture and Theory*, Nueva York, Routledge, 2019, pp. 150-169, p. 161.

a una mirada que se enfocó en los traficantes como agentes de una red criminal que supuestamente había logrado cierta autonomía del poder oficial en México corrompiendo funcionarios en todos los niveles de gobierno. Este relato incorpora además el vocabulario recibido que ahora reaparece naturalizado en la serie *Narcos: México*, pero que en realidad es el producto de una larga mediación de declaraciones de funcionarios del gobierno y agentes de policía, expedientes, partes oficiales, intercambios diplomáticos y reportes de inteligencia que desde el principio organizaron estos eventos y dispusieron de los traficantes en correspondencia con los intereses del sistema político mexicano y los vaivenes de la geopolítica continental.

Al examinar la ola de violencia oficialmente atribuida a traficantes y guerrilleros en Colombia, el politólogo Nazih Richani comprendió que en aquel país operaba una suerte de "sistema de guerra" que se mantenía por medio de un "balance precario" mediante "un ejercicio compartido de violencia" que justificaba la acción de guerrilleros, traficantes y militares.[19] Las tres partes operaban en codependencia hasta que ese balance entró en crisis con el cambio de paradigma político introducido por la agenda de seguridad estadounidense cuando viró de su enfoque anticomunista hacia la "guerra contra las drogas".

Algo similar ocurrió en México. El historiador Alexander Aviña ha observado el proceso de imbricación entre el militarismo y sus efectos de violencia sistémica siguiendo distintos órdenes securitarios en las zonas más vulnerables del país. Así, "hemos observado en décadas recientes la combinación de prácticas y epistemologías de contrainsurgencia, por un lado, y contranarcóticos, por el otro, hacia una mayor gobernanza rural militarizada". En el tránsito del combate a los guerrilleros a la "guerra contra el narco", México no ha hecho sino ejercer una "larga guerra sucia".[20]

Hasta mediados de la década de 1980 la DFS cumplió su utilidad como una agencia servil de los intereses estadounidenses, sobre todo para las operaciones de contrainsurgencia de la CIA en el contexto de la Guerra Fría. Tras el asesinato

---

[19] Nazih Richani, "The Political Economy of Violence: The War-System in Colombia", *Journal of Interamerican Studies and World Affairs*, vol. 39, núm. 2, verano de 1997, pp. 37-81, p. 38.

[20] Alexander Aviña, "Mexico's Long Dirty War", *NACLA Report on the Americas*, vol. 48, núm. 2, 2016, pp. 144-149.

de Camarena, sin embargo, la DFS se convirtió en una reliquia obsoleta de una época moribunda. El nuevo paradigma de "seguridad nacional" ya no recurriría a los traficantes mexicanos como operadores encubiertos de la política exterior estadounidense, sino que los necesitaba ahora como el nuevo enemigo de la racionalidad securitaria en la era neoliberal. La estructura del estado de excepción mexicano se transformó al quedar sin un uso instrumental por parte de la geopolítica estadounidense que se agotó con la derrota global de la Unión Soviética. En medio, los traficantes de Guadalajara quedaron expuestos a la nueva racionalidad securitaria. De ser los colaboradores del régimen, pasaron a ser enemigos domésticos.[21] En las dos instancias, haya sido como colaboradores o enemigos, es el mismo sistema político el que los nombró y el que les asignó un lugar, un destino y, ciertamente, un final.

---

[21] La periodista Anabel Hernández subraya el mismo proceso histórico que terminó con la protección estatal que facilitó las operaciones de los grupos de traficantes liderados por Pablo Escobar en Colombia y por Miguel Ángel Félix Gallardo en México. "Al mismo tiempo que Escobar y Félix Gallardo dejaron de ser útiles para los planes de la CIA, los capos comenzaron a ser detenidos o asesinados. Los hechos se sucedieron de manera natural. Tanto que parecían aislados." Hernández, *Los señores del narco, op.cit.*, p. 145.

10

Narrar un crimen de Estado

El 7 de febrero de 1985 Enrique "Kiki" Camarena Salazar, un agente de la Drug Enforcement Administration (DEA) de 37 años, con experiencia en la Marina y como agente de la policía antinarcóticos, fue secuestrado al salir del consulado de Estados Unidos en Guadalajara, ubicado en la calle Progreso 175, en la colonia Americana. Según la versión oficial, fue trasladado a una casa de seguridad ubicada en la calle Lope de Vega 881, en la colonia Jardines del Bosque, ubicada exactamente a 2.2 kilómetros del consulado estadounidense, a unos cinco minutos de distancia en coche. El mismo día fue secuestrado el capitán Alfredo Zavala Avelar, piloto de la Secretaría de Agricultura que colaboraba con los agentes de la DEA en Guadalajara para realizar fotografías aéreas de sembradíos de mariguana. Camarena murió luego de dos días de tortura mientras era interrogado en sesiones que fueron grabadas en casetes de audio. Su cadáver, junto al de Zavala, no fue encontrado sino hasta el 5 de marzo en un rancho en el estado de Michoacán.

La disrupción política y cultural que causó el asesinato fue el puente entre la era de la *pax priista* y la reconfiguración de la doctrina de "seguridad nacional" propulsada desde Washington. A nivel político, el asesinato facilitó la transformación de la estrategia antidrogas en México con la reestructuración de las principales instituciones policiales y judiciales en el panorama geopolítico posterior a la Guerra Fría. A nivel cultural, el caso Camarena dio un importante giro a la narrativa que domina hasta hoy en el imaginario colectivo sobre el "narco" entre los campos de producción cultural de Estados Unidos y México. Pero la narrativa del asesinato, como veremos, se articuló desde un principio a partir de información inverificable o falsa cuyo origen por lo general es rastreable a fuentes oficiales o a interpretaciones voluntariosas de datos oficiales. Los expedientes de las agencias estadounidenses y mexicanas, pero también las declaraciones de fiscales, funcionarios de ambos gobiernos, gobernadores de estados y agentes de corporaciones policiacas, integraron la condición de posibilidad de esa narrativa.

Tal y como fue dramatizado en la serie *Narcos: México*, numerosos reportes de prensa explican el crimen a partir de que Camarena "lideró" el operativo militar que condujo al rancho El Búfalo, un extraordinario sembradío de mariguana en el estado de Chihuahua.[1] Incluso agentes de la DEA han sostenido que Camarena descubrió los sembradíos por medio de fotografía aérea y que hasta logró "infiltrarse" entre los propios campesinos empleados en la plantación supuestamente propiedad de Caro Quintero.[2] Durante el operativo militar, realizado el 6 de noviembre de 1984, se decomisaron unas 10 mil 900 toneladas de mariguana sin semilla, cuyo valor se estimaba en 40 mil pesos el kilogramo o mil dólares por libra en Estados Unidos, un equivalente a 2 mil 500 dólares actuales. El complejo de sembradíos, que empleaba unos 10 mil 800 campesinos forzados a la siembra, sorprendió a la opinión pública de la época, según lo registra un extenso reportaje en la revista *Proceso*:

Los complejos industriales abarcaban unos 12 kilómetros cuadrados, con agua y plantas de luz. Eran tejabanes de 100 metros por siete y había casas especiales para las guardias. Los narcotraficantes hicieron producir el desierto, a base de un sistema de riego por aspersión; construyeron pequeñas presas o perforaron pozos, que contaban con un sistema de bombeo automático y una red de distribución que llegaba a los terrenos —unas 400 hectáreas—. Compraron pequeñas propiedades,

---

[1] Esta explicación se ha establecido a partir del consenso generado por las coberturas periodísticas durante décadas. Es el caso, por ejemplo, en esta nota reciente que muestra además imágenes del ejido proporcionadas por un *youtuber*: "Así luce el rancho de Rafael Caro Quintero, a 36 años de la quema del mega sembradío", *El Heraldo de México*, 20 de febrero de 2020.

[2] Así lo repite, por ejemplo, un agente que "llegó a ser jefe de la DEA en México", pero que hizo esa declaración bajo condición de anonimato al reportero J. Jesús Esquivel para su libro *La DEA en México. Una historia oculta del narcotráfico contada por los agentes*, México, Grijalbo, 2013, p. 76.

introdujeron maquinaria agrícola, supervisaban los plantíos en helicóptero. La mariguana era transportada, primero en camiones cerrados —"tortons"— y luego en tráilers, hacia los Estados Unidos. Era todo un sistema integrado. Además, a las fábricas llegaba mariguana de otros estados; en las bodegas había la cantidad correspondiente a 15,000 hectáreas en producción.[3]

Los campesinos provenían de Oaxaca, Guerrero, Chiapas y Sonora, transportados de sus comunidades directamente por los propios traficantes o en camiones de pasajeros que los acercaban a Durango y de ahí llevados en camiones de redilas hasta los sembradíos. Los testimonios recogidos por *Proceso* hablan de maltratos, escasa alimentación y trabajos forzados sin paga. Según algunos de los entrevistados, con frecuencia visitaban la zona "jefes" en coches o camionetas de lujo que luego supervisaban la producción en helicóptero. Varios de ellos, dijeron, eran "gringos".[4]

El hecho de que el episodio de El Búfalo ocurrió tres meses antes del asesinato de Camarena ha sido aprovechado para crear un falso vínculo causal tanto por fuentes oficiales como por periodistas y productores de series como *Narcos*. El propio Caro Quintero pudo haber aceptado esa misma narrativa.[5] Lo cierto es que, aunque Camarena había advertido a sus superiores de sembradíos similares en zonas desérticas de Zacatecas, San Luis Potosí y Sonora, ni él ni la oficina de la DEA en Guadalajara contribuyeron con información

---

[3] Fernando Ortega Pizarro, "La operación antidroga, un espectáculo, pero no se tocaron las raíces", *Proceso*, núm. 420, 19 de noviembre de 1984, pp. 6-7.

[4] Guillermo Correa y Fernando Ortega Pizarro, "Los engancharon para procesar la mariguana", *Proceso*, núm. 420, 19 de noviembre de 1984, p. 7.

[5] En 1988 el testimonio en un proceso judicial de un traficante llamado Carlos de Herrera abre la posibilidad de que el sembradío del Búfalo ni siquiera haya sido realmente de Caro Quintero. Así lo dice en su testimonio: "Las dos más fuertes mafias en México en ese tiempo eran la DFS, que es la Dirección Federal de Seguridad, y la Policía Judicial Federal... El comandante de la DFS [en Juárez], Rafael Aguilar, tenía trabajando para él a Gilberto Ontiveros, Rafael Caro Quintero y Don Neto [Ernesto Fonseca] [...] La DFS tenía un rancho especialmente construido para sembrar mariguana, y era llamado el Búfalo. La gente a cargo era Rafael Caro Quintero, las inversiones de dinero eran [de] Gilberto Ontiveros, el propio Rafael Caro Quintero, Rafael Aguilar y Don Neto. Esta era una de las más organizadas plantaciones en la historia de la droga [...] Se suponía que era una de las más sofisticadas, más altamente secretas plantaciones para la DFS". Shannon, *Desperados, op. cit.*, p. 294.

sobre los sembradíos de Chihuahua. Así lo estableció desde el principio la periodista Elaine Shannon, autora del libro más referido sobre el asesinato de Camarena: *Desperados: Latin Drug Lords, U.S. Lawmen and the War America Can't Win* (1988). Citando fuentes directas de la propia DEA, incluyendo a los agentes compañeros de Camarena, Shannon explica que la embajada estadounidense en la Ciudad de México localizó la plantación gracias a denuncias de algunos de los campesinos que habían sido forzados a trabajar procesando las hojas de mariguana.[6] El crédito del operativo ante la opinión pública se lo llevó Miguel Aldana, entonces jefe de la Interpol en México, "que personalmente dirigió metralleta en mano a los 200 elementos (100 judiciales federales y 100 soldados prestados por el Ejército) que sorprendieron y arrestaron a más de 4,500 'trabajadores' de los narcotraficantes" en El Búfalo.[7] *Proceso* anotó que se emplearon en el operativo 15 helicópteros y tres avionetas Cessna.[8]

Mucha de la información correcta había estado al alcance del público desde el principio, pero la mitificación narrativa del operativo persiste hasta hoy. Según los reporteros Luis Chaparro y Jesús Salas, es probable que la propiedad ni siquiera tuviera nombre y que sólo haya sido conocida como rancho El Búfalo después de la redada debido a su proximidad con la colonia Búfalo, un pequeño poblado en el municipio de Allende, a unos 200 kilómetros al sur de la ciudad de Chihuahua.[9] Según la revista *Proceso*, el Búfalo era en realidad sólo el nombre del primer "campamento" que encontró la PGR durante la redada.[10] (Incidentalmente, la redada que la influente revista *Time* llamó "el decomiso del siglo" ha sido rebasada por las más de 6 mil toneladas de mariguana que anualmente se producen sólo en el estado de California. Y mientras que la droga decomisada en 1984 tenía un costo estimado de 2.5 mil

---

[6] *Ibid.*, p. 194.

[7] Elisa Robledo, "Drogas y corrupción: habla un ex jefe de la judicial federal", *Contenido*, agosto de 1985, p. 31.

[8] Las cifras del operativo, desde luego, varían. *Proceso* contó "170 agentes de la Policía Judicial Federal, 35 agentes del Ministerio Público, 50 agentes auxiliares, 270 soldados del 35 batallón, seis asistentes sociales y cuatro funcionarios de comunicación social de la PGR". Ortega Pizarro, "La operación antidroga", *Proceso*, p. 8.

[9] Luis Chaparro y Jesús Salas, "Visitamos el rancho de Caro Quintero en Chihuahua", *Vice*, 13 de agosto de 2013.

[10] Ortega Pizarro, "La operación antidroga", *Proceso*, p. 8.

millones de dólares,[11] se proyecta que en 2025 el mercado de la mariguana legal en Estados Unidos ronde los 30 mil millones de dólares anuales.)[12]

Al atreverse a asesinar al agente estadounidense en venganza, según esta falsa interpretación de los hechos, Caro Quintero y los traficantes del "Cártel de Guadalajara" produjeron una inversión de fuerzas entre el campo político y el campo criminal que a su vez facilitó el crecimiento desmedido de los llamados "cárteles de la droga". Las declaraciones por parte de funcionarios de gobierno pasaron de la mera sospecha a la explicación del crimen. El más notorio acaso fue el embajador estadounidense en México, John Gavin, quien se apresuró a condenar a Caro Quintero como "uno de los autores intelectuales" del crimen el mismo día en que fue detenido, sin esperar a contar con evidencia policial para demostrarlo.[13] El caso Camarena ha sido desde entonces un poderoso dispositivo semiótico que continúa fundando la fantasía del "cártel" como una implacable organización criminal capaz de corromper y ulteriormente someter al Estado mismo. Así lo recuenta en 2003 la propia DEA en un libro conmemorativo de la agencia: "Tal vez ningún evento tuvo un impacto tan significativo en la DEA como el secuestro y asesinato del agente especial Enrique Camarena en México en 1985. Su asesinato condujo a la investigación de un homicidio más abarcadora jamás realizada antes por la DEA, la cual finalmente descubrió la corrupción y complicidad de numerosos funcionarios mexicanos".[14]

La consolidación de esta narrativa ha sido a su vez imprescindible para legitimar la gradual militarización del país que en las siguientes décadas supuestamente frenaría el avance del "narco" ocupando el territorio nacional. Una de sus principales fuentes proviene, paradójicamente, del libro *Desperados* de Shannon. Aunque se lee como una detallada crónica del caso con un manejo cuidadoso de la información recogida por la reportera, *Desperados* entremezcla el periodismo con la mitología oficial sobre los traficantes mexicanos

---

[11] Shannon, *Desperados, op. cit.*, p. 195.

[12] Iris Dorbian, "New Cannabis Report Predicts Legal Sales to Reach Nearly $30 Billion by 2025", *Forbes*, 24 de septiembre de 2019.

[13] Reid G. Miller, "Police capture key suspect in key suspect in killing of U.S. Drug Agent", *Associated Press*, 5 de abril de 1985.

[14] *Drug Enforcement Administration: A Tradition of Excellence, 1973-2003, U.S.*, Washington, D. C., Department of Justice, Drug Enforcement Administration, 2003, p. 63.

que circulaba entre las autoridades estadounidenses de la época y que ella transcribe directamente de agentes de la DEA entrevistados para el libro. Esta percepción fantasiosa del narcotráfico se articulaba en plena correspondencia con la nueva doctrina del presidente Reagan, que dos años antes había declarado a los traficantes latinoamericanos como enemigos de la "seguridad nacional" estadounidense. En el segundo capítulo de *Desperados*, por ejemplo, Shannon reproduce una anécdota que según James Kuykendall (el jefe de la DEA en Guadalajara y superior de Camarena), les fue contada a él y a Camarena por un agente de la Policía Judicial Federal en México. Vale la pena extenderse en ese supuesto "rito de paso" por el que atravesó un comandante recién llegado a la PJF, acostumbrado a mandar entre agentes zalameros y sumisos:

> Un día, entonces, escuchó el sonido de botas pisando fuerte en la antesala. La puerta interior se abrió con fuerza. Allí estaba el célebre Rafael Caro Quintero, en pantalones estrechos, botas vaqueras altas, y una expresiva camisa desabotonada para mostrar su pecho cubierto con brillantes cadenas de oro. Los guardaespaldas de Caro se posicionaron alrededor de la oficina, cargando armas semiautomáticas. Los agentes en la oficina exterior miraban boquiabiertos y se hicieron a un lado. Caro Quintero caminó despacio hasta el escritorio del comandante. "¿Estás con nosotros?", preguntó.
>
> El comandante observó al ordinario joven intruso. Había estado esperando la visita de los traficantes porque quería su tajada. Pero estaba acostumbrado a una mayor deferencia. Ésta era la más ofensiva de las humillaciones, la insolencia de este vándalo, vestido como un gigoló de Acapulco, arrastrando las palabras con las inflexiones desaliñadas de pueblo.
>
> "¿Qué quieres? ¿Plata, o plomo?", dijo Caro Quintero entre dientes.
>
> La cara del comandante enrojeció. Sus jóvenes agentes miraron a su jefe con ojos cómplices. Su altivez se desmoronó y asintió. Eligió la plata. Vivió bien después de eso y sus agentes no molestaron a los grandes traficantes.[15]

Lo extraordinario de esta anécdota homoerótica y sin fundamento en información verificable no radica en el inverosímil cliché de la escena y la consabida amenaza "o plata o plomo", sino en el hecho de que se ha repetido

---

[15] Shannon, *Desperados, op. cit.*, p. 21.

durante décadas en contextos ajenos entre México y Colombia. No encuentro una fuente primaria para la frase más allá de la "anécdota" recogida por Shannon. En 2001 el periodista estadounidense Mark Bowden puso la frase de nuevo en circulación con *Killing Pablo*, el libro de referencia sobre la persecución oficial y asesinato extrajudicial del traficante colombiano Pablo Escobar. Bowden, autor del célebre *Black Hawk Down* —recuento de una batalla en Somalia en la que una unidad del Ejército estadounidense fue derrotada—, afirma que Escobar desarrolló todo un sistema de sobornos basado en ese principio: "Su política de plata o plomo fue tan notoriamente efectiva que terminaría por amenazar con socavar la democracia de Colombia".[16] No hay ninguna fuente directa en el libro de Bowden. La frase fue supuestamente concebida por Escobar, según Bowden, pero habría sido pronunciada primero por Caro Quintero, según Shannon.

En 2010 la frase reapareció en un reportaje de la revista *The New Yorker*, pero ahora atribuida al "cártel" de "La Familia", en el estado de Michoacán. Según el reportero William Finnegan, ésa era la explícita amenaza que usaban los traficantes para intimidar a las autoridades locales.[17] Además de las incontables notas de prensa que reiteran constantemente la misma fantasía, "plata o plomo" se repitió desde luego en la serie *Drug Wars. The Camarena Story* (1990) en boca del personaje de Caro Quintero y reapareció 25 años más tarde en la serie *Narcos* de Netflix (2015), ahora dicha por el personaje de Pablo Escobar. El "narco" mexicano o colombiano reitera la misma frase en Medellín o en Guadalajara, según los reporteros y los guionistas, porque esa imaginación se origina en la única fuente hasta ahora establecida: un agente de

---

[16] Mark Bowden, *Killing Pablo. The Hunt for the Richest, Most Powerful Criminal in History*, Londres, Atlantic Books, 2001. Véase en particular el capítulo 5. Los intereses de Bowden en la agenda securitaria estadounidense con frecuencia abordan los operativos militares de ese país en el exterior. No sobra mencionar que *Black Hawk Down* fue llevado al cine en 2001 por Ridley Scott, el mismo director de las películas de ciencia ficción *Alien* (1979) y *Blade Runner* (1982). La versión cinematográfica de ese libro de Bowden no estuvo exenta de cierta controversia por sus múltiples licencias narrativas. Véase Edward D. Chang, "What you may not know about 'Black Hawk Down'", *Real Clear Defense*, 3 de octubre de 2018.
[17] William Finnegan, "Silver or Lead. The drug cartel La Familia gives local officials a choice: Take a bribe or a bullet", *The New Yorker*, 24 de mayo de 2010.

la DEA que dice haberla escuchado en México en boca de un policía federal.[18] Tiene sentido que el narrador en *voice over* de *Narcos* que narra la totalidad de la serie hasta llegar al último capítulo sea un agente de la DEA. Esa agencia ha sido la reproductora de la trama que se narra y renarra desde los años ochenta hasta nuestros días, de agente a agente, entre investigaciones periodísticas, series de televisión, películas, novelas con y sin ficción, todos al unísono repitiendo el mismo mito cuyo origen oficial se ha olvidado, pero que continúa validado en la boca no de un traficante, sino de un actor fingiendo ser un traficante.

Como admite Shannon al inicio de su libro, y como habitualmente ocurre con la mayoría del periodismo y los productos culturales sobre el tráfico de drogas, *Desperados* se basa en los dichos de policías, militares, jueces y figuras políticas, sobre todo desde Estados Unidos, que colectivamente estructuran una misma idea del fenómeno mediante una constante y coherente diseminación de información oficial. Esa información, articulada como una narconarrativa, adquirió una mayor gravedad tras el asesinato de Camarena. Pero su trama dista de ser compleja. De hecho, la lección aprendida por los agentes estadounidenses y mexicanos ha sido siempre tan simple como contradictoria, según Shannon: "Presiona a los traficantes y te matan. No los presiones y adquieren tanto poder y temeridad que te matan".[19] Esa imaginación llega hasta nuestros días en la forma de un mito. Como en su momento estudió Roland Barthes, el mito funciona como "un sistema semiológico segundo", que está construido a partir de una primera cadena de signos que ya existía y que reemplaza a los referentes reales.[20] El mito no refiere la realidad, sino a

---

[18] Como para llevar esta cadena de libros, reportajes y series de televisión a un nivel seudocientífico, tres académicos estadounidenses de Harvard, Brown y la Universidad de California en Berkeley publicaron en 2006 un modelo para el estudio de la influencia política basándose en la reiterada amenaza supuestamente utilizada por Pablo Escobar. Según los académicos, el modelo permite "hacer predicciones sobre la calidad de los funcionarios públicos de un país y comprender el papel de las instituciones que conceden a los políticos inmunidad ante procesos legales". La fuente de la frase "plata o plomo" es el libro *Killing Pablo* de Mark Bowden. Véase Ernesto Dal Bó, Pedro Dal Bó y Rafael Di Tella, "'Plata o Plomo?' Bribe and Punishment in a Theory of Political Influence", *The American Political Science Review*, vol. 100, núm. 1, febrero de 2006, pp. 41-53.

[19] *Ibid.*, p. 399.

[20] Roland Barthes, *Mythologies*, París, Éditions du Seuil, 1975, p. 187.

signos previamente establecidos. Debajo del mito no se encuentra la verdad oculta: sólo aparece más lenguaje, signos anteriores que edificaban la estructura simbólica del mito desvinculado de lo real.

¿Cómo es que el caso Camarena continúa vigente en el imaginario hegemónico del "narco" desde 1985 con apenas algunas variaciones a su relato? ¿Cómo ha sido posible que se sigan reciclando no sólo las más predecibles frases atribuidas a traficantes mexicanos o colombianos por igual, sino también información infundada, inverificable e incluso desacreditada por fuentes oficiales de ambos países?

Consideremos aquí la distinción que el historiador estadounidense Hayden White hace entre el acto de narrar como un discurso que enlista eventos en secuencia, y el acto de *narrativizar* como la imposición de la forma de una historia que funciona como "un discurso que finge hacer que el mundo hable por sí mismo y hable por sí mismo como una historia".[21] La "guerra contra las drogas" ha estado siempre configurada por una secuencia de eventos que no sólo ha sido narrada, sino también *narrativizada*. Sobre el accidente de sus eventos se ha impuesto la forma de un relato artificial que propone un sentido específico, un principio y un final. El periodismo debería narrar el accidente de los eventos cuya historia no comienza ni concluye, sino que inicia y se termina de acuerdo con la disponibilidad de la información recolectada por el reportero. En su necesidad de conferir una lógica congruente a los eventos, el reportero los organiza, les atribuye un principio y un final que parecieran provenir del propio reportaje, como si la historia se contara por sí sola. El reportero *narrativiza* así la información siguiendo un orden establecido *a priori* por un sentido narrativo que ha sido impuesto tanto por las propias fuentes consultadas como por la mirada del reportero que interioriza esa narrativa como algo real. La *interpretación* de los hechos en torno al asesinato del agente Camarena ha sido narrativizada como información que no sólo no describe la situación real de los traficantes en México en la década de 1980, sino que más bien impone desde entonces un relato concluido y resuelto, depurado de accidentes o de información contradictoria. El rostro de Camarena

---

[21] Hayden White, "The Value of Narrativity in the Representation of Reality", *Critical Inquiry*, vol. 7, núm. 1, otoño de 1980, pp. 5-27, p. 7.

se preserva así como en la célebre portada que le dedicó la revista *Time*, reproduciendo, una vez más, fragmentos del libro *Desperados*.[22]

Revisemos cómo opera esa narrativización desde el modo en que se presentan los personajes. Camarena tenía un perfil profesional modesto y no muy distinto del resto de los demás agentes en la oficina de Guadalajara. En su libro de memorias *¿O plata o plomo?*, el jefe de la estación de la DEA en esa ciudad, James Kuykendall, elabora un breve perfil de su compañero:

> Enrique Camarena, conocido universalmente por su apodo "Kiki", era un ciudadano estadounidense naturalizado, nacido en Mexicali, pero criado en Calexico, California. Había sido empleado previamente por la ciudad de Calexico como agente de policía y era un ex*marine* que no pudo servir en Vietnam porque se enlistó después de que el conflicto había terminado. Pero había perdido un hermano en esa guerra. Entró a la DEA en Calexico, trabajó un tiempo en Fresno y fue transferido a Guadalajara en el verano de 1980, Kiki se casó con su novia de la preparatoria y tenían tres hijos muy pequeños. Kiki era callado e intenso, pero tenía una sonrisa reservada para los amigos. Tenía parientes en Guadalajara, incluyendo a su abuela. Era también un tenaz e inteligente investigador.[23]

Tres años después del asesinato, la reportera Elaine Shannon presenta a Camarena en su libro *Desperados* con recursos narrativos mucho más atractivos:

> Los hombres [en México] que vivían caminos de terracería estaban fascinados y un poco divertidos por el agente americano con sangre de mexicano, los ojos profundos del indio y el corazón del gringo. Nacido en Mexicali, pero criado en California, la estrella de futbol de su preparatoria y ex*marine*, Kiki era la mezcla curiosa del machismo latino y la ética de trabajo yanqui. Cuando se requería, podía mostrar un aire gregario y generoso, pero eso era parte del trabajo. Por naturaleza era serio y más bien introvertido. Ocasionalmente dejaba de trabajar lo suficiente para tomar unas cervezas y jugar billar; pero lo que realmente amaba era arrestar drogadictos. Sus amigos en Guadalajara lo llamaban El Gallo Prieto.

---

[22] "Death of a Narc", *Time*, vol. 132, núm. 19, 7 de noviembre de 1988.

[23] James Kuykendall, *¿O plata o plomo?*, edición de autor, 2005, p. 267.

Significaba que era su propio jefe, un luchador, un hombre seguro de sí mismo, un hombre que siempre ganaba.[24]

La diferencia entre ambas descripciones se encuentra en la depuración del accidente combinada con la exageración y la construcción de una personalidad que colinda con la leyenda. En el relato de Shannon el paso de Camarena por la preparatoria fue el de "estrella" del futbol, pero del pasado omite su ordinaria carrera como soldado y policía. México no es la referencia importante para su entorno familiar, sino para los rasgos sensuales de Camarena, como su estereotipado "machismo latino", sus "ojos profundos de indio" y hasta su sobrenombre en español animalizado como un "gallo prieto". El atributo más positivo de Camarena se encuentra, en cambio, en su "ética de trabajo yanqui", admirada por los mexicanos que habitan las calles sin pavimentar de Guadalajara que, aunque desde luego es una de las principales ciudades de México, aquí da la impresión de ser apenas un pequeño poblado rural. Lo que se gesta en esta descripción es una forma de *mirar* a México que ya se corresponde con los prejuicios de la hegemonía estadounidense que imaginará a todo el país como el lugar del crimen, el atraso cultural y las pasiones desbocadas. El secuestro de Camarena ha sido desde entonces narrado y renarrado como una batalla entre civilización y barbarie. De ese modo se presenta a los traficantes mexicanos: "Los sinaloenses habían bajado de las montañas a finales de los setenta rebosantes de las ganancias del oficio de contrabandista. Viajaron a Guadalajara con pelotones de guardias armados con armas automáticas, y con maletas llenas de dinero en efectivo compraban lo que sea que les interesara. Reacios a doblegarse a la civilización, vivían como clanes de serranos, casándose con primos, divirtiéndose con fiestas ruidosas y violentas, ajustando cuentas con impulso salvaje".[25]

La imagen del traficante salvaje que desciende del cerro para paradójicamente construir un "cártel" que desafía a las autoridades de México y Estados Unidos persiste desde entonces como la explicación más estandarizada sobre la violencia y la corrupción en México. Poco ha cambiado en el discurso oficial, que no ha hecho sino radicalizarse a lo largo de las siguientes décadas.

---

[24] Shannon, *Desperados, op. cit.*, pp. 1-2.
[25] *Ibid.*, p. 3.

LA GUERRA EN LAS PALABRAS

Al contextualizar los hechos sin narrativizarlos, encontraremos una mirada distinta. Notemos primero que la agenda de seguridad nacional estadounidense mantenía una inercia propia desde su creación en 1947. Su estructura se expandía y avanzaba a través de décadas independientemente de los eventos políticos que respondían a la contingencia del momento. Antes de que el nombre de Camarena se interpolara en la esfera pública, el aparato de seguridad ya había comenzado a virar su atención hacia el tráfico de drogas como la nueva amenaza global.

El 4 de agosto de 1983 el entonces senador Joseph Biden presentó la iniciativa S. 1787, denominada la National Narcotics Act (Ley Nacional de Narcóticos). Su objetivo primordial era la creación de un "zar antidrogas" para establecer una estructura de coordinación entre todas las agencias involucradas en el combate "a la distribución de narcóticos por el crimen organizado".[26] Para apelar al electorado moderado que pedía legislación de "mano dura", Biden y el bloque demócrata en el Senado habían propuesto un endurecimiento de las leyes antinarcóticos incluso contra la opinión del presidente Reagan, que en un principio vetó la iniciativa de ley. Biden presionó a Reagan para aumentar el presupuesto antinarcóticos, adoptando el lenguaje de "ley y orden" que habría de radicalizar la política securitaria durante la década de 1990: "El crimen violento es una amenaza tan real a nuestra seguridad nacional como cualquier amenaza extranjera", dijo Biden en un mensaje nacional transmitido en 1982.[27]

En 1984 se estableció la "National Strategy for Prevention of Drug Abuse and Drug TrafficKing" (Estrategia Nacional para la Prevención del Consumo y Tráfico de Drogas) con un presupuesto de mil 700 millones de dólares anuales para 1985 y 1986. De los 12 países que recibirían ayuda directa del Bureau of International Narcotics Matter (Buró de Asuntos de Narcóticos Internacionales) del Departamento de Estado en 1985, el programa antidrogas

---

[26] Leslie Maitland, "U.S. Plans a New Drive on Narcotics", *The New York Times*, 9 de octubre de 1982.

[27] David Stein, "The untold story: Joe Biden pushed Ronald Reagan to ramp up incarceration —no the other way around", *The Intercept*, 17 de septiembre de 2019. Los detalles de la "National Narcotics Act" puesta en vigor en 1984 pueden consultarse en el sitio oficial del Congreso de Estados Unidos en <https://www.congress.gov/bill/98th-congress/senate-bill/1787>.

para Colombia era el más atendido con 10 millones 650 mil dólares, seguido de México con 9 millones 696 mil dólares. Al siguiente año, luego del asesinato de Camarena, la distribución del presupuesto se invirtió: en 1986 se destinaron a México 11.6 millones, mientras que en Colombia se registró una ligera baja a 10.6 millones. En 1987, quizá ya como efecto del caso Camarena, el presupuesto para México volvió a aumentar ahora a 15.5 millones y el de Colombia descendió de nuevo a 10.5 millones.

Como concede la propia Shannon, a principios de los ochenta la frontera entre México y Estados Unidos, que ahora se piensa como la zona de disputa entre "cárteles", no era una región de importancia para el tráfico de drogas. Para los agentes de la DEA, la franja fronteriza era apenas "un puesto para [funcionarios] viejos y reclutas verdes".[28] Toda la acción antinarcóticos se concentraba en Miami o en Nueva York, las ciudades de mayor actividad para los traficantes colombianos. México, en cambio, seguía bajo el esquema del programa binacional de erradicación en las montañas del noroeste del país, que inició con la "Operación Cóndor" en 1975: "La erradicación era ciertamente el evangelio en Washington, y México tenía el único proyecto en el mundo que involucraba fotografía aérea y rociamiento de campos de mariguana y adormidera. El Departamento de Estado hacía propaganda con funcionarios de Colombia y Burma invitándolos a México para ver en acción a los helicópteros equipados para rociar".[29]

Si bien México no era aún el foco de la atención securitaria, era cuestión de tiempo que la expansión de la política antidrogas estadounidense lo alcanzara. Como recuerda María Celia Toro, el presupuesto de la DEA se triplicó entre 1981 y 1990. Al iniciar la siguiente década, la totalidad de la política antidrogas estadounidense ya costaba al erario público unos 10 mil millones de dólares.[30] No es entonces que el asesinato de Camarena haya por sí solo acelerado el crecimiento de agencias como la DEA, sino que el crimen más bien justificó el desplazamiento de los operativos de Colombia hacia México, inyectando

---

[28] Shannon, *Desperados*, *op. cit.*, p. 107.

[29] *Idem.*

[30] María Celia Toro, "The Internationalization of Police: The DEA in Mexico", *The Journal of American History*, vol. 86, núm. 2, "Rethinking History and the Nation-State: Mexico and the United States as a Case Study: A Special Issue", septiembre de 1999, pp. 623-640, p. 625.

un mayor presupuesto para transitar de los esfuerzos de erradicación a fortalecer el supuesto "combate" a los "cárteles de la droga" ahora en el país vecino.

En esta larga historia de la agenda de "seguridad nacional" y el tráfico de drogas, la pequeña delegación de la DEA en Guadalajara jugó un papel acaso accidental. Mientras que se contaban alrededor de 50 agentes de la DEA por todo México, la oficina de Guadalajara tenía apenas "una fuerza autorizada de cinco agentes y tres secretarias, el mayor número [de empleados] hasta entonces. Sin embargo, sólo cuatro de esos puestos habían sido ocupados".[31] La poca atención que se le brindaba a la inteligencia transmitida desde Guadalajara irritaba a los agentes. Su información era con frecuencia ninguneada o hasta ignorada por la oficina de la DEA y las autoridades en Washington. Camarena y sus compañeros "estaban seguros de que las malas noticias se quedaban embotelladas en la embajada americana en la Ciudad de México" en donde se hablaba de tolerar la corrupción para mantener la "relación especial" entre México y Estados Unidos.[32] Al transgredir los límites de la narrativa que le había sido asignada, el agente Camarena se encontró repentinamente en una dimensión de la política securitaria de su país que se vertió contra él y que incluso en la muerte terminaría utilizándolo para avanzar sus objetivos. El secuestro y asesinato de Camarena construyó la artificialidad de ese mundo dividido entre la civilización estadounidense y la barbarie mexicana. Pero esa narrativa oficial ya se ha fisurado. Veámosla ahora colapsar.

---

[31] James Kuykendall, ¿*O Plata O Plomo?*, *op. cit.*, pp. 266-267.

[32] Shannon, *Desperados*, *op. cit.*, p. 9.

11

"La CIA mató a Camarena"

El 29 de octubre de 2013 Elaine Shannon y el exadministrador de la DEA Jack Lawn participaron en una conversación pública sobre el asesinato de Camarena, que tuvo lugar en el Museo de la DEA, en la ciudad de Arlington, Virginia, en las afueras de Washington, D. C. Hacia el final del evento, la discusión se abrió para preguntas del público en la sala y de quienes veían la transmisión a través de un *webcast* por internet. Un hombre que dijo ser un agente de la DEA jubilado envió una pregunta incómoda por esta última vía:

> Se ha dicho mucho en la prensa recientemente que la CIA tiene algo de responsabilidad en el asesinato del agente Camarena. Que estaba relacionado de alguna manera con el escándalo Irán-Contra. Estas acusaciones vienen de exagentes de la DEA que afirman haber tenido un papel de liderazgo en la investigación del asesinato. Por favor comente estas acusaciones.

Lawn respondió tajante:

> De joven leí las *Fábulas* de Esopo. Ésta es otra fábula indigna de individuos que hayan trabajado en la DEA. Todos los que saben quiénes somos conocen esta investigación, y deben saber que en cuanto a averiguar qué fue lo que ocurrió en este caso, fue la CIA la que nos dijo sobre las grabaciones. Fue en efecto la CIA la que en algún punto vino y nos dijo: "Estamos muy orgullosos de lo que han hecho en el caso de Kiki Camarena. Y esperamos que nuestra

organización pueda hacer cosas similares si algo nos llegara a ocurrir a nosotros".[1]

La pregunta se refería a las explosivas revelaciones hechas por Héctor Berrellez y Phil Jordan, ambos exagentes de la DEA, entrevistados para una nota publicada dos semanas antes en el sitio de noticias *Fox News*. "Después del asesinato de Camarena, la investigación [hecha en México] apuntó a que la DFS actuó en complicidad con la inteligencia americana en el secuestro y la tortura de Kiki", dijo Berrellez, el agente que estuvo a cargo de la "Operación Leyenda", la investigación oficial del crimen llevada a cabo por la DEA. Por su parte Jordan, exdirector del llamado El Paso Intelligence Center (EPIC) —un centro de inteligencia dirigido por la DEA en la ciudad fronteriza de El Paso, Texas—, fue todavía más preciso: "En el cuarto de interrogación [de Camarena], según me dijeron las autoridades mexicanas, había agentes de la CIA. Ellos eran quienes conducían la interrogación. Ellos eran los que la grabaron".[2]

Berrellez y Jordan decidieron hacer estas declaraciones públicas después de que el caso Camarena regresara al centro de la relación binacional el 9 de agosto de 2013, cuando el traficante Rafael Caro Quintero, entonces con 60 años cumplidos, fue sorpresivamente liberado en México. Había sido arrestado el 4 de abril de 1985 y sentenciado a 40 años de prisión por tráfico de drogas y por el asesinato del agente Camarena. El Primer Tribunal Colegiado en materia penal con sede en el estado de Jalisco determinó que Caro Quintero había sido condenado indebidamente por un tribunal federal, cuando debió ser juzgado en el fuero estatal por el asesinato de Camarena. La decisión fue respaldada en un hecho incontrovertible: Camarena no estaba acreditado como diplomático y sus actividades en México significaban una violación a la soberanía nacional. El asesinato no debió ser juzgado bajo el fuero federal. El proceso en contra de Caro Quintero había sido ilegal

---

[1] "Brought to Justice: Operación Leyenda", DEA *Museum Lecture Series*, 29 de octubre de 2013, pp. 39-40. La transcripción oficial del evento está disponible en la página del Museo de la DEA en <https://www.deamuseum.org/wp-content/uploads/2015/08/1029 13-DEA-LectureSeries-OperationLeyenda-transcript.pdf>. Durante la conversación, la entonces administradora de la DEA, Michele Leonhart, dijo que era frecuente escuchar a jóvenes reclutas de la DEA haberse interesado en la agencia después de haber leído el libro *Desperados* de Elaine Shannon, aun después de más de 20 años de su publicación.

[2] William La Jeunesse y Lee Ross, "US intelligence assets in Mexico reportedly tied to murdered DEA agent", *Fox News*, 10 de octubre de 2013.

RAFAEL CARO QUINTERO

Delitos violentos en apoyo de la delincuencia organizada; asociación delictiva para cometer delitos violentos en apoyo de la delincuencia organizada; asociación delictiva con fines de secuestro de un agente federal; secuestro de un agente federal; asesinato estatutario de un agente federal; complicidad e incitación; complicidad por encubrimiento

Fotografía tomada en 2016

Fotografía tomada en 1985

DESCRIPCIÓN

Alias: Rafa

Fecha(s) de nacimiento usada(s): 24 de octubre de 1952, 3 de octubre de 1952, 24 de noviembre de 1952, 24 de octubre de 1955, 24 de noviembre de 1955, 9 de marzo de 1963	**Lugar de nacimiento:** Badiraguato, Sinaloa, México
Cabello: canoso (anteriormente era negro)	**Ojos:** color café
Estatura: 6 pies (1,82 m)	**Peso:** alrededor de entre 159 a 170 libras (72 a 77 kg)
Sexo: masculino	**Raza:** blanca (hispano)
Nacionalidad: mexicana	**Idioma:** español

RECOMPENSA

El Programa de Recompensas contra Narcóticos del Departamento de Estado de los Estados Unidos ofrece una recompensa de hasta USD 20.000.000 por información que conduzca al arresto y/o la condena de Rafael Caro Quintero.

OBSERVACIONES

Caro Quintero es miembro del Cartel de Sinaloa y se sabe que frecuenta la zona de Badiraguato en Sinaloa, México. También tiene vínculos antiguos con la ciudad de Guadalajara en Jalisco, México, y con Costa Rica.

ADVERTENCIA

Se busca a Rafael Caro Quintero por su presunta participación en el secuestro y asesinato de un agente especial de la Administración Antidrogas de EE. UU. que ocurrieron en 1985 en México. Además, Caro Quintero supuestamente ocupa un cargo activo y clave entre los cabecillas del Cartel de Sinaloa, y dirige las actividades de este cartel y de la organización de narcotráfico Caro Quintero en la región de Badiraguato en Sinaloa, México.

SE LE DEBE CONSIDERAR ARMADO Y SUMAMENTE PELIGROSO.

Si usted tiene información con respecto a esta persona, llame al 1-800-CALL-FBI, o a la embajada o el consulado estadounidenses más cercanos.

Póster oficial preparado en español por el Federal Bureau of Investigations (FBI) en el que se detalla la recompensa de 20 millones de dólares que se ofrecía a cambio de información que condujera a la captura de Rafael Caro Quintero, incluido en la lista de los "10 prófugos más buscados" por esa agencia federal estadounidense.

FUENTE: Sitio oficial del FBI. Disponible en <https://www.fbi.gov/wanted/top-ten/rafael-caro-quintero>.

desde el principio. Fue puesto en libertad tras 28 años en prisión porque sólo se ratificó la sentencia de 15 años por el delito de tráfico de drogas.[3]

Presionado por el Departamento de Justicia estadounidense, el entonces procurador general de México, Jesús Murillo Karam, giró una orden de aprehensión en contra de Caro Quintero una semana después de su liberación.[4] El FBI lo agregó en 2018 a su lista de los "10 prófugos más buscados" con una recompensa de 20 millones de dólares a quien proporcionara información que llevara a su captura. "Pero el legendario jefe de la mafia, sus hazañas tema de innumerables corridos o baladas, inmediatamente pasó a la clandestinidad", como explicó una nota de *Los Angeles Times*.[5]

Unos días más tarde el lenguaje empleado por los medios de comunicación ya se apresuraba a magnificar la figura del traficante. Una nota del influyente sitio de noticias *Vice* informó que el "padrino del narcotráfico mexicano", el "fundador y líder del Cártel de Guadalajara", había "desaparecido" después de su liberación sin dejar rastro alguno.[6]

Las revelaciones de Berrellez y Jordan, sustentadas por testigos, documentos oficiales desclasificados y posteriores investigaciones académicas y periodísticas, han desarticulado esa narrativa hegemónica que había dominado desde 1985 y que resurgía en 2013. La versión de los agentes trastoca completamente el relato oficial: el asesinato, concebido y ejecutado por agentes de la CIA y la DEA, apoyados por agentes de la DFS, funcionarios del gobierno mexicano y varios narcotraficantes, fue en realidad un crimen estadounidense perpetrado en territorio mexicano. El caso Camarena habría sido, en esencia, un crimen de Estado por encargo, pero narrado durante décadas por el mismo Estado responsable del asesinato.

Camarena salió del Consulado estadounidense ese 7 de febrero de 1985 a las 12:30 p.m. para almorzar con James Kuykendall, el supervisor de la estación de la DEA en Guadalajara. Regresaron al consulado una hora más tarde. A las 2:15 p.m. Camarena volvió a salir, esta vez para comer con su esposa. Se dirigió

---

[3] David Saúl Vela, "Magistrada que liberó a Caro Quintero, ahora abre puerta a 'Don Neto'", *El Financiero*, 3 de abril de 2017.

[4] Mariano Castillo, "Mexico seeks to detain recently released drug lord Rafael Caro Quintero", *CNN*, 15 de agosto de 2013.

[5] Patrick J. McDonnell, "Recompensa de $20 millones a quien entregue a Caro Quintero, 'príncipe' de los narcos mexicanos", *Los Angeles Times*, 14 de abril de 2018.

[6] Jason McGahan, "The Godfather of Mexican Drug Trafficking has Disappeared", *Vice*, 19 de agosto de 2013.

al bar Camelot, ubicado sobre la calle Libertad, a contraesquina del consulado, donde estacionaba su camioneta Ford pickup con el permiso del dueño del establecimiento.[7] Como también registra Shannon, lo que ocurrió enseguida ha sido objeto de especulación y datos inverificables proporcionados por las autoridades de ambos países. Se dice que cinco hombres interceptaron a Camarena al llegar a su camioneta. Según Shannon, el líder del grupo era José Luis "el Güero" Gallardo Parra, "un lugarteniente de Ernesto Fonseca".[8] Samuel "el Samy" Ramírez Razo, que según las autoridades estadounidenses estaba también al servicio de Fonseca Carrillo, mostró a Camarena una placa de la DFS y dijo: "Federal de seguridad. El comandante quiere verte". El embajador estadounidense en México, John Gavin, aseguró que Camarena tuvo que haber reconocido por lo menos a dos de ellos que, según sus investigaciones, sin duda eran policías mexicanos.[9] Los secuestradores obligaron a Camarena a subir a un Volkswagen Atlantic, cubrieron su cabeza con una chamarra y lo trasladaron a la casa de seguridad en la calle Lope de Vega 881.

La versión oficial es cuestionable desde el principio al cotejarse con la información que se ha revelado en las siguientes décadas. La carpeta del caso que integró la propia Dirección Federal de Seguridad (DFS) marca algunas de las preguntas irresueltas en el recuento del secuestro. Primero, notemos el hecho de que Edward Heath, delegado de la DEA en la embajada estadounidense en la Ciudad de México, presentó la denuncia de la desaparición de Camarena formalmente ante la Procuraduría General de Justicia del Estado de Jalisco hasta el sábado 9 de febrero, es decir, dos días después del secuestro.[10] Más de 50 agentes de la DEA se congregaron en Guadalajara para la noche del viernes 8, pero Heath se trasladó por tren desde la Ciudad de México y se presentó entre las siete y ocho de la mañana del sábado 9. Su viaje había sido programado de hecho dos meses antes. Y aunque pudo haber tomado un avión esa misma madrugada junto con otros agentes de la embajada estadounidense que

---

[7] Dirección Federal de Seguridad, caja A-9, C-3-169, expediente número 014-024-042, legajo 1.

[8] Elaine Shannon, *Desperados. Latin Drug Lords, U.S. Lawmen and the War America Can't Win*, Nueva York, Viking, 1988, p. 9.

[9] Richard J. Meislin, "U.S. Says Abductors of Agent in Mexico Included Policemen", *The New York Times*, 16 de marzo de 1985.

[10] Dirección Federal de Seguridad, *op. cit.*

viajaron desde la Ciudad de México, Heath abordó el tren y "permaneció fuera de contacto por teléfono por 12 horas en medio de la crisis".[11]

El expediente de la DFS plantea otras preguntas importantes sobre el secuestro. Según la denuncia de Heath, Camarena:

> había sido secuestrado frente al Consulado, a pesar de que el mismo cuenta con circuito cerrado de televisión en las arterias del lugar, con una vigilancia de agentes del propio consulado apoyados por 20 elementos de la Dirección de Seguridad Pública del Estado de Jalisco y que a la hora de los hechos es sumamente frecuentado por diferentes personas que llegan a realizar algún trámite en dicho Consulado; ninguna de estas gentes se percató de algún incidente violento en las arterias del Consulado; por lo que hasta el día 11 de febrero presentaron al Chófer del Cónsul, Gilberto Martínez, quien declaró que alrededor de las 14:00 hs. del día 7 observó que en la esquina de Progreso y Libertad, era subido una persona a un carro color blanco Atlantic o Renault, que iba seguido por un Grand Marquiz, negro; indicando asimismo, que no pudo identificar si esta persona era Camarena Salazar, siendo dicha persona el único testigo y no pudiendo determinar si era el mencionado agente y tomando en consideración que de la puerta de acceso al Consulado y donde tenía estacionado su vehículo es de 25 metros de distancia y visible de cualquiera de las puertas de acceso del Consulado, por lo que es difícil que dicho secuestro se hubiera llevado a cabo en las inmediaciones del mismo, existiendo la posibilidad que a su salida fuera abordado por algún amigo o informante que lo trasladó a otro lugar donde se realizó el secuestro.[12]

Mientras que el único testigo del secuestro no pudo reconocer a Camarena ni tampoco confirmó que hubiera acontecido algún acto de violencia cuando vio a esa persona no identificada subir al coche frente al consulado, el relato estandarizado del secuestro que se estableció oficialmente proviene de las declaraciones de los traficantes que fueron posteriormente detenidos. Uno de ellos, por ejemplo, fue José Luis "el Güero" Gallardo Parra, el supuesto jefe del grupo que secuestró a Camarena, detenido el 24 de marzo de 1987.[13] En

---

[11] Shannon, *Desperados*, *op. cit.*, p. 14.

[12] Dirección Federal de Seguridad, *op. cit.*

[13] "New Arrest Made in US Drug Agent's Murder", *Associated Press*, 24 de marzo de 1987.

varios encuentros en el Centro Federal de Readaptación Social de Guadalajara —también conocido como el Penal de Puente Grande— con el dramaturgo Guillermo Schmidhuber, Gallardo Parra dijo que la única evidencia utilizada durante el proceso judicial en su contra fue una botella de cerveza que tenía sus huellas digitales y que fue encontrada en la casa de seguridad donde torturaron a Camarena. Sólo se declaró culpable después de las sesiones de tortura con picana eléctrica que sus abogados defensores pudieron comprobar porque "le fue reventado un testículo".[14] Pese a la irregularidad del proceso, Gallardo Parra fue sentenciado a 86 años de prisión. Su caso nunca ha sido formalmente revisado.[15]

Parte de la información clave del caso está contenida en las grabaciones del interrogatorio de Camarena durante las sesiones de tortura. Originalmente se trató de dos cintas y una transcripción que no coincidían. Su existencia, como relata Shannon y como recordó Lawn en aquel evento público en el Museo de la DEA, fue revelada primero por la estación de la CIA en la Ciudad de México a través de un memorándum dirigido a la DEA.[16] En su recuento del caso, el agente James Kuykendall menciona la existencia de al menos cinco grabaciones obtenidas por la DEA, algunas que aparentaban ser copias de baja calidad de las primeras dos.[17]

Independientemente de la validez de la evidencia del interrogatorio —la transcripción fue desechada en el proceso judicial que se realizó en la ciudad de Los Ángeles porque no se pudo verificar su autenticidad—, Kuykendall observa que la información que contienen las dos cintas conocidas y la transcripción se limita a funcionarios del gobierno mexicano y a los traficantes.[18] Se nombra directamente al entonces secretario de la Defensa Nacional, Juan Arévalo Gardoqui. También involucró al médico Humberto Álvarez

---

[14] Jorge Prado Zavala, "*Travesía a la libertad:* El teatro político y social de Guillermo Schmidhuber de la Mora", *Horizonte de la Ciencia*, vol. 6, núm. 10, julio de 2016, pp. 41-48, p. 44. En 2008 se estrenó la obra de teatro *Travesía a la libertad*, del dramaturgo Guillermo Schmidhuber de la Mora, que dramatiza la detención y la tortura de Gallardo Parra para inculparlo del secuestro de Camarena.

[15] Después de 27 años de prisión, las autoridades negaron a Gallardo Parra un recurso de amparo para obtener libertad anticipada en 2014. "Niegan libertad a homicida de Camarena", *Zeta*, 31 de enero de 2014.

[16] Shannon, *Desperados, op. cit.*, p. 282.

[17] James Kuykendall, *¿O plata o plomo?*, edición de autor, 2005, p. 153.

[18] *Ibid.*, p. 154

Machaín, quien, se alega, mantuvo a Camarena vivo durante el interrogatorio y que fue secuestrado en Guadalajara por la DEA para someterlo a juicio en Los Ángeles.[19] Una voz que Camarena identificó como "comandante", pregunta al agente sobre su conocimiento de las actividades de los traficantes Miguel Ángel Félix Gallardo, Ernesto Fonseca Carrillo, Rafael Caro Quintero y Juan José Esparragoza, alias "el Azul". Las preguntas parecían estar relacionadas con la "Operación Padrino", una investigación que Camarena conducía sobre los flujos de dinero generados por el tráfico de cocaína colombiana encabezado en México por Félix Gallardo.

Para Jack Lawn, el exadministrador de la DEA, la segunda grabación permitía especular que la Policía Judicial Federal estaba tratando de manipular el crimen: se trataba de la frecuencia de radio de la policía de Guadalajara grabada el 2 de marzo, el día en que agentes de la PJF, alertados por una nota anónima, hicieron una redada en el rancho El Mareño, en el poblado de La Angostura, Michoacán, donde se les dijo que estarían los restos de Camarena y Zavala Avelar. Los policías federales asesinaron a Manuel Bravo Cervantes, exdiputado del Congreso del Estado de Michoacán y dueño del rancho, junto a su esposa y tres hijos. Luego de tres días de búsqueda infructuosa, los cadáveres de Camarena y Zavala fueron sospechosamente abandonados en una brecha detrás del rancho el 5 de marzo. Según Lawn, el móvil del crimen se explicaba en la corrupción policial endémica en México, que "no era más que arena movediza, sin ningún lugar dónde plantar los pies ni nada en qué apoyarse".[20]

El lugar común de las primeras investigaciones —policías mexicanos corruptos encubriendo a traficantes asesinos—, pronto tuvo sus efectos: Caro Quintero fue detenido en Costa Rica el 4 de abril de 1985, menos de un mes después de encontrarse el cadáver de Camarena. Tres días después fue arrestado Fonseca Carrillo. El último en caer fue Félix Gallardo, el 8 de abril de 1989.

---

[19] Según Berrellez, el secuestro del doctor Humberto Álvarez Machaín fue concebido en febrero de 1990 por el entonces administrador de la DEA Jack Lawn bajo órdenes directas del presidente George H. Bush. La noticia del secuestro causó un incidente diplomático que concluyó con una disculpa formal por parte del presidente Bill Clinton. Un juez federal ordenó la liberación de Álvarez Machaín en 1992. Berrellez fue demandado en México y se giró una orden de aprensión en su contra que luego fue suspendida. Véase J. Jesús Esquivel, *La Cia, Camarena y Caro Quintero. La historia secreta*, México, Grijalbo, 2014, pp. 157-168.

[20] Shannon, *Desperados, op. cit.*, p. 285.

Las reflexiones posteriores de ambos traficantes son significativas. Félix Gallardo explicó desde la cárcel que todavía "en 1989 no existían los 'cárteles'" y que supo de ese concepto a través de "los medios masivos de comunicación".[21] En una entrevista para la revista *Proceso* después de su liberación, Caro Quintero —quien desde su detención en 1985 negó toda participación en el secuestro y el asesinato de Camarena— hizo una afirmación similar: "Yo del cártel y todo eso no me di cuenta hasta que estuve preso. Antes yo no oía mentar eso de cárteles ni nada".[22] El 18 de agosto de 2021 Félix Gallardo concedió una entrevista televisiva en la que dijo ser inocente del asesinato de Camarena: "Ignoro por qué se me relaciona, porque a ese señor no lo conocí". También reiteró que, por lo menos durante la década de 1980, "nunca existió" el llamado "Cártel de Guadalajara".[23]

A la distancia, el vocabulario construido en esa década para referirse a los traficantes y a sus organizaciones muestra su origen oficial, pero también sus accidentes. Como discutí antes, no deja de sorprender el uso del lenguaje por parte de las agencias estadounidenses vinculado con el consumo de cultura popular que circulaba en la época. La "Operación Padrino", diseñada para investigar a Félix Gallardo, recibió su nombre probablemente del mito inventado por Mario Puzo en su novela *The Godfather*, que como mencioné antes, narra la vida de mafiosos italoamericanos que, según dijo el propio autor, jamás pudieron haber utilizado la palabra *padrino* para referirse al jefe de ninguna organización, pues ese personaje fue ideado expresamente para la novela sin ningún modelo real en mente.[24] Irónicamente, Félix Gallardo ofreció sus propios

---

[21] Diego Enrique Osorno, *El cártel de Sinaloa. Una historia del uso político del narco*, México, Grijalbo, 2009, pp. 241 y 249.

[22] Anabel Hernández, "Caro Quintero: 'No estoy en guerra con El Chapo; ya no soy narco'", *Proceso TV*, 25 de julio de 2016.

[23] En la entrevista realizada por la reportera Issa Osorio para Noticias Telemundo, Félix Gallardo afirmó haber sido detenido sin orden de aprehensión y que fue torturado sin ninguna explicación. Sobre el asesinato de Camarena, dijo: "Hay autores materiales e intelectuales presos, que han pagado con su vida en la prisión, y que les ha ido muy mal". Parcialmente sordo y ciego, Félix Gallardo dijo estar gravemente enfermo de neumonía: "Mi familia está haciendo un hoyo para yo ser enterrado en un árbol". Véase <https://youtu.be/FohVIa0mtKY>.

[24] Fred Bruning, "Mario Puzo sees no evil. Creator of 'The Godfather' and 'The Last Don' insists he knows nothing about the Mafia. No one believes him", *The Baltimore Sun*, 31 de julio de 1996.

comentarios sobre el mito de *The Godfather* durante la entrevista antes citada: "Leí el libro de Mario Puzo a mediados de los setenta. Me pareció con mucho relleno. La película, por otro lado, al ser sintetizada fue un gran negocio".[25]

Berrellez fue asignado a la investigación del caso después de la captura de esos tres traficantes, los supuestos responsables del crimen. Las revelaciones de la "Operación Leyenda" permitieron avanzar hacia un móvil alternativo al de la supuesta venganza de los traficantes del retroactivamente llamado "Cártel de Guadalajara". La investigación con Berrellez a la cabeza comenzó en enero de 1989 con un presupuesto de 3 millones de dólares anuales y un equipo de 20 agentes.[26] Al concluir en 1995, su trabajo abrió la posibilidad de renarrar el crimen en un contexto mayor al del narcotráfico. Entre los 200 informantes que la "Operación Leyenda" trasladó a Estados Unidos como testigos protegidos, 10 dijeron haber presenciado la tortura y muerte de Camarena.[27] El periodista Charles Bowden entrevistó a tres de ellos, identificados como Jorge Godoy, Ramón Lira y René López, tres expolicías estatales corrompidos trabajando con las estructuras del poder político que también empleaba a los traficantes. Las declaraciones de los tres coinciden y contradicen la totalidad de la versión oficial, aunque varias de sus afirmaciones resultan difíciles de aceptar. Mientras Camarena era torturado e interrogado en la casa de Lope de Vega 881, según ellos, estuvieron presentes, entre otros, Manuel Bartlett Díaz, entonces secretario de Gobernación, el general Juan Arévalo Gardoqui, secretario de Defensa, y Miguel Aldana, jefe de la Interpol en México. Resulta impensable que Bartlett y Arévalo Gardoqui —en su época los dos hombres más poderosos de México después del entonces presidente De la Madrid— se arriesgaran a estar presentes en una situación tan delicada. Por otra parte, hay datos concretos: la casa resultó propiedad de Rubén Zuno Arce, empresario y cuñado del expresidente Luis Echeverría Álvarez.[28]

---

[25] Diego Enrique Osorno, *El cártel de Sinaloa. Una historia del uso político del narco*, México, Grijalbo, 2009, p. 253.

[26] Jason McGahan, "How a Dogged L.A. DEA agent unraveled the CIA's alleged role in the murder of Kiki Camarena", *LA Weekly*, 1º de julio de 2015.

[27] *Idem.*

[28] Zuno Arce fue extraditado en 1990 y sentenciado a dos cadenas perpetuas. Murió en una prisión federal estadounidense en 2012 a la edad de 82 años. William Yardley, "Rubén Zuno Arce, Guilty in Drug Killing, Dies at 82", *The New York Times*, 19 de septiembre de 2012.

En 1997 *Los Angeles Times* publicó un largo reportaje detallando la ya para entonces desacreditada investigación de Berrellez: los testigos habían sido cooptados, comprados con pagos sustanciales y condiciones legales ventajosas que garantizaban inmunidad hasta de cargos por asesinato. Incluso uno de ellos se desdijo totalmente de sus declaraciones. John Gavin, el embajador estadounidense en México entre 1983 y 1986, rechazó tajante los señalamientos en contra de Bartlett y los demás funcionarios mexicanos: "Que altos funcionarios de gobierno, miembros del gabinete presidencial, hubieran presenciado una sesión de tortura de un agente estadounidense en la casa de un capo de la droga repentinamente a cientos de millas de la Ciudad de México es absurdo de entrada". Según la misma nota, el entonces embajador estadounidense, James Jones, dijo que agentes de la DEA en México tampoco creían la versión que involucraba directamente a Bartlett, quien además afirmó haberse encontrado en la Ciudad de México el día en que Camarena era torturado en Guadalajara.[29] Pese a que evidenciaba torpeza y hasta corrupción dentro de la agencia antidrogas y el sistema judicial, funcionarios y agentes de la DEA, la CIA y el Departamento de Estado prefirieron cuestionar la investigación hecha por uno de sus más condecorados agentes hasta el punto de beneficiar a políticos mexicanos de alto nivel como Bartlett, que 10 años antes habían denunciado como presuntos encubridores de los traficantes.

Cuesta trabajo aceptar que las agencias estadounidenses, habituadas a legitimar los excesos y hasta los delitos de su personal en México, ahora estuvieran interesadas en el Estado de derecho y el debido proceso. ¿Por qué la necesidad de destruir la credibilidad de Berrellez y la validez de su investigación? En una conversación telefónica, Berrellez me reiteró su hipótesis: el asesinato de Camarena estaba relacionado con la "Operación Padrino", pero no por haber afectado los intereses del "Cártel de Guadalajara", sino por revelar la turbia relación de cooperación entre la DFS, la CIA y los traficantes. En 1982 la llamada "enmienda Bolland" (por el congresista demócrata Edward Bolland, que la propuso) prohibió toda ayuda directa a los llamados Contras, rebeldes de varios grupos de contrarrevolucionarios opuestos al gobierno del

---

[29] Fredric N. Tulsky, "Evidence Casts Doubt on Camarena Trials", *Los Angeles Times*, 26 de octubre de 1997.

Frente Sandinista de Liberación Nacional en Nicaragua.[30] El gobierno de Ronald Reagan, a través de operadores como el coronel de la Marina Oliver North —consejero del National Security Council (NSC) del gobierno estadounidense— concibió una compleja estructura ilegal para el financiamiento de la guerrilla en lo que se conoció como el escándalo "Irán-Contra" que, entre otros recursos, utilizó dinero proveniente del tráfico de drogas de Colombia y México.[31] "Lo que hicieron los del NSC es ir a México para buscar apoyo del gobierno. Una delegación se entrevistó con Manuel Bartlett Díaz, pero los mexicanos dijeron que no se iban a involucrar abiertamente porque no querían influir en la soberanía de otros países, pero que lo podían hacer secretamente utilizando a los narcos."[32] Recordemos que la organización de Félix Gallardo colaboraba con la red de tráfico controlada por el hondureño Juan Matta Ballesteros. La flota de aviones de su compañía SETCO, como

---

[30] El periodista Charles Bowden afirma que los Contra "eran funcionalmente un ejército de la CIA": "La agencia los contrató, eligió a sus líderes, organizó su estrategia, y a veces, debido a la incompetencia de los Contra, ejecutó redadas por ellos". Charles Bowden, "The Pariah", *Esquire*, 12 de septiembre de 2013.

[31] Para una selección de documentos sobre los vínculos del *affair* "Irán-Contra" y el tráfico de cocaína, véase "The Contras, Cocaine, and Covert Operations", *The National Security Archive*, The George Washington University. Disponible en <https://nsarchive2.gwu.edu//NSAEBB/NSAEBB2/index.html>. Durante una audiencia en el Congreso estadounidense en 1987, Lewis A. Tambs, el exembajador de Estados Unidos en Costa Rica entre julio de 1985 y diciembre de 1986, hizo una curiosa defensa del operativo para financiar a los Contras en Nicaragua. Tambs, que había sido historiador en la Arizona State University y director del Centro de Estudios Latinoamericanos de la misma institución, defendió el apoyo de Reagan a los Contras por temor de que México y Centroamérica perdieran "su democracia y su libertad" ante la expansión del comunismo. Como ejemplo de la supuesta congruencia histórica de la política estadounidense, Tambs recordó que en 1865 un contingente militar de 100 mil soldados enviados a la frontera por el presidente Andrew Johnson "convenientemente perdió" armamento para apoyar a los Mexican Freedom Fighters liderados por Benito Juárez. "Los Estados Unidos han consistentemente apoyado a los esfuerzos del pueblo para mantener su dignidad y libertad. Esto es verdad en toda Hispanoamérica. Esto fue verdad en México en 1860. Fue verdad en Cuba. Y en ese sentido, es la tradición de los Estados Unidos". United States Congress, "Joint Hearing Before the Senate Select Committee on Secret Military Assistance to Iran and the Nicaraguan Opposition, and the House Select Committee to Investigate Covert Arms Transactions with Iran", Washington, U.S. Government Printing Office, 1988, p. 419.

[32] Entrevista personal con Héctor Berrellez, 11 de junio de 2020.

mencioné antes, fue uno de los métodos utilizados por el Departamento de Estado del gobierno estadounidense para la circulación de dinero y armas hacia Nicaragua.[33] "Los narcos iban a fomentar la guerrilla en Centroamérica. Todos estaban de acuerdo. Hacían juntas. Se ayudaban mutuamente."[34]

Según Berrellez, Camarena recibió información de un rancho en Veracruz donde la CIA entrenaba guerrilleros que serían destinados a Nicaragua. Ese rancho, aunque era supuestamente propiedad de Caro Quintero, estaba operado por agentes de inteligencia estadounidenses. "Los narcos tenían la infraestructura para meter armas para los Contras —dijo Berrellez—. Usaban ese rancho porque tenía una pista de aterrizaje amplia para bajar los aviones americanos."[35] El exagente de la Policía Judicial del Estado de Jalisco René López declaró haber visitado personalmente el rancho en Veracruz, acompañando al traficante Ernesto Fonseca Carrillo. "Cuando aterrizamos allá, había muchísima gente —dijo López—. Ahí sí me impresioné, fíjate. Ahí sí fue algo que nunca había visto yo. Tantas armas, tanta droga. Especialmente cocaína. Diez, quince toneladas. Eran paquetes grandes. Mariguana, pues sí había visto mucha. Pero [no tanta] cocaína, armas, dinero y mucha gente, según ellos de los pesados."[36] Aunque se le dijo que el rancho era propiedad de Caro Quintero, López declaró que la complejidad de las operaciones que observó rebasaba las actividades de los traficantes de Guadalajara. Fonseca Carrillo parecía un personaje más bien menor, irrelevante, ante la enorme actividad presenciada.

Otro de los testigos clave de "Operación Leyenda" confirmó la cooperación de traficantes para los objetivos de la geopolítica estadounidense en Latinoamérica. Laurence Victor Harrison —quien dijo ser un agente la CIA infiltrado en la DFS y la organización de traficantes de Guadalajara— afirmó

---

[33] Como ya mencioné antes, una investigación en el Congreso estadounidense demostró que el Departamento de Estado y la CIA emplearon y pagaron a traficantes latinoamericanos para financiar y entrenar a los "Contras" para derrocar al gobierno sandinista en Nicaragua. Véase Subcommittee on Terrorism, Narcotics and International Operations of the Committee on Foreign Relations of the United States Senate, "Drugs, Law Enforcement and Foreign Policy", Washington, US Government Printing Office, 1989.

[34] Entrevista personal con Héctor Berrellez.

[35] *Idem.*

[36] Tiller Russel, *The Last Narc*, episodio 4, "Última parte: aka 'Max Gómez'", Amazon Prime, estrenado el 31 de julio de 2020.

en una declaración jurada que la CIA entrenó guerrilleros guatemaltecos con el apoyo de la DFS en ese rancho de Veracruz propiedad de Caro Quintero. Especialista en sistemas electrónicos de vigilancia, Harrison afirmó que la CIA utilizaba a la DFS para encubrir las actividades de la agencia en caso de "preguntas sobre quién estaba conduciendo el operativo de entrenamiento".[37] Harrison señaló que incluso "personal de la CIA" llegó a hospedarse en una casa que pertenecía al traficante Ernesto Fonseca Carrillo. Su testimonio fue recogido directamente por Berrellez y el agente Wayne Schmidt.[38]

La "Operación Padrino" había iniciado en 1982 con el agente Butch Sears en la oficina de la DEA en Guadalajara para seguir las rutas del dinero de la organización de Félix Gallardo. Como explica Shannon, Camarena se enfocó principalmente en el tráfico de mariguana, por lo que su atención viraba más en torno a los sembradíos supervisados por Caro Quintero y los frecuentes viajes en avioneta para localizarlos. Sears, en cambio, descubrió sorprendido que Félix Gallardo movía hasta 20 millones de dólares en un solo mes en una única cuenta de Bank of America.[39] El mapa continental comenzaba a evidenciarse: las redes de dinero y cocaína se extendían por Colombia, Perú y Bolivia. El 10 de octubre de 1984 un grupo de hombres armados balacearon el automóvil del agente Roger Knapp, quien había comenzado a hacerse cargo de la "Operación Padrino" después de que Sears fue trasferido de regreso a Estados Unidos. Después del atentado, Knapp recibió también órdenes de volver a Texas.[40] El siguiente agente en la oficina de Guadalajara que tenía la visibilidad de Knapp era Camarena, quien también ya había recibido aprobación oficial para ser transferido de regreso a California. En este contexto, tiene sentido que el crimen haya sido perpetrado para obtener más información sobre la "Operación Padrino" y su investigación de las rutas del dinero que

---

[37] El primer nombre del informante de la CIA aparece originalmente como "Laurence" en los primeros reportes periodísticos. Posteriormente aparece como "Lawrence" en numerosas investigaciones periodísticas. Según Berrellez, el verdadero nombre de Harrison era George Marshall Davis.

[38] Henry Weinstein, "Informant Puts CIA at Ranch of Agent's Killer", *Los Angeles Times*, 5 de julio de 1990 y "CIA Denies Claim It Train Guerrillas at Mexican Drug Trafficker's Ranch", *Associated Press*, 5 de julio de 1990.

[39] Shannon, *Desperados*, *op. cit.*, p. 128.

[40] *Ibid.*, p. 5.

por un odio personal al agente Camarena. ¿Habrían corrido con la misma suerte los agentes Sears y Knapp de haber permanecido en México?

Berrellez, Jordan y los expolicías entrevistados por Bowden decidieron hablar ante las cámaras en *The Last Narc*, un documental en cuatro partes sobre el caso Camarena estrenado el 31 de julio de 2020. Dirigido por Tiller Russell, el documental se enfoca en el involucramiento de funcionarios del gobierno de México, así como la CIA y la DEA, en el asesinato de Camarena. Según los expolicías, durante la tortura e interrogatorio de Camarena en la casa de Lope de Vega 881 se encontraban dos personajes clave que llevan el caso a otro nivel: el traficante hondureño Juan Matta Ballesteros y un cubanoamericano identificado como "Max Gómez", pero que luego fue identificado como Félix Ismael "el Gato" Rodríguez, coronel del Ejército estadounidense y agente de la CIA que participó en la invasión de Bahía de Cochinos y en la ejecución del revolucionario Ernesto "Che" Guevara en Bolivia el 9 de octubre de 1967. Rodríguez —quien ha desde luego negado cualquier participación en el crimen— habría sido uno de los interrogadores de Camarena. Godoy afirma haber escuchado personalmente uno de los cinco casetes que contiene su voz haciendo preguntas a Camarena de modo pausado y profesional. Supuestamente en posesión de Fonseca Carrillo cuando fue detenido en 1985, las cintas pasaron del gobierno mexicano a la CIA, que sólo ha circulado las grabaciones conocidas y la transcripción que no se corresponde con el contenido de ambas. Berrellez sospecha que la CIA podría estar ocultando las cintas que probarían el involucramiento de Rodríguez y que confirmarían el vínculo con el caso Irán-Contra.[41] De hecho, dice, "el gobierno de Estados Unidos tiene catalogada más de 80% de la información recopilada por la Operación Leyenda como 'clasificada, por interés de garantizar la seguridad nacional'".[42]

Indiferente a las críticas y la campaña de desprestigio que la propia DEA ha mantenido en su contra, Berrellez no vacila en establecer el verdadero papel de los traficantes. Según dice, Caro Quintero, Félix Gallardo y Fonseca Carrillo "fueron utilizados" por los policías mexicanos y la CIA para secuestrar

---

[41] Bowden y Molloy, "Blood on the Corn", *op. cit.*
[42] Esquivel, *La CIA, Camarena y Caro Quintero, op. cit.*, p. 169.

a Camarena. "Ni si quiera sabían quién era Camarena, ni cómo se veía."[43] La decisión de secuestrar a Camarena, según Berrellez, se tomó en una reunión con Bartlett Díaz. Y por mucho que parezca inverosímil, dice, los testigos que señalan al entonces secretario de Gobernación declararon por separado y fueron sometidos a pruebas de polígrafo. "Bartlett iba a ser presidente —recuerda Berrellez—. Quería saber personalmente qué sabía Camarena de él." Es por eso, me explica, que Camarena permaneció vendado durante toda la sesión de tortura. "¿Para qué vendarle los ojos a alguien que iban a matar?"[44]

Berrellez dice que fue idea de Bartlett hacer aparecer los cadáveres de Camarena y Zavala en Michoacán. Manuel Bravo, dueño del rancho El Mareño, y quien fue asesinado por agentes de la Policía Judicial Federal que buscaban los restos de Camarena en su propiedad, había sido diputado local y dirigente de la Confederación Nacional Campesina de Michoacán. El entonces gobernador del estado, Cuauhtémoc Cárdenas (que años más tarde sería alcalde de la izquierda en la Ciudad México y candidato a la presidencia de la República por el Partido de la Revolución Democrática), relata que Bravo y su familia se resistieron en un principio, pero que al final fueron asesinados desarmados y después de haberse entregado, aunque "no sabía por qué razones lo querían detener", pues se encontraba prácticamente retirado de la vida política.[45] Berrellez dice que Cárdenas, en cuanto que enemigo de Bartlett, podía resultar afectado con los restos de Camarena en su estado. Así habría razonado Bartlett: "Enfriamos Jalisco y calentamos Michoacán. Matamos dos pájaros de un tiro".[46]

Godoy, Lira y López afirman que Fonseca Carrillo creía que sólo interrogarían a Camarena pero que no lo matarían. Cuando vio que el agente estaba por morir, reclamó a Caro Quintero que ése no era el plan original. Atemorizado, Fonseca sabía que los políticos involucrados los traicionarían, según Berrellez. La investigación reveló también que Caro Quintero fue al parecer manipulado para hacerle creer que Camarena lo había traicionado

---

[43] Entrevista personal con Héctor Berrellez.

[44] *Idem.*

[45] Cuauhtémoc Cárdenas, "Los asesinatos en el rancho El Mareño y la aparición del cadáver de Enrique Camarena, agente de la DEA", *Sobre mis pasos*, México, Penguin Random House, 2012.

[46] Entrevista personal con Héctor Berrellez.

aun después de haber aceptado un soborno de cuatro millones de dólares que en realidad fue interceptado por la Policía Judicial Federal mexicana.[47] Berrellez dice que el dinero en realidad se distribuyó en cuatro maletines con un millón de dólares cada uno. Pero aquí hace tal vez la acusación más delicada: según Berrellez, James Kuykendall —el mismo jefe de la DEA en Guadalajara con quien Camarena comió el día de su secuestro—, se llevó uno de esos maletines y testigos afirman haberlo visto aceptar dinero de los traficantes en otras ocasiones. Ese día en las afueras del consulado habría sido el propio Kuykendall el que identificó a Camarena para los secuestradores.

Otra pieza del rompecabezas apunta por separado hacia el involucramiento de la CIA en el asesinato de Camarena. Berrellez dice haber encontrado en la agenda de Camarena el teléfono del periodista Manuel Buendía, asesinado en la Ciudad de México el 30 de mayo de 1984. De acuerdo con fuentes de Berrellez, a Buendía lo mataron agentes de la DFS en represalia por las columnas en las que detallaba las actividades de la CIA —llegando a publicar los nombres de agentes estadounidenses en México— y sus vínculos con la DFS.[48] La información obtenida por Berrellez indica que Buendía también supo del racho operado por la CIA en Veracruz, pero que compartió esta información con José Antonio Zorrilla, el entonces director de la DFS, quien habría ordenado su muerte. Los asesinatos de Camarena y Buendía se relacionan paralelamente con los alcances de la política intervencionista de Estados Unidos en México. Como explican los periodistas y académicos Russell y Sylvia Bartley, ambos crímenes primero "fueron atribuidos a villanos locales", pero tanto Camarena como Buendía "fueron silenciados por órdenes de Washington para impedir que vulneraran las actividades encubiertas de Estados Unidos en México y en Centro América. Sus muertes son emblemáticas del asesinato premeditado como un instrumento de política exterior y quedan como uno de los más resguardados secretos de la Guerra Fría".[49] En la misma dirección avanza el documental *Red privada. ¿Quién mató a Manuel Buendía?* (Manuel Alcalá, 2021), recuperando un valioso archivo documental y testimonial al

---

[47] Charles Bowden y Molly Molloy, "Blood on the Corn", *op. cit.*

[48] Esquivel, *La CIA, Camarena y Caro Quintero, op. cit.*, p. 116.

[49] Russell H. Bartley y Sylvia Erickson, *Eclipse of the Assassins: The CIA, Imperial Politics, and the Slaying of Mexican Journalist Manuel Buendía*, University of Wisconsin Press, 2015.

respecto. Y aunque quedan importantes huecos en esa interpretación de los asesinatos del agente Camarena y el periodista Buendía —incluyendo la existencia y localización del supuesto rancho de operaciones de la CIA en Veracruz—, resulta verosímil insertarlos en el amplio contexto de la Guerra Fría y la agenda compartida entre las agencias de inteligencia de México y Estados Unidos.[50]

Las declaraciones de Tosh Plumlee, un piloto contratista de la CIA, ofrecen otro dato crucial. A principios de febrero de 1985 Plumlee dice haber recibido órdenes de sus superiores en la CIA para volar a un rancho en el estado de Veracruz, que "estaba siendo usado como lugar de transbordo de armas y droga, como parte del financiamiento y apoyo a la contraguerrilla de la Contra". "Se me ordenó recoger a Caro Quintero —dijo el piloto—. Yo no sabía quién era. Pero era una operación aprobada por la CIA."[51] Según Plumlee, transportó a Caro Quintero en un avión Cessna 310 propiedad de la compañía SETCO de Matta Ballesteros. En Guatemala, agrega, otro piloto que trabajaba para SETCO recogió a Caro Quintero y lo llevó hasta Costa Rica, donde fue detenido unos meses más tarde y extraditado a México.

Finalmente, Berrellez obtuvo una declaración directa que no puede subestimarse. En 1994 testificó a favor del excomandante de la Policía Judicial Federal Guillermo González Calderoni para impedir que fuera extraditado a México, a petición del gobierno de Carlos Salinas de Gortari.[52] González Calderoni había sido desechado por el sistema político que lo mantuvo como uno de los principales ejecutores de la política antidrogas, pero que ahora lo

---

[50] Como explica el historiador Benjamin Smith, "quedan faltantes aún muchas piezas vitales" para comprender el contexto del asesinato de Manuel Buendía y las operaciones de la CIA en México, incluyendo la posibilidad de que el rancho en cuestión no se localizara en Veracruz sino en la Sierra Negra del estado de Puebla. Véase Benjamin Smith, "Private Network: Who Killed Manuel Buendía – A review and some thoughts on mullets, Mexican action flicks, journalism and mapping CIA training camps", *The Dope Blog*, 9 de agosto de 2021. Consultado en <https://www.thedope.co.uk/blog/private-net works-and-the-limits-of-mexican-journalism>.

[51] Bill Conroy, "El agente de la DEA asesinado, Kiki Camarena, cayó en una operación de la CIA que salió mal, según fuentes de seguridad", *The Narco News Bulletin*, 27 de octubre de 2013.

[52] Tim Weiner, "Mexican Drug Agent Crossed the Line Once Too Often", *The New York Times*, 13 de febrero de 2003.

acusaba de corrupción no sólo conocida y tolerada por las mismas autoridades de ambos países, sino instrumentalizada con fines políticos. Optó por exiliarse en Estados Unidos con la ayuda de Berrellez, con quien había trabado amistad durante años. El célebre policía mexicano —el mismo que asesinó a Pablo Acosta Villarreal y que capturó a Miguel Ángel Félix Gallardo—, también tenía información privilegiada sobre el asesinato de Camarena. Sus declaraciones aparecen motivadas por la amistad con Berrellez y no por ninguna lealtad al sistema político que ahora lo sacrificaba sin reparos. González Calderoni explicó a Berrellez que la oficina de la DEA en Guadalajara, a través de la "Operación Padrino", estaba interviniendo en el flujo de dinero y armas para los Contra en Nicaragua. Los traficantes eran parte del engranaje utilizado por la CIA y la DFS para financiar el ejército rebelde. González Calderoni fue directo: "La CIA mató a Camarena. Héctor, escucha, la CIA estaba trabajando con los traficantes para llevar dinero a los Contras. Félix Ismael Rodríguez [Max Gómez] estaba trabajando con Juan Matta Ballesteros. Tenían que levantar a Kiki pero fueron demasiado lejos y lo mataron".[53]

El 27 de febrero de 2020 una noticia volvió a poner en el centro de la discusión binacional el caso Camarena. "Agentes y fiscales del Departamento de Justicia de Estados Unidos han obtenido declaraciones de testigos implicando a la Agencia Central de Inteligencia y a un funcionario de la DEA en la tortura y el asesinato de Camarena, de acuerdo con testigos, la viuda de Camarena y otros familiarizados con el caso."[54] Los tres expolicías entrevistados por Bowden —Ramón Lira, René López y Jorge Godoy— han sido llamados a declarar para la nueva investigación. "Quiero que salga la verdad —dijo Mika Camarena, la viuda de Enrique Camarena—. En este punto, nada me sorprendería."[55]

El 24 de diciembre de 1992 el presidente George H. Bush indultó a varios de los militares involucrados en el escándalo Irán-Contra.[56] González Calderoni fue asesinado en la ciudad de McAllen, Texas, el 5 de febrero

---

[53] Bowden y Molloy, "Blood on the Corn", *op. cit.*

[54] Brad Heath, "Killed by a cartel. Betrayed by his own? US re-examines murder of federal agent featured in 'Narcos'", *USA Today*, 27 de febrero de 2020.

[55] *Idem.*

[56] David Johnston, "Bush Pardons 6 in Iran Affair, Aborting a Weinberger Trial; Prosecutor Assails 'Cover-Up'", *The New York Times*, 25 de diciembre de 1992.

de 2003, después de nueve años de exilio en Estados Unidos. Berrellez se jubiló de la DEA, a la fecha defenestrado por la agencia que incluso niega —contra evidencia documental revisada independientemente por reporteros— que estuvo a cargo de la "Operación Leyenda". A la distancia, es cierto que hay motivos para dudar de su investigación. Los testigos no sólo han sido desacreditados, sino la acusación más inverosímil sobre el supuesto involucramiento de Bartlett, no deja de parecer ilógica para quienes entienden los alcances históricos del presidencialismo mexicano de la época. Por otra parte, el *establishment* estadounidense negó con exagerada vehemencia la investigación de Berrellez no sólo para exculpar a Bartlett tanto en 1997 como en 2013, sino también para apagar toda sospecha en contra de la CIA y la DEA, que también resultaron implicadas por la "Operación Leyenda". Resulta por demás contradictorio que, según reportó la revista *Proceso*, el Departamento de Justicia estadounidense advirtiera en mayo de 2021 que si Bartlett "ingresa a Estados Unidos sería detenido para ser interrogado al respecto".[57] Esta declaración contraviene el hecho de que nunca se ha girado una orden de aprensión en su contra y que por más de tres décadas la reiterada posición oficial de la DEA, el Departamento de Estado y el propio Departamento de Justicia había sido negar contundentemente la investigación de Berrellez. La nueva mención de la sospecha sobre Bartlett parece más bien responder al contexto altamente politizado de la relación entre México y Estados Unidos. El gobierno de AMLO designó a Bartlett como uno de los principales funcionarios a cargo de la revisión de desventajosos contratos para la explotación de energéticos concedidos durante el gobierno del presidente Enrique Peña Nieto, cuando la DEA todavía rechazaba la tesis de Berrellez. El nuevo señalamiento se limita por ahora a una filtración con fines más bien políticos que legales. Si hubiera una investigación real sobre el involucramiento de Bartlett tendría que admitirse al mismo tiempo la probable participación de la CIA y la DEA en el asesinato de Camarena.

El 15 de mayo de 2020 la plataforma Amazon Prime debía estrenar el documental *The Last Narc*. Sin más explicaciones, el documental no se estrenó en la fecha anunciada y sólo se anunció que no estaba "disponible" durante los

---

[57] J. Jesús Esquivel, "La justicia estadounidense no ceja: Bartlett involucrado en el caso Camarena", *Proceso*, 22 de mayo de 2021.

siguiente dos meses.[58] Según Berrellez, la miniserie había sido suspendida por presiones de la CIA alegando razones de "seguridad nacional".[59] El documental fue finalmente estrenado el 31 de julio de 2020, pero en una versión editada que dejó fuera la acusación en contra del agente Kuykendall que habría traicionado a Camarena. Lo protegen, me dijo Berrellez, porque Kuykendall podría corroborar el involucramiento de la CIA con los traficantes en el asesinato de Camarena.

Desacreditado por la DEA —el exadministrador de la agencia, Jack Lawn, incluso ha negado conocerlo—, Berrellez publicó en septiembre de 2020 un libro de memorias con el mismo título de la miniserie de Amazon —*The Last Narc*— detallando cada una de sus acusaciones sobre el involucramiento de la CIA y la DEA en el asesinato de Camarena. Resume al final su acusación más grave: "Al final de mi carrera con la DEA, había llegado a la conclusión de que el aumento en el uso de drogas ilegales en los Estados Unidos en la década de 1980, especialmente la epidemia de crack de cocaína, fue el resultado de que la CIA inundara las calles de los suburbios de nuestras ciudades con cocaína pura, todo para apoyar una guerra secreta e ilegal en Nicaragua".[60]

Su recuento final no está exento de contradicciones, datos equivocados y una interpretación alarmista del poder actual de los llamados "cárteles de la droga en México". Pero Berrellez insiste en la responsabilidad de la CIA a la cabeza de una red de complicidades entre agentes de la DFS y el gobierno mexicano para hacer circular armas y dinero a la contrainsurgencia en Nicaragua. Recuerda además la vergonzosa colaboración de los medios estadounidenses como *Los Angeles Times* y *The Washington Post* que se prestaron para la campaña de desprestigio, la cual terminó con la carrera —e indirectamente con la vida— del periodista Gary Webb. Al mismo tiempo, sin embargo, Berrellez afirma, sin ninguna evidencia, que en el gobierno de Andrés Manuel López Obrador el llamado "Cártel de Sinaloa" opera con la protección de

---

[58] Véase la página de la serie en Amazon Prime en <https://www.amazon.com/The-Last-Narc-Season-1/dp/B0876N8XXZ>.

[59] Jyotsna Basotia, "'The Last Narc' has been canceled? DEA agent Héctor Berrellez says 'CIA took it off'", *Meaww*, 15 de mayo de 2020.

[60] Héctor Berrellez, *The Last Narc. A Memoir of the DEA's Most Notorious Rogue Agent*, Beverly Hills, California, Author's Edition and Renaissance Literary & Talent 2020, EPUB ebook.

funcionarios del gabinete presidencial, como Manuel Bartlett Díaz, que "los líderes de los cárteles son funcionarios de gobierno corruptos que operan desde las sombras" y que, en suma, "México es un estado fallido que ya no puede proteger a sus ciudadanos".[61] El mismo agente que comprendió los alcances de la perversa geopolítica estadounidense, que instrumentaliza la "guerra contra las drogas" para avanzar objetivos de geopolítica global, dio por sentado en su libro que la narrativa oficial sobre el poder de los "cárteles" es verdadera. Retomo una de sus mayores contradicciones en la conversación que tuvimos. Al reflexionar sobre la estrategia de silenciamiento de su versión del caso Camarena, Berrellez desestimó el poder de los supuestos "cárteles" y me dijo: "No tengo miedo de que me maten los narcos. Tengo miedo de que me mate mi propio gobierno".[62]

---

[61] *Idem*. Berrellez afirma incorrectamente que Genaro García Luna, acusado de narcotráfico en un juzgado estadounidense, fue secretario de Seguridad Pública durante el gobierno de López Obrador. García Luna ejerció ese cargo en el gobierno de Felipe Calderón.

[62] Entrevista personal con Héctor Berrellez.

12

El traficante en el museo

En 1985 se creó dentro de uno de los edificios de la Secretaría de la Defensa Nacional, en la colonia Lomas de Sotelo de la Ciudad de México, una sala de exhibición sin precedente en la historia del país. La idea original, me explicó mi guía, era construir un espacio para el "adiestramiento del personal militar", que sería destinado a los retenes instalados en las carreteras del país para enseñarles "cómo eran las drogas y cómo podían ser encontradas".[1] Aunque inicialmente se planeó como una "Sala de Enervantes", a partir de 2002 el Museo del Enervante tenía ya 10 salas, que se fueron sumando conforme se desarrollaba en México la nueva agenda de seguridad antinarcóticos. No está abierto al público, pero la Sedena autoriza visitas guiadas para periodistas, investigadores académicos y estudiantes.

El 20 de agosto de 2019 se me permitió recorrer el Museo del Enervante. Como estableciendo una relación causal, frente a la puerta de ingreso al museo la Sedena mantiene un registro actualizado de soldados caídos en el cumplimiento de un operativo militar a partir de 1976. Hasta el 13 de agosto de 2019 se enlistaba un total de mil 58 elementos del Ejército muertos en operativos, 855 de ellos soldados de tropa. Al cruzar el vestíbulo del museo se encuentra un mural que cifra la narrativa tal y como quedó integrada en 1985 después del asesinato de Enrique Camarena: México vivía una "guerra contra el narco" que debía llevarse a cabo principalmente en contra de los productores y traficantes de droga provenientes de las zonas montañosas del país.

---

[1] "Ejército mexicano expone lucha contra las drogas en el Museo del Enervante", *EFE*, 30 de julio de 2019.

Soldados del Ejército mexicano avanzan durante la quema de sembradíos de adormidera y mariguana mientras otros elementos de las Fuerzas Armadas se despliegan en buques de guerra y aviones.
Detalle del mural ubicado en la entrada del Museo del Enervante de la Secretaría de la Defensa Nacional. Fotografía de Oswaldo Zavala.

Pocas estructuras simbólicas pueden condensar una narrativa como la de la "guerra contra el narco" con mayor eficacia que un mural. Los soldados avanzan firmes en un campo de adormidera y mariguana. Mientras le prenden fuego, una avioneta y dos lanchas de alta velocidad acompañan el esfuerzo de erradicación. El humo que se eleva de la antorcha del soldado se confunde con los colores de la bandera mexicana y de ella emerge el águila real del escudo. El movimiento es firme e implacable. Incendiarán el campo. Ganarán la guerra. La nación los respalda.

El interés pedagógico del museo guía la disposición de las salas. En la primera, por ejemplo, se presenta una "Historia mundial de las drogas", proponiendo un recorrido documentando la producción, la circulación y el consumo de las distintas drogas a lo largo de los siglos. (La mariguana, se detalla, llegó con la conquista española de 1521 como parte de la industria textil.) En las siguientes salas se muestra la estructura legal y judicial de las tareas de combate al tráfico de drogas, las técnicas para la producción de drogas naturales y sintéticas, las zonas del cultivo y producción en México, las organizaciones de traficantes y la parafernalia que ha sido recolectada en los operativos militares desde que el Ejército comenzó a "asistir" en la política nacional antidrogas con la "Operación Canador" —que recordaremos combina el nombre de las plantas de *cannabis* y adormidera— en 1966.

Mi guía me explicó que la primera "Sala de enervantes" se concibió después del operativo para destruir los sembradíos de mariguana del Búfalo en Chihuahua. El asesinato del agente Camarena aceleró la necesidad de reforzar la estrategia de erradicación para aprender no sólo a distinguir los tipos de droga y sus diversos modos de producción, sino también para distinguir a los traficantes, sus centros de operación, el ingenio de sus técnicas de contrabando y los tipos de armas que utilizan para protegerse. En una de las esquinas me encontré con el maniquí de un supuesto traficante. Un hombre con bigote recortado, vestido de ranchero con ropa vistosa y hecha de piel exótica. La hebilla del cinto muestra la figura piteada de un gallo. Lleva cadenas de oro, lentes oscuros de tipo aviador, un sombre texano ensombrece su rostro. "El modelo es algo viejo. No todos se visten igual", me dijo mi guía en tono apologético.

Maniquí de un "narco". Museo del Enervante. Fotografía cortesía de la Secretaría de la Defensa Nacional (Sedena).

En otra de las escenas recreadas, un traficante bebía una cerveza Tecate en una suerte de campamento en el Triángulo Dorado, la zona montañosa entre Chihuahua, Sinaloa y Durango donde la "Operación Cóndor" pretendió erradicar los sembradíos de mariguana y adormidera. Más adelante observé un objeto que me produjo una curiosa revelación: era un neumático de refacción para automóvil, sin cámara de aire y sostenido con una estructura de metal para quedar fijo al rin. En el interior podía apreciarse mariguana empaquetada. Pregunté a mi guía si así se habría inspirado el compositor Ángel González para escribir el famoso corrido "Contrabando y traición" de 1972:

> Salieron de San Ysidro
> procedentes de Tijuana.
> Traían las llantas del carro
> repletas de hierba mala.
> Eran Emilio Varela
> y Camelia la texana.[2]

Me respondió sonriente que el corrido es absolutamente inverosímil. Esa técnica de contrabando sólo podía funcionar con la llanta de repuesto, uno entre otros posibles escondites en un automóvil. Ante mi sorpresa, me miró algo extrañado y me explicó: el peso del coche haría colapsar el cascarón de metal que reemplaza la cámara de aire. Un coche con las cuatro llantas rellenas de mariguana no avanzaría un metro sin desplomarse. Irónicamente, entre las fichas informativas del museo hay una sobre la "narcocultura", en la que se alerta sobre el problema de los corridos supuestamente "por encargo" de los traficantes, glorificando su vida. Mientras que mi guía admitía el contenido mítico de los corridos, el museo mismo lo contradecía.

---

[2] Letra original de Ángel González. Para un estudio sobre "Contrabando y traición" véase Juan Carlos Ramírez Pimienta, "Del dinero y de Camelia nunca más se supo nada: Camelia la texana en el cancionero y la narcocultura mexicana", en María Socorro Tabuenca Córdoba y Juan Carlos Ramírez-Pimienta (coords.), *Camelia la texana y otras mujeres de la narcocultura*, Culiacán, Universidad Autónoma de Sinaloa, 2016. Disponible en el sitio personal de Ramírez-Pimienta en <https://narcocorrido.wordpress.com/2017/11/14/camelia-la-texana/>.

La última sala es sin duda la que más ha llamado la atención de los medios de comunicación que han visitado el museo. Son los objetos decomisados a los traficantes detenidos en operativos militares. En una larga vitrina se encuentran las armas predilectas: la célebre AK-47 (el "cuerno de chivo"), rifles automáticos, uzis, granadas, revólveres. La más reciente adquisición es la pistola Colt calibre .38 con incrustaciones de diamantes que pertenecía a Joaquín "El Chapo" Guzmán y que fue utilizada como evidencia en el juicio en su contra en noviembre de 2018. Pero también está la pistola con las iniciales de Amado Carrillo Fuentes, supuesto jefe del "Cártel de Juárez" y uno de los personajes clave de la narrativa securitaria, como veremos en la siguiente parte. O una estatua de Nazario Moreno, el supuesto líder de "Los Caballeros Templarios", el temido grupo de traficantes de Michoacán. Una enorme puerta de madera tallada fue colocada verticalmente para simular la entrada a la hacienda de un traficante. Un tigre blanco disecado, hallado en una de esas residencias, completa la colección. Noto un grosor geológico en el museo, con distintas capas del discurso securitario sedimentadas, radicalizando el imaginario que comenzó con un campesino y que terminó con el jefe de una organización armada capaz de disputar la soberanía territorial a las fuerzas del Estado.

El Museo del Enervante tiene un precedente en el Museo de la DEA, que abrió sus puertas en 1976, el año en que comenzó oficialmente la "Operación Cóndor" en México. Al celebrarse el bicentenario de la Independencia estadounidense, el gobierno del presidente Gerald Ford solicitó a todas las agencias federales reunir materiales para crear exhibiciones sobre la historia de cada una de esas instituciones. En la "Oficina de Entrenamiento" de la DEA, un agente recolectó ejemplares de las distintas placas utilizadas por los funcionarios de las varias instituciones dedicadas al combate al tráfico de drogas desde que fue aprobada la Harrison Narcotics Act en 1914. El conjunto de "objetos, fotografías, documentos e historias orales de individuos involucrados en el combate a las drogas y el narcotráfico" continuó creciendo en los siguientes años.[3] La primera exhibición temática del museo, "Drogas ilegales en América: una historia moderna", se llevó a cabo en 1999. Naturalmente

---

[3] La historia del Museo de la DEA se encuentra en el sitio oficial de la agencia en <https://deamuseum.org/about-us/>.

se omitió la complicidad de la CIA y el Departamento de Estado en el tráfico de drogas a Estados Unidos como efecto colateral de los operativos encubiertos en Latinoamérica. En cambio, la exhibición afirmaba que la adicción se convirtió en un problema importante en la década de 1960, cuando "una nueva generación adoptó el uso de drogas".[4]

El museo se localiza en Arlington, Virginia, a unos 600 metros del complejo militar del Pentágono, como un satélite del centro militar de Estados Unidos. Dentro, los cientos de objetos construyen la narrativa oficial estadounidense que complementa a la mexicana desde la perspectiva de los combatientes: el maniquí de un hombre blanco agente de la DEA es la contraparte del maniquí del traficante moreno en México. La racialización de la narrativa no es ninguna casualidad: sigue dominando en el imaginario hegemónico la criminalización de las minorías rurales y el empoderamiento del anglo justiciero. Como en el museo mexicano, en las vitrinas de la DEA también se exhibe una pistola célebre, decomisada de las manos de Rafael Caro Quintero cuando fue capturado en Costa Rica en 1985. También hay espacio para la parafernalia de la "narcocultura": un CD del Grupo Exterminador y hasta una estatua de la "Santa Muerte".

Pero hay dos diferencias significativas entre ambos museos. Mientras que el Museo del Enervante funciona exclusivamente para uso de las Fuerzas

A la izquierda, maniquí de un agente de la DEA. A la derecha, pistola Colt calibre .45 supuestamente decomisada al traficante Rafael Caro Quintero al momento de su detención en Costa Rica en 1985. Museo de la DEA, Arlington, Virginia.

---

[4] Véase la página de la exhibición "Illegal Druga in America: A Modern History" en <https://deamuseum.org/ida/>.

Armadas, ajeno al público general, el Museo de la DEA fue concebido como herramienta legitimadora de la política antidrogas estadounidense. Es un espacio para adoctrinar no a los soldados enviados a patrullar las calles, sino a los ciudadanos inmersos en el discurso antidrogas. Un museo genera el consenso del público sobre la necesidad de la guerra, el otro el consenso de los soldados para llevarla a cabo. La segunda diferencia se vincula a las prácticas de consumo en el mercado capitalista: el Museo de la DEA tiene una tienda de *merchandise* donde es posible comprar placas de agentes de la DEA para niños, y otras conmemorativas de Enrique "Kiki" Camarena. La misma agencia antidrogas implicada en casos de secuestro, tortura y asesinato, no vacila en vender "juguetes" para niños y en lucrar con el nombre del agente asesinado en México probablemente por el corrompido sistema político que la sustenta.[5]

A la izquierda, placa de "Agente Especial Junior" de la DEA para niños. A la derecha, placa conmemorativa del agente Enrique "Kiki" Camarena, asesinado en México en 1985. Ambos objetos están en venta en el Museo de la DEA, y también pueden adquirirse en su tienda virtual: https://www.apifederal.com/dea/default.aspx?p=viewcat &showpage=1>.

---

[5] Otro precedente importante es el Museo de la CIA, concebido en 1972 por el entonces director William E. Colby, para recoger y preservar "artefactos de significancia histórica" como herramientas de espionaje, armas especializadas y *memorabilia* de los agentes y sus operativos de inteligencia. Como el Museo del Enervante, no está abierto al público y sólo puede ser visitado por agentes en los cuarteles generales de la CIA en Langley, Virginia. Véase el sitio oficial del museo en <https://www.cia.gov/legacy/headquarters/ cia-museumcia-museum/>.

No es una coincidencia que tanto el Museo de la DEA como el Museo del Enervante se hayan creado respectivamente en los mismos años que la "Operación Cóndor" y el asesinato del agente Camarena. Ambos museos *institucionalizan* la historia de la "guerra contra las drogas" construyendo de manera artificial un arco histórico coherente donde sólo había discontinuidad y accidentes. En la actualidad, los dos legitiman la política antidrogas para quienes serán sus ejecutores: agentes de inteligencia, soldados y policías. Intentan crear un efecto de realidad por medio de objetos que la simulan: un maniquí por cualquier "narco", una muestra de droga por toda la dispersión del tráfico ilegal, un arma por toda la violencia.

La aparición del Museo del Enervante en México fue una de las consecuencias de la radicalización de la política antidrogas impulsada desde Estados Unidos después del asesinato de Camarena. La contingencia del asesinato fue capitalizada por Estados Unidos para consolidar el giro de la nueva agenda de "seguridad nacional". El diagnóstico de la situación que en 1986 publicó James Van Wert, jefe de la Oficina Internacional de Asuntos de Narcóticos del Departamento de Estado, resultó más que acertado: "El asesinato de Camarena dio lugar a que el asunto del control de narcóticos se saliera de la estricta esfera de competencia de las agencias especializadas [...] sería conveniente que el inmenso poder y la influencia corruptora de las drogas ilícitas hicieran ver a México el gran interés que el control de narcóticos representa para su seguridad nacional".[6]

Más que la "influencia corruptora" del narcotráfico, fue primero una serie de decisiones repentinas y otras calculadas las que completaron la reconfiguración de la política mexicana antidrogas, o lo que Leonardo Curzio llama la "narcotización de la agenda de seguridad".[7] El 15 de febrero de 1985, una semana después del secuestro de Camarena, el entonces administrador de la DEA Francis Mullen solicitó ayuda del comisionado de aduanas Willy von Raab para presionar al gobierno mexicano. Durante la siguiente semana, y sin

---

[6] James Van Wert, "El control de los narcóticos en México. Una década de institucionalización y un asunto diplomático", en Gabriel Székely (ed.), *México-Estados Unidos, 1985* México, El Colegio de México, 1986, p. 104.

[7] Leonardo Curzio, *La seguridad nacional de México y la relación con Estados Unidos*, México, Universidad Nacional Autónoma de México, Centro de Investigaciones sobre América del Norte, 2007, p. 112.

consultar con sus superiores en el Departamento del Tesoro o el Departamento de Estado, el comisionado ordenó la "Operación Camarena", que consistió oficialmente en la inspección de cada vehículo que cruzara la frontera hacia Estados Unidos en busca de "evidencia" relacionada al secuestro del agente de la DEA. En cuestión de horas, la franja fronteriza se había convertido en un mar de automóviles, motocicletas, camionetas, camiones de carga comercial y hasta peatones que parecían varados en los principales cruces internacionales. "Una vez más, como en 1969, los inspectores de aduanas comenzaron a revisar todo lo que rodara, caminara o volara desde México —describió Shannon en *Desperados*—. Esto era lo que Camarena y Kuykendall habían querido ver: una nueva Operación Interceptación como la que Richard Nixon había ordenado."[8]

El operativo desató un escándalo nacional que incluyó una enérgica nota diplomática del gobierno de Miguel de la Madrid en protesta. La medida causó estragos en la economía de ambos lados de la frontera. Mientras que congresistas demócratas en Texas pidieron la reactivación del flujo vehicular, residentes de Ciudad Juárez convocaron a un boicot en contra de negocios estadounidenses, "respondiendo a un llamado del Partido Revolucionario Institucional".[9] El sábado 23 de febrero, luego de una conversación telefónica de 15 minutos entre los dos presidentes, Reagan ordenó la normalización de la inspección en los cruces fronterizos. El gobierno mexicano asumió que Reagan había ordenado el cierre fronterizo, pero según Shannon ni siquiera George Shultz, el entonces secretario de Estado, había sido informado con antelación de la arbitraria decisión acordada entre la DEA y el Servicio de Aduanas.

Meses después Dennis DeConcini, senador demócrata por el estado de Arizona, cuestionó a Shultz sobre lo que en su opinión era una insuficiente reacción del gobierno federal ante el asesinato de Camarena y el "problema de la droga": "Lo que quiero saber es si se les ha hecho saber con claridad a los funcionarios mexicanos que si no se hace algo con respecto a la corrupción

---

[8] Elaine Shannon, *Desperados. Latin Drug Lords, U.S. Lawmen and the War America Can't Win*, Nueva York, Viking, 1988, p. 214.
[9] Richard J. Meislin, "Mexico Reports Pledge from Reagan", *The New York Times*, 23 de febrero de 1985.

dentro de la policía en México, que si no se hace nada a nivel nacional para responder a la actividad asesina y terrorista en contra de nuestras agencias de seguridad, nosotros como país estamos preparados para realizar acciones que serán más que sólo detener automóviles en la frontera".[10]

El secretario de Estado respondió enfático: "Creo que ha quedado claro en esta situación que nuestro nivel de tolerancia ha sido excedido por estos eventos".[11] La presión no cedió después de las detenciones de los traficantes Rafael Caro Quintero y Ernesto Fonseca Carrillo el 4 y 7 de abril respectivamente. El embajador estadounidense en México, John Gavin, advirtió que sólo se trataba de la "punta del iceberg".[12]

La coyuntura política provocada por el secuestro de Camarena se correspondió con el cambio de paradigma que ya estaba en proceso en Washington desde principios de los ochenta. Después del asesinato de Camarena, el bloque demócrata en el Senado, empecinado en cortejar el voto que favorece la "mano dura", logró la aprobación de las dos iniciativas cruciales para la nueva era securitaria: las Anti-Drug Abuse Act de 1986 y 1988. A nivel nacional, la ley de 1986 agravó las sentencias carcelarias convirtiendo cinco gramos de crack de cocaína en equivalentes a 500 gramos de cocaína en polvo. La medida evidenciaba claras intenciones racistas: incrementó la población carcelaria de Estados Unidos desproporcionalmente con presos negros, que constituían más de 80% de los detenidos por crack de cocaína.[13] (En un editorial, el *New York Times* criticó cómo un detenido con 50 gramos de crack de cocaína —el peso de una barra de chocolate— obligaba a un juez federal a dictar una condena mínima de 10 años de prisión, mientras que para recibir la misma sentencia por posesión de cocaína en polvo —favorecida por la clase alta y blanca de Estados Unidos— se requerían cinco kilogramos, suficientes

---

[10] El intercambio completo entre el senador Dennis DeConcini y el secretario de Estado George Shultz puede consultarse en la transcripción completa de la audiencia. "Foreign Assistance and Related Programs Appropriations. Fiscal Year 1986", 99th Congress, First Session on S. 1816, Washington, U.S. Government Printing Office, 1986, p. 57.

[11] *Idem.*

[12] Richard J. Meislin, "Mexico Drug Arrests: 'Tip of Iceberg'", *The New York Times*, 30 de abril de 1985.

[13] "U.S. Supreme Court Weights 100-to-1 disparity in crack/powder cocaine sentencing", *ACLU*, 2 de octubre de 2007.

para llenar un maletín).[14] Un estudio mostró su efecto más pernicioso: la población carcelaria estadounidense aumentó de 24 mil reos en 1980 a más de 215 mil en 2013. En el mismo periodo, la tasa nacional de prisioneros se disparó de 11 a 68 reos por cada 100 mil habitantes, y el número de prisiones en el país creció de 43 a 119.[15] En México ocurrió un aumento paralelo, pero con una población proporcionalmente mayor. En 1992 se registraba un total de 85 mil 712 presos, con una tasa de 98 personas por cada 100 mil habitantes. Para 2010, la población penitenciaria ya era de 222 mil 330 reos, con una tasa de 200 prisioneros por cada 100 mil habitantes.[16]

La reorientación de la política antidrogas hacia México fue el siguiente paso. Con la aprobación de la Anti-Drug Abuse Act de 1988 se concibió uno de los más notorios mecanismos de coerción estadounidense en el hemisferio: el llamado proceso de "certificación", por medio del cual el Congreso le arrebató al presidente la facultad de decidir cuáles países recibirían los paquetes de ayuda para el combate al narcotráfico. El proceso de certificación sería uno de los más efectivos recursos de presión política que ejerció el Congreso estadounidense en México hacia finales de los noventa, incluso en contra de la opinión del presidente Bill Clinton. "La implicación era clara —anotó el politólogo Arturo Santa-Cruz—. México, como la fuente de los narcóticos, se convirtió en una amenaza de la seguridad nacional de Estados Unidos."[17] La certificación se mantuvo hasta 2002, cuando el Congreso regresó al Poder Ejecutivo la facultad de administrar la ayuda financiera para el combate al narcotráfico.[18] La nueva ley también cumplió el sueño del senador Joe Biden

[14] "100-to-1 Rule", The New York Times, 15 de noviembre de 2007. La extrema penalización por posesión de crack de cocaína continuó vigente hasta 2010, cuando se aprobó la "Fair Sentencing Act" bajo el gobierno de Obama, que redujo la paridad entre crack de cocaína y cocaína en polvo a un radio de 18 a 1.
[15] "Federal Prison System Shows Dramatic Long-Term Growth", The Pew Charitable Trusts, febrero de 2015.
[16] Pilar Calveiro, Violencias de Estado. La guerra antiterrorista y la guerra contra el crimen como medios de control global, Buenos Aires, Siglo XXI Editores, 2012, p. 225.
[17] Arturo Santa-Cruz, Mexico-United States Relations: The Semantics of Sovereignty, Nueva York, Routledge, 2012, p. 121.
[18] Para un estudio completo del proceso de certificación de la política antidrogas mexicana, véase K. Larry Storrs, "Mexican Drug Certification Issues: U.S. Congressional Action, 1986-2002", Congressional Research Service of the Library of Congress, 22 de octubre de 2002.

con la reaparición del "zar antidrogas", aquella figura concebida por Nixon para centralizar en la Casa Blanca la totalidad de la política antidrogas. Como explica el especialista Raphael Perl, el Congreso estadounidense contribuyó de un modo decisivo a construir una "mayor centralización e integración de la política antidrogas de Estados Unidos" mediante la creación de la Office of National Drug Control Policy, la poderosa Oficina de la Política Nacional para el Control de la Droga que desde entonces forma parte del gabinete presidencial y que coordina la labor de múltiples programas, agencias y departamentos del gobierno estadounidense.[19] La figura del "zar antidrogas", como anotaré en la siguiente parte, tendría una importancia capital en la militarización de México a lo largo de la década de 1990. La agresiva política antidrogas estadounidense alcanzó un nivel global con la adopción, el 19 de diciembre de 1988, de una nueva convención contra el tráfico de drogas ilegales durante una cumbre de Naciones Unidas celebrada en la ciudad de Viena, Austria. Ese día, los representantes de los 106 países asistentes afirmaron aplicadamente que las organizaciones de traficantes "socavan las economías legítimas y amenazan la estabilidad, seguridad y soberanía de los Estados". A partir de ese día, los "cárteles" adquirieron un nombre pretendidamente más técnico: "organizaciones criminales transnacionales" (TCO, por sus siglas en inglés), capaces de "penetrar, contaminar y corromper las estructuras de gobierno, empresas comerciales y financieras legítimas y la sociedad en todos sus niveles".[20] Ni en 1988 ni en 2020 existía evidencia que convalidara la radicalidad de estos diagnósticos, pero desde entonces la amenaza de las llamadas "TCO" no cesa de repetirse, sin más pruebas que los reportes de la DEA, la inteligencia militar estadounidense y la dócil repetición de esas narrativas en boca de funcionarios mexicanos y periodistas con limitada cobertura crítica.

Los eventos de finales de la década de 1980 que fueron el producto contingente de la estrategia del Partido Demócrata en el Congreso estadounidense, la configuración de una nueva doctrina de "seguridad nacional" desde

---

[19] Raphael Francis Perl, "Congress, International Narcotics Policy, and the Anti-Drug Abuse Act of 1988", *Journal of Interamerican Studies and World Affairs*, vol. 30, núm. 2/3, special issue: "Assessing the Americas' War on Drugs", verano-otoño de 1988, pp. 19-51, p. 44.

[20] "UN Narcotics Trafficking Conference Adopts Convention", *Department of State Bulletin*, vol. 89, núm. 2142, enero de 1989, p. 49.

la Casa Blanca y el escándalo binacional causado por el asesinato del agente Camarena tuvieron en su conjunto un efecto transformativo en las instituciones de gobierno en México. El 29 de noviembre de 1985, nueve meses después del secuestro de Camarena, se ordenó el cierre de la Dirección Federal de Seguridad. El entonces secretario de Gobernación, Manuel Bartlett, dijo al periodista Miguel Ángel Granados Chapa que fue él quien propuso desmantelar la DFS a cambio de una "verdadera" institución de inteligencia "con una organización capaz de atender las necesidades de informaciones políticas, económicas y sociales, para garantizar la Seguridad de la Nación, no limitada a la política en su sentido restringido".[21] Entrevistado por Sergio Aguayo, el presidente Miguel de la Madrid admitió que el involucramiento de los agentes —y en particular de su director, José Antonio Zorrilla Pérez— en la protección de traficantes como Caro Quintero fue "lo que más pesó en la desaparición de la DFS".[22] El terremoto que sacudió a la Ciudad de México el 19 de septiembre de 1985 terminó por mostrar la dimensión criminal de los aparatos de justicia del país: con el derrumbe parcial del edificio de la Procuraduría de Justicia del Distrito Federal se encontraron cadáveres que exhibían "huellas de torturas y heridas en las muñecas provocadas por las esposas" de numerosos detenidos en una cárcel clandestina que la Policía Judicial Federal operaba en el cuarto piso, donde debía estar un gimnasio para los empleados. Incluso el cuerpo de un abogado penalista fue encontrado en la cajuela de un automóvil estacionado en las mismas instalaciones.[23] Cercado por acusaciones de corrupción en su gobierno, su policía federal y su agencia de inteligencia, De la Madrid no tuvo más opción que efectuar un giro estructural en su política de seguridad.

No puede exagerarse la importancia de la transformación securitaria de México. Desmantelada la principal institución que subordinó e instrumentalizó a los traficantes para beneficio del sistema político del país, el presidente Carlos Salinas de Gortari intersectó por primera vez el concepto de "seguridad

---

[21] Miguel Ángel Granados Chapa, *Buendía. El primer asesinato de la narcopolítica en México*, México, Grijalbo, 2010, p. 249.

[22] Sergio Aguayo, *La charola. Una historia de los servicios de inteligencia en México*, México, Grijalbo, 2001, p. 242.

[23] Miguel Cabildo, "Con el sismo aparecieron cárceles clandestinas en la procuraduría del distrito y en hoteles cercanos", *Proceso*, 5 de octubre de 1985.

nacional" con la política antidrogas mexicana, como señalaban Bartlett y De la Madrid. Así lo detalla en su Plan Nacional de Desarrollo 1989-1994: "Especial mención reclaman las acciones del Estado para combatir el problema del narcotráfico. Es un *problema de seguridad nacional*, salud y solidaridad internacional de primer orden, frente al que seguiremos actuando con toda energía".[24] En el mismo documento. Salinas reiteró la necesidad de continuar involucrando a las Fuerzas Armadas en la política antidrogas: "Seguirán participando con eficacia en las importantes labores de apoyo a la sociedad y en los programas especiales del Gobierno de la República, como es el caso del combate al narcotráfico".[25]

El entonces subsecretario de Estado Jorge Carrillo Olea recibió la consigna de crear una nueva agencia. La DFS había sido reemplazada en 1985 por la Dirección General de Investigación y Seguridad Nacional (DGISN), que ya incorporaba parte de la agenda estadounidense. En 1989 —el año de la caída del Muro de Berlín, que marcó el principio del final de la Guerra Fría— Carrillo Olea fundó el Centro de Investigación y Seguridad Nacional (Cisen). La impronta del lenguaje securitario se inscribía en el nombre de la nueva agencia. Así lo explica el periodista Jorge Torres, autor del primer libro sobre la nueva agencia:

Durante los primeros 10 años el Cisen consolidó estructuras internas y mecanismos de operación luego de la debacle de la Dirección Federal de Seguridad (DFS) en 1985. Modernizó sus instalaciones y su infraestructura tecnológica, y capacitó a sus agentes y analistas en las sedes de organismos de inteligencia como la CIA estadounidense y el Mossad israelí. Amparados en la impunidad que les proporcionaba el concepto de seguridad nacional, los funcionarios del Cisen se atrincheraron como topos en un búnker en la delegación Magdalena Contreras [de la Ciudad de México] —desde donde dirigían las operaciones de inteligencia—, y los agentes se desplegaron por todo el país adoptando identidades falsas y guareciéndose en casas de seguridad pagadas por el gobierno.[26]

[24] Poder Ejecutivo Federal, *Plan Nacional de Desarrollo 1989-1994*. El texto íntegro del decreto presidencial está disponible en <http://www.coespo.sonora.gob.mx/documentos/Normatividad/PND/PND%201989-1994.pdf>. El énfasis es mío.
[25] *Idem.*
[26] Jorge Torres, *Cisen. Auge y decadencia del espionaje en México*, México, Debate, 2009, pp. 11-12.

La transformación fue por demás significativa: el Cisen internalizó la racionalidad securitaria modificando estructuralmente el rol de la inteligencia en el país, reproduciendo los modos de operación de las agencias dominantes como la CIA y el Mossad, alineando de un modo más preciso las coordenadas de la agenda de seguridad estadounidense en México, ya no adaptándose al contexto político mexicano, sino lo contrario: el contexto político mexicano adaptándose a dicha agenda. La etapa final ocurrió el 17 de junio de 1993 cuando, en el último año del gobierno de Salinas de Gortari, se creó el Instituto Nacional para el Combate a las Drogas, un órgano descentrado pero dependiente de la Procuraduría General de la República y que claramente fungiría como la contraparte de la Oficina de la Política Nacional para el Control de la Droga de la Casa Blanca, incluyendo el cargo de un "zar antidrogas" mexicano. La agenda de "seguridad nacional" concebida desde Washington se institucionalizó de este modo en México: "para el Gobierno Federal el control del abuso de las drogas y el combate al tráfico de estupefacientes y psicotrópicos ha sido una prioridad en la protección de la salud pública, en la defensa de la seguridad nacional y en la solidaridad internacional, por lo que es imprescindible reforzar la defensa de los derechos de todos los ciudadanos y la convivencia civilizada de la sociedad que el narcotráfico está amenazando, redoblando cualquier esfuerzo".[27]

Décadas más tarde, la crítica que Carrillo Olea haría a la política antidrogas del gobierno de Felipe Calderón también describe con precisión el problema originado con la adopción de la nueva doctrina securitaria: "No tenemos agenda propia, seguimos la línea estadounidense: guerra, no prevención, no educación, no rehabilitación".[28] El notorio exdirector de la DFS, Miguel Nazar

---

[27] "Decreto por el que se crea el Instituto Nacional para el Combate a las Drogas como órgano técnico desconcentrado, dependiente de la Procuraduría General de la República", *Diario Oficial de la Federación*, 17 de junio de 1993. Consultado en <http://dof.gob.mx/nota_detalle.php?codigo=4747456&fecha=17/06/1993>.

[28] Jorge Carrillo Olea, "Drogas: una estrategia equivocada", *La Jornada*, 13 de febrero de 2008. Carrillo Olea fue acusado de vínculos con el narcotráfico durante su desempeño como gobernador del estado de Morelos entre 1994 y 1998. En 2018 fue invitado por el entonces presidente electo Andrés Manuel López Obrador como asesor de su equipo de transición. Véase "Carrillo Olea, el hombre señalado por haber llevado a Morelos a la catástrofe y que ahora asesora a López Obrador", *Etcétera*, 2 de agosto de 2018. Véase también la reflexión del propio Carrillo Olea en su libro *Torpezas de la inteligencia. Las grandes fallas de la seguridad nacional y sus posibles soluciones*, México, Ediciones Proceso, 2018.

Haro, resumió a su modo la gravedad de los cambios que desmantelaron la época de la *pax priista*: "El sistema era perfecto hasta que llegó De la Madrid".[29] En este punto se radicaliza la división entre los llamados "nacionalistas" y los "globalistas", disputándose la dirección última de la política de seguridad en México en función de su cercanía o su distancia de la agenda securitaria estadounidense.[30]

En el verano de ese mismo año clave de 1989, a unos meses de haber iniciado su nuevo gobierno, el presidente George H. Bush ordenó la llamada "Andean Initiative", o la Iniciativa Andina, para escalar el uso del ejército en el combate antidrogas en Latinoamérica con un presupuesto inicial de 2 mil 200 millones de dólares.[31] Uno de los laboratorios elegidos para la nueva racionalidad fue Colombia, donde la desgastada guerrilla comunista se confundiría con la emergencia de los traficantes de Medellín y Cali. (Recordemos aquí que la popular serie *Narcos* de Netflix fecha su primer episodio precisamente en 1989 como el momento en el que la narrativa securitaria estadounidense orilló al gobierno colombiano a utilizar al ejército para atacar a la organización de Pablo Escobar que la DEA hábilmente tipificó como el "Cártel de Medellín".)

El 13 de octubre del mismo año se filtró en los medios de comunicación que el Departamento de Justicia había autorizado al FBI para llevar a cabo

---

[29] Jorge Torres, *Nazar, la historia secreta. El hombre detrás de la guerra sucia*, México, Debate, 2008, p. 7.

[30] "Esta aparente contradicción en las políticas de seguridad de México ante Estados Unidos es producto de un debate existente en el seno de las élites mexicanas, las cuales están divididas en dos sectores: los nacionalistas y los globalistas. Los nacionalistas están a favor de una mayor independencia de Estados Unidos. Los globalistas son más proclives a impulsar todas aquellas iniciativas de cooperación internacional, y a estrechar las relaciones con Estados Unidos. Por ejemplo, los nacionalistas se oponen a la salida de tropas al exterior, mientras que los globalistas están a favor del empleo de las fuerzas armadas en operaciones de paz y de la participación en acciones cooperativas de seguridad hemisférica. Las fuerzas armadas se inclinan más por mantener una distancia con respecto a Estados Unidos y la ONU". Raúl Benítez Manaut, "La seguridad nacional en la indefinida transición: mitos y realidades del sexenio de Vicente Fox", *Foro Internacional*, vol. XLVIII, enero-junio de 2008, pp. 184-208, p. 190.

[31] Raphael F. Perl, "United States Andean Drug Policy: Background and Issues for Decisionmakers", *Journal of Interamerican Studies and World Affairs*, vol. 34, núm. 3, suplemento especial: Drug Trafficking Research, otoño de 1992, pp. 13-35.

detenciones de fugitivos de la justicia estadounidense en países extranjeros y sin el consentimiento previo de los gobiernos en cuestión.[32] La supuesta autorización se explicitó en un memorándum redactado por el entonces consejero legal William P. Barr, el cual contravenía la posición del gobierno de Jimmy Carter que advertía de la evidente ilegalidad de las acciones unilaterales en el extranjero. El esfuerzo oficial para legitimar el secuestro extraterritorial tenía un objetivo específico: detener al general Manuel Antonio Noriega, dictador militar de Panamá, que había sido un cercano colaborador de las intervenciones estadounidenses en Latinoamérica durante la Guerra Fría. Como anota la politóloga Waltraud Morales, Noriega trabajó con la CIA, la DEA y el Comando del Sur del Ejército estadounidense, permitiendo la instalación de 14 bases militares con alrededor de 14 mil soldados y un costo operativo de 5 mil millones de dólares. Aunque la Embajada estadounidense en Panamá, la DEA y la CIA tenían conocimiento de los vínculos de Noriega con el narcotráfico colombiano desde 1983 o 1984, todavía en mayo de 1987 el Departamento de Justicia celebró la relación de cooperación con el gobierno de Panamá. A cambio, Noriega financió en parte las actividades de contrainsurgencia en Nicaragua, utilizando dinero proveniente del tráfico de droga colombiana con el consentimiento directo de la CIA.[33]

Para 1989, sin embargo, con la "guerra contra las drogas" como el nuevo eje de la doctrina de "seguridad nacional" la utilidad política del "hombre fuerte de Panamá" ya era otra: "Se expuso el involucramiento de Noriega con las drogas para crear el demonio desbordado del 'dictador latinoamericano narcotraficante'".[34] Legitimado por su Departamento de Justicia, el 20 de diciembre, el presidente Bush ordenó la invasión de Panamá.[35] Noriega se refugió en la Nunciatura Apostólica de la capital. Para presionar su entrega, los estadounidenses recurrieron a tácticas de guerra psicológica: Noriega, que era

---

[32] Ronald J. Ostrow, "The Justice Department's decision allows U.S. law officers to act without the consent of foreign states. That ruling could apply to efforts to bring Panama's Noriega to trial in Florida", *Los Angeles Times*, 13 de octubre de 1989.
[33] Waltraud Morales, "The War on Drugs: A New U.S. National Security Doctrine?", *Third World Quarterly*, vol. 11, núm. 3, julio de 1989, pp. 147-169, pp. 158-159.
[34] *Ibid.*, p. 160.
[35] Véase el memorándum oficial mediante el cual Bush ordenó la invasión a Panamá para detener al general Noriega en <https://www.presidency.ucsb.edu/documents/memorandum-the-arrest-general-manuel-noriega-panama>.

afín a la ópera, se confrontó con música rock —"Welcome to the Jungle" de Guns N' Roses, "Wanted Dead or Alive" de Bon Jovi, "The End", de The Doors— a todo volumen frente a la Nunciatura.[36] Once días después y casi mil soldados y ciudadanos panameños asesinados, Noriega fue detenido el 3 de enero de 1990, acusado formalmente de narcotráfico y lavado de dinero. La hipocresía "Operación Causa Justa" mostró el perverso nuevo rostro de la política antidrogas estadounidense en Latinoamérica.[37] En 1993 se determinó que el memorándum escrito por Barr violaba el derecho internacional y que su contenido completo había sido deliberadamente ocultado al Congreso para facilitar el secuestro de Noriega en Panamá y así poder juzgarlo en Estados Unidos.[38]

El violento giro hacia la "guerra contra las drogas" en el contexto internacional no carecía de críticos. En un estudio escrito en 1991 para el Naval War College, un oficial del Ejército estadounidense comprendió que la fuerza militar de esa estrategia antidrogas no sólo fracasaba en su objetivo, sino que más bien había incrementado la violencia en esos países, exacerbando problemas endémicos como la pobreza y el desempleo, debilitando además las estructuras de Estado. La hipocresía le resultaba evidente: "Continuamos presionando a los países latinoamericanos a usar sus ejércitos para combatir a los cárteles de la droga mientras que nuestras propias leyes prohíben el mismo involucramiento directo en nuestro propio país", señaló el oficial.[39]

---

[36] Greg Myre, "How The U.S. Military Used Guns N' Roses To Make A Dictator Give Up", *National Public Radio*, 30 de mayo de 2017. Para testimonios de panameños que sufrieron la intervención militar estadounidense, véase el documental *Invasión* (Abner Benaim, 2014) que incluye una entrevista con el propio Manuel Antonio Noriega en prisión.

[37] Véase "Panama invasion: The US operation that ousted Noriega", *BBC*, 20 de diciembre de 2019.

[38] Nombrado subprocurador de justicia, Barr aconsejó a Bush invadir Irak en mayo de 1990 sin la aprobación del Congreso. También recomendó al presidente indultar a los militares y funcionarios de su gobierno involucrados en el escándalo Irán-Contra. Fue el mismo Barr, ahora como procurador de Justicia del gobierno de Donald Trump, el que ordenó retirar cargos al general Salvador Cienfuegos, acusado en 2020 de narcotráfico en Estados Unidos y repatriado a México, donde fue exonerado en enero de 2021. Véase Pema Levy, "Don't Be Surprised by Barr's Behavior. He Acted the Same Way 30 Years Ago", *Mother Jones*, 2 de mayo de 2019.

[39] Noel B. Bergeron, "The Andean Initiative: A Faulty Campaign In the War on Drugs", Naval War College, 11 de febrero de 1991, p. 17.

Paralelamente, a lo largo de la década de 1990 y conforme el PRI perdía su hegemonía nacional, el problema del narcotráfico empezó a tener una mayor influencia simbólica en la vida política del país. A los "narcos" se les atribuyeron varios de los crímenes más significativos de la honda crisis política de 1994, como los asesinatos del candidato presidencial Luis Donaldo Colosio, el cardenal Juan Jesús Posadas Ocampo y el presidente del PRI, José Francisco Ruiz Massieu. La debacle del sistema político pronto se justificaba en parte por la insurgencia de los supuestos "cárteles de la droga" y su cada vez mayor presencia en todos los ámbitos de México y Estados Unidos. Los "narcos" aparecían en el panorama geopolítico como protagonistas de la nueva crisis de "seguridad nacional" en películas, series de televisión, novelas y canciones populares. A partir de esos años, el rostro mitificado del narco —ese ranchero norteño adicto por igual a la violencia, el dinero fácil, el sexo y la droga— se convirtió en la principal amenaza para la sociedad civil de ambos países. El crimen del agente Camarena, como he intentado mostrar, debe entenderse como una de las principales condiciones de posibilidad de una cadena de significantes que cristaliza en Estados Unidos con la designación del tráfico de drogas como la nueva amenaza de "seguridad nacional" y en México con la nueva institución encargada de adoptar la racionalidad geopolítica, bajo la cual continuamos operando. Mediaba, sin embargo, una década más para que esa imaginación terminara de formularse. Faltaba, como veremos en lo que sigue, la aparición del "jefe de jefes" para completar la narrativa.

TERCERA PARTE

La invención del "jefe de jefes" en la era neoliberal

(1994-2006)

13

La "pura verdad" del narcocorrido

Entre el 14 de febrero y el 17 de abril de 2002 el Instituto Smithsoniano de Washington, D. C. —que administra los más importantes museos nacionales en la capital estadounidense— presentó la exhibición "Corridos sin Fronteras: A New World Ballad Tradition", instalada en el edificio del Museo de Artes e Industrias, sobre la avenida Jefferson Drive, muy cerca del Congreso estadounidense. Copatrocinada por el Chicano Studies Research Center de la Universidad de California en Los Ángeles (UCLA), la exhibición bilingüe, multimedia e interactiva, revisaba la historia de los corridos a partir del siglo XIX en adelante, ofreciendo al público la oportunidad de escuchar grabaciones históricas y recientes, pero también de apreciar la *memorabilia* de las bandas musicales con pósteres, fotografías, documentos originales y hasta instrumentos utilizados por los más famosos músicos del género. Después de Washington, la exhibición itinerante se trasladó a 10 ciudades del país hasta julio de 2005. En el sitio de internet creado para complementar los objetos mostrados, los visitantes podían componer su propio corrido con ayuda de un programa con herramientas visuales y auditivas.[1]

---

[1] La ficha oficial de la exhibición itinerante está disponible en el sitio del Instituto Smithsoniano en <https://www.si.edu/exhibitions/corridos-sin-fronteras-new-world-ballad-tradition-event-exhib-1432>. El sitio de internet interactivo que acompañaba la exhibición —corridos.org— ya no está disponible en línea, pero una descripción del proyecto, preparada por el mismo Instituto Smithsoniano, puede consultarse en <http://www.archimuse.com/mw2003/papers/songer/songer.html>.

Se proponía también, de un modo básico, una definición del corrido en cuanto género musical con un video que comenzaba sobre un fondo oscuro y vacío, en el que sólo se escuchaba el siguiente diálogo:

—A mí me gustan los corridos porque son los hechos reales de nuestro pueblo.
—Sí, a mí también me gustan porque en ellos se canta la pura verdad.[2]

Aunque la curación en el museo parecía deliberadamente omitir toda referencia al subgénero del "narcocorrido", este diálogo provenía de "Jefe de jefes", el primer corrido del álbum doble del mismo título que la banda norteña Los Tigres del Norte lanzó en 1997. Según los académicos Juan Carlos Ramírez Pimienta y José Pablo Villalobos, "Jefe de jefes" estableció una suerte de poética que refrendó una postura con frecuencia reiterada por los integrantes de la banda: sus canciones se basan en hechos verídicos y transmiten los sentimientos colectivos de su público consumidor, el "pueblo" mexicano y mexicoamericano.

Pero "Jefe de jefes" de hecho marcó un antes y un después no sólo para Los Tigres del Norte, sino para la historia del corrido, según lo explica Cathy Ragland, especialista en etnomusicología:

Hasta el lanzamiento de *Jefe de jefes*, Los Tigres y la música norteña eran raramente mencionados por periodistas del *mainstream* de música popular norteamericana. Con *Jefe de jefes*, Los Tigres no sólo se reinventaron como "conciencia social" de la comunidad inmigrante de México, sino que también extendieron su alcance a la creciente comunidad indocumentada no-mexicana, incluyendo a centroamericanos, ecuatorianos y peruanos. El álbum se ha convertido en un clásico entre fans de la música norteña y en 2005 fue certificado platino por ventas de más de un millón de copias en Estados Unidos.[3]

---

[2] José Pablo Villalobos y Juan Carlos Ramírez Pimienta, "'Corridos' and 'la Pura Verdad': Myths and Realities of the Mexican Ballad", *South Central Review*, vol. 21, núm. 3, *Memory and Nation in Contemporary Mexico*, otoño de 2004, pp. 129-149, p. 130.
[3] Cathy Ragland, *Música Norteña: Mexican Americans Creating a Nation Between Nations*, p. 186. En mayo de 2000, tras su éxito en el mercado musical estadounidense con *Jefe de jefes*, la banda creó Los Tigres del Norte Foundation, una organización sin fines de lucro basada en el estado de California, con la intención de promover la apreciación y

En cuanto que "voz" de la comunidad hispana en Estados Unidos, la banda adquirió mayor visibilidad como defensora de los derechos de los migrantes. En 2002 fueron reconocidos por su filantropía por el entonces gobernador de California Gray Davis y la legislatura estatal. Al siguiente año, su presencia nacional quedó demostrada con un abarrotado concierto en el prestigioso Kennedy Center de Washington, D. C.[4]

A la distancia, la importancia de *Jefe de jefes* va más allá de los objetivos de promoción cultural de la exhibición en el Smithsoniano. Al estar preludiado por esa conversación que define los corridos como "la pura verdad" y de "hechos reales de nuestro pueblo", Ramírez Pimienta y Villalobos explican que Los Tigres del Norte construían una ilusión de verosimilitud para deliberadamente "hacer a la audiencia creer".[5] El álbum fue de ese modo relevante en la historia cultural de ambos países porque inscribió varias de las narrativas más determinantes en la relación binacional de finales de la década de 1990. Por un lado, Los Tigres consiguieron complejizar el debate de la migración latinoamericana en Estados Unidos al capturar la imaginación de los propios migrantes, reflexionando sobre el drama del desarraigo y la nostalgia en canciones como "Mis dos patrias" (un migrante que explica su naturalización como ciudadano estadounidense) y "El mojado acaudalado" (un migrante viejo que desea morir en su natal México). Por otro, *Jefe de jefes* marcó un cambio de percepción en el imaginario de la llamada "narcocultura". Aquí la primera estrofa del corrido homónimo, con el que inicia el álbum:

---

preservación de la música folclórica mexicana y mexicoamericana. El Chicano Studies Research Center de la UCLA fue el primero en recibir una donación de 500 mil dólares de la fundación de Los Tigres para la digitalización de 32 mil canciones archivadas en la colección privada de la Chris Strachwitz Foundation, la más grande colección de música vernácula mexicana y mexicoamericana de Estados Unidos. Ese mismo donativo resultó imprescindible para la organización de la exhibición "Corridos Sin Fronteras" en el Instituto Smithsoniano, que hacía referencia al álbum *Gracias América, Sin Fronteras,* que le valió a Los Tigres su primer premio Grammy en 1987. Véase el sitio oficial de Los Tigres del Norte para más información sobre la fundación en <http://www.lostigresdelnorte. com/english/foundation.html>.

[4] Ragland, *Música Norteña*, *op. cit.*, p. 188.

[5] Villalobos y Ramírez Pimienta, "'Corridos' and 'la Pura Verdad'...", *op. cit.*, p. 143.

Soy el jefe de jefes, señores.
Me respetan a todos niveles.
Y mi nombre y mi fotografía
nunca van a mirar en papeles.
Porque a mí el periodista me quiere,
y si no mi amistad se la pierde.

Notemos la transformación radical del género: mientras que "Contrabando y traición" —el primer "narcocorrido" grabado por la banda en 1972— operaba como una variación más del melodrama que imagina traficantes vulnerables sometidos por un violento destino trágico e inevitable, "Jefe de jefes" nos muestra un triunfante contrabandista en la cúspide de la escala social mexicana. Por encima del poder oficial, los medios de comunicación y el crimen organizado, el "Jefe de jefes" deja atrás la narrativa antiépica y melodramática que condicionó la producción de "narcocorridos" durante las décadas de 1970 y 1980 y que fue la base del exitoso género de películas de acción de bajo presupuesto y su proliferación de historias sobre narcos, en particular de los populares hermanos Almada, como ha estudiado el trabajo académico de Hugo Benavides, Ryan Rashotte y María Arbeláez. Como también discutí en la primera parte del presente libro, el melodrama había sido la estrategia narrativa privilegiada por los autores de "narcocorridos" que dominaron las dos décadas que siguieron al éxito inusitado de "Contrabando y traición". El traficante protagonista de los corridos de esos años no era muy distinto a los sujetos residuales que poblaban la imaginación del "milagro mexicano" como los excluidos por la modernidad nacional, como el "pelado", el "ratero" o la "fichera". Junto a ellos, el "traficante" se agregaba como el delincuente común que termina muerto o en prisión por su inmoral ambición de "dinero fácil". Con "Jefe de jefes", sin embargo, el melodrama es desplazado por la nueva narconarrativa que comenzó a articularse a finales de la década de 1980: la comprensión histórica que emana de un discurso hegemónico de "seguridad nacional" en la que el traficante deja de ser un objeto residual de la derrota del proyecto nacional mexicano para convertirse en un sujeto activo de la economía trasnacional, que amenaza a la vez la seguridad de la sociedad mexicana y la estadounidense.

Pero el "narcocorrido" es aquí un síntoma, no una causa. Es el resultado de una profunda mediación política en el imaginario de la "narcocultura" emanada de la hegemonía del discurso securitario, construyendo las coordenadas simbólicas para que la imaginación cultural de corridos como "Jefe de jefes" fuera posible. Para entender esta transformación, propongo analizar un evento crucial que reconfiguró decisivamente la narconarrativa mexicana: la aparición del "Cártel de Juárez" a finales de la década de 1990. Las agencias federales y el Ejército estadounidense *manufacturaron* en esos años una crisis de "seguridad nacional" que alteró determinantemente la política antidrogas en México. Esto fue posible en parte con la irrupción del primer verdadero "cártel" mexicano concebido bajo la doctrina de "seguridad nacional" que comenzó con el presidente Ronald Reagan y que fue continuada incluso con mayor radicalidad por sus sucesores. La *percepción* de esta supuesta crisis de "seguridad nacional" —y no su existencia factual— fue agravándose hasta llegar, como sabemos, a la supuesta "guerra contra el narco" ordenada en 2006 por el entonces presidente Felipe Calderón. La estrategia de militarización, aunque repudiada hacia el final de su gobierno, contó con un fuerte consenso popular en parte debido a la consolidación de la narrativa securitaria que permeó en los campos de producción cultural en México.

El tránsito de "Contrabando y traición" a "Jefe de jefes" es crucial en este punto no sólo para la historia del "narcocorrido", sino también para el imaginario cultural sobre el tráfico de drogas en México y Estados Unidos, que desde entonces se reorientó hacia la representación del traficante como una verdadera amenaza a la "seguridad nacional". La abundancia de series de televisión, películas o literatura de ficción sobre el narcotráfico que ahora gozan de un desproporcionado capital simbólico deben entenderse aquí como la consecuencia lógica de la consolidación hegemónica de este imaginario reducible a la condensación semántica de los significantes centrales de la narrativa securitaria que aparecieron novedosamente en el "narcocorrido" "Jefe de jefes". La historia de la construcción de esta narrativa securitaria, como se verá, tiene un grado cero de enunciación en los años noventa y el momento preciso en el que el precario traficante sometido por el poder oficial se convirtió, en un breve periodo de tiempo, en el "jefe de jefes". Menos que la manera en que la supuesta "narcocultura" expresa la realidad mexicana, examino cómo ese campo de producción cultural que llamamos "narcocultura" es derivativo de una hegemonía discursiva que es a su vez el resultado de complejas relaciones geopolíticas entre Estados Unidos y México.

La prensa dentro y fuera de México asocia comúnmente al traficante Miguel Ángel Félix Gallardo como el "jefe de jefes" al que se refiere el corrido.[6] Uno de los hijos de Félix Gallardo desmintió la referencia: "Acabo de buscar la letra en internet y empieza diciendo así: 'A mí me gustan los corridos', y para empezar a mi padre no le gustan. Él dice que agradece los que le han compuesto pero que él es de música más moderna y de lo romántico. Quizás el corrido "Jefe de jefes" está basado en algún personaje de ficción y en algunos extractos de hechos reales, o viceversa, es algo muy común".[7]

Como mucha de la mitología en torno a Félix Gallardo, su vínculo con "Jefe de jefes" carece de fundamento histórico, al igual que su supuesto apodo de "El Padrino", que, como discutí antes, provino de la investigación que condujo la DEA en Guadalajara y cuyo nombre tuvieron que haber tomado de la novela de Mario Puzo, la cual inspiró la trilogía de películas de Francis Ford Coppola, pues el concepto de "padrino" fue invención del novelista y nunca usado por un mafioso real.

En una entrevista con el historiador cultural Elijah Wald, Teodoro Bello, autor de "Jefe de jefes", negó que su corrido incluso se refiriera a un traficante necesariamente: "'Jefe de jefes' nació de la idea de que la gente debe ser grandiosa. Tú, como escritor, no deberías ser el asistente del escritor, sino que deberías ser el jefe de jefes, y 'Jefe de jefes' es para el escritor, el presentador, el bombero, el vendedor de chicle, el zapatero: 'Soy el jefe de jefes, señores, me respetan a todos niveles' —esto hablando de *todos* los niveles. Podrás decir: 'Este hombre hace sándwiches sensacionales, es el jefe de jefes de los sándwiches'".[8]

La imprecisión de un "jefe" sin nombre ni ocupación fija permitió que el concepto se articulara en el corrido como un *significante vacío* que no depende

---

[6] Véase, por ejemplo, Alberto Nájar, "Félix Gallardo, el 'Jefe de jefes' que cambió la historia del narco y enfrenta el juicio más largo de México", BBC *Mundo*, 14 de septiembre de 2016.

[7] Diego Enrique Osorno, *El cártel de Sinaloa. Una historia del uso político del narco*, México, Grijalbo, 2009, p. 208.

[8] Elijah Wald, *Narcocorrido. A Journey into the Music of Drugs, Guns and Guerrillas*, Nueva York, HarperCollins, 2001, p. 291.

realmente de ningún referente histórico inmediato. El protagonista del corrido podía ser cualquier traficante. No tenía siquiera que ser un traficante, sino simplemente alguien en la posición de mando de cualquier organización o institución, legítima o clandestina.

Para confundir más las fuentes del corrido, sabemos que la revista *Newsweek* publicó en un reportaje de 1985 que el "jefe de jefes de la industria de la cocaína en México" era el traficante hondureño Juan Matta Ballesteros, el mismo que colaboraba con la CIA transportando armas y dinero para apoyar a los Contras en Nicaragua. De hecho, según el artículo, Miguel Félix Gallardo, Rafael Caro Quintero y Ernesto Fonseca Carrillo eran vistos apenas como sus "socios".[9] La referencia no carece de sustento si recordamos que en su momento Matta Ballesteros fue uno de los traficantes con mayor presencia en el continente durante las décadas de 1970 y 1980, transportando cocaína colombiana de sur a norte, y armas y dinero de norte a sur. Las organizaciones de contrabandistas de Colombia y México lo necesitaban para hacer circular su mercancía tanto como la CIA para financiar a la contrainsurgencia en Nicaragua. Matta Ballesteros, no lo olvidemos, fue unos de los actores centrales en la red clandestina de apoyo a la contrainsurgencia en Nicaragua. Junto a personajes como Manuel Antonio Noriega, el "hombre fuerte" de Panamá, el traficante hondureño tuvo una importancia central para los intereses estadounidenses durante la Guerra Fría. En el contexto geopolítico de estos años no es inverosímil que haya sido el primer "jefe de jefes" construido por la agenda de seguridad nacional de Estados Unidos: un agente aliado que terminaría, como Noriega y los demás traficantes latinoamericanos, convertido en un enemigo implacable, una amenaza a la "seguridad nacional" estadounidense.

El "jefe de jefes" original tuvo una vigencia corta y una celebridad efímera que se apagó conforme dejó de tener utilidad para los propósitos clandestinos de Washington. En 1988 Matta Ballesteros fue secuestrado por agentes hondureños y estadounidenses en Tegucigalpa y llevado hasta República Dominicana para de ahí ser extraditado a Estados Unidos, en un operativo que provocó una marcha en protesta de mil 500 estudiantes de la Universidad

---

[9] "A Boss of Bosses Under Arrest", *Newsweek*, 13 de mayo de 1985.

Nacional Autónoma de Tegucigalpa que gritaban: "¡Matta sí, gringos no!"[10] Su encarcelamiento mostró el avance de la nueva racionalidad de "seguridad nacional", pues designó como "enemigos" a los mismos traficantes que habían sido útiles para los objetivos estadounidenses durante los años de la Guerra Fría.

En 1997, cuando apareció el corrido "Jefe de jefes", los traficantes mexicanos más célebres purgaban sentencias carcelarias desde la década anterior. El único traficante en libertad que podría identificarse como el modelo más inmediato del corrido era en ese año Amado Carrillo Fuentes, el supuesto jefe del "Cártel de Juárez", también conocido como "el señor de los cielos" por la pequeña flota de aviones que utilizaba para transportar droga y dinero. Pero este personaje, tal y como fue conocido en la esfera pública a partir de 1995, fue construido por instituciones estadounidenses desde que cobró notoriedad como uno de los más importantes traficantes en México mediante una campaña mediática promovida desde periódicos como *The New York Times*, pero también en una reiterada agenda de seguridad en distintos eventos políticos a nivel nacional e internacional. Su narrativa fue una ficción controlada casi desde su origen, a diferencia de Miguel Ángel Félix Gallardo, Rafael Caro Quintero o Ernesto Fonseca Carrillo, cuya trayectoria criminal fue una mezcla de necesidad, oportunidad y suerte al servicio del sistema político mexicano en abierta colaboración con los intereses estadounidenses en la región.

Carrillo Fuentes fue así el primer traficante concebido como objeto central de la nueva doctrina de "seguridad nacional". Ingresó en la narconarrativa oficial como un implacable enemigo doméstico que ya se había emancipado de las policías y los gobiernos corruptos con los que habían coexistido sus predecesores. Su "cártel" no adquirió visibilidad por atreverse a cometer un crimen innombrable como el asesinato de un agente estadounidense: el llamado "Cártel de Juárez", lo discutiré más adelante, apareció desde el inicio ante la opinión pública como una amenaza inminente a la sociedad civil y su gobierno legítimo. Es por ello que Amado Carrillo Fuentes no podía ser un simple "narco", sino el "jefe de jefes" que naturalizó, acaso de un modo permanente, la idea del "cártel" como una verdadera amenaza a la viabilidad

---

[10] Elaine Shannon, Ed Magnuson y Wilson Ring, "Trouble in Tegucigalpa. A daring U.S. abduction triggers riots in Honduras", *Time*, 18 de abril de 1988.

misma del Estado, que desde entonces sólo podría defenderse por medio de su ejército. El "Cártel de Juárez" y su jefe sentaron un importante precedente a partir del cual se fue moldeando una multiplicidad de sucesores en la siguiente década, con mayor prominencia una década más tarde con el caso de Joaquín "El Chapo" Guzmán, al mando del supuesto "Cártel de Sinaloa".

Contradictoriamente, el rápido ascenso del "señor de los cielos" estuvo signado por una estrepitosa y abrupta leyenda marcada por la tragedia y la muerte. Enmarcado en ese relato, Carrillo Fuentes ha sido el "narco" más adecuado al contradictorio discurso oficial: un monstruo amenazante cuya temprana muerte, lejos de contradecir su poderío, lo magnifica. La artificialidad de su breve trayectoria se pone de manifiesto precisamente en la insalvable aporía narrativa: el "jefe de jefes", aún en prisión o incluso después de muerto, mantiene una suerte de supremacía criminal que se expande en un horizonte histórico inagotable hacia el futuro y que reordena retroactivamente nuestro pasado inmediato, inscrito para siempre en la memoria colectiva de la llamada "narcocultura". En esa trayectoria, el nombre de Amado Carrillo Fuentes importará menos que el mito del "jefe de jefes", que como en el corrido, no requerirá en los años siguientes de una identidad fija para validar su narrativa. Tras la muerte de Carrillo Fuentes, el "jefe de jefes" depende más bien de una fluidez nominal que lo mismo refiere a un "narco" como a todos los "narcos" antes y después del propio Carrillo Fuentes. Su polisemia es inagotable y se resignifica más allá de las fuentes oficiales que usaron el término por primera vez.

Veamos ahora cómo se construyó ese mito y su importancia en la narrativa de la agenda de seguridad nacional.

14

La crisis de 1994
como prefiguración del "narco"

Un magnicidio, una insurrección, el sistema político y económico en crisis, y entre la bruma del caos, el asesinato como una efectiva forma de hacer política. Ése ha sido el sentido general con el que con frecuencia se recuerdan los turbulentos eventos de 1994. Ese año México experimentó un sorprendente estallido social, impensable en el régimen hegemónico, seguido de una extraordinaria oleada de violencia política que interrumpió la sucesión presidencial y que desestabilizó profundamente el régimen del partido único. A la distancia, sin embargo, es importante recordar que 1994 fue también el año en que el "narco" irrumpió como un protagonista de la vida política del país y no sólo como un personaje secundario. Pero la llegada de los "cárteles" en la esfera pública en México se debió al reacomodo estructural que catapultaron los eventos de ese año y que requirieron de un nuevo actor para dar sentido a la profunda transformación del país. En más de un modo, 1994 permitió la articulación de un enemigo doméstico para consolidar la nueva agenda de seguridad nacional que comenzó a gestarse en Estados Unidos una década antes y que por fin entraba en pleno vigor en México.

La crisis, como se sabe, comenzó el 1 de enero con el alzamiento del Ejército Zapatista de Liberación Nacional (EZLN) en el estado de Chiapas, simultáneamente con la puesta en vigor del Tratado de Libre Comercio de América del Norte (TLCAN). Interrumpiendo el discurso celebratorio de la entrada de México en el orden neoliberal, los insurrectos con pasamontañas tomaron la turística ciudad de San Cristóbal de las Casas, en Chiapas, dislocando para siempre la narrativa de nación articulada por el PRI a lo largo de siete décadas como un pueblo mestizo que cohesionó y dio sentido histórico a las diferencias de clase y raza bajo el paradigma casi mágico de la revolución institucionalizada. Así lo explica el novelista e intelectual Jorge Volpi:

> En el mapa de la modernización salinista, Chiapas no era más que el nombre de un estado en el cual vivía apenas 4% de la población: un páramo salvaje y remoto que la "mano invisible" de la inercia neoliberal no tardaría en alcanzar. Paradójicamente, a partir del 1 de enero de 1994, Chiapas se convirtió en un sinónimo de México. Más aún: gracias a una gigantesca sinécdoque, Chiapas se convirtió en México. Aquel estado olvidado y taciturno, aquella región despreciada por el centro, esa pequeña sociedad de casi cuatro millones de habitantes —frente a los noventa millones del resto del país—, terminó por convertirse en el espejo de la nación y en uno de los emblemas de la historia universal de la infamia.[1]

El alzamiento del EZLN descarriló toda pretensión de integración de México en la región como socio económico al nivel de Estados Unidos y Canadá. Rota la ilusión del TLCAN, México pronto requeriría del respaldo político y financiero para sortear la emergencia nacional. Durante el sexenio de Salinas de Gortari, México emprendió un agresivo proceso de desmantelamiento de estructuras de Estado con la privatización de varias paraestatales, incluyendo Teléfonos de México (Telmex), cuya venta produjo la fortuna del empresario Carlos Slim, hasta la fecha, el hombre más rico del país y de Latinoamérica. Aunque había pretendido horizontalizar su lugar con las dos potencias del hemisferio, México se revelaba ahora como un Estado disfuncional, necesitado de ayuda externa, *de facto* en "la frontera del caos", como señaló un célebre libro de crónicas del periodista Andrés Oppenheimer publicado dos años más tarde.[2]

El segundo evento de crucial importancia ese año ocurrió el 23 de marzo, cuando fue asesinado en Tijuana el candidato presidencial del PRI, Luis Donaldo Colosio. De las 27 líneas de investigación que integraron las cuatro fiscalías especiales creadas para atender el caso, prevalecieron tres hipótesis sobre el crimen. Está primero la versión oficial que determinó que el homicidio

---

[1] Jorge Volpi, *La guerra y las palabras. Una historia intelectual de 1994*, México, Era, 2004.
[2] Andrés Oppenheimer, *México en la frontera del caos*, México, Javier Vergara Editor, 1996.

fue planeado y ejecutado por Mario Aburto Martínez, detenido y sentenciado a 42 años de prisión. Aburto ha sido pensado desde entonces como un dudoso autor intelectual y material del crimen, pues la segunda hipótesis ha estimulado la imaginación colectiva del país: el responsable habría sido el propio sistema político, en respuesta a las diferencias públicas entre el candidato y el gobierno salinista.[3] El fundador y director de la revista *Proceso*, Julio Scherer García, advirtió de primera mano la tensión que existía entre Colosio y el presidente Salinas.[4] La hipótesis de la clase gobernante como autora intelectual del crimen, que prevalece en la percepción del público en general, fue dramatizada en la estupenda novela *Un asesino solitario* (1999) de Élmer Mendoza, imaginando un complot de varios niveles de complejidad fraguado desde el interior de la Secretaría de Gobernación. Una trama similar propuso décadas más tarde la película *Colosio: el asesinato* (2012), de Carlos Bolado, señalando al presidente Salinas como el verdadero autor intelectual del crimen.

En la tercera hipótesis, el llamado "magnicidio" de Colosio fue atribuido al "narco", que repentinamente ocupó un lugar central entre los violentos eventos de 1994. El politólogo y posteriormente canciller de México, Jorge Castañeda, adelantaba esa tesis unos meses después del asesinato y en medio de la larga y confusa investigación oficial:

> Los diferendos de Colosio con el aparato [de Estado] no ameritaban que la jefatura del mismo lo mandara matar; sí bastaban para que otros sectores que se benefician desde hace años y decenios con la vigencia del sistema hayan resuelto pasar a medidas extremas. El narco, la narcopolítica, sectores empresariales vinculados al narcotráfico y a la corrupción, los nuevos ricos regionales asociados al narco y a las privatizaciones que sirvieron de tintorerías de lujo, las fracciones del partido oficial vinculados con el narco y con narcoempresarios, todos tenían razones de sobra para asesinar a Luis Donaldo Colosio: una pica en Flandes, una acción preventiva, un seguro de vida.[5]

---

[3] La tesis de una conspiración fue incluso considerada por el propio presidente Salinas de Gortari. Uno de los fiscales especiales del caso, Pablo Chapa Bezanilla, se había propuesto culpar al presidente. Véase Raymundo Riva Palacio, "Colosio, el origen de la conspiración", *El Financiero*, 25 de marzo de 2019.

[4] Julio Scherer García, *Estos años*, México, Océano, 1995.

[5] Jorge G. Castañeda, *Sorpresas te da la vida. México, 1994*, México, Aguilar, 1994, p. 68.

La narrativa que se articuló en torno al asesinato de Colosio exacerbaba radicalmente la manera en que el fenómeno del tráfico de drogas había sido entendido en la década anterior. Los traficantes ya no serían esos delincuentes reactivos que recurrían al asesinato para evitar caer en prisión. Su presencia en el país ahora tendía alianzas con los más altos círculos del poder político y empresarial. Así surgen términos como "narcopolítica" y "narcoempresarios", que permitían separar con claridad esas "fracciones del partido oficial" que habían sucumbido a la corrupción y que habrían estado dispuestas a desafiar al propio Estado descarrilando el proceso electoral. Unos años más tarde, el historiador Enrique Krauze, cercano a Salinas de Gortari, repetía la misma hipótesis: "¿O tal vez fue una alianza entre el narco y el poder, que desconfiaban de Colosio? Es aún más probable".[6] El legendario líder estudiantil del 68 y luego exasesor de la PGR Eduardo "el Búho" Valle incluso acusó a "narcopolíticos" como José Córdoba Montoya, jefe de la Oficina de la Presidencia de Salinas de Gortari.[7]

Pero las supuestas conexiones del "narco" en el asesinato de Colosio no han estado exentas de evidentes contradicciones. Guillermo González Calderoni —el mismo comandante de la Policía Judicial Federal que detuvo a Miguel Ángel Félix Gallardo y que fue posteriormente acusado de enriquecimiento ilícito— declaró en su momento que el crimen fue perpetrado por el "Cártel de Tijuana" al mando de los hermanos Benjamín y Ramón Arellano Félix. También se llegó a decir que la campaña de Colosio había sido en parte financiada con dinero de Joaquín "El Chapo" Guzmán, rival de los mismos Arellano Félix. Más adelante también se culpó a Raúl Salinas de Gortari (hermano del presidente Carlos Salinas) y Juan García Ábrego, supuesto líder del "Cártel del Golfo". Incluso Mario Aburto, el "asesino solitario" de Colosio, fue igualmente vinculado al "narco".[8] Siguiendo estas pistas, los principales capos del país habrían tenido que ver directamente con el asesinato sin ninguna evidencia que explique el beneficio que rendiría a sus organizaciones supuestamente involucradas.

---

[6] Enrique Krauze, *La presidencia imperial. Ascenso y caída del sistema político mexicano (1994-1996)*, México, Tusquets, 1997.

[7] Maite Rico, "Las revelaciones de El Búho", *El País*, 9 de septiembre de 1994. Véase también Eduardo Valle, *El segundo disparo. La narcodemocracia mexicana*, México, Océano, 1995.

[8] Fernanda Morales, "Narco, Aburto y ruptura con el PRI, teorías tras caso Colosio", *Milenio*, 21 de marzo de 2019.

El 26 de marzo de 1994, tres días después del magnicidio, el politólogo José Woldenberg ya alertaba sobre el uso radical del lenguaje que comenzaba a emerger en esos años para describir la inestabilidad política del país:

> Es necesario —imprescindible— aclimatar un lenguaje político secularizado, donde los adversarios sean eso, adversarios legítimos y no enemigos a aniquilar; donde las diferencias se reconozcan como diferencias, puesto que por fortuna coexisten diagnósticos y propuestas diversas; donde la pluralidad sea apreciada como un capital político del país y no como un mal que hay que conjurar a través de unidades graníticas imposibles e indeseables; en fin, desterrar el lenguaje de la guerra de la ya de por sí sobrecargada actividad política. Porque cuando el tono, los adjetivos, las metáforas utilizadas simbólicamente recrean la violencia, luego la violencia a secas acaba convirtiéndose en el único lenguaje.[9]

Woldenberg, quien encabezó el Instituto Federal Electoral (IFE) durante la elección presidencial de 2000, subrayó la más sutil transformación del discurso político posterior a 1994. Se trataba del discurso bélico que comenzó a deslegitimar a sus adversarios y a concebirlos en cambio como enemigos domésticos que debían ser exterminados. Emergía contundente "el lenguaje de la guerra" que instaló desde entonces la narrativa de un país convulso, un Estado rebasado por el "crimen organizado", un sistema político corroído por la corrupción y la violencia. No sin ironía, el propio Woldenberg afirmaría que "un auténtico sicario" fue quien asesinó el 28 de septiembre de ese mismo 1994 a José Francisco Ruiz Massieu, secretario general del mismo partido y cuñado del presidente Salinas de Gortari.[10] El crimen terminó de confirmar la percepción de un México violento y criminal, incapaz de establecer una política de seguridad que garantizara la paz social del país siquiera para su élite gobernante.

Pero 1994 aguardaba una última sorpresa: el 20 de diciembre, apenas iniciada la presidencia de Ernesto Zedillo el día primero del mes, el peso mexicano sufrió una de las más bruscas devaluaciones de su historia. El viejo régimen priista quedaba así herido de muerte, fisurado por el asesinato, la corrupción

---

[9] José Woldenberg, *Violencia y política*, México, Cal y Arena, 2014, p. 89.
[10] *Ibid.*, p. 100.

y la incompetencia gubernamental. Más que nunca México requirió de la validación del gobierno estadounidense y el Fondo Monetario Internacional, que salieron al rescate con un paquete de ayuda económica de alrededor de 40 mil millones de dólares. En el contexto de esta decisión, la narrativa securitaria también guio el horizonte de los intereses estadounidenses. Así lo recuerda el presidente Bill Clinton en sus memorias. Para convencer a los congresistas republicanos que se oponían a la propuesta del paquete de ayuda, Clinton les advirtió de un panorama de emergencia en el cual "un México empobrecido casi con toda seguridad se volvería más vulnerable al aumento de la actividad de los cárteles ilegales de la droga, que ya estaban enviando grandes cantidades de narcóticos a través de la frontera a los Estados Unidos".[11]

A la distancia, es curioso constatar la delgada evidencia para hacer tales afirmaciones. La cuestión del narcotráfico en México, aunque ciertamente era un preocupante problema de salud pública y policial, distaba mucho de representar una amenaza a la seguridad ni de México ni mucho menos de Estados Unidos. En la "National Drug Control Strategy" de 1994 —un reporte preparado por la Office of National Drug Control Policy de la Casa Blanca dirigida por el llamado "zar antidrogas"— se reconocen los esfuerzos del gobierno del presidente Salinas de Gortari en el combate al narcotráfico de ese año: 38 toneladas métricas de cocaína decomisada, 6 mil 900 hectáreas de adormidera y otras 12 mil 100 hectáreas de mariguana erradicadas. Aun así, "estimados" de inteligencia estadounidense indicaban que 70% de la cocaína que llegaba a Estados Unidos cruzaba por la frontera con México. Paradójicamente, anotaba el reporte, el gobierno de México no sólo no levantaba ninguna alarma al respecto, sino que había decidido no aceptar ayuda financiera de Estados Unidos, reduciendo esos fondos anuales de 20 millones a un millón de dólares. "México es el único país latinoamericano que se hace cargo de la responsabilidad de financiar todo su programa de contradrogas", se indicaba.[12] La recomendación del reporte, que expresaba la política general del gobierno de Clinton, además de fortalecer la cooperación con los países afectados por el problema, pedía redoblar esfuerzos "para arrestar y encarcelar a

---

[11] Bill Clinton, *My Life*, Nueva York, Alfred A. Knopf, 2004, p. 680.
[12] Office of National Drug Control Policy, "National Drug Control Strategy. Reclaiming our communities from drugs and violence", The White House, 1994, p. 55.

los capos internacionales de la droga y destruir sus organizaciones". Para lograrlo, el presidente Clinton había conseguido un presupuesto récord para la "guerra contra las drogas" de 1995: 13 mil 200 millones de dólares —mil millones de dólares más de lo destinado en 1994, lo que representaba un aumento del 9%— de los cuales 7 mil 800 millones serían destinados a los programas de erradicación en el exterior.[13] De un modo desproporcionado y contraviniendo las cifras de su propia oficina para el control de las drogas, el presidente Clinton insistía en esos años que "los cárteles de la droga tenían mucho dinero con el que sobornar a funcionarios mexicanos y muchas armas contratadas para intimidar o matar a aquellos que no querían cooperar".[14] No es un azar que el presidente Salinas de Gortari, como he señalado, se negara a considerar el alzamiento zapatista en Chiapas como un problema nacional urgente, pero en cambio no vacilara en catalogar al narcotráfico como un problema de "seguridad nacional" desde el inicio de su presidencia, según lo anunció en su "Plan Nacional de Desarrollo" para su sexenio.[15]

En correspondencia con el imaginario oficial estadounidense, será sólo a partir de los eventos políticos de 1994 que la inseguridad comenzó a ocupar un lugar central en la esfera pública. Lo explica el sociólogo Fernando Escalante Gonzalbo: "Ni el delito, ni la policía, ni el sistema de procuración de justicia, ni el derecho penal ni las cárceles son una prioridad en el espacio público mexicano de los años setenta, ochenta, noventa". Tras el sacudimiento de 1994, sin embargo, la retórica del crimen organizado cobró una relevancia inusitada: "La delincuencia empieza a ser tema de discusión serio, aparecen estudios académicos sobre la violencia en el país, el narcotráfico deja de ser únicamente folclore".[16]

Sin duda 1994 fue un año clave en la historia política de México, pero la transición del narcotráfico como "folclore" a objeto central de la nueva racionalidad securitaria fue el resultado de un complejo proceso geopolítico que

---

[13] *Ibid.*, p. 4.

[14] Clinton, *My Life, op. cit.*, p. 705.

[15] José Luis Piñeyro, "La seguridad nacional con Salinas de Gortari", *Foro Internacional*, vol. XXXIV, núm. 4 (138), octubre-diciembre de 1996, pp. 754-772, pp. 759-760.

[16] Fernando Escalante Gonzalbo, *El crimen como realidad y representación*, México, El Colegio de México, 2012, pp. 210-211.

instaló en la esfera pública mexicana la idea del "cártel" como una amenaza inmediata, real, inaplazable. Los ruidos y la furia de ese año han capturado justificadamente la atención y la imaginación política a nivel nacional. Pero habrá que esperar hasta 1995 para la activación de un nuevo capítulo en la narrativa securitaria mexicana. A pesar de que, como hemos visto, el imaginario del narcotráfico ya registra, aunque con escasa evidencia, la supuesta actividad delictiva de los traficantes, sus esporádicos episodios de violencia son apenas percibidos por el público en general y más bien son materia de leyenda urbana que en parte alimenta el pintoresco, melodramático y más bien conservador imaginario de los corridos y las películas de acción de bajo presupuesto que continúa vigente hasta mediados de los noventa. Si bien, como recuerda Luis Astorga, "antes de los años ochenta, a nadie se le había ocurrido pensar que el tráfico de drogas ilegales fuera un asunto que amenazara la seguridad nacional de algún país", a lo largo de la década de 1990 la tasa de homicidio tampoco es particularmente problemática.[17] De hecho, como muestra Escalante Gonzalbo, los índices de homicidio a nivel nacional mostraron "una disminución general, continuada", de 14 mil 520 en 1990 a 8 mil 507 en 2007, es decir, una reducción de 17%.[18] Y aunque reportes oficiales y académicos van a especular en lo contrario, la tasa de homicidios en México durante esos mismos años es mucho más cercana a la de Estados Unidos que a la de Colombia. En 1992, por ejemplo, Colombia experimentó uno de sus años más violentos, con una tasa de 78 homicidios por cada 100 mil habitantes. En cambio, México y Estados Unidos registraron tasas de 19 y 9 homicidios por cada 100 mil habitantes. La tendencia es clara: de 1990 a 2007 la tasa nacional de México baja de 19 a 8 homicidios por cada 100 mil habitantes. La violencia homicida no sólo no representaba una amenaza de "seguridad nacional" a mediados de la década de 1990, sino que de hecho es un problema menor incluso a pesar de la explosión demográfica del país. Ni siquiera ciudades como Juárez y Tijuana —con enormes poblaciones flotantes

---

[17] Luis Astorga, *Seguridad, traficantes y militares. El poder y la sombra*, México, Tusquets, 2007, p. 11.

[18] Fernando Escalante Gonzalbo, *El homicidio en México entre 1990 y 2007: Aproximación estadística*, México, El Colegio de México, 2009, p. 26. Como indiqué antes, 1990 fue el primer año en que comenzó a registrarse la tasa nacional de homicidios en el Instituto Nacional de Estadística y Geografía (INEGI).

y serios déficits de infraestructura, sobre todo en cuanto a instituciones educativas, sanitarias y policiales— experimentaban formas inusuales de violencia, a pesar de que sus tasas de homicidio resultaban más altas que la media nacional. En suma, como lo advierte el politólogo Jorge Castañeda, aun ante la guerrilla zapatista, el asesinato del candidato presidencial del PRI y la caída drástica del peso mexicano, el sistema político había podido mantener un orden funcional incluso más allá del fracaso personal del presidente Salinas de Gortari, que terminó exiliado en Irlanda, acusado de corrupción y bajo sospecha de ser el autor intelectual del asesinato de Colosio.[19] Con todo, según escribía Castañeda en 1994, se aceptaba comúnmente que sólo "lo imprevisto" podría romper la hegemonía del PRI.[20]

En un estudio sobre los imaginarios culturales producidos en torno a los eventos de 1994, el académico mexicano Ignacio Sánchez Prado señala la relevancia de pensar los mecanismos ideológicos que operaron en el país durante esos meses convulsos y que fueron ordenando simbólicamente el significado de dichos eventos. Los asesinatos de Colosio y Ruiz Massieu, la revuelta zapatista y la crisis económica del llamado "efecto tequila" integraron combinados un *punto nodal* en el discurso de la época, siguiendo aquí el vocabulario acuñado por Jacques Lacan y adaptado por Slavoj Žižek y los politólogos Ernesto Laclau y Chantal Mouffe. Conceptos como "narcopolítica", "narcoempresarios", "cárteles", "capos" y "sicarios" se expresaban en el México de finales de los noventa como *significantes flotantes*, aquellas ideas cuyo significado estaba todavía sobredeterminado por un contenido variable e inestable, como he explicado antes. Hasta 1994, el "narco" se asociaba vagamente con el imaginario recibido de los corridos y las películas de bajo presupuesto que mostraban a un traficante rural, precario y trágico, pero también con el rostro empoderado y burlón de Rafael Caro Quintero en prisión, y desde luego con el horror del asesinato del agente de la DEA Enrique Camarena a manos del "Cártel de Guadalajara". Pero el "narco" carecía de una coherencia discursiva justo porque significaba todas esas cosas contradictoriamente a la vez. Los eventos de 1994 organizaron la hegemonía discursiva de estos *significantes*

---

[19] David Shanks, "Former Mexican leader deals with exile status amid fresh allegations", *The Irish Times*, 27 de noviembre de 1996.
[20] Castañeda, *Sorpresas te da la vida...*, *op. cit.*, p. 173.

flotantes, suturando su significado bajo una narración lógica y consistente. Este punto nodal, como explica Sánchez Prado, nos mostró entonces "la naturaleza de la constitución de ideologías y narrativas sobre acontecimientos históricos traumáticos como los sucedidos a lo largo de 1994" y que pudieron narrativizarse de forma coherente.[21]

Una vez articulado como punto nodal, el nexo entre la política y el "narco" facilitó la adopción de la nueva política de "seguridad nacional" que en México no tenía precedentes ni referentes claros pero que pronto contó con una hegemonía discursiva que desde entonces la sustenta. Aunque no haya información verificable al respecto, la amenaza del "narco" permitió avanzar la transformación de México como estado securitario. Entendida de este modo, la importancia de la narrativa de la conspiración "narcopolítica" para explicar la violencia homicida de 1994, junto con la vulnerabilidad del sistema político ante la insurrección zapatista y la crisis económica, "permite la construcción del 'otro' que se puede imaginar al centro del orden simbólico priista y contra el cual se construye el orden imaginario de la sociedad civil en México".[22] Entre los múltiples rostros de ese "otro" predomina el del "narco" por encima del "político corrupto" en los afectos de la sociedad civil, que observó los eventos de un modo no muy distinto que el del público que asiste a una función de cine o el lector de una novela de ficción. La aparición de ese insólito traficante, indómito y capaz de ordenar el asesinato del candidato presidencial del PRI y luego del presidente del mismo partido en flagrante autonomía de las estructuras del poder oficial, se introdujo en el imaginario mexicano y habría de ser el precedente que incendió la imaginación securitaria del país en el siguiente año con la aparición del "Cártel de Juárez". La consolidación del "narco" como amenaza a la "seguridad nacional" todavía tenía camino por recorrer, pero su entrada en la vida política y cultural del país había quedado asegurada entre la revuelta, las balas y la sangre de 1994.

---

[21] Ignacio Sánchez Prado, "La crisis como 'punto nodal': la teoría de Slavoj Žižek y la cuestión del año 1994 como ideología y cultura en el México del neoliberalismo tardío", en David Miklos (coord.), *En camas separadas. Historia y literatura en el México del siglo XX*, México, Tusquets, 2016, pp. 173-191, p. 175.

[22] *Ibid.*, pp. 179 y 185.

15

La "nueva generación"
de traficantes mexicanos

El 30 y 31 de julio de 1995 el *New York Times* publicó en su portada un largo reportaje en dos partes, basado en información de la DEA, que detallaba para el público global del principal periódico estadounidense la aparición de una "nueva generación" de narcotraficantes mexicanos de cocaína. Un año después del asesinato de Pablo Escobar, líder del "Cártel de Medellín", en diciembre de 1993, y poco más de un mes después de la detención de Gilberto Rodríguez Orejuela, jefe del "Cártel de Cali", los "patrones" mexicanos comenzaban a ocupar el lugar central de los capos colombianos en el trasiego hemisférico de la droga, aseguraba la DEA. Se trataba, de acuerdo con la cabeza de la nota en el *Times*, de la "conexión mexicana", aludiendo a la célebre "conexión francesa" —las mafias corsas e italianas que traficaban heroína turca desde la ciudad de Marsella en las décadas de 1960 y 1970— ya no como una amenaza remota desde el otro lado del mundo sino en el país vecino, en la intimidad de la frontera sur.[1]

Según el reportaje, Ciudad Juárez se había convertido en la central de operaciones de los nuevos "jefes" de la droga. El primero entre ellos era un traficante llamado Amado Carrillo Fuentes, de 39 años, cuyo nombre hasta entonces rara vez aparecía en los medios de comunicación, pero que ya se

---

[1] Tim Golden, "Mexican Connection Grows As Cocaine Supplier to U.S.", *The New York Times*, 30 de julio de 1995, p. 1. Para más información sobre el mito de la "conexión francesa" véase el capítulo 4, "Genealogías del prohibicionismo", en la primera parte del presente libro.

había convertido en "el más poderoso traficante de México". En la narrativa del *Times* se establecía una continuidad histórica entre traficantes ya en prisión, como Miguel Ángel Félix Gallardo ("el 'padrino' de la cocaína mexicana"), y los más jóvenes, como Joaquín "El Chapo" Guzmán ("uno de los contrabandistas más innovadores de México"). Como presentando los personajes de una serie de televisión, a los "jefes" se les distinguía por sus principales lugares de operación, así como por sus peculiaridades biográficas.[2]

Recuadro del reportaje "Mexican Connection Grows As Cocaine Supplier to U.S." publicado el 30 y 31 de julio de 1995 por el periodista Tim Golden para *The New York Times*, explicando los perfiles de los principales "jefes" de la nueva "federación" de narcotraficantes mexicanos.

---

[2] *Ibid.*, p. 6.

Aunque hasta entonces la información que circulaba sobre sus organizaciones se limitaba a esporádicos actos de violencia, decomisos de droga y detenciones de subalternos, los traficantes mexicanos en 1995 ya eran considerados una amenaza a la "democracia", el "desarrollo comercial" y el "libre comercio" del hemisferio.[3] Se admitían también ciertas contradicciones: según la DEA, en México todavía no podía hablarse propiamente de "cárteles", pues las organizaciones de traficantes integraban más bien una "federación" que funcionaba de un modo informal, menos interesadas en controlar un determinado territorio que en mantener una fluida red de contactos para operar por todo México y siempre bajo la "protección del gobierno". El reportero Tim Golden no pasó por alto que la cotidianidad en Ciudad Juárez transcurría sin brotes de violencia alarmantes. Era una urbe "casi en paz, comparada con otras capitales de la droga". La DEA ofrecía una explicación contraintuitiva a la aparente vida en calma de la sociedad fronteriza: "Esa calma, dicen los agentes antidrogas, es el sonido de que el negocio está prosperando" a un ritmo de 7 mil millones de dólares anuales, una cifra inverificable más allá de los dichos de la DEA.[4]

Es curioso notar cómo el reportaje retomaba prácticamente todas las líneas narrativas que comenzaron a articularse durante las crisis de 1994. Primero, tras la concesión del gobierno de Salinas de Gortari de que los "cárteles" constituían en efecto "la más seria amenaza a la seguridad nacional", se enfatizaba el peligroso clima de inestabilidad política y económica generado en 1994. Aunque para las autoridades mexicanas no hubiera evidencia de ello, como anotaba el reportaje, "varios analistas" estadounidenses planteaban la posibilidad "latente" de que se produjera "más violencia políticamente significativa".[5] A la distancia, es irónico recordar también que la organización de Amado Carrillo Fuentes en su momento fue considerada como la "nueva generación" de traficantes, un concepto que habría de reaparecer dos décadas más tarde con el llamado "Cártel Jalisco Nueva Generación", como discutiré en la última parte de este libro.

La presentación de Carrillo Fuentes como el principal "jefe" —como en su momento había ocurrido con los traficantes del llamado "Cártel de

---

[3] *Ibid.*, p. 1.
[4] *Idem.*
[5] *Idem.*

Guadalajara"— no escatimaba en recursos narrativos propios del mito. Primero debía destacarse su genealogía: Carrillo Fuentes era sobrino de Ernesto Fonseca Carrillo, alias "Don Neto", el poderoso socio de Miguel Ángel Félix Gallardo —a quien la DEA bautizó como "El Padrino", en referencia a la novela de Mario Puzo llevada al cine por Francis Ford Coppola— y Rafael Caro Quintero, culpados por el asesinato del agente de la DEA Enrique Camarena Salazar en 1985, como discutí en la tercera parte de este libro. A diferencia de la generación anterior, según el *Times*, Carrillo Fuentes había construido una carrera delictiva basada en la "discreción" y el trabajo asignado a células asociadas que utilizaban un sofisticado sistema de telecomunicaciones capaz de piratear frecuencias de teléfonos celulares, además de reemplazar *beepers* a diario. La DEA vinculaba directamente a Carrillo Fuentes con "la mayor parte" de siete cargamentos de cocaína llevados a México desde Colombia entre mayo de 1994 y marzo de 1995 en aviones Boeing 727 y Caravelle "adaptados" para facilitar el transporte de la droga.[6]

El tono alarmista, impreciso y francamente vago de la información proporcionada por la DEA y reproducida por el *New York Times*, constantemente contradecía la relativa paz que se vivía no sólo en Ciudad Juárez, sino en el resto del país. La tasa nacional de homicidios registrada por el INEGI desde 1977 era en efecto alta, oscilando entre 15 y 20 homicidios por cada 100 mil habitantes. A partir de 1992, como indiqué antes, la tendencia mostró un descenso sostenido en los siguientes 15 años. En 1995 la tasa nacional alcanzaba todavía los 17.5 asesinatos por cada 100 mil habitantes, pero aun así era sustancialmente menor que la de Colombia, de 62 homicidios por cada 100 mil habitantes. Y aunque es cierto que la violencia se acentuaba en los estados del norte de México, los homicidios en todo el país no sólo no repuntaron con la aparición de los nuevos "patrones" de la droga, sino que disminuyeron hasta estabilizarse en una tasa de ocho asesinatos por cada 100 mil habitantes en 2007.[7] En otras palabras, el supuesto auge de los traficantes no establecía ninguna correlación directamente proporcional con la violencia del país.

---

[6] *Idem.*

[7] Fernando Escalante Gonzalbo, "Panorama del homicidio en México. Esquema de análisis territorial 1990-2007", en Arturo Alvarado y Mónica Serrano (coords.), *Seguridad Nacional y Seguridad Interior*, México, El Colegio de México, 2010, pp. 301-329, p. 304.

A la izquierda: afiche promocional de la película *Contrabando y traición* (Arturo Martínez, 1977), protagonizada por Ana Luisa Peluffo y Valentín Trujillo, estrenada el mismo año del inicio oficial de la "Operación Cóndor". A la derecha: póster de la telenovela *Camelia La Texana* (Telemundo, 2014), protagonizada por Sara Maldonado, quien encarnó a una joven y sexualizada "Camelia".

Tarjetas de la "lotería" de *Narcos: México* ofrecida a los asistentes a la *experience* en Manhattan.

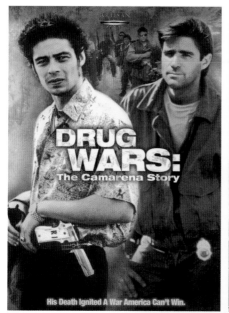

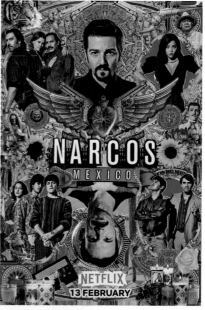

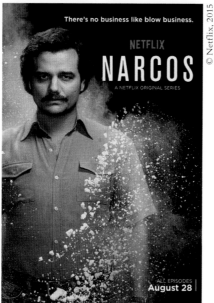

Afiches de *Drug Wars: The Camarena Story* (1990) y de las primeras temporadas de las series *Narcos* (Netflix, 2015) y *Narcos: México* (Netflix, 2018).

Imagen promocional de la telenovela *El señor de los cielos* (Telemundo, 2013), protagonizada por Rafael Amaya en el papel de Aurelio Casillas, traficante inspirado en Amado Carrillo Fuentes.

Imagen tomada de la segunda temporada de *Narcos: México* (Netflix, 2020), con José María Yazpik en el papel del traficante Amado Carrillo Fuentes.

Steven Soderbergh, 2000

Popular meme que circula en redes sociales como crítica al "filtro amarillo" utilizado con frecuencia en películas estadounidenses para las escenas que tienen lugar en México, como en el caso de *Traffic* (Steven Soderbergh, 2000).

A la izquierda: fotografía tomada durante el encuentro entre Sean Penn y Kate del Castillo con Joaquín "El Chapo" Guzmán. A la derecha: imagen promocional de la telenovela *La reina del sur* (2011), producida por la cadena Telemundo y protagonizada por la misma Kate del Castillo.

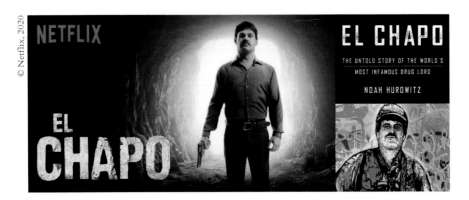

A la izquierda: imagen promocional de la serie *El Chapo*, producida por la plataforma Netflix en 2017 y protagonizada por el actor Marco de la O en el papel del traficante. A la derecha: portada del libro *El Chapo. The untold story of the world's most infamous drug lord* (2021) del periodista Noah Hurowitz.

Anuncio de la serie *El candidato*, estrenada en la plataforma Amazon Prime el 17 de julio de 2020, menos de un mes después del atentado en contra del secretario de Seguridad Ciudadana en la Ciudad de México. La serie narra el intento de un traficante (personificado por Joaquín Cosío) por corromper al alcalde capitalino para acceder a las estructuras del poder oficial.

El actor Fabián López protagoniza el popular videohome *El Baleado 3* (Enrique Murillo, 2011) en un set de grabación en Tijuana el 6 de noviembre de 2010.

Mi intención aquí no es exagerar la importancia del reportaje del *Times* sobre la supuesta nueva generación de traficantes mexicanos. Pero la relación entre prensa y poder no debe tampoco minimizarse. La poderosa mediación de los discursos oficiales ha sido un tema recurrente e incluso popularizado por la industria cultural de ese país. Recordemos una escena de la célebre película *Ciudadano Kane* (Orson Welles, 1941) en que se recrea uno de los mayores mitos sobre la función política de los medios de comunicación en Estados Unidos. El millonario Kane, dueño de un periódico que facilita sus ambiciones personales, recibe el telegrama de un corresponsal en Cuba desalentado por haber sido enviado a cubrir un inexistente conflicto armado entre Estados Unidos y España por el control de la isla caribeña. "Tú provee los poemas en prosa —responde Kane—, yo proveeré la guerra." La referencia aquí fue, como se sabe, una frase casi idéntica atribuida a William Randolph Hearst, el dueño del conglomerado de medios que lleva su apellido, quien habría utilizado sus periódicos para colaborar en la invención del escenario hostil que facilitó la guerra de 1898 con la que Estados Unidos despojó al imperio español de sus últimas colonias de ultramar.

Pero no es necesario imaginar la manera en que los medios de comunicación han sido históricamente instrumentalizados por el poder político en Estados Unidos para manipular la opinión pública. Aunque ahora sabemos que la anécdota de Hearst nunca ocurrió, la prensa de Estados Unidos sí ha jugado un papel importante al conducir la reacción del público para respaldar el intervencionismo estratégico de ese país desde finales del siglo XIX.[8] Acaso uno de los ejemplos más recientes se reveló cuando el mismo *New York Times* admitió en 2004 que tanto reporteros como editores, sin mayor crítica ni escepticismo, reprodujeron información falsa sobre las inexistentes armas de destrucción masiva atribuidas al gobierno de Sadam Hussein. Esa acusación, presentada con dudosa evidencia ante la Organización de Naciones Unidas (ONU), justificó la invasión estadounidense en Irak después de los atentados del 11 de septiembre de 2001.[9] La politóloga M. Delal Baer, experta en la relación México-Estados Unidos, advirtió cómo durante mediados de los

---

[8] Lesley Kennedy, "Did Yellow Journalism Fuel the Outbreak of the Spanish-American War?", *History*, 22 de agosto de 2019.

[9] "From the Editors; The Times and Iraq", *The New York Times*, 26 de mayo de 2004.

noventa se agudizó el prejuicio de representación que los medios estadounidenses en general albergaban para México. Lo consideraba una "mirada de tabloide": "Los periodistas que ven a México como un feliz campo de caza por atrapar a un Salinas, capturar a un narcopolítico y ganar un Pulitzer están demasiado contentos de sacarle brillo a la imagen abrumadoramente negativa del país. Las historias de drogas y corrupción han aumentado cada año en el *New York Times*, *Washington Post* y *Wall Street Journal*, saltando de 338 en 1991, a 515 en 1996, y 538 sólo durante los primeros ocho meses de 1997".[10]

En esa tendencia se localiza la nota del *New York Times* sobre los traficantes mexicanos. La información primaria coincide con un reporte de inteligencia preparado por la DEA al que tuve acceso.[11] El reporte no está fechado, pero presenta prácticamente la misma narrativa sobre el protagonismo de Amado Carrillo Fuentes como el principal "patrón" de la "Federación Mexicana de Narcotráfico", tal y como lo describe el *Times* en 1995. Según el reporte de la DEA, Carrillo Fuentes "consolidó su poder dentro de la federación" tras la muerte de los traficantes Rafael Aguilar Guajardo y Emilio Quintero Payán en 1993, así como luego de la detención de Joaquín "El Chapo" Guzmán ese mismo año. Como en el reportaje periodístico, la DEA afirma que la organización no funciona propiamente como un "cártel": "Aunque es una organización masiva, funciona más como una federación informal de organización de tráfico que un grupo mafioso organizado y regimentado, o cártel". No sin contradicciones, sin embargo, el documento afirma que la llamada "federación" es también uno de los nombres del "Cártel de Guadalajara", creando un falso arco narrativo para manufacturar un sentido de continuidad y agravamiento del fenómeno del narcotráfico.

Sin ninguna evidencia, la DEA afirma en el reporte que Amado Carrillo Fuentes "ha comprado influencia en el gobierno mexicano en varios niveles". Advierte que el "patrón" pagó a Guillermo González Calderoni, entonces

---

[10] M. Delal Baer, "Misreading Mexico", *Foreign Policy* 108, otoño de 1997, pp. 138-150, p. 138.

[11] Drug Enforcement Administration, "Mexican Drug Trafficking Federation", informe de trabajo, sin fecha. El documento proviene de los archivos del exagente de la DEA Phil Jordan, en su momento jefe de El Paso Intelligence Center (EPIC), estación que coordina esfuerzos de inteligencia de varias agencias estadounidenses. Agradezco al historiador británico Benjamin Smith una copia electrónica del reporte completo.

comandante de la Policía Judicial Federal (PJF), un millón de dólares para asesinar al traficante Pablo Acosta Villareal en 1987, jefe de la "plaza" de la ciudad de Ojigana, Chihuahua, pese a que este último fue de hecho un amigo y colaborador cercano de Carrillo Fuentes. Como en el reportaje del *Times*, la DEA explica también que la "federación" estaba divida en cuatro "secciones": los "patrones", encargados de las más importantes decisiones —Amado Carrillo y Juan Esparragoza Moreno, alias "el Azul", Miguel Ángel Félix Gallardo y Joaquín "El Chapo" Guzmán Loera, estos últimos detenidos en 1989 y 1993, respectivamente—; los "cabezas de división"; los "porteros", que "administran geográficamente específicos puntos de entrada a lo largo de la frontera México-Estados Unidos", y por último los "pasadores", es decir, grupos de familias que son contratados para mover cargamentos de droga negociados con patrones o cabezas de división, sin que tuvieran que trabajar con el mismo traficante a largo plazo.

Pero leer el nombre de Amado Carrillo Fuentes era algo infrecuente en los medios de comunicación hasta el reportaje del *Times*. La primera noticia que se tiene del traficante sinaloense es de 1985, cuando fue detenido en el cruce internacional entre Presidio, Texas, y Ojinaga, Chihuahua. Llevaba en el maletero de su coche un rifle AR-15 y municiones. Fue fichado por la portación ilegal del arma que sólo le era permitida a residentes permanentes o ciudadanos de Estados Unidos, pero los aduanales lo dejaron libre.[12] La foto que se publicó en el recuadro del reportaje fue tomada durante esa breve detención.

Para entender con mayor profundidad las inconsistencias del nuevo "patrón" del narcotráfico en México es preciso recontextualizar su historia. El 29 de marzo de 1987 el reportero estadounidense Terrence Poppa publicó una crónica sobre un encuentro que sostuvo con Pablo Acosta Villarreal, que en ese momento era en efecto el "jefe" de la "plaza" en Ojinaga, pero según Poppa con el permiso explícito de la Policía Judicial Federal. Recordemos que, en su investigación, Poppa comprendió que los traficantes mexicanos administraban las llamadas "plazas", o ciudades con intenso tráfico de drogas, siempre con la aquiescencia y control del gobierno federal. Durante la entrevista, Poppa registra con naturalidad este curioso encuentro:

---

[12] Terrence E. Poppa, "A Drug's Smuggler's World", *The Boston Globe*, 29 de marzo de 1987, p. 409.

"En algún punto, llega un hombre que se presenta como Amado Carrillo Fuentes. Carrillo tiene una linda cara redonda y una sonrisa agradable [...] Acosta llama a Carrillo su socio. 'Él tiene las conexiones en Guadalajara y yo en la frontera', dice Acosta. Hablan en voz baja por unos minutos y Carrillo Fuentes se va".[13]

Poppa supo de la detención de Carrillo Fuentes dos años antes y notó incluso que el traficante parecía encontrarse con mejor salud tras haber perdido el sobrepeso que aparentaba en la fotografía tomada en el cruce internacional de Presidio.

El 24 de abril de 1987 Pablo Acosta fue asesinado en Ojinaga por el comandante Guillermo González Calderoni de la Policía Federal. No hay evidencia que demuestre que el crimen haya sido pagado por Carrillo Fuentes. Más bien, según Poppa, Acosta le sirvió de ejemplo a Carrillo Fuentes para saber qué es lo que no debía hacer para poder sobrevivir: "Le quedaba claro que el alto perfil llevó al fin de su predecesor. Así que Carrillo se mantuvo en las sombras, expandiendo su influencia silenciosamente, aprovechando sus conexiones en Guadalajara y Ojinaga y su relación con su tío encarcelado, Ernesto Fonseca Carrillo".[14]

Dos años más tarde, el 27 de junio de 1989, Carrillo Fuentes mismo fue detenido cuando apadrinaba una boda en Badiraguato. Vale la pena detenerse en la detallada declaración que, según una versión periodística, rindió ante el Juzgado Décimo de Distrito en Materia Penal, con sede en el Reclusorio Sur:

Cuando la fiesta estaba en su máximo apogeo, señaló el capo, entró un militar en estado de ebriedad, quien de inmediato sacó una pistola e intentó agredir a los invitados. El violento sujeto fue sometido y desarmado, para luego ser echado de la boda, a la que ni siquiera había sido invitado.

Media hora después, el rancho fue rodeado por más de 200 militares, quienes cargaron con todo: cazuelas del mole y arroz, ollas con gallinas y guajolotes, invitados, familias y hasta con los novios, "quienes pasaron su luna de miel en las instalaciones militares", dijo con dejo de tristeza y coraje, pues también le fueron asegurados los 27 aviones ejecutivos de su empresa Texano [sic].

---

[13] Idem.
[14] Ibid., p. 305.

Sostuvo que del rancho fueron llevados a la partida militar de Guisopa, Sinaloa; días después, a las instalaciones militares de Badiraguato, para posteriormente ir a parar a la zona militar de Culiacán, hasta que sólo nueve de ellos, entre los que estaba su esposa, Sonia Barragán, fueron entregados a las autoridades civiles. De los novios y demás detenidos nada volvió a saberse.

"Durante todo el tiempo que estuvimos detenidos, en varias ocasiones hablé con el jefe de la Zona Militar, un tal [Jesús] Gutiérrez Rebollo, al que le insistí que nos liberara porque éramos, y somos, inocentes de todo eso de lo que nos acusaban. Pero ese general sólo se burló y nos dijo que ya nos había cargado la chingada y que nos hundiría en prisión", reveló en aquella ocasión Amado Carrillo, mientras agarraba con fuerza la rejilla de prácticas, como si quisiera arrancarla.[15]

La noticia de la detención, sin embargo, no circuló en los medios de comunicación sino hasta el 25 de agosto, pero presentando una narrativa harto distinta. Según la agencia Reuters, Carrillo Fuentes había sido detenido en Guadalajara, y no en Sinaloa. El encabezado hablaba de un "contrabandista" más bien desconocido, aunque las autoridades mexicanas quisieron exagerar el valor de su captura comparándolo con Rafael Caro Quintero. Repartieron fotografías de sus aviones y de un supuesto arsenal que le había sido confiscado y lo acusaron de transportar cocaína colombiana de Guatemala a Tijuana, además de sembrar mariguana en los estados de Sinaloa, Sonora y Chihuahua. Y aunque Carrillo Fuentes aseguró en el juzgado que le habían sido asegurados 27 aviones de su empresa Taxis Aéreos del Centro-Norte, en la noticia de su captura sólo se contaron seis aviones, además de algunas casas, vehículos y armas.[16] En el Reclusorio Sur, donde permaneció encarcelado durante un año, la mitología lo ubica al lado de Miguel Ángel Félix Gallardo, en donde habría aprovechado la oportunidad de consolidar su ingreso en la alta jerarquía del narcotráfico sinaloense. "Al salir por la puerta principal del Reclusorio Sur, el 9 de junio de 1990, Amado sabía que estaba destinado a ser el

---

[15] Héctor Cruz López, "La paciencia del Señor de los Cielos", *Crónica*, 15 de agosto de 2010. Según el reportero, esta declaración quedó asentada en la averiguación previa 3755/D/89 y en el proceso penal 410/89-III-E del mismo Juzgado X de distrito en materia penal del Reclusorio Sur.

[16] Reuters News Service, "Major Drug Smuggler Arrested, Mexicans Say", *St. Louis Post-Disptach*, 25 de agosto de 1989, p. 21.

amo y señor del narcotráfico", dice uno de tantos recuentos periodísticos inverificables.[17]

En 1993, cuatro años después de su detención, según la DEA, Carrillo Fuentes ya se había convertido en el nuevo "jefe" de la "plaza" de Ciudad Juárez tras el asesinato del traficante Rafael Aguilar Guajardo, el excomandante de la Dirección Federal de Seguridad y supuesto fundador del "Cártel de Juárez". Luego vuelve a ser objeto de los medios de comunicación el 26 de noviembre de ese mismo año cuando escapa con vida de un supuesto atentado ordenado por los hermanos Benjamín y Ramón Arellano Félix, traficantes de Tijuana, en el restaurante Bali-Hai de la Ciudad de México. Un subteniente de la Quinta Zona Militar, que declaró haber recibido dinero de Carrillo Fuentes, dijo que el mismo traficante admitió haber sido un delincuente desconocido a nivel nacional hasta que el atentado en su contra lo convirtió en un "personaje famoso".[18]

Cuando Amado Carrillo Fuentes protagonizó el reportaje de primera plana del *New York Times* en 1995, ya no era ese traficante de segunda fila que sobrevivió a una escandalosa balacera. Se había convertido —en un inexplicable tiempo récord— en el nuevo "jefe" del tráfico de cocaína en México y en el principal distribuidor de la cocaína colombiana. La nueva narrativa requirió de un fuerte componente publicitario. El gobierno estadounidense optó por una concertada campaña de información para construir la imagen de Amado Carrillo Fuentes como una amenaza a la "seguridad nacional". La reticencia de considerar a la organización de Carrillo Fuentes bajo la categoría de "cártel" cambiaría en cuestión de unos meses, cuando instituciones como la DEA, el FBI y la Oficina Nacional para el Control de las Drogas comenzaron a circular una narrativa más agresiva que lo elevó oficialmente al rango de mito.

En octubre de 1995, tres meses después del reportaje del *New York Times*, el entonces secretario de Defensa de Estados Unidos, William Perry, visitó

---

[17] En esta curiosa versión sin fuentes identificadas, el periodista Héctor de Mauleón resume la vida de Carrillo Fuentes, quien "aparece aquí como lo que fue: el 'jefe de jefes', el Señor que compraba y disponía de voluntades y vidas ajenas". Héctor de Mauleón, "La balada de Amado Carrillo", *Nexos*, 1 de marzo de 2001.

[18] Gustavo Castillo García, "*El señor de los cielos* me regaló 50 mil dólares, afirmó el chofer de Gutiérrez Rebollo en su declaración ministerial", *La Jornada*, 23 de agosto de 1997.

México para comenzar a establecer un mayor vínculo de cooperación anti-drogas entre los ejércitos de ambos países.[19] Según el analista Eric Olson, Perry comprendió la necesidad estratégica de renovar el apoyo del Ejército mexicano como una extensión doméstica de la "guerra contra las drogas". Desde luego que en la discusión no se consideraron los evidentes riesgos que ya implicaba la militarización del país, como las repetidas violaciones a los derechos humanos y las numerosas atrocidades perpetradas por las Fuerzas Armadas durante los años de la "guerra sucia" de las décadas de 1960 y 1970. Acompañado por el general McCaffrey, la presencia de Perry en México marcó un importante precedente, según lo registra un reporte militar estadounidense: "La visita de Perry fue ampliamente publicitada en México e incluyó retransmisiones de porciones de su presentación en el Campo Militar número 1. En su discurso, agradeció al Ejército mexicano por sus éxitos en el combate a las drogas, reconoció los esfuerzos continuos de educación militar y capacitación, y señaló planes de modernización militar patrocinados por Estados Unidos que ayudarían a México a proteger su soberanía aérea y marítima".[20]

En los siguientes meses esos planes "patrocinados" por el gobierno estadounidense se convirtieron en una constante y dominaron las noticias relacionadas con el supuesto combate al "narco" en México. En noviembre de 1995 dio inicio la "Operación Casablanca" a cargo del Servicio de Aduanas y la Fiscalía General de Estados Unidos: una investigación encubierta sobre el lavado de dinero producto del narcotráfico que culminó tres años más tarde con una acusación formal en contra de tres bancos mexicanos y 26 de sus empleados.[21] En México, ese mismo año se creó el Grupo de Análisis de Información del Narcotráfico (GAIN), una unidad de inteligencia e intervención para rastrear y detener a narcotraficantes suscrita al Estado Mayor de la Defensa

---

[19] Pascal Beltrán del Río, "El analista Eric Olson cuestiona la acción militar: no frena el narcotráfico y sí pone en riesgo la democracia y los derechos humanos", *Proceso*, 16 de agosto de 1997.

[20] Graham H. Turbiville, Jr. "U.S. Military Engagement with Mexico: Uneasy Past and Challenging Future", Joint Special Operations University (JSOU), Report 10-2, marzo de 2010.

[21] Don Van Natta Jr. ."U.S. Indicts 26 Mexican Bankers in Laundering of Drug Funds", *The New York Times*, 19 de mayo de 1998.

Nacional y que continúa operando incluso en el gobierno de Andrés Manuel López Obrador.[22]

En marzo de 1996, por iniciativa de los gobiernos de Ernesto Zedillo y Bill Clinton, se anunció la creación del US-Mexico High Level Contact Group on Drug Control (Grupo de Contacto de Alto Nivel para el Control de la Droga), involucrando a funcionarios de procuración de justicia, relaciones exteriores, hacienda y salud pública de ambos países. Como justificando la expansión del acuerdo binacional de cooperación, el primer reporte de esta comisión presenta una nota introductoria firmada por José Ángel Gurría, entonces secretario de Relaciones Exteriores de México, Jorge Madrazo, procurador general de la República, y el general Barry McCaffrey, director de la Oficina Nacional para la Política de Control de Droga (ONDCP, por sus siglas en inglés). El breve texto cumple un objetivo primordial: que México siga la línea estadounidense afirmando que el narcotráfico se ha convertido en una verdadera amenaza a la "seguridad nacional" a nivel global:

> Debido a su compleja y cambiante naturaleza, el narcotráfico se ha convertido en un problema que amenaza a la seguridad nacional y la salud pública en prácticamente todos los países del mundo. Una de las más eficientes herramientas para combatir al narcotráfico es la cooperación internacional. La cooperación debe tener un enfoque integrado y emplear métodos imaginativos y flexibles para simultáneamente atacar todos los aspectos del problema que supone la droga —demanda, consumo, producción y tráfico— al igual que las actividades criminales como el lavado de dinero, el tráfico de armas ilegales y la distribución de precursores químicos esenciales.[23]

Examinemos la lógica de esta argumentación: ante la supuesta "naturaleza" securitaria del narcotráfico, se establece la necesidad de una amplia "cooperación" que ya no se limita a una campaña de erradicación, tal y como se hizo durante las décadas de 1970 y 1980. Ahora la estrategia se vuelve

---

[22] Jannet López Ponce, "Destapan la existencia de grupo militar 'cazacapos'", *Milenio*, 31 de octubre de 2019.

[23] US/Mexico High Level Contact Group on Drug Control, "US/Mexico Bi-National Drug Threat Assessment", mayo de 1997, p. i.

"imaginativa" y "flexible", expandiéndose a otros aspectos del fenómeno, como el lavado de dinero y el tráfico de armas. No sin ironía, estos últimos dos problemas han sido los menos confrontados en Estados Unidos, donde el llamado "secreto bancario" —que oculta información sobre transacciones interbancarias— y la segunda enmienda constitucional —que garantiza el derecho a la portación de armas— impiden una mayor regulación por parte de las instituciones de gobierno estadounidenses.

Se avanzó un largo camino desde que el presidente Ronald Reagan concibiera el nuevo lenguaje de guerra global antidrogas en 1986. El problema del narcotráfico ya era oficialmente una amenaza a la "seguridad nacional" de los dos países. El siguiente paso fue presentar a la organización que pudiera encarnar a la figura del enemigo a combatir, el "cártel" a la altura de la supuesta amenaza planetaria.

16

El "cártel" manufacturado

Para reforzar el discurso securitario de la "guerra contra las drogas", el gobierno estadounidense no ha vacilado en fomentar deliberadamente mitos sobre los traficantes latinoamericanos. Esto fue particularmente notorio durante la década de 1980, cuando circularon historias fantasiosas sobre Miguel Ángel Félix Gallardo y Rafael Caro Quintero que a la fecha se repiten en noticias de prensa, series de televisión, ficción literaria y música popular. Pero la fabricación de mitos alcanzó nuevos niveles de elaboración y coordinación entre distintas instancias del gobierno federal cuando comenzó a plantearse el paradigma de una guerra global antidrogas. Uno de los más conocidos ocurrió cuando el recién electo presidente George H. Bush, en preparación para su primer mensaje a la nación, pidió ilustrar la gravedad del narcotráfico en Estados Unidos con el decomiso de droga lo más cerca posible de la Casa Blanca. El 5 de septiembre de 1989, en televisión nacional, Bush mostró a la cámara una bolsa de plástico con una sustancia en trozos blancos y explicó: "Esto es crack de cocaína, decomisada hace unos días por agentes antidrogas en un parque cruzando la calle frente a la Casa Blanca. Se ve tan inocente como un dulce, pero está convirtiendo a nuestras ciudades en zonas de batalla. Y está matando a nuestros hijos. Que no haya ningún malentendido: esto es veneno".[1]

---

[1] El mensaje completo y una investigación al respecto realizada por el podcast "The Uncertain Hour" está disponible en <https://www.marketplace.org/shows/the-uncer tain-hour/george-bushs-infamous-crack-speech-30-years-later/>.

Durante un mensaje a la nación el 5 de septiembre de 1989, el presidente George H. Bush muestra una bolsa de crack de cocaína decomisada cuatro días antes por la DEA frente a la Casa Blanca.

FUENTE: CSPAN.

Unas semanas más tarde, el reportero Michael Isikoff publicó un reportaje en *The Washington Post* que documentó cómo el decomiso fue el resultado de un operativo encubierto para atraer a un joven traficante y lograr que les vendiera la droga en el conocido parque Lafayette, visitado a diario por los cientos de turistas que pasan frente a la Casa Blanca para tomarse una fotografía. La solicitud salió de la Oficina de Comunicaciones de la Casa Blanca, encargada de escribir los discursos del presidente, hacia el Departamento de Justicia y de ahí a la DEA, que encargó el operativo al agente William McMullan, jefe de la oficina de la DEA en Washington. El traficante era Keith Jackson, un joven negro de 18 años estudiante de preparatoria, que tuvo que ser manipulado para que fuera al parque Lafayette días antes del discurso de Bush para vender la droga. "Al principio, el sospechoso parecía no saber qué era o dónde estaba la Casa Blanca", escribió Isikoff en su nota del *Washington Post*. "Cuando finalmente le dijo que era la residencia del presidente, respondió: 'Oh, quieres decir donde vive Reagan'." Robert Hines, comandante de investigaciones criminales de la U.S. Park Police —la policía dedicada a vigilar los parques nacionales—, aseguró que en el parque Lafayette hay "demasiada actividad" y "presencia policiaca uniformada" que vuelve imposible el tráfico de droga.[2] El popular programa de

---

[2] Michael Isikoff, "Drug Buy Set Up for Bush Speech", *The Washington Post*, 22 de septiembre de 1989.

comedia *Saturday Night Live* hizo un segmento ridiculizando el anuncio de Bush y su deliberada teatralidad.

El joven traficante, que no tenía antecedentes delictivos, todavía no había sido detenido cuando Bush mostró la droga en televisión nacional. Temían que se diera cuenta, pero no se enteró del mensaje sino hasta después de haber sido arrestado. Fue sentenciado en 1990 a 10 años de prisión. Y aunque le fueron retirados los cargos por la venta de la droga en el parque Lafayette, pasó casi ocho años en prisión por otros cargos de narcotráfico. El juez de distrito que lo sentenció dijo que "lamentaba" la condena desproporcionada, pero admitió que estaba obligado por una ley aprobada en 1988 y que establecía sentencias extremas para traficantes de crack de cocaína.[3] Esa ley fue respaldada tanto por demócratas como por republicanos. De hecho, el entonces senador Joe Biden reclamó la necesidad de una estrategia antidrogas todavía más radical. En la respuesta televisada que fue transmitida inmediatamente después del mensaje de Bush, Biden afirmó que el tráfico de drogas era "la amenaza número uno a nuestra seguridad nacional". Y luego advirtió: "América está siendo atacada, atacada literalmente por un enemigo que está bien financiado, bien abastecido y bien armado. Y es capaz de declarar una guerra total en contra de la nación y su gente". Según Biden, los demócratas apoyaban al presidente Bush, pero en realidad su plan no era "lo suficientemente duro, atrevido e imaginativo para confrontar la crisis inmediata". Biden exigía la necesidad de intensificar los mecanismos más punitivos en contra de traficantes y usuarios de droga por igual, haciendo un llamado a triplicar el presupuesto del gobierno federal destinado a la "guerra contra las drogas", que ya rebasaba los 8 mil millones de dólares anuales. Mientras que el gobierno del presidente Bush manipulaba a un estudiante de preparatoria para poder afirmar que se vendía droga afuera de la Casa Blanca, los demócratas pedían todavía una mayor "imaginación" en el combate global de las drogas: "Creemos que debemos hacer más para atajar el flujo de drogas a través de nuestras fronteras. Y creemos que debemos dar un paso más allá: vamos por los jefes de

---

[3] Tracy Thompson, "D.C. Student Is Given 10 Years in Drug Case", *The Washington Post*, 1 de noviembre de 1990.

la droga hasta donde viven con una fuerza de ataque internacional. No debe haber refugios para estos narcoterroristas y ellos deben saberlo".[4]

Ese énfasis retórico en la esfera política estadounidense de las décadas de 1980 y 1990 es lo que la criminóloga Diana Gordon denominó *drugspeak*, un discurso practicado vigorosamente desde la Casa Blanca y la clase política estadounidense para legitimar la política antidrogas y su lógica punitiva. Se basaba, entre otros temas, en la "demonización del *dealer*", transformado en vampiro, mula, pandillero o terrorista, la amenaza existencial que suponía el consumo de drogas para la seguridad de la nación y la percepción de que la "guerra contra las drogas" era una suerte de cruzada santa. El traficante y el consumidor ocupaban el lugar de las llamadas "clases peligrosas", un término utilizado en Estados Unidos desde el siglo XIX para criminalizar a la pobreza, la marginalización y la disidencia política y laboral. La efectividad del *drugspeak* en los gobiernos de Reagan, Bush y Clinton, que se remite al lenguaje tiránico del *newspeak* acuñado por George Orwell en su novela *1984*, no podía exagerarse: "El éxito del *drugspeak* se basa en su habilidad para hacer que las élites y el público en general sientan que están apoyando —y a veces participando activamente en— un movimiento social de gran importancia. Imágenes de lucha y unidad se combinan con descripciones de enemigos y aliados para ritualizar el discurso público sobre el tema".[5]

Tanto la retórica como el gasto público dirigido a la política antidrogas no hicieron sino aumentar imaginativamente en los siguientes años. En septiembre de 1994 el entonces presidente Bill Clinton firmó la iniciativa de ley Violent Crime Control and Law Enforcement Act, también conocida como *crime bill*, que literalmente pagó millones de dólares a estados del país para incentivar la construcción de nuevas prisiones como parte de una dura política que criminalizó principalmente a las comunidades negras e hispanas. La ceremonia se llevó a cabo en el jardín sur de la Casa Blanca. Detrás del presidente Clinton estaba sentado el entonces senador Biden, principal promotor de esa ley en el Congreso estadounidense. Este momento completaba

---

[4] El mensaje completo de Biden está también disponible en el sitio de C-SPAN, el canal de televisión que transmite eventos oficiales del gobierno estadounidense: <https://www.c-span.org/video/?8997-1/democratic-response-drug-policy-address>.

[5] Diana R. Gordon, *The Return of the Dangerous Classes: Drug Prohibition and Policy Politics*, Nueva York, W. W. Norton & Company, 1994, p. 185.

el proceso de endurecimiento de la "guerra contra las drogas", que había iniciado con una ley promulgada en 1986 —concebida por el mismo Biden— y que maximizó las sentencias carcelarias en contra de los consumidores de crack de cocaína. Para 1992, 91.4% de los inculpados eran negros. "No importa si son víctimas o no de la sociedad —dijo Biden en 1993—. Yo no quiero preguntar: '¿Qué los hizo hacer esto?' Deben ser sacados de las calles."[6]

A un nivel hemisférico, el gobierno de Clinton pretendió incorporar una imagen de preocupación sobre la cuestión de los derechos humanos en el combate al narcotráfico. Tras revelaciones de vínculos entre el gobierno colombiano y el narcotráfico, Estados Unidos negó la "certificación" de la política antidrogas del presidente Ernesto Samper consecutivamente en 1997 y 1998. Pero como explica el politólogo Doug Stokes, la descertificación de Colombia no interrumpió el flujo de dinero para continuar financiando la militarización de ese país. Oficialmente se suspendió el apoyo de programas que proporcionaban entrenamiento y equipo militar, pero la ayuda se mantuvo mediante la transferencia de armas y entrenamiento de militares colombianos. Uno de los programas que continuó operando fue el Joint Command Exchange Training del Departamento de Defensa estadounidense, que funcionaba casi sin ninguna supervisión. Públicamente se indicaba que el entrenamiento era para el combate al narcotráfico, pero la realidad es que se trataba de técnicas de contrainsurgencia guerrillera y de combate al terrorismo que se volvían indistinguibles de la campaña antidrogas. Stokes corroboró este punto al entrevistar a Stan Goff, uno de los entrenadores de las Fuerzas Especiales de Colombia, quien admitió que el programa estadounidense enseñaba habilidades generales para escenarios propiamente de guerra que no tenían que ver en lo absoluto con el combate al narcotráfico. "Pero no sólo no entrenábamos para tareas antidrogas específicas, sino que ni siquiera estábamos calificados para hacer eso. Eso es el terreno de agentes de policía. Lo que los voceros oficiales dirán, desde luego, es que las guerrillas *son* los narcotraficantes. Por lo tanto, la doctrina de contrainsurgencia era necesaria para atrapar a estas 'narcoguerrillas'".[7]

---

[6] Sheryl Gay Stolberg y Astead W. Herndon, "'Lock the S.O.B.s Up': Joe Biden and the Era of Mass Incarceration", *The New York Times*, 25 de junio de 2019.

[7] Doug Stokes, *America's other war: terrorizing Colombia*, Nueva York, Zed Books, 2005, p. 91.

La "ayuda" estadounidense incluyó un agresivo programa de fumigación aérea con el herbicida glifosato, un químico de alta toxicidad cuyo efecto cancerígeno ha sido documentado. Aunque se utilizó indiscriminadamente entre comunidades campesinas indefensas y sin ningún vínculo con el crimen organizado, el glifosato envenenó 17 mil 887 kilómetros cuadrados, una región casi dos veces mayor que el estado de Durango.[8]

Esta mentalidad de guerra doméstica impuesta en Colombia desde Estados Unidos, también implementada en contra de las minorías raciales estadounidenses, fue trasladada al contexto binacional de la "guerra contra el narco" en 1995, estableciendo un proceso paralelo de radicalización de la política antidrogas para México. Se trataba, desde el inicio, de insertar una estrategia antidrogas que se confundía deliberadamente con la insurgencia guerrillera y el terrorismo. Es lo que Jorge Chabat denominó como el concepto de "seguridad nacional realmente existente", mediante el cual "los gobiernos desarrollan conductas para proteger sus intereses 'reales'" que no siempre coinciden con los objetivos públicos de esos gobiernos.[9] Según explicaba Chabat en un artículo publicado en 1994, resultaba urgente comprender que el supuesto combate al narcotráfico, que incentivaba la militarización de países como Colombia y México, "estaba convirtiéndose, por sí misma, en una amenaza a la seguridad nacional de los países latinoamericanos".[10]

No es difícil sustentar este último punto. En su importante estudio *La guerrilla recurrente*, Carlos Montemayor recuerda cómo precisamente el 24 julio de 1995 el general Barry McCaffrey, en su último año al mando del Comando del Sur (en inglés Southcom, la unidad del Ejército estadounidense responsable de actividades en Latinoamérica y el Caribe) condujo un reacomodo paradigmático en las relaciones geopolíticas entre México y Estados Unidos. El general McCaffrey, según Montemayor, debe ser recordado como uno de los artífices de la nueva hegemonía militar estadounidense en el continente, al conseguir someter gradualmente a los ejércitos latinoamericanos

---

[8] Amazon Watch *et al.*, "25 Organizations Call or an End to U.S. Support for Aerial Herbicide Fumigation in Colombia", *WOLA*, 20 de marzo de 2021.

[9] Jorge Chabat, "Seguridad nacional y narcotráfico: vínculos reales e imaginarios", *Política y Gobierno*, vol. 1, núm. 1, enero-junio de 1994, pp. 94-123, p. 100.

[10] *Ibid.*, p. 108.

bajo los designios de una guerra permanente en nombre de la "seguridad hemisférica":

> Ahora se trataba de convertir a los ejércitos latinoamericanos en una especie de fuerzas de complemento capaces de coordinarse con el que sería en el futuro el único cuerpo propiamente militar del continente: el ejército estadounidense. El imperio no quería ya invadir: quería la docilidad de fuerzas complementarias o de apoyo [...] Deseaba someterlos a una lucha desigual que, desde las fronteras de Estados Unidos, sólo se enfocaba al control de la *oferta externa* de narcóticos y no a la *demanda* y la *oferta internas*; es decir, se le quería utilizar, según proponía McCaffrey en 1995, como un instrumento regional de control externo en una lucha que más parecía dirigirse a consolidar el control norteamericano de los narcóticos dentro y fuera de Estados Unidos que a combatirlo, con igual decisión, dentro y fuera de sus fronteras.[11]

Cinco semanas después, el entonces presidente de México Ernesto Zedillo repetía el discurso estadounidense afirmando en su Primer Informe de Gobierno que el "narcotráfico se ha convertido en la más grave amenaza a la seguridad nacional, a la salud de la sociedad y a la tranquilidad pública".[12]

La transformación del imaginario sobre el narco mexicano dio un giro crucial al siguiente año. El 28 de marzo de 1996 Thomas Constantine, director de la DEA bajo la presidencia de Clinton, declaró ante el Congreso estadounidense que la "federación" del narcotráfico mexicana estaba constituida por "cuatro grandes cárteles", entre los que listaba prominentemente al "Cártel de Juárez" y su jefe, Amado Carrillo Fuentes. Si en 1995 la "federación" no se comportaba como "cártel", según la DEA, un año más tarde ya había ingresado en esa categoría. De acuerdo con la declaración de una agente del FBI en un proceso judicial en contra del "Cártel de Juárez" que se llevaba a cabo ese verano de 1996 en un juzgado federal en El Paso, Texas, Amado Carrillo Fuentes mantenía con regularidad entre 20 y 30 toneladas de cocaína en bodegas clandestinas de Ciudad Juárez. La droga tenía supuestamente un

---

[11] Carlos Montemayor, *La guerrilla permanente*, México, Grijalbo, 2013, pp. 102-103.
[12] Ernesto Zedillo Ponce de León, "Primer Informe de Gobierno", 1 de septiembre de 1995. Consultado en <zedillo.presidencia.gob.mx>.

valor en el mercado de entonces de más de mil millones de dólares. Los cargamentos, se afirmó en el juzgado sin ninguna evidencia, eran además resguardados por la Policía Judicial Federal cuando llegaban al aeropuerto de la ciudad.[13]

Durante el mes de julio de 1996 tres eventos geopolíticos terminaron por transformar decisivamente el imaginario sobre el narcotráfico hacia la percepción securitaria que hoy popularizan casi todos los campos de producción cultural. Estos eventos deben entenderse como *puntos nodales* en la formación discursiva de la narrativa securitaria. Como explican Ernesto Laclau y Chantal Mouffe, los puntos nodales son "significantes privilegiados" que fijan el significado de una determinada cadena significante en un determinado campo discursivo.[14]

Repasemos esta secuencia de puntos nodales: primero, mientras un juzgado federal llevaba una de las 26 investigaciones que según el jefe de la DEA existen ya en contra de Carrillo Fuentes, el 2 de julio la oficina del Buró Federal de Investigaciones (FBI) en El Paso, Texas, convocó una rueda de prensa para entregar a reporteros de ambos lados de la frontera información detallada sobre Amado Carrillo Fuentes. Yo era reportero de *El Diario de Juárez* y fui enviado esa tarde a las oficinas del FBI en el centro de El Paso. Por primera vez —hasta donde sé— se pronunció oficialmente el sobrenombre de "el señor de los cielos", porque el FBI y la DEA le atribuían la creación de exitosas rutas aéreas de tráfico de cocaína colombiana. El *dossier* incluía también por primera vez un vistazo íntimo a su vida: direcciones de propiedades, sobrenombres, dos posibles fechas de nacimiento, matrículas de varios de sus automóviles, incluso una fotografía inédita tomada de un video grabado en algún punto de 1995. Recuerdo a los reporteros de prensa y televisión estupefactos, revisando con temor el expediente fotocopiado. Pocos noticieros y periódicos de la frontera dieron a conocer a detalle la información circulada entre reporteros ese día.

---

[13] Raúl Hernández y Leticia Zamarripa, "FBI links federales, drug lords", *El Paso Times*, 4 de julio de 1996.
[14] Ernesto Laclau y Chantal Mouffe, *Hegemony and Social Strategy. Towards a Radical Democratic Politics*, Nueva York, Verso, 2001, p. 112.

La sorpresa entre los medios de comunicación fronterizos fue mayúscula, pero la noticia sin duda preparaba el contexto para el segundo punto nodal: El Paso, Texas, sería el lugar de la Southwest Counterdrug Summit, una cumbre entre funcionarios de alto nivel programada del 9 al 11 de julio de ese 1996. Asistirían el llamado "zar de las drogas" estadounidense, el general Barry McCaffrey, la procuradora general Janet Reno, el secretario del Tesoro Robert Rubin, y los jefes de la DEA, el FBI, inmigración y aduanas, todos ellos para reunirse con sus contrapartes mexicanos. Aunque ya existía un acuerdo de cooperación entre el Pentágono y la Secretaría de la Defensa de México, ésta sería la primera vez que los articuladores de las políticas antidrogas de ambos países se sentarían en una mesa de negociación. Estuve presente en ese encuentro como reportero cuando se intensificó la narrativa securitaria en México: el 12 de julio de 1996, en una rueda de prensa conjunta, el general McCaffrey ofreció "ayuda" con entrenamiento y equipo militar al gobierno de México para combatir a los "cárteles de la droga". El subprocurador de México, Rafael Estrada Samano, agradeció el ofrecimiento para "combatir al enemigo", que es hasta donde sé una de las primeras iteraciones del narcotráfico como un enemigo doméstico en México.[15]

Finalmente, el 31 de julio, la transformación de la narrativa securitaria sobre el "narco" se consolidó oficialmente con el tercer punto nodal de la cadena: la audiencia Losing Ground Against Drugs: The Erosion of the American Borders en el Congreso de Estados Unidos. El tono desproporcionado de la audiencia, en la que participaron por igual funcionarios liberales y conservadores, planteaba un escenario exacerbado en una inminente catástrofe. La porosa frontera entre México y Estados Unidos se había convertido en el grado cero de la amenaza de "seguridad nacional" que representaban los traficantes mexicanos ante dos países poco preparados para enfrentarla. "La violencia, corrupción y miseria humana asociada con el narcotráfico y la adicción de drogas afecta tanto a México como a Estados Unidos", declaró ante el Congreso el general McCaffrey, triunfal después del encuentro en El Paso, Texas. "El narcotráfico se ha convertido en un importante tema de la relación

---

[15] Leticia Zamarripa, "US Offers Mexico Help in Drug War", *El Paso Times*, 12 de julio de 1996, p. 1.

bilateral con México en un momento en que nuestros más amplios intereses económicos y políticos coinciden más que en cualquier otro periodo de nuestra historia en común."[16]

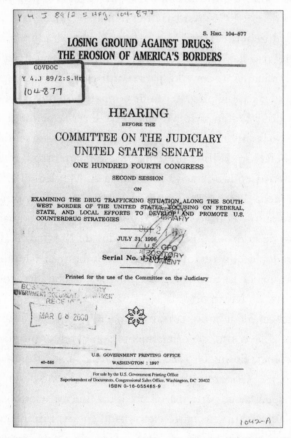

Portada de la audiencia en el Congreso de Estados Unidos realizada el 31 de julio de 1996 en la que se discutió el impacto del narcotráfico en la frontera sur. El título de la audiencia era Losing Ground Against Drugs (Perdiendo terreno contra las drogas), tema enfatizado en la cumbre antidrogas de los gobiernos de México y Estados Unidos entre el 9 y 11 de julio de 1996.

---

[16] Barry McCaffrey, "Losing Ground Against Drugs: The Erosion of America's Borders", *Hearing Before the Committee on the Judiciary*, United States Senate, 104th Congress, 31 de julio de 1996, p. 23.

El tono alarmista de la audiencia de hecho reproducía el informe "The Social Impact of Drug Abuse" preparado por un analista del gobierno estadounidense a petición del Programa Internacional de Control de Drogas de la ONU y presentado en la Cumbre Mundial de Desarrollo Social convocada el año anterior, en 1995. Incluso uno de los apartados del informe se refiere al narcotráfico y las adicciones como un fenómeno en el que los países occidentales estaban perdiendo terreno, es decir, "losing ground".[17] Un ejemplo de la efectiva mediación de la nueva hegemonía sobre el imaginario del narco puede apreciarse en un puntual reportaje en la portada del periódico *El Paso Times* publicado el 7 de julio de 1996, unos días antes del encuentro de alto nivel: "La guerra contra las drogas está perdiendo terreno".[18]

Nota de portada del periódico *El Paso Times* del 7 de julio de 1996. La primera línea del artículo reproduce la noción de que la "guerra contra las drogas" estaba "perdiendo terreno".

---

[17] Jean Paul Smith, "The Social Impact of Drug Abuse", Manuscript prepared by UNDCP as a position paper for the World Summit for Social Development, Copenhagen, 6-12 de marzo de 1995, p. 41.
[18] Gordon Dickson, "Border Drug Summit 'Overdue'", *El Paso Times*, 7 de julio de 1996, p. 1.

Al siguiente año, 1997, condicionado por la nueva narrativa securitaria, el gobierno federal mexicano declaró la primera versión de la "guerra contra las drogas". El 5 de enero el ejército cateó una boda familiar donde se presumía que Amado Carrillo Fuentes estaría presente.[19] El 18 de febrero un escándalo nacional ocupó la atención de los medios: el general Jesús Gutiérrez Rebollo, el mismo militar que había detenido a Carrillo Fuentes en 1989 y que había ascendido en la escala militar hasta ser nombrado comisionado del Instituto Nacional para el Combate a las Drogas —el "zar antidrogas" mexicano y contraparte del general Barry McCaffrey, quien lo había reconocido personalmente como un hombre íntegro—, fue detenido bajo la acusación de recibir dinero de Carrillo Fuentes a cambio de protección.[20] (En 2002 el temido general Mario Arturo Acosta Chaparro, responsable de tortura y desaparición forzada durante las décadas de 1970 y 1980, fue llevado a un consejo de guerra acusado también de vínculos con el "Cártel de Juárez" entre 1994 y 1995.)[21] Lo que ocurrió, entonces, fue un reacomodo del estado de excepción mexicano que requería sacrificar a operadores como Gutiérrez Rebollo o Acosta Chaparro, que habían dejado de ser útiles para un sistema clientelista que ahora debía simular una "guerra contra las drogas" bajo el nuevo paradigma estadounidense, incluyendo una purga de sus mandos militares. Según Terrence Poppa, la detención del general Gutiérrez Rebollo no revelaba los alcances del narcotráfico en el poder político, sino la profunda dimensión criminal del sistema político mexicano. El "Cártel de Juárez" no se había empoderado, sino que fue instrumentalizado por la clase gobernante como una máquina de ingresos

---

[19] Alejandro Gutiérrez e Ignacio Ramírez, "Operación Guamuchilito: llegaron, amenazaron, arrasaron y se llevaron todo... menos al 'Señor de los Cielos'", *Proceso*, 11 de enero de 1997.

[20] Julia Preston, "Mexico's Drug Czar: Busted", *The New York Times*, 23 de febrero de 1997, p. E2.

[21] Juan Veledíaz, "Acosta Chaparro: las deudas de un boina verde", *Animal Político*, 21 de abril de 2012. Acosta Chaparro fue sentenciado a 17 años de prisión, pero fue liberado en diciembre de 2006 por Guillermo Galván, el nuevo secretario de Defensa en el gobierno de Felipe Calderón, quien lo rehabilitó como asesor de seguridad para la nueva "guerra contra el narco" iniciada ese año. En su trayecto de vida, Acosta Chaparro fue útil en las diferentes modalidades de la "seguridad nacional": combatió movimientos armados y también operó la lucrativa relación de traficantes entre el Ejército y la Dirección Federal de Seguridad.

alternativos, acaso desde que Gutiérrez Rebollo lo sorprendió despreocupado mientras apadrinaba aquella boda en 1989. Entre la corrupta élite política del PRI, "Carrillo Fuentes fue esencialmente su creación".[22]

El gobierno de Estados Unidos no desaprovechó la oportunidad: ante un voto cerrado por la "certificación" estadounidense para validar el combate a las drogas en países como México y Colombia, el viernes 7 de marzo de 1997 el presidente Zedillo refrendó continuar "la más amplia cooperación" con el gobierno de Estados Unidos en "la lucha contra el destructivo fenómeno del narcotráfico".[23] La presidencia de Zedillo, de hecho, fue la primera en transformar sustancialmente la agenda de seguridad nacional en México a lo largo de su sexenio militarizando el personal de las corporaciones policiacas y creando un plan de combate con "operaciones mixtas" entre el Ejército y las corporaciones civiles.[24]

La relevancia de todos estos eventos no puede exagerarse: el nombre de Amado Carrillo Fuentes ingresó al rango de amenaza a la "seguridad nacional" de Estados Unidos como parte clave de la estrategia intervencionista de ese país, que requería de un nuevo rostro enemigo y de una organización de tráfico que indiscutiblemente fuera digna de una guerra hemisférica contra el "narco". Pero el "Cártel de Juárez" no era la continuación del "Cártel de Guadalajara", desmantelado a finales de la década de 1980 y con sus principales jefes en prisión. Lo que en realidad vinculaba a las dos organizaciones era la voluntad narrativa de la DEA, el FBI, el Departamento de Justicia y la presidencia misma de Estados Unidos, asegurando la coherencia del mismo relato de "narcos" mexicanos bárbaros asediando la frontera norte. El 8 de abril de 1997 el prestigioso programa de investigación *Frontline* de la PBS estadounidense transmitió al aire el episodio "Murder, Money & Mexico", conducido por el celebrado periodista Lowell Bergman, en el que se vinculaba la corrupción del gobierno de Carlos Salinas de Gortari y la crisis de 1994 con el dinero de los "cárteles de la droga". La narrativa se había completado,

---

[22] Poppa, *Druglord*, p. 309.

[23] Mark Fineman, "Zedillo Vows to Fight for Dignity in War on Drugs", *Los Angeles Times*, 8 de marzo de 1997.

[24] Maureen Meyer, "At a Crossroads: Drug Trafficking, Violence and the Mexican State", *Washington Office on Latin America (WOLA) and The Beckley Foundation Drug Policy Programme*, noviembre de 2007, p. 5.

transitando de la corrupción política hacia el supuesto poder del narcotráfico que, según el reportaje, ya había penetrado la más alta esfera del Estado mexicano.[25]

Como hemos visto, ya en la década de 1990 había una crítica clara proveniente tanto de la investigación académica como periodística. La "guerra contra el narco" era una retórica fantasiosa que buscaba justificar la inversión pública en armas, la represión y el encarcelamiento de minorías y una alargada y violenta estrategia intervencionista en Latinoamérica. Según Joseph Miranda, un especialista en historia militar y en su momento instructor del Ejército estadounidense, la "guerra contra las drogas" era en realidad una "pseudoguerra", es decir, "un conflicto que le rinde al gobierno todos los beneficios de la guerra, pero pocos de sus problemas".[26] Desde su inicio, hay clara evidencia de la rentabilidad de la militarización antidrogas para el Ejército estadounidense. Detengámonos en la *realpolitik* de la falsa "guerra contra las drogas" que advierte Miranda:

En el frente doméstico, la retórica de guerra justifica la suspensión y la limitación de los derechos constitucionales con el argumento de que "tenemos una guerra que ganar". Del mismo modo, los ataques contra personas inocentes por parte de agentes antidrogas se racionalizan con la afirmación de que en cualquier guerra hay víctimas civiles. El gobierno puede justificar incluso medidas terroristas, como secuestrar a extranjeros desafiando los tratados de extradición que han cometido delitos contra las leyes estadounidenses sobre drogas […] La brutalidad asociada a la guerra contra las drogas a nivel nacional ha hecho que Amnistía Internacional, la prestigiosa organización de derechos humanos, inicie una campaña para examinar los abusos contra los derechos humanos en los propios Estados Unidos. En países como Colombia, la guerra contra las drogas toma un giro más

---

[25] En el reportaje se recuerdan los supuestos vínculos del general Jesús Gutiérrez Rebollo con narcotraficantes e incluso se ofrece un "árbol familiar" en la página web de *Frontline* en el que se relacionan al "Cártel de Juárez", el "Cártel de Tijuana" y el "Cártel de Golfo" con el "clan Salinas" y figuras de la clase política y empresarial mexicana, como Carlos Hank González. Véase la página oficial de *Frontline* dedicada al programa "Muder, Money & Mexico" en <https://www.pbs.org/wgbh/pages/frontline/shows/mexico/family/>.
[26] Joseph Miranda, "War or Pseudo-War?", *Social Justice*, vol. 25, núm. 2, "Defending Rights & Just Futures in the Real World Order", verano de 1998, pp. 65-84, pp. 68-69.

mortífero a medida que las fuerzas policiales, militares y paramilitares apoyadas por Estados Unidos participan en una campaña sin parar de asesinatos, torturas, ecocidio y medidas extrajudiciales para intentar reprimir el tráfico de drogas.[27]

En julio de 1995, mientras la DEA señalaba a Amado Carrillo Fuentes como el nuevo "jefe" del narcotráfico mexicano, el periodista estadounidense Gary Webb refutaba la estrategia global de la "guerra contra las drogas" con una serie de reportajes que produjeron un escándalo nacional. Su investigación comenzó durante el juicio a un traficante en California en el que se vinculó a la CIA con el trasiego de crack de cocaína a Estados Unidos. La denuncia culminó con la publicación del libro *Dark Alliance*, que documentó cómo traficantes latinoamericanos habían surtido de crack a los barrios negros del sur de Los Ángeles con el conocimiento y autorización de la CIA para financiar la guerrilla contrainsurgente en la Nicaragua sandinista.[28]

La crítica al violento e ilegal discurso securitario, sin embargo, quedó subsumida al manufacturado e inverificable poder de los "cárteles". La gran paradoja, como veremos a continuación, era que el mito se fundaba sobre personajes que no sólo habían perdido la supuesta guerra, sino también la vida.

---

[27] *Ibid.*, 71.

[28] Gary Webb, *Dark Alliance. The CIA, the Contras, and the Crack Cocaine Explosion*, Nueva York, Seven Stories Press, 1998.

17

Narcocultura de un capo muerto

En la inmediatez del vertiginoso ciclo de noticias sobre la "guerra contra las drogas", el 17 de junio de 1997 Los Tigres del Norte lanzaron el disco *Jefe de jefes*. En el imaginario colectivo que imperaba sobre el narcotráfico entre 1995 y 1997 era lógico que el compositor, Teodoro Bello, asiduo a escribir canciones a partir de reportes de prensa sobre traficantes y eventos de violencia que le fueron relatados por otros, hubiera imaginado la aparición de un "jefe", que, lejos de la precariedad y el melodrama de corridos como "Contrabando y traición" o "La banda del carro rojo", se convirtiera en un poderoso mafioso capaz de amenazar la "seguridad nacional" de México y Estados Unidos.

El historiador cultural Elijah Wald recuerda que Bello había sido un prolífico autor de corridos en los que se cuentan anécdotas específicas sobre la vida de traficantes conocidos. "Me gusta escribir historias sobre lo que ha ocurrido", dijo Bello en entrevista con Wald. Y agregó: "entonces puedes ver que lo que hago se corresponde con las noticias de prensa. Hay muchos corridos fantasiosos, mucha gente escribe corridos ficticios sobre cosas raras, extrañas, que nunca fueron publicadas. Pero te puedo cantar varios de mis corridos y tú sabrás si realmente pasaron o no".[1]

Bello se refería a sus corridos en que los traficantes aparecen con nombre y apellido. Recuerda, por ejemplo, el corrido "Quién tiene la culpa", en el que narra las sospechas en torno al asesinato del cardenal Juan Jesús Posadas

---

[1] Elijah Wald, *Narcocorrido. A Journey into the Music of Drugs, Guns and Guerrillas*, Nueva York, HarperCollins, 2001, p. 292.

Ocampo, tiroteado en el aeropuerto de la ciudad de Guadalajara el 24 de mayo de 1993 por los hermanos Arellano Félix, que presuntamente intentaban matar a Joaquín "El Chapo" Guzmán.[2] Otro de sus corridos alude directamente al general Jesús Gutiérrez Rebollo, encarcelado por haber recibido dinero de Carrillo Fuentes. En el "Corrido de Amado Carrillo" Bello se refiere también sin ambigüedad a la vida y muerte del traficante basándose en información obtenida de los medios nacionales. Bello admitió en otra entrevista que incluso llegó a cantar para el supuesto jefe del "Cártel de Juárez".[3] "No me gustan las drogas, gracias a Dios, pero simpatizo con el negocio —dijo Bello en una entrevista con Elijah Wald—. Y es mi negocio decir que los federales decomisaron un camión con droga, o que se robaron un cargamento, o que tal o cual murió […] Me gusta escribir historias verdaderas sobre lo que pasa."[4]

En la carrera del compositor, sin embargo, "Jefe de jefes" es una singularidad. Diez de los 18 corridos que integran el álbum doble de Los Tigres del Norte son de su autoría. Con excepción de "Jefe de jefes", todos cuentan historias con personajes o situaciones del presente mexicano claramente identificables. La diferencia de este corrido, el primero que se escucha en el álbum, consiste en haber depurado la nueva narrativa oficial sobre el "Cártel de Juárez" que se hizo pública dos años antes de estrenarse el corrido. El diálogo que se escucha al inicio ("A mí me gustan los corridos porque son los hechos reales de nuestro pueblo / Sí, a mí también me gustan porque en ellos se canta la pura verdad") curiosamente preludia la única canción que parece no estar basada en personajes o situaciones identificables. La campaña mediática sobre Carrillo Fuentes, que había comenzado como una estrategia geopolítica, se había fusionado ya con una percepción generalizada de lo *real* que no requería propiamente de información específica, sino de un relato abierto y ambiguo cuyas alusiones pudieran ser interpretadas de distintos modos. Revisemos la siguiente estrofa del corrido:

---

[2] Alberto Aguirre, "Las paradojas del caso Posadas", *El Economista*, 23 de mayo de 2018.

[3] Ramón Ponce, "Corridos mexicanos, entre la música y la tradición", *El Universal*, 20 de noviembre de 2003.

[4] Wald, *Narcocorrido…*, *op. cit.*, p. 292.

Yo navego debajo de agua
y también sé volar a la altura.
Muchos creen que me busca el gobierno,
otros dicen que es pura mentira.
Desde arriba nomás me divierto
pues me gusta que así se confundan.

Los usos semánticos de la canción remiten a la información que comenzó a circular desde 1995: la palabra *jefe* en el primer reportaje del *New York Times*, la referencia del traficante que dice saber "volar a la altura" en el apodo de Carrillo Fuentes como "el señor de los cielos", y la supuesta amenaza que representan los "cárteles" y que repitieron disciplinadamente todos los niveles de gobierno de México y Estados Unidos.

El criterio de incluir información verídica que defienden tanto Bello como Los Tigres del Norte no guía el corrido "Jefe de jefes". Ese verano de 1997 Amado Carrillo Fuentes ni siquiera vivía en México cuando se suponía que lideraba el "Cártel de Juárez" y presuntamente amenazaba la "seguridad nacional" de México y Estados Unidos. Entre diciembre de 1996 y hasta mediados de 1997, según información periodística, Carrillo Fuentes huyó a Argentina, Chile y Cuba. Compró varias propiedades de lujo en esos países y supuestamente visitó a una segunda familia que formó en La Habana.[5] Todo indicaba que la única amenaza real era la que se cernía sobre él, siempre corriendo el riesgo de ser capturado.

La mayor ironía vino menos de un mes después del lanzamiento del álbum *Jefe de jefes*: el 4 de julio de 1997, Carrillo Fuentes fue reportado muerto tras ocho horas de una fallida cirugía plástica en el hospital privado Santa Mónica, ubicado en Polanco, una de las zonas más exclusivas de la Ciudad de México. La identidad del cadáver fue confirmada por la DEA, que envió agentes a fotografiar el cadáver por invitación del gobierno mexicano, eliminando toda sospecha de que Carrillo Fuentes hubiera fingido su propia muerte para eludir a las autoridades.[6] El único traficante que podría haber encarnado en ese

---

[5] Cecilia González, "La historia de los 21 millones del Cártel de Juárez decomisados en Argentina", *Cosecha Roja*, 17 de septiembre de 2016.

[6] Douglas Farah, "DEA Says Mexican Drug Lord Carrillo Died After 8 Hours of Plastic Surgery", *The Washington Post*, 7 de julio de 1997.

momento el modelo del "jefe de jefes" había sido declarado oficialmente muerto por las agencias antinarcóticos de ambos países. Se hicieron circular imágenes del cadáver desfigurado, cuyo rostro irreconocible paradójicamente lo acercó en la muerte a la imagen del monstruo que desde entonces se asocia con el traficante mexicano. Convertido en monstruo —o inscrito en un discurso de "monstruosidad narrativa discontinua, contramoderna y residual", como lo analiza Mabel Moraña—, el traficante comprueba el fracaso del Estado-nación y vigoriza las estructuras de colonialidad implicadas en la agenda antidrogas.[7]

Pero muerto el capo, la guerra apenas comenzaba, según explicó el administrador de la DEA, Thomas Constantine: "Amado Carrillo Fuentes fue probablemente el más poderoso traficante de drogas en México. La disrupción que causará su muerte entre las organizaciones mexicanas de tráfico de drogas será significativa. Las policías de ambos lados de la frontera deben aprovechar la confusión que viene para redoblar nuestros esfuerzos para destruir su organización".[8]

La confusión fue aprovechada en México. Guillermo Valdés Castellanos, exdirector del Cisen durante el gobierno de Felipe Calderón, dedica apenas unas cuantas páginas al personaje de Amado Carrillo Fuentes en su voluminosa *Historia del narcotráfico en México*, minimizando su importancia e influencia entre los distintos grupos del "narco" que operaban en el país durante la década de 1990. Según Valdés Castellanos, Carrillo Fuentes pudo mantenerse activo como traficante gracias al abastecimiento de cocaína que obtenía de los traficantes colombianos Gilberto y Miguel Rodríguez Orejuela, Alejandro Bernal Madrigual, Pablo Escobar, entre "diferentes organizaciones en Colombia". La multiplicidad de grupos de proveedores y traficantes entre Colombia y México, según lo describe el exdirector del Cisen, imposibilitaba el monopolio de la cocaína. La organización de Carrillo Fuentes, recuerda Valdés Castellanos, estaba lejos de dominar en México:

---

[7] Mabel Moraña, *El monstruo como máquina de guerra*, Madrid, Iberoamericana, 2017, p. 284.

[8] Farah, "DEA Says…".

La organización de Juárez sobrevive arrinconada por la guerra que se mantiene desde 2004 con la de Sinaloa; su proyecto de convertirse en la empresa dominante del narcotráfico nunca pudo llevarse a cabo completamente. Durante el tiempo que Amado Carrillo la dirigió, tuvo el respaldo de dos importantes líderes de Sinaloa, Juan José Esparragoza e Ismael Zambada (el "Chapo" Guzmán estaba preso); y de alguna manera trabajaron juntas las dos organizaciones, conformando una muy poderosa, pero que nunca pudo conquistar la plaza de Tijuana, pese a los intentos de eliminar a los Arellano Félix y sin posibilidades de expandirse al noreste, zona donde florecía la organización del Golfo, comandada entonces por Juan García Ábrego y luego por Osiel Cárdenas.[9]

Notemos las curiosas contradicciones de este recuento "histórico": se niega la prominencia de Carrillo Fuentes y el "Cártel de Juárez" que los gobiernos de México y Estados Unidos afirmaron a mediados de 1990. Se afirma que Carrillo Fuentes era apenas un distribuidor de los productores colombianos cuando desde 1995 la DEA insistía en que eran el nuevo "jefe" del narcotráfico continental. Se nos dice que el relativo éxito de Carrillo Fuentes sólo fue posible mediante el apoyo de los capos sinaloenses como Esparragoza y Zambada, pero que nunca pudo ser la "empresa dominante" siquiera en el norte del país. Este relato, a la distancia, tiene una función específica: validar primero que el "Cártel de Juárez" se encuentra en "guerra" con el "Cártel de Sinaloa" (pese a haber sido colaboradores unos años antes) y que las organizaciones de Tijuana y del Golfo son también amenazas importantes. En otras palabras, la "derrota" del "Cártel de Juárez" justificó la aparición de otros "cárteles" empoderados, que según el exdirector del Cisen comenzaron una "guerra" a partir de 2004 y que continúa hasta la fecha.

Si bien es claro que Carrillo Fuentes perdió la vida tratando de huir tras la derrota de su organización, en el discurso de la "guerra contra las drogas" y la llamada "narcocultura" que le siguió, el "narco" continúa ganando batallas. Al no tener un referente vivo, "Jefe de jefes" se convirtió entonces en un corrido que podía ser sobre cualquier traficante en la historia del "narco" mexicano, del pasado, presente y hasta del futuro. Sin la limitación de una

---

[9] Guillermo Valdés Castellanos, *Historia del narcotráfico en México*, México, Aguilar, 2013, p. 245.

biografía datada como en el "Corrido de Amado Carrillo", "Jefe de jefes" sigue funcionando como una máquina narrativa que no requiere de ningún traficante específico para validarse. Han sido "jefes de jefes", según el periodista Diego Enrique Osorno, una larga sucesión de "narcos": Miguel Ángel Félix Gallardo, Rafael Caro Quintero, Amado Carrillo Fuentes, Joaquín "El Chapo" Guzmán, y más recientemente Ismael "El Mayo" Zambada, como lo señala el propio exdirector de inteligencia mexicano.[10] Por el hecho de haber dejado innombrado al protagonista, el corrido mantiene a la fecha una irrefutable vigencia. El corrido fue así el vehículo más efectivo para la propaganda del discurso de "seguridad nacional" estadounidense. Su principal acierto, paradójicamente, dependió de la muerte de su probable protagonista histórico para que todos los "narcos", vivos, muertos, encarcelados o fugitivos, ocuparan de forma simultánea el mismo lugar.

La irrupción del corrido "Jefe de jefes" como un corrido completamente distinto a los que grababan Los Tigres del Norte y a las composiciones de Teodoro Bello es tan rara que invita a un último nivel de interpretación. Con frecuencia se piensa que los traficantes "comisionan" canciones para conservar su mito en una suerte de memoria cultural. Pero ¿quién pagaría por un corrido que deja anónimo al traficante y a su organización? ¿A quién le importa promover el supuesto poder de los traficantes a largo plazo con una canción que pudiera ser reciclada indefinidamente por el capo en turno? ¿Quién busca la continuidad de un mito cuyo protagonista pueda reemplazarse cada determinado tiempo, como los varios actores de James Bond que han dado vida al famoso agente de inteligencia británico?

Se ha estudiado a fondo la dimensión cultural de la Guerra Fría, es decir, el largo historial de operaciones encubiertas mediante las cuales la CIA utilizaba a intelectuales, músicos, artistas conceptuales y cineastas para avanzar la causa de la "democracia" occidental. Estados Unidos "peleó con ideas en lugar de bombas" para influir en la opinión pública promoviendo un sentimiento de libertad cultural anticomunista.[11] Se ha llegado a plantear incluso la posibilidad de que la CIA haya literalmente escrito canciones para incidir en la

---

[10] Diego Enrique Osorno, "Jefes de jefes", *El País*, 13 de abril de 2019.
[11] Patrick Iber, *Neither Peace nor Freedom. The Cultural Cold War in Latin America*, Cambridge, Massachusetts, Harvard University Press, 2015.

percepción colectiva de los consumidores. La presencia de la CIA puede documentarse en el dinero que destinó a la influyente revista *The Paris Review* —cuyo editor fundador era un espía en la nómina de la agencia— y hasta en un tour por Nigeria que la cantante Nina Simone realizó en 1961 inadvertidamente con el apoyo de la American Society of African Culture, una organización creada por la misma agencia de inteligencia.[12] Entre tantos otros ejemplos, está también la reciente investigación en torno a la canción "Wind of Change" del grupo alemán Scorpions, que, según un podcast serializado, pudo haber sido escrita directamente por —o cuando menos bajo la influencia de— la CIA en 1990 para facilitar el colapso de la Unión Soviética.[13] Muchos de los artistas involucrados ni siquiera supieron que habían sido utilizados. El gobierno estadounidense construyó así un "vasto arsenal de armas culturales: revistas, libros, conferencias, seminarios, exhibiciones de arte, conciertos, premios", según advierte la periodista e historiadora británica Frances Stonor Saunders.[14] ¿Y si la CIA también participó, directa o indirectamente en la composición de "Jefe de jefes"? Solicité de manera formal a la agencia todo documento de inteligencia estadounidense que involucrara el nombre de Los Tigres del Norte y Teodoro Bello. La respuesta oficial fue ambigua, por decir lo menos: "En cuanto a su solicitud de documentos, si alguno existe, que pudiera revelar una afiliación clasificada o no reconocida con los sujetos de su solicitud, no podemos confirmar ni negar la existencia de esos documentos".[15]

Más allá de las preguntas sin respuesta, el ingreso de "Jefe de jefes" en la narrativa del "narco" mexicano tuvo una significación mayor al transformar el concepto en un significante vacío. Como lo han explicado los mismos

---

[12] Jeet Heer, "How the CIA Learned to Rock", *The Nation*, 29 de mayo de 2020.

[13] Véase Patrick Radden Keefe, "Wind of Change. Did the CIA write a power ballad that ended the Cold War?", *Crooked*, 11 de mayo al 29 de junio de 2020. Consultado en <https://crooked.com/podcast-series/wind-of-change/>.

[14] Frances Stonor Saunders, *The Cultural Cold War. The CIA and the World of Arts and Letters*, Nueva York, The New Press, 2013, p. 2.

[15] Central Intelligence Agency, FOIA Request F-2021-00341, 7 de enero de 2021. La respuesta de la CIA es llamada "Glomar response", parte de una estrategia estandarizada para atender peticiones de desclasificación de documentos secretos que neutraliza los reclamos sensibles de información pública. Véase Nate Jones, "'Neither Confirm Nor Deny': The History of the Glomar Response of and the Glomar Explorer", *Unredacted: The National Securty Archive Blog*, 11 de febrero de 2014.

miembros de Los Tigres del Norte, el "jefe" puede referirse en realidad a cualquier persona en posición de poder, sin tener siquiera que aludir necesariamente a un traficante. Esta ambigüedad facilita la polisemia manipulable en la canción: el "jefe de jefes" puede ser al mismo tiempo el líder de un "cártel", como el presidente de México. El concepto, sin estar vinculado a ningún personaje real de un modo determinante, puede reactivarse una y otra vez con el rostro de cualquier traficante o figura política. El concepto, entonces, permite realizar un doble asedio simbólico: desautoriza la soberanía política de México por igual mediante la aparición de un traficante empoderado o de un político corrupto en las altas esferas del gobierno. En cualquiera de sus versiones, el Estado mexicano aparece rebasado, vulnerado, sometido a un orden criminal otro. El "crimen organizado" habría construido así, como ha señalado la politóloga Rita Segato, un "segundo Estado" o un "Estado paralelo" en el que las organizaciones de traficantes reemplazan a las instituciones oficiales cobrando una soberanía territorial que somete a la clase gobernante a sus lógicas delictivas.[16] Una vez más, no hay evidencia alguna de que el "Cártel de Juárez" ni ninguna otra organización haya realmente capturado partes del territorio nacional o siquiera penetrado a la clase gobernante de ciudades como Juárez.

Pero tal y como predijo la DEA, el empoderamiento simbólico del "narco" cobró una inercia propia más allá de la vida de Amado Carrillo Fuentes: abrió la posibilidad, según ellos, de que los traficantes respondieran al Estado prácticamente como un grupo armado insurgente, como aquellos "narcoterroristas" que concibió el gobierno de Ronald Reagan y que el senador Joe Biden quería combatir más allá de la frontera sur de Estados Unidos. Al mismo tiempo, la aparición del "Cártel de Juárez" permitió que la "guerra contra las drogas" se convirtiera también en una "guerra entre cárteles". El 2 de agosto de 1997 el "exzar antidrogas" mexicano, Francisco Molina, afirmó que el Ejército podría estar infiltrado por los "cárteles" corruptores del poder oficial.[17] El 3 de

---

[16] Rita Laura Segato, "Territorio, soberanía y crímenes de segundo Estado: la escritura en el cuerpo de las mujeres asesinadas en Ciudad Juárez", Brasilia, Departamento de Antropología, Universidad de Brasilia, 2004.

[17] Alejandro Gutiérrez, "Francisco Molina, exdirector del INCD, diagnostica: el Estado mexicano, contaminado por el narcotráfico; militares corruptos podrían controlar los cárteles", *Proceso*, 2 de agosto de 1997.

agosto, al día siguiente de esta declaración, varios sujetos armados asesinaron a seis personas en el restaurante Max Fim de Ciudad Juárez. El móvil de los asesinatos nunca se estableció con certeza. Y de hecho la policía estatal detuvo a dos agentes de la Policía Rural Militar que portaban identificaciones oficiales y armas que fueron utilizadas en la balacera.[18] No obstante la escasez de evidencia que vinculara el crimen con el llamado "Cártel de Juárez", el asesinato fue comparado con el atentado que en 1993 sufrió Carrillo Fuentes en el restaurante Bali-Hai en la Ciudad de México a manos de los hermanos Arellano Félix. "Amado Carrillo Fuentes sí está muerto —dijo esa fuente al reportero Alejandro Gutiérrez—, porque un hecho así él jamás lo hubiera permitido."[19]

El 11 de agosto de 1997 la DEA anunció un operativo nacional en 20 ciudades estadounidenses, mediante el cual se decomisaron 11.4 toneladas de cocaína y mariguana junto con 18.5 millones de dólares en efectivo. Las autoridades estadounidenses vincularon a las 81 personas detenidas con Amado Carrillo Fuentes, aunque ya había muerto un mes antes. "Ésta es la primera vez que vemos a las principales organizaciones criminales de México en la ciudad de Nueva York, distribuyendo toneladas de cocaína y llevándose millones de dólares en efectivo", dijo Thomas Constantine, administrador de la DEA.[20]

En las siguientes semanas se registraron más balaceras en las calles de Juárez en otros restaurantes de una de las principales avenidas de la ciudad, donde también se localizaba el Max Fim. El 2 de noviembre de 1997 se encontraron tres tambos en la autopista México-Acapulco con los cadáveres con signos de tortura de tres médicos que intervinieron en la fallida cirugía de Carrillo Fuentes.[21] Como cumpliendo la narrativa anunciada por la DEA desde la antidrogas de 1996, una nueva forma de la "guerra contra las drogas" había comenzado. En entrevista, el entonces secretario general de gobierno del estado de Chihuahua, Eduardo Romero, dijo que, pese a la violencia en Ciudad Juárez, el Estado "nunca podrá considerarse rebasado por el narcotráfico".

---

[18] Redacción, "Ejecutan a 6 en restaurante local", *Diario de Juárez*, 4 de agosto de 1997.
[19] Alejandro Gutiérrez, "La ejecución, al estilo de los Arellano Félix", *Diario de Juárez*, 5 de agosto de 1997.
[20] Redacción, "Golpe en EU al Cártel de Juárez", *Diario de Juárez*, 12 de agosto de 1997.
[21] Gustavo Castillo, "Los tres médicos hallados en tambos, presuntos homicidas de Carrillo: Herrán", *La Jornada*, 7 de noviembre de 1997.

Pero luego advirtió que las organizaciones de traficantes cuentan con recursos, logística y comunicaciones y que "esto es real y no se desprecia el tamaño del adversario".[22]

Ciudad Juárez volvió gradualmente a una relativa calma. Más allá de los extraordinarios hechos de violencia, el número total de homicidios de 1997 en el estado de Chihuahua fue de 649, exactamente el mismo del año anterior, y menor que el de 1995, con un total de 747 asesinatos. Como ocurrió en todo el país, los homicidios de hecho descendieron cada año hasta 2007, cuando en Chihuahua se registraron 481 homicidios. Aunque era cierto que los homicidios en Chihuahua se mantuvieron por encima del promedio nacional, para 2007 se registró una reducción de 35%. La tasa nacional de homicidios se redujo igualmente de 19.72 asesinatos por cada 100 mil habitantes en 1992 a 8.04 en 2007.[23]

Ante el contrasentido que presentan las cifras reales de violencia en México, que no se corresponden con la percepción colectiva que se tenía en la década de 1990, anota Fernando Escalante Gonzalbo:

> Se sabe que México es un país violento. Es uno de los rasgos que aparecen con más frecuencia cuando se trata de definir el *carácter nacional*: una actitud que se supone fatalista, de una rara familiaridad con la muerte, que se traduce en representaciones jocosas de esqueletos y calaveras. Estilizada, deformada, más o menos pintoresca, la imagen de la muerte se asocia a la imagen del país, como uno de sus rasgos más característicos […] No sucede sólo en México, por cierto; en todo el mundo los miedos de la Guerra Fría han sido sustituidos por un miedo más o menos difuso hacia la "delincuencia organizada".[24]

A fines del siglo XX esa *percepción* instigada por la narrativa de la "guerra contra las drogas" contribuyó al sentimiento de inseguridad global que pronto naturalizó la idea del "crimen organizado". Pero el "narco" imaginado en los noventa elevó la categoría de la amenaza a un escenario de guerra globalizada

---

[22] Redacción, "El estado nunca se considera rebasado por el narcotráfico", *Diario de Juárez*, 5 de agosto de 1997.

[23] Fernando Escalante Gonzalbo, "Homicidios 1990-2007", *Nexos*, 1 de septiembre de 2009.

[24] *Idem.*

que acaso fue ilustrada con claridad por el senador Joe Biden cuando pedía al entonces presidente Bush que emprendiera una "guerra contra las drogas" que no se pareciera a la fracasada ocupación de Vietnam, sino al Día D, cuando los aliados desembarcaron en la costa francesa de Normandía para comenzar la fase decisiva de la contraofensiva durante la Segunda Guerra Mundial.

Los datos duros son irrelevantes en el campo cultural que internalizó la desproporcionada narrativa del "Cártel de Juárez". Entre las incontables investigaciones periodísticas, películas, novelas de ficción y teleseries, el nombre de Amado Carrillo Fuentes ha continuado vigente hasta la fecha en el imaginario nacional del "narco". Dos versiones del mito llaman la atención: la telenovela *El señor de los cielos*, estrenada por la cadena Telemundo en 2013, y la serie *Narcos: México* de Netflix, estrenada en 2016, como continuidad de las primeras dos temporadas de *Narcos* enfocadas en Colombia y que discutí anteriormente. La construcción del personaje inspirado en Amado Carrillo en ambas se basa en una explotación de los cuerpos que performatizan el deseo de atisbar el extraordinario mundo del "crimen organizado" en el que los personajes de los traficantes no sólo transgreden el orden social, sino que se permiten la exploración ilimitada de sus ambiciones y pasiones. (Véanse las imágenes 7 y 8 en el cuadernillo central.)

El personaje atlético y juvenil del traficante Aurelio Casillas en *El señor de los cielos* es una mezcla de ingenioso delincuente combinado con un seductor Don Juan enamorado de una popular actriz de televisión. En el primer capítulo un contingente militar allana una propiedad de Casillas, quien apenas consigue escapar gracias a un informante que lo alerta del operativo. El jefe del grupo militar comprende que el traficante tiene una eficiente red de inteligencia y advierte que una "guerra" está por comenzar. Más adelante, el secretario del Interior dice al jefe de inteligencia en México que Casillas se ha convertido en una amenaza a la "seguridad nacional" y que el gobierno estadounidense "lo quiere vivo". En tanto, Casillas se prepara para someterse a una cirugía plástica para cambiar su rostro y así evadir a la justicia.[25]

El éxito de la novela radica precisamente en la simpleza maniquea de la trama: el ingenioso, atractivo y temerario traficante desafía, corrompe y finalmente

---

[25] El primer capítulo completo de la telenovela *El señor de los cielos* se encuentra disponible en YouTube: <https://youtu.be/sKquQFUvoc4>.

rebasa el poder del Estado militarizado que intenta detenerlo. Ningún aspecto de la trama se asemeja a la vida real de Amado Carrillo Fuentes, sino a la narrativa elemental que el corrido "Jefe de jefes" capturó con elocuencia en 1996. Contradictoriamente, los traficantes visten ropa vaquera para marcar su origen norteño, pero los principales actores son todos hombres blancos que se corresponden más bien con la racialización mediática que privilegia la blanquitud de los personajes acostumbrados en el circuito de las telenovelas mexicanas.[26] No sobra recordar que el estreno de la séptima temporada de la telenovela obtuvo el mayor *rating* en Estados Unidos para programas transmitidos a las 10 p.m. en todas las cadenas de televisión en todas las lenguas por adultos de entre 18 y 49 años, con una audiencia total de un millón 500 mil espectadores. Sólo fue superada en audiencia general por *La reina del sur*, la telenovela protagonizada por Kate del Castillo sobre una mujer que lidera su propio cártel de la droga.[27]

Por el contrario, el Amado Carrillo Fuentes de la serie *Narcos: México* intenta performar un sentido de veracidad histórica, empezando con el uso del nombre real del traficante y no sólo sus iniciales, como en *El señor de los cielos*. El actor José María Yazpik tiene un rostro más parecido al del traficante real, y hay un claro énfasis en presentarlo como un sobrio y rústico hombre de negocios y menos como un escultural modelo de ropa vaquera. Pero la serie termina igualmente mediada por la mirada estadounidense y su invasivo discurso de "seguridad nacional". El corrompido gobierno, el Ejército y las policías de México protegen los intereses de los traficantes y sólo los agentes de la DEA intentan verdaderamente detener el avance de los "cárteles". Al terminar la segunda temporada, tal y como lo narra el documento de la DEA que presentaba la "federación", Carrillo Fuentes es el único traficante vivo cuando los demás han sido encarcelados o asesinados. El traficante real ha muerto décadas antes, pero en la ficción televisiva la "guerra" está siempre por comenzar.

---

[26] Para una discusión más amplia sobre racismo en los medios de comunicación, véase Federico Navarrete, *México racista. Una denuncia*, México, Grijalbo, 2016.

[27] NBCUniversal Telemundo Enterprises, "For Third Consecutive Year Telemundo Retains Its Lead As The #1 Spanish-Language Network In Weekday Primetime Among Adults 18-49", *PRNewswire*, 17 de diciembre de 2019.

Los eventos geopolíticos entre 1995 y 1997 fundaron todo un campo semántico y una discursividad que establecieron las líneas narrativas de la "narcocultura". Los ecos del corrido "Jefe de jefes" se mantienen inscritos en cada uno de estos objetos de consumo. Del lado estadounidense ocurre el mismo fenómeno. Como explica el académico Julien Mercille, la tendencia es recurrente entre una multiplicidad de productos de la industria cultural estadounidense. Está en las películas *Traffic* (Steven Soderbergh, 2000) y *Fast and Furious* (Rob Cohen, 2001), series de televisión como como *Weeds* (Jenji Kohan, 2005-2012) y *Breaking Bad* (Vince Gilligan, 2008-2013), incluso en populares videojuegos como *Call of Juarez: The Cartel*:

> Surge una serie de temas, entre ellos la celebración de la cultura y la violencia armada, una atención exclusiva a las estrategias duras y militaristas antidrogas, la corrupción (especialmente en México) y las representaciones negativas de los mexicanos. Estos temas se corresponden estrechamente con los puntos de vista presentados por el gobierno de los Estados Unidos y las ideas más dominantes que circulan al respecto, apoyando la afirmación de que los medios de comunicación desempeñan un papel importante en la legitimación de esas ideologías e intereses.[28]

La película *Traffic* concibió en particular toda una forma de *mirar* hacia México desde Estados Unidos. No es sólo la narrativa securitaria incorporada en la trama con militares y policías corrompidos por el insondable poder del narcotráfico mexicano que acecha incluso a la hija rubia del "zar antidrogas" de Estados Unidos, sino que incluso visualmente se instaló una suerte de estética securitaria. Se trata del llamado "filtro amarillo" que hace aparecer las escenas en México como en un clima tropical, sucio y peligroso. (Véase la imagen 9 en el cuadernillo central.)

Según la periodista cultural Elisabeth Sherman, ese filtro aparece con frecuencia en las películas estadounidenses con escenas en países del sur de Asia y Latinoamérica, presente tanto en series como *Breaking Bad* como más recientemente en la cinta *Extraction* (Sam Hargrave, 2020) de Netflix, en la

---

[28] Julien Mercille, "The Media-Entertainment Industry and the 'War on Drugs' in Mexico", *Latin American Perspectives*, vol. 41, núm. 2, marzo de 2014, pp. 110-129, p. 113.

que un mercenario estadounidense es contratado para rescatar al hijo de un mafioso que ha sido secuestrado en Bangladesh: "Un usuario [de Netflix] bromeó con que también se le dice el 'filtro mexicano', mientras que otro dijo con sorna que 'entre más bajo el PIB [producto interno bruto] de un país más mostaza será su color'".[29] En *Traffic*, el filtro amarillo tiñe la contaminación en el aire en la Ciudad de México, el polvo que se levanta en las terracerías de las colonias más vulnerables de Tijuana, incluso en el interior del cuartel militar donde el siniestro "zar antidrogas" —personaje claramente basado en el general Jesús Gutiérrez Rebollo, acusado de proteger a Amado Carrillo Fuentes— conduce sesiones de tortura.

La construcción de este imaginario facilita la sustentabilidad del militarismo antidrogas a largo plazo mediante la creación de una zona de combate en la frontera mexicana y con un enemigo poderoso que puede reproducirse constantemente en otros "narcos" y otros "cárteles" en una zona del mundo que se percibe visualmente sucia, decadente e intrínsecamente violenta. Al mismo tiempo, Estados Unidos aparece siempre como la parte acusadora y nunca como cómplice del problema que se niega a restringir el tráfico de armas, el lavado de dinero y las estructuras de tráfico de droga extendidas por todo el país que posibilidad la continuidad del mayor consumo de narcóticos per cápita del planeta. En esto, como señala Mercille, películas como *Traffic* adopta la versión suave o *dove* del discurso antidrogas, en el que los Estados Unidos se muestran dispuestos a reconocer que tienen un problema generalizado de adicción (sobre todo cuando se relaciona con usuarios blancos, como en la misma película) pero pasa por alto la violencia instigada por la política militarista en países como México y Colombia, que ha sido el resultado directo de la presión política y diplomática ejercida desde Washington.

De esta prejuiciosa imaginación securitaria, sin embargo, emerge la paradójica idea de que las Fuerzas Armadas de México son tanto parte del problema como la principal solución para asegurar el triunfo en la "guerra contra el narco". En el fondo de su contradicción, la lógica securitaria estadounidense denuncia la corrupción oficial de soldados y policías, pero al mismo tiempo incentiva el combate armado en contra de los "cárteles", aun cuando las Fuerzas

---

[29] Elisabeth Sheman, "Why does 'yellow filter' keeps popping up in American movies", *Matador Network*, 27 de abril de 2020.

Armadas del Estado sean responsables del asesinato extrajudicial, la tortura y la desaparición forzada como métodos de "guerra". En el horizonte de la "cooperación" binacional antidrogas que comenzó a mediados de los noventa, el principal efecto es haber iniciado una guerra del gobierno de México en contra de su propia población.

18

"Es el ejército, estúpido"

Alrededor de las siete de la mañana del 29 de noviembre de 1999 decenas de agentes y médicos forenses de la DEA y el FBI, a la par de cientos de soldados y policías federales mexicanos, comenzaron la excavación de fosas localizadas al sur de Ciudad Juárez donde, según informantes, se encontrarían los cadáveres de al menos 100 personas, víctimas del "Cártel de Juárez" entre 1994 y 1996. Molly Moore, reportera del periódico *The Washington Post*, contextualizó el operativo del siguiente modo:

> Ciudad Juárez, centro del narcotráfico y sede del cártel de la droga más poderoso de México, es el área metropolitana más violenta en la frontera entre Estados Unidos y México, de casi 2 mil millas de largo. La muerte del líder del cártel de Juárez, Amado Carrillo Fuentes, después de una cirugía plástica y liposucción hace dos años, desató un estallido de asesinatos por venganza mientras varias facciones dentro del cártel intentaban saldar cuentas. Estos tiroteos se han reducido en los últimos años.[1]

Tales afirmaciones tenían poco sustento periodístico y más bien provenían de fuentes oficiales en Estados Unidos y México, quienes explicaban los tiroteos en Juárez como "ajustes de cuentas" entre supuestas facciones o escisiones del llamado "Cártel de Juárez". Del mismo modo, los principales

---

[1] Molly Moore, "U.S., Mexico Dig Up Mass Graves", *The Washington Post*, 30 de noviembre de 1999.

medios de comunicación estadounidenses cubrieron la noticia con un dudoso rigor periodístico. En primer lugar, nunca se estableció que los cadáveres encontrados en terrenos del rancho La Campana hubieran sido víctimas del "Cártel de Juárez". Inicialmente se dijo que el rancho era propiedad de un traficante, pero luego se reportó que pertenecía a los hermanos Jesús y Jorge Ortiz Gutiérrez, ambos sin antecedentes criminales, quienes lo habían comprado a un tal Fernando Rentería Orozco, quien a su vez fue señalado por la Procuraduría General de la República por haber también vendido una casa a Vicente Carrillo Leyva, hijo de "el señor de los cielos", Amado Carrillo Fuentes.[2] Aunque se anunció que se exhumarían los restos de por lo menos 100 personas, incluyendo 22 ciudadanos estadounidenses, luego de varios días de excavación las autoridades sólo encontraron los restos de seis personas jamás identificadas.

La novedad del operativo, pese al escándalo nacional que suscitó, fue precisamente el insólito grado de colaboración entre los gobiernos de ambos países, incluyendo 65 agentes del FBI y médicos forenses a quienes se permitió trasladar los restos humanos al lado estadounidense de la frontera para ser analizados, como implicando desconfianza hacia los investigadores forenses mexicanos. Así lo notó, por ejemplo, Phil Jordan, exdirector del Centro de Inteligencia de El Paso, el llamado EPIC, que auspicia a la DEA, entre otras agencias estadounidenses: "México está dando un paso de gigante al invitar a los expertos [estadounidenses] a ayudar en esta investigación. No creo que haya una mayor capacidad que la de los agentes forenses del FBI para descubrir estas fosas. Normalmente, como sabes, México se esconde detrás de aquello de la soberanía".[3]

"Aquello de la soberanía", en efecto, se había alterado en el discurso político mexicano. Los últimos cinco años del siglo XX, de hecho, fueron cruciales para la transformación del país en la era de la "seguridad nacional". El discurso estadounidense de la "guerra contra las drogas" consiguió instalar en el país una nueva racionalidad que elevó al narcotráfico a una nueva categoría de

---

[2] Abel Barajas, "Destapan 'narcofosas' red de Carrillo Fuentes", *Reforma*, 17 de febrero de 2002.

[3] John Burnett, "FBI and Mexican Agents Continue Excavating Mass Grave Site Outside of Juarez, Mexico", *National Public Radio*, 2 de diciembre de 1999.

criminalidad que no sólo no tenía referentes en el pasado, sino que tampoco tenía realmente ejemplos presentes. El "Cártel de Juárez", como hemos visto, no se correspondía con la narrativa alarmista que la DEA, el FBI y el Departamento de Justicia de Estados Unidos comenzaron a circular en 1996 con la aparición de la "federación" encabezada por Amado Carrillo Fuentes. Pero al manufacturarlo, el problema también hizo posible la articulación de una solución: México debía "integrarse" a Estados Unidos en el combate al narcotráfico. Y para hacerlo, debía adoptar una permanente estrategia de guerra. Debía, en suma, ocupar militarmente su propio territorio.

En un reporte de evaluación de la estrategia binacional para el combate al narcotráfico publicado en 2001, el teniente coronel mexicano Darío Ávalos Pedraza analizaba el estado de la "integración" de la política de seguridad compartida entre ambos países. Vale la pena extenderse en el análisis que hizo en particular sobre el desarrollo de la militarización antidrogas en México:

> A lo largo de la frontera entre Estados Unidos y México y en el interior mexicano, los narcotraficantes y otros criminales frecuentemente buscaban intimidar y eliminar a la policía y a otros funcionarios de justicia. En esta situación, las autoridades mexicanas trataron de utilizar mejor sus recursos policiales y de defensa para controlar las amenazas a la seguridad que van desde la insurgencia, el tráfico de drogas y armas, hasta violentos delitos callejeros. Al mismo tiempo, el gobierno de Estados Unidos insistió en que México se endureciera con los narcotraficantes y que presionara por un papel más activo del ejército mexicano en la erradicación e interdicción de drogas. Las acciones resultantes del gobierno mexicano cambiaron la interacción entre el ejército y la ley mexicana en general y alteraron la composición de la presencia de seguridad de México en la frontera.[4]

Se resume aquí la retórica del discurso securitario: sin citar evidencia alguna, los narcotraficantes aparecen como una "amenaza a la seguridad" que combina el tráfico de drogas con la insurgencia armada y el delito común. Después se revela el sentido último de la estrategia binacional: el gobierno

---

[4] Darío Ávalos Pedraza, "U.S.-Mexico Bilateral Relations and Importance of Mexican Military in the Drug-Control Strategy", U.S. Army War College, Carlisle Barracks, Pensilvania, 6 de abril de 2001, pp. 3-4.

de Estados Unidos presionó al de México para incorporar al Ejército en su agenda antidrogas. El documento en sí resulta significativo además como ejemplo del modo en que se instituyó la racionalidad securitaria del norte al sur: el teniente coronel Ávalos Pedraza lo escribió durante una estancia de entrenamiento en el U.S. Army War College en Pensilvania, donde cada año se invita a unos 80 oficiales de ejércitos de múltiples países del mundo para realizar estudios y entrenamiento.[5]

La trayectoria del propio teniente coronel Ávalos Pedraza es parte de estos importantes cambios que ha dejado consecuencias hasta el presente: fue nombrado comandante de la 43ª Zona Militar con sede en Apatzingán, Michoacán. El 20 de enero de 2021 se anunció ahí mismo el inicio de la "Operación Conjunta Michoacán", en la que participaría el Ejército mexicano, la Fiscalía General de la República, la Guardia Nacional y el gobernador de Michoacán, Silvano Aureoles Conejo. El plan antidrogas, que remite a los "Operativos Conjuntos" que se realizaron durante el gobierno de Felipe Calderón (como discutiré en la última parte de este libro), se presentó como "una nueva ofensiva contra el 'Cártel Jalisco Nueva Generación' (CJNG) y 'La Nueva Familia Michoacana' (LNFM), en nueve municipios que se incluyen en el llamado Valle de Zamora".[6] Es importante recordar que también en Apatzingán la periodista Laura Castellanos reportó y documentó una masacre de 16 civiles a manos de policías federales y militares el 6 de enero de 2015.[7]

El proceso de militarización, como explicó en su momento el sociólogo Timothy Dunn, se incrementó exponencialmente del lado estadounidense a partir de 1978 mediante la incorporación de un discurso de "guerra de baja intensidad", que luego tendría consecuencias materiales en la franja fronteriza. Ese discurso, que tomó una prominencia letal durante la década de 1980 con el intervencionismo estadounidense en países como Nicaragua, El Salvador y Panamá, fue gradualmente adoptado para establecer un nuevo paradigma policial y militar para contrarrestar las supuestas amenazas más inmediatas a

---

[5] Véase la página oficial del U.S. Army War College, localizado en Carlisle, Pensilvania: <https://www.armywarcollege.edu/Programs/InternationalFellows/index.cfm>.

[6] Marco Antonio Duarte, "Lanzan nueva ofensiva contra CJNG y LNFM en Michoacán", *MVS Noticias*, 20 de enero de 2021.

[7] Laura Castellanos, "Apatzingán: También fueron los militares", *Aristegui Noticias*, 24 de mayo de 2015.

la "seguridad nacional" en territorio estadounidense, el narcotráfico y la migración indocumentada. La escalada de este proceso de militarización, que además empoderó a la Border Patrol con equipo y entrenamiento propio de conflictos armados, también incorporó aspectos de la llamada "guerra psicológica" para contrarrestar insurgencias más allá del combate directo. Dunn reproduce la definición oficial del concepto, acuñada por la propia U.S. Army: "El conflicto de baja intensidad es una lucha político-militar limitada para lograr objetivos políticos, sociales, económicos o psicológicos. A menudo se extiende y abarca desde presiones diplomáticas, económicas y psicosociales a través del terrorismo y la insurgencia. El conflicto de baja intensidad generalmente se limita a un área geográfica y a menudo se caracteriza por restricciones en el armamento, las tácticas y el nivel de violencia".[8]

La adopción en México de la agenda de "seguridad nacional" estadounidense se enmarca en el mismo proceso de militarización. Ha sido el resultado de un largo proceso de gestión política y diplomática enmarcada por la insistente narrativa del poder de los "cárteles" como una amenaza inminente a finales de la década de 1990. Del lado estadounidense, explica Dunn, la militarización se intensificó a partir de 1986, de acuerdo con la directiva presidencial del gobierno de Ronald Reagan para designar al narcotráfico como amenaza a la "seguridad nacional". La creciente militarización se enfocó en la frontera con México. En septiembre de 1989 el Departamento de Defensa adoptó de lleno el nuevo paradigma al determinar que a partir de entonces el narcotráfico sería una "misión de seguridad nacional de prioridad alta". En consecuencia, el presupuesto de Defensa destinado a programas antidrogas domésticos e internacionales aumentó a más del doble, de 438.8 millones de dólares en 1989 a mil 80 millones de dólares en 1991.[9]

En ese mismo periodo, según observa Dunn, se advierte una "discrepancia espacial" entre la realidad de los flujos de droga y los lugares elegidos para los operativos antinarcóticos militarizados. Según la DEA, 85% de la droga entraba por los cruces internacionales, escondida en medios de transporte

---

[8] Timothy Dunn, *The Militarization of the U.S.-Mexico Border, 1978-1992: Low Intensity Conflict Doctrine Comes Home*, Austin, Texas, Center for Mexican-American Studies, University of Texas, 1996, p. 20.

[9] *Ibid.*, pp. 123-124.

legítimos por tierra, aire y mar. De hecho, prácticamente la totalidad de la cocaína y la heroína, así como la mitad de la mariguana, ingresaban en vehículos comunes por los cruces fronterizos terrestres en ciudades como Juárez o Tijuana. Sin embargo, los operativos antidrogas se realizaban en las zonas fronterizas alejadas de los cruces vehiculares. No era posible explicar la contradicción de apostar por la militarización en donde literalmente *no* cruzaba la droga, empezando por el hecho de que ni la DEA ni el Departamento de Defensa hacían pública la lógica de la estrategia antidrogas.[10] La escasa información complica el análisis, pero sabemos por lo menos que la "guerra de baja intensidad" que se comenzó a librar en la frontera en la década de 1990 dependía en gran medida de una campaña discursiva para fraguar la *percepción* de una criminalidad más bien menor en las calles, basada en una violencia anecdótica, exagerando la importancia del tráfico y consumo de droga en zonas desérticas, supuestamente aprovechando los puntos vulnerables de la línea fronteriza, al mismo tiempo que criminalizaba a la juventud precarizada y racializada de México bajo la fantasía del implacable "crimen organizado" liderado por los grandes "capos" de la droga.

Con la llegada de Vicente Fox a la presidencia en 2000, como explica el sociólogo Luis Astorga, inicialmente se pretendió una ruptura decisiva con la lógica de la "seguridad nacional", que había sido interiorizada por los gobiernos de Salinas de Gortari y de Zedillo. No era insignificante lo propuesto por el equipo de transición del primer gobierno en la época de la alternancia tras la derrota del PRI. Se buscaba "no considerar el tráfico de drogas como un asunto de seguridad nacional, sino como una cuestión pública; retirar al Ejército de la lucha antidrogas; desaparecer la PGR y en su lugar crear la Fiscalía General de la Nación y la Secretaría de Seguridad y Servicios a la Justicia; concentrar a las policías e instituciones de inteligencia en esta secretaría y quitarle a la Secretaría de Gobernación el control de las corporaciones policiacas que dependían de ella".[11]

Estos cambios no sólo eran de forma: imponían una nueva lógica de organización del aparato de seguridad, pero también un replanteamiento del concepto mismo de seguridad, alejándose decididamente de la agenda

---

[10] *Ibid.*, p. 105.
[11] Luis Astorga, *Seguridad, traficantes y militares*, México, Tusquets, 2007, p. 60.

304

estadounidense.[12] Pero como explica Astorga, las propuestas del equipo de transición del presidente Fox fueron rápidamente neutralizadas por la hegemonía estadounidense. Luego de una reunión a puerta cerrada con el general Barry McCaffrey el 8 de agosto de 2000, en el marco de una reunión del Grupo de Contacto de Alto Nivel, el gobierno de Fox refrendó el uso de las Fuerzas Armadas para el combate al narcotráfico. Concluye Astorga: "La política de militarización en ese terreno y en el de las principales instituciones de seguridad, similar al esquema que el Gobierno de Estados Unidos ha apoyado en otros países de América Latina, ganó la partida".[13]

La frustrada ruptura con la lógica de "seguridad nacional" del gobierno de Fox, de hecho, produjo un rebote que acabó por intensificarla. No sólo continuó intacta la inercia institucional orientada hacia un mayor militarismo, sino que durante todo ese sexenio aumentó el gasto público para la Secretaría de la Defensa Nacional, Marina, Seguridad Pública, la Procuraduría General de la República y el Poder Judicial: de un total de 63 mil 587 millones de pesos del presupuesto total en seguridad de 2001, el gobierno de Fox culminó asignando 82 mil 147 millones de pesos en 2006, con un aumento de 22.5%. Al terminar el sexenio de Felipe Calderón, el presupuesto nacional de seguridad se elevó exponencialmente hasta llegar a 196 mil 889 millones de pesos, con un aumento de 58.2%. Entre los gobiernos de Fox y Calderón, el gasto público en el aparato de seguridad creció más de 80%.[14] El especialista en seguridad Raúl Benítez Manaut enfatiza que, si bien el gobierno de Fox terminó sin intentar modificar sustancialmente las instituciones de seguridad del

---

[12] Incidentalmente, como veremos en el siguiente capítulo, varias de esas propuestas fueron consideradas y en algunos casos llevadas a cabo por el gobierno de Andrés Manuel López Obrador, como el distanciarse de la agenda antidrogas estadounidense regulando la presencia de sus agencias, en especial de la DEA, así como la reorganización del aparato securitario desapareciendo el Cisen, ordenando el cierre del Estado Mayor Presidencial y reorganizando la PGR como una fiscalía junto con una nueva Secretaría de Seguridad y Protección Ciudadana. Estos cambios, como discutiré más adelante, no son menores y su importancia de hecho está todavía por comprenderse a cabalidad.

[13] Astorga, *Seguridad, traficantes y militares, op. cit.*, p. 63.

[14] Gerardo Reyes Guzmán, Paola Hernández Victoria y Carlos Moslares García, "Gastos en seguridad y homicidios: los costos de la guerra contra el crimen organizado (2006-2012)", *Revista Mexicana de Opinión Pública*, enero-junio de 2015, pp. 93-111, p. 102.

país, sí radicalizó el discurso de la "seguridad nacional": "En el gobierno de Fox se agregaron temas sociales al concepto de seguridad nacional, como la migración y, sobre todo, el efecto de los atentados terroristas del 11 de septiembre de 2001 que fue muy profundo, pues integró el terrorismo internacional a la agenda mexicana de seguridad, comenzando una era de intensa cooperación con Estados Unidos".[15]

A partir del gobierno de Zedillo, hubo un incremento de militares en los cuerpos policiales del país. Hasta 1995, como recuerdan Arturo Alvarado y Jorge Zaverucha, no existía un vínculo institucional directo entre militares y policías en México, pero ese año se creó el Sistema Nacional de Seguridad Pública (SNSP), "un inmenso aparato burocrático con anclas político-partidarias, un híbrido organizacional que integra civiles y militares, policías y políticos en la lucha contra los delitos y que no rinde cuentas".[16] Uno de los resultados del SNSP fue la militarización de la Policía del Distrito Federal, al mando del general Tomás Salgado. Un año más tarde, el primer alcalde electo del Distrito Federal, Cuauhtémoc Cárdenas, nombró al general Rodolfo Debernardi como jefe de la Policía capitalina.[17] Al terminar el gobierno de Zedillo, los militares ocuparon cargos directivos en cuerpos policiales de 30 de los 32 estados de la República.[18]

En el gobierno de Vicente Fox, el operativo "México Seguro" avanzó en 2005 el mismo proceso de militarización al ordenar acciones militarizadas en Nuevo Laredo, Matamoros y Reynosa, en el estado de Tamaulipas, supuestamente para intervenir en una supuesta lucha entre el "Cártel de Sinaloa" y el "Cártel del Golfo". La investigadora Laura Atuesta observa que se trató del

---

[15] Raúl Benítez Manaut, "México. Violencia, Fuerzas Armadas y Combate al Crimen Organizado", en Carlos Basombrio (ed.), ¿A dónde vamos? Análisis de políticas públicas de seguridad en América Latina, Washington, Wilson Center, Latin American Program, 2013, pp. 29-49, p. 31.

[16] Arturo Alvarado y Jorge Zaverucha, "La actuación de las fuerzas armadas en la seguridad pública en México y Brasil: una visión comparada", en Arturo Alvarado y Mónica Serrano (eds.), Los grandes problemas de México. Vol. XV. Seguridad Nacional y Seguridad Interior, México, El Colegio de México, 2010, pp. 227-267, p. 243.

[17] Ibid., p. 259.

[18] Mónica Serrano, "El pacto cívico-militar y la transición a la democracia en México", en Ilán Bizberg y Lorenzo Meyer (eds). Una historia contemporánea de México. Tomo 3, Los actores, México, Océano / El Colegio de México, 2009, p. 233.

primer operativo conjunto entre la Procuraduría General de la República, las secretarías de Gobernación, Seguridad Pública, Defensa Nacional, Hacienda y Crédito Público, en coordinación con el gobierno de Tamaulipas. El mismo modelo se reproduciría luego en las ciudades de Culiacán, Mazatlán, Navolato, Tijuana y Mexicali.[19]

En el transcurso de esos años, Eduardo Medina-Mora, director del Cisen nombrado por Vicente Fox, hizo a su vez una transformación en la función de la inteligencia en México. Según explica el periodista Jorge Torres, Medina-Mora comenzó los cambios con el despido de más de 300 empleados de la agencia, alrededor de 10% del personal. Se proponía reconfigurar al Cisen menos como instrumento político de la clase gobernante y más como una herramienta de sustento del Estado en la era securitaria. Sería desde entonces el eje articulador del renovado discurso de guerra:

> La misión del Cisen ha sido replanteada, el organismo buscará desarrollar y operar un sistema de investigación y análisis de inteligencia estratégica, táctica y operativa que genere información privilegiada para la toma de decisiones. Ello con dos propósitos fundamentales: alertar sobre amenazas y riesgos internos y externos a la seguridad nacional, y preservar la integridad, estabilidad y permanencia del Estado mexicano en el marco de un gobierno democrático y de pleno respeto al Estado de derecho.[20]

Notemos que una de las dos funciones de la inteligencia se reduce a identificar las "amenazas" a la "seguridad nacional", que como ya hemos explicado, a partir de la década de 1990 fue definida prácticamente en su totalidad por designio de Washington. Observemos que la otra función esencial del Cisen era salvaguardar la "integridad" de Estado, que se presuponía amenazada, aunque no hubiera información alguna que justificara la necesidad de tal objetivo.

---

[19] Laura H. Atuesta, "Militarización de la lucha contra el narcotráfico: los operativos militares como estrategia para el combate del crimen organizado", en Laura H. Atuesta y Alejandro Madrazo Lajous (eds.), *Las violencias. En busca de la política pública detrás de la guerra contra las drogas*, México, CIDE, 2018, libro electrónico.

[20] Jorge Torres, *Cisen. Auge y decadencia del espionaje en México*, México, Debate, 2009, p. 23.

Hasta este punto en la historia, de hecho, resultaba absurdo afirmar que la viabilidad del país estaba en juego. Lo que ocurrió, en todo caso, podría describirse mejor como la transformación de las funciones de la soberanía estatal a la par de la transformación misma del Estado durante la era neoliberal. La soberanía real que ejerció el PRI entre 1975 y 1985 mutó, a partir de la década de 1990, en una suerte de motivación central para alimentar el aparato securitario nacional y trasnacionalmente constituido. El tráfico de drogas había sido históricamente una práctica internalizada por el Estado y estructurada como una zona de excepción en esencia doméstica. A partir de mediados de los noventa, como he explicado, el discurso securitario promovió una nueva *percepción* del tráfico de drogas como una amenaza externa para justificar la interrupción de esa soberanía original. A partir de la presidencia de Zedillo ocurre lo que yo llamo una *tentación de soberanía* que conduce desde entonces al poder presidencial a aceptar la estrategia de militarización propulsada por Estados Unidos a la par de la reforma geoeconómica que moviliza al Tratado de Libre Comercio de 1994 y que pronto comenzó a expresarse como un continuado proyecto extractivista con la apertura energética del país. Lo que para Estados Unidos es el objetivo estratégico ulterior de su intervencionismo, para los presidentes mexicanos, a partir de Zedillo, ha sido el costo político de una presidencia incapaz de retomar la soberanía constitutiva del viejo PRI. Estados Unidos es así la causa primordial de la transformación estatal de México en los ochenta que desmanteló sus estructuras soberanas para luego ofrecerle la posibilidad de recuperar esa misma soberanía supuestamente perdida a partir de la década de 1990 por medio de una "guerra contra las drogas".

Al aceptar el intervencionismo estadounidense que presionaba con convertir al país en un escenario de violencia constante atribuida al narcotráfico, el Estado mexicano cedió gradualmente el control de su territorio y del ejercicio de la soberanía que en su momento detentó el viejo régimen del PRI. Si como advierte el politólogo Claude Lefort, el poder político es en realidad "un espacio vacío" que "requiere de una periódica y repetida lucha", la lógica securitaria vuelve permanente la necesidad de defender a la sociedad de una amenaza constante ilustrada por los cuerpos criminalizados de los jóvenes pandilleros, los campesinos, los migrantes, siempre a punto de penetrar la frontera sur de Estados Unidos.[21]

---

[21] Claude Lefort, *Democracy and Political Theory*, Cambridge, Reino Unido, 1988, p. 225.

La construcción de la narrativa securitaria se produce entonces en la tensión entre una percepción del Estado mexicano deslegitimado por el "crimen organizado" y la respuesta de ese mismo Estado por recobrar su legitimidad. Estamos, en suma, ante una *tentación de soberanía* que movilizó la "guerra contra las drogas" imaginando a los "cárteles de la droga" como un enemigo ubicuo y absolutamente hostil. De Zedillo a Calderón, los usos de esa contradictoria idea de soberanía han redituado enormes ganancias a la élite político-empresarial mexicana por medio de la apertura energética y la licitación de territorios ricos en recursos naturales a trasnacionales globales. Al mismo tiempo, esa soberanía ha sido la expresión de una *pax americana* que ha transformado radicalmente las estructuras relacionales del poder estatal en México. Al interior de la hegemonía estadounidense también se despliega en mi opinión la misma doble relación soberana: por un lado, la DEA ejerce una soberanía material sobre el territorio mientras que la CIA ejerce un dominio geopolítico que por momentos se tensa con la primera y que obedece a los intereses estratégicos reales de Estados Unidos: el complejo militar-industrial, y la apropiación de recursos naturales.

El 24 de septiembre de 2018 el expresidente Ernesto Zedillo dijo en una entrevista que lamentaba el "fracaso" de la política antidrogas "liderada por Estados Unidos", que exacerbó la violenta estrategia de combate militar y policial durante los años de su gobierno entre 1994 y 2000.[22] Junto a Zedillo, otros expresidentes de países afectados por la militarización antidrogas, como César Gaviria y Fernando Henrique Cardoso de Colombia y Brasil respectivamente, han ido adoptando una agenda crítica del prohibicionismo estadounidense y los perniciosos efectos de la "guerra contra las drogas". Juntos han integrado la llamada Global Comission on Drug Policy, cuyo principal objetivo es la despenalización del tráfico y consumo de drogas apostando por una política de salud pública a nivel mundial.[23]

Si bien las intenciones progresistas de este grupo de expresidentes arrepentidos de la agenda estadounidense pueden ser genuinas y útiles para detener

---

[22] Staff, "Me equivoqué en política antidrogas, admite el expresidente Zedillo", *Forbes*, 25 de septiembre de 2018.

[23] Véase el sitio web de la Global Comission on Drug Policy en <https://www.global-commissionondrugs.org>.

los peores efectos de la estrategia antidrogas, lo cierto es que la racionalidad de "seguridad nacional" es mucho más amplia y no puede reducirse a la problemática del narcotráfico. Esto se entendió dramáticamente el 31 de enero de 2005, el último año de gobierno de Vicente Fox, cuando se aprobó la Ley de Seguridad Nacional en el Congreso de la Unión. Quisiera recordar aquí el análisis que en su momento hizo Raúl Benítez Manaut sobre los efectos de esta legislación: "Entre las *virtudes* de la ley está la definición de las agendas de inteligencia del país —con lo que se establecen las prioridades de seguridad nacional—, así como de los riesgos y las amenazas. De forma general, el Cisen señala las siguientes amenazas a la seguridad nacional: grupos armados, delincuencia organizada, terrorismo, transición y reforma del Estado, movimientos sociales, entorno internacional y seguridad pública".[24]

Por el contrario, propongo comprender que el problema —y no la virtud— central de la Ley de Seguridad Nacional mexicana radica precisamente en que se convirtió en una plataforma discursiva no para señalar las amenazas reales a la "seguridad nacional", sino para asegurar políticamente la plena integración de la racionalidad securitaria entre México y Estados Unidos. No hemos sido capaces, desde entonces, de articular un proyecto de seguridad propio. Nuestro entendimiento de la "seguridad nacional" es un eco derivativo de una agenda que no concebimos, que no hemos logrado contener y que constantemente se vierte contra los intereses más básicos del Estado y de la sociedad mexicana.

Que Ciudad Juárez haya estado en el centro del nuevo discurso securitario confirma en parte la dirección específica del flujo geopolítico de la historia. Los procesos cruciales en la construcción del Estado-nación de México se han inscrito de un modo determinante en la frontera. En 1865, cuando el país sufrió la invasión que se conoce como la Intervención francesa, Benito Juárez, el primer —y hasta ahora único— presidente indígena de México, escapó de la ocupación de la Ciudad de México para refugiarse en la ciudad entonces conocida como Paso del Norte. Fue renombrada cuando las tropas francesas se retiraron y Juárez regresó victorioso a la capital para reclamar su presidencia.

---

[24] Raúl Benítez Manaut, "La seguridad nacional en la indefinida transición: mitos y realidades del sexenio de Vicente Fox", *Foro Internacional*, vol. XLVIII, núm. 1-2, enero-junio de 2008, pp. 184-208, p. 187. El énfasis es mío.

En 1911 las fuerzas revolucionarias del general Francisco Villa tomaron Ciudad Juárez en una batalla clave de dos días que obligó a la renuncia del presidente Porfirio Díaz tras una dictadura de 30 años. Casi un siglo después, Ciudad Juárez habría de ser una vez más el centro de un conflicto militarizado concebido décadas atrás y largamente postergado. Al inaugurarse el gobierno de Felipe Calderón en 2006, se anunciaron finalmente las razones de la nueva era de militarización antidrogas que habría de comenzar al siguiente año. La politóloga María Lima Malvido advirtió que el lenguaje del Plan Nacional de Desarrollo de Calderón era ya un lenguaje de guerra: imagina a las organizaciones de traficantes como un enemigo doméstico que desafía al Estado como la más seria amenaza a la "seguridad nacional".[25]

La "guerra contra el narco" de Calderón marcó el inicio de la militarización efectiva del país. En la parte final del presente libro se comprenderá mejor la necesidad de mantener el concepto de "guerra" entre comillas. En la era neoliberal, la "guerra" nombra algo distinto que un conflicto armado entre ejércitos en pugna. Vuelvo en este punto a George Orwell y su novela *1984*:

> En nuestros días no luchan unos contra otros, sino cada grupo dirigente contra sus propios súbditos, y el objeto de la guerra no es conquistar territorio ni defenderlo, sino mantener intacta la estructura de la sociedad. Por lo tanto, la palabra guerra se ha hecho equívoca. Quizás sería acertado decir que la guerra, al hacerse continua, ha dejado de existir. La presión que ejercía sobre los seres humanos entre la Edad neolítica y principios del siglo XX ha desaparecido, siendo sustituida por algo completamente distinto.[26]

La paradoja de la "guerra contra el narco" es que, al realizarse, no opera en los términos de una guerra convencional. En un principio, la política antidrogas de Calderón se aproxima al concepto de "guerra de cuarta generación", el escenario en que el Estado cede voluntariamente el monopolio de

---

[25] María de la Luz Lima Malvido, "De la política criminal a la seguridad nacional", Biblioteca Jurídica Virtual del Instituto de Investigaciones Jurídicas de la UNAM, 2011, p. 408.

[26] George Orwell, *1984*, Rafael Vázquez Zamora (trad.), Buenos Aires, Ediciones Destino, 2002, pp. 205-206.

la violencia para producir un conflicto asimétrico entre combatientes no oficiales, unos con respaldo oficial y otros brutalmente exterminados por la violencia estatal o encarcelados, como evidenció en su momento el número de detenciones de ciertos grupos de traficantes desproporcionadamente a favor de otros.[27] En teoría política, se trataría de una guerra subsidiaria o *proxy war*, en la que un Estado determinado, empleando y a la vez culpando a grupos de mercenarios antagónicos en apariencia extraestatales, "hace una guerra política y militar en contra de un estado anfitrión sin ser identificado como el perpetrador".[28] En la "guerra contra las drogas", el "cártel" ocupa el lugar del combatiente no-Estatal, aunque su capacidad de fuego nunca pueda ser realmente verificada. El gobierno estadounidense construyó primero el escenario de guerra declarando a las organizaciones de tráfico como amenazas a la "seguridad nacional" y su contraparte mexicana aprovechó los beneficios políticos y económicos del combate, desde el establecimiento de una soberanía federal totalizada hasta la oportunidad de facilitar procesos extractivos de energéticos y minerales mediante la ocupación militar que despoja territorios y desplaza comunidades enteras. Menos que una "guerra", se trató de una acción militar en contra de un enemigo que se hacía percibir extremadamente violento y cuya aniquilación reclamaba el sacrificio no sólo de las Fuerzas Armadas, sino de la sociedad misma. Lo advirtió el propio presidente Calderón: "Sé que restablecer la seguridad no será fácil ni rápido, que tomará tiempo, que costará mucho dinero e incluso, por desgracia, vidas humanas".[29]

---

[27] Los operativos del Ejército mexicano en 2010 se concentraban desproporcionadamente en traficantes del noreste del país; 44% de los detenidos eran asociados con el "Cártel del Golfo" o "Los Zetas", mientras que sólo 5% eran del llamado "Cártel de Juárez", 12% del "Cártel de Sinaloa" y otros 12% de Tijuana, territorios supuestamente bajo la hegemonía de la organización sinaloense en ese año. Véase John Burnett, Marisa Peñaloza y Robert Benincasa, "Mexico Seems to Favor Sinaloa Cartel in Drug War", *National Public Radio*, 19 de mayo de 2010.

[28] Waseem Ahmad Qureshi, "Fourth- and Fifth-Generation Warfare: Technology and Perceptions", *San Diego International Law Journal*, vol. 21, Issue 1, otoño de 2019, pp. 187-215, p. 192.

[29] "Pero ténganlo por seguro: ésta es una batalla en la que yo estaré al frente, es una batalla que debemos librar y que unidos los mexicanos vamos a ganar a la delincuencia". "Presidente Calderón: discurso completo en el auditorio", *El Universal*, 1 de diciembre de 2006.

Imagen del artículo "J-war-ez" escrito por Julián Cardona y acompañado por una de sus más icónicas fotografías tomada en 2004: el rostro de una mujer en un afiche publicitario que recibió un balazo en una casa donde se exhumaron 12 cadáveres y donde la DEA monitoreaba a presuntos traficantes por medio de un informante.

En 2009 el fotoperiodista fronterizo Julián Cardona publicó un breve artículo titulado "J-war-ez" en una revista editada por corresponsales extranjeros desde Inglaterra. Ya en medio de la "guerra" desatada por Calderón, Cardona reflexionaba sobre la extraordinaria ola de homicidios que convirtió oficialmente a Ciudad Juárez en la urbe más violenta del planeta, en donde los "cárteles" en guerra aparecían como los responsables del pandillerismo, el robo de autos, la extorsión, el feminicidio, el secuestro y la trata de personas.

A partir de una larga trayectoria periodística cubriendo las calles de la ciudad, Cardona articuló un análisis muy distinto del que prevalecía en esos años. Lo que ocurría en las calles no podía explicarse como una "guerra de cárteles". Debía entenderse en el contexto de la creciente militarización en ambos lados de la frontera, enmarcada en la precarización de la vida fronteriza generada por la adopción del neoliberalismo como modelo de gobierno y como forma de administración de la vida en la frontera, desde los trabajadores de maquiladora hasta la juventud desposeída obligada a sobrevivir en las economías clandestinas del crimen organizado.

Así, es posible comprender cómo Juárez había incorporado el vocablo *war* en inglés, pues el conflicto había sido nombrado primero en esa lengua y luego inducido en territorio mexicano. El "Cártel de Sinaloa" no había repentinamente declarado la guerra al "Cártel de Juárez". Joaquín "El Chapo" Guzmán no pretendía —ni habría podido— monopolizar el mercado de la cocaína. La explicación que Julián repetía con frecuencia era mucho menos melodramática, pero acaso mucho más contundente: la violencia en Ciudad Juárez era del tamaño de su ocupación militar y policiaca. Con la perspectiva irónica que lo distinguía, Cardona se apropió de una máxima de la política estadounidense ("it's the economy, stupid") para diagnosticar la causa de fondo de la violencia en México. En 1992 James Carville, estratega de la campaña presidencial de Bill Clinton, adjudicó al bajo rendimiento de la economía para explicar la derrota de George H. Bush en su campaña de reelección.[30] Para Cardona, la verdadera raíz del caos que experimentaba México en esos años se encontraba en las propias estructuras del Estado, en el interior de su violencia legitimada por el discurso securitario: "¿Y si el Chapo no está detrás de esto, entonces quién? 'Es el ejército, estúpido'. Esto es lo que se escucha en la calle. La búsqueda de una respuesta verdadera a esta pregunta es un motivo suficiente para seguir escribiendo la historia desde aquí".[31]

La devastación de la guerra que comenzó en las palabras, en una narrativa sin referentes, en una fantasía absurda y contradictoria se convirtió, finalmente, en algo real.

---

[30] Véase la entrada de Wikipedia sobre el uso idiomático de la frase en el campo político estadounidense en <https://en.wikipedia.org/wiki/It's_the_economy,_stupid>.

[31] Julián Cardona, "J-war-ez", *Frontline*, verano de 2009, pp. 9-12, p. 9.

CUARTA PARTE

La guerra simulada

(2006-2020)

19

El Estado soberano, pero "capturado"

"Gobernar es decidir", escribió Felipe Calderón en la primera página del libro de memorias de su gobierno.[1] Acaso de modo involuntario, en esta afirmación se revela una de las más importantes dimensiones de la voluntad política que *decidió* emprender la estrategia de militarización del país para el supuesto combate al narcotráfico. Fueron, en efecto, como advierte Calderón desde el título de su libro, *Decisiones difíciles*, no azarosas o inesperadas, pero sí en cambio sujetas a una historia compartida entre México y Estados Unidos, trazable en los documentos que fue dejando pero que en más de un modo rebasó la investidura presidencial. Cumpliendo con las expectativas de un político conservador, Calderón se recuerda al principio de su gobierno preocupado por hacer valer la ley en una sociedad que él observaba como intrínsecamente corrupta y sometida por grupos criminales, reproduciendo el discurso de mano dura que imperaba en la derecha desde la década de 1970 tanto en México como en Estados Unidos. En el eje de su diagnóstico, Calderón localizó el principal problema de seguridad en el país: "Al llegar a la Presidencia encontré algo realmente preocupante: estaba ocurriendo lo que algunos especialistas denominan 'captura del Estado' por parte del crimen organizado. Un fenómeno real que, si bien es difícil de observar a simple vista, explica una parte importante de la problemática de la seguridad y la violencia en México".[2]

---

[1] Felipe Calderón, *Decisiones difíciles*, México, Debate, 2020, p. 11.
[2] *Ibid.*, p. 303.

La "captura del Estado", según sus argumentos, ocurría en México mediante "dos procesos recíprocos muy peligrosos": "por un lado, las instituciones de seguridad y justicia se estaban debilitando de forma acelerada, erosionadas por la corrupción o la amenaza del crimen organizado; por otro, el crimen organizado crecía de manera exponencial y tomaba el control de dichas instituciones para ponerlas a su servicio".[3]

Sin embargo, la evidencia de la supuesta "captura" se refería a circunstancias inverificables pero sobredimensionadas: actos de violencia en municipios de Tamaulipas, en donde autoridades locales temían incursiones de "Los Zetas", el grupo militar de élite que desertó de las Fuerzas Armadas para unirse al "Cártel del Golfo", o el asedio del "Cártel de Sinaloa" que según políticos de ese estado era imparable, o el grave peligro que supuestamente suscitaba "La Familia" para el gobierno del estado de Michoacán. De ese anecdotario, Calderón deriva una vaga percepción del "crimen organizado" como amenaza inminente: "Los grupos criminales inician buscando controlar al policía de la esquina; pero si pueden, controlarán al cuerpo policiaco entero. Por eso sobornan o amenazan: para obligar, a quien gobierna, a que los directores o responsables de la policía en los municipios, o incluso en algunos estados, sean designados por los criminales. Ésa es la condición que imponen a muchos gobernantes, desde sus campañas y, desde luego, una vez en el cargo".[4]

Pero esta dicotomía conceptual entre el Estado debilitado y el crimen organizado empoderado emerge en realidad como parte de un correlato mayor de "ley y orden" recibido desde Estados Unidos y Europa desde la década de 1970. Como explica Fernando Escalante Gonzalbo, la percepción del crimen organizado en control de territorios se derivó de un cambio de paradigma posterior a la crisis del Estado de bienestar y la introducción de una mentalidad policial que criminalizó los sectores sociales más vulnerables y que al mismo tiempo instigó una desproporcionada percepción del crimen que se configura desde entonces en políticas represivas y militaristas.

La idea del control territorial es sin duda la pieza clave para lo que se podría llamar el relato oficial de la guerra contra el crimen organizado. Por un lado, sirve para

---

[3] *Ibid.*, p. 306.
[4] *Ibid.*, p. 310.

explicar la violencia, la mayor parte de la violencia por lo menos, como consecuencia de la lucha entre organizaciones que compiten por el control del territorio [...] Por otro lado, la idea también explica la necesidad del despliegue del
Ejército, puesto que eso es lo que hace el Ejército, que no hace ningún cuerpo
de policía: tomar o recuperar territorio.[5]

La narrativa de la "captura del Estado", en efecto, ha sido popularizada por
numerosos analistas, académicos y periodistas para explicar de un modo general el supuesto escenario de violencia y criminalidad que encontró el presidente Calderón al inicio de su gobierno en 2006.[6] El concepto de la "captura
de Estado", que después se radicalizó con el discurso securitario desde mediados de 1990 en México, permitió desplazar la atención pública de la investigación del delito hacia algo más grave e inmediato y que requeriría del
poder militar para resolverse: "Ocupar el espacio que había sido usurpado por
los cárteles".[7]

El debate sobre la dimensión real del llamado "crimen organizado" era
desde luego mucho más complejo que la interpretación alarmista del presidente Calderón. Un estudio académico publicado en 2000 encontraba
de un modo general por lo menos dos corrientes críticas sobre la relación
entre el Estado mexicano y los grupos criminales. Por un lado, estaban quienes observaban en el poder oficial mexicano una estructura centralizada
que subordinaba e instrumentalizaba a las organizaciones criminales. En el
extremo opuesto, estaban quienes veían más bien un sistema de gobierno
fragmentado y en disputa por múltiples actores a nivel nacional y regional
en el que era posible advertir grupos criminales con mayor autonomía e

---

[5] Fernando Escalante Gonzalbo, *El crimen como realidad y representación*, México, El Colegio de México, 2012, p. 106.
[6] Véase, por ejemplo, el concepto de "vacíos de poder" en el Estado, la idea de una "seguridad fallida" en el gobierno de Calderón, hasta la interpretación más extrema de la
violencia que asume a México como un "estado fallido", respectivamente en Edgardo
Buscaglia, *Vacíos de poder en México*, México, Debate, 2013; Paul Kenny y Mónica Serrano
(eds.), *Mexico's Security Failure. Collapse into Criminal Violence*, Nueva York, Routledge,
2012; y George Grayson, *Mexico. Narco-violence and a Failed State?*, Nueva York, Routledge, 2017.
[7] *Idem.*

independencia.[8] En las dos posturas, la idea del crimen organizado se había instalado ya como un factor *a priori* dado, ineludible, que no podía dejar de plantearse como el reto más importante de los primeros años de la supuesta transición democrática con la llegada del PAN al poder.

Pero más allá de la retórica y el imaginario colectivo en torno al "narco" que fue dominando la esfera pública en México desde mediados de la década de 1990, lo cierto es que la realidad socioeconómica del país era profundamente distinta a la del escenario catastrofista que percibía Calderón. Es importante insistir, primero, en las cifras de la violencia. En 2007 el país experimentó el año con menos violencia homicida de toda la década anterior. De 2000 a 2007, recordemos, la tasa nacional de homicidios descendió respectivamente de 10.84 a 8.04 asesinatos por cada 100 mil habitantes, según datos oficiales del Instituto Nacional de Estadística, Geografía e Informática (INEGI). Aunque con cifras más elevadas, el Sistema Nacional de Seguridad Pública (SNSP) —que concentra el registro de las procuradurías de los estados de la República— muestra la misma tendencia a la baja: entre 2000 y 2007 el homicidio descendió de 13.76 a 9.73 asesinatos por cada 100 mil habitantes. Si bien mayor que la de Estados Unidos (5.6), la tasa mexicana de homicidios en 2007 era muy inferior a las de Colombia (39), Venezuela (48) y Rusia (18), donde el fenómeno del crimen organizado es igualmente preocupante.[9] Resulta inexplicable cómo se llegó a la tesis de que el país estaba "capturado" por el "crimen organizado" mientras se registraba un descenso sistemático de la violencia durante toda la última década. La tendencia a la baja fue interrumpida por la militarización del país, que detonó una violencia que no existía en México, pero que a partir de 2008 se describió como una guerra. Lo explica así un estudio académico sobre la tasa de homicidios:

> La lucha contra el crimen organizado, que se presenta como una cruzada por recuperar la tranquilidad de los mexicanos y para evitar que las drogas lleguen a nuestra población, ha traído en realidad más muerte para jóvenes y adultos

---

[8] John Bailey y Roy Godson (eds.), *Organized Crime & Democratic Governability. Mexico and the U.S.-Mexican Borderlands*, Pittsburgh, The University of Pittsburgh Press, 2000, p. 3.
[9] Héctor Hernández-Bringas y José Narro Robles, "El homicidio en México, 2000-2008", *Papeles de población*, núm. 63, enero-marzo, 2010, pp. 243-271.

jóvenes. Asimismo, ha incrementado la percepción y el sentimiento de inseguridad, ha trivializado las causas y el manejo de la violencia, y no ha conseguido reducir la oferta de estupefacientes, cuyo consumo en México se ha incrementado.[10]

En otras palabras, la estrategia de una "guerra contra el narco" fue de hecho la condición de posibilidad del escenario de violencia extrema legitimada por una política antidrogas ineficaz y contraproducente. Como demuestra la Encuesta Nacional de Adicciones, la incidencia del consumo de droga en México se mantiene por debajo de la media mundial. Mientras que 42% de la población de Estados Unidos dice haber probado una droga ilícita, los niveles de consumo entre mexicanos son históricamente bajos y sólo se incrementaron levemente, de 4.6% en 2002 a 5.5% en 2010. "El presidente se comprometió a bajar los niveles de consumo de las drogas a pesar de que esto no era un problema entonces y tampoco lo es ahora", advertían Rubén Aguilar y Jorge Castañeda —ambos exfuncionarios del gobierno de Vicente Fox—, al finalizar el gobierno de Calderón.[11]

Por otra parte, la narrativa de la "captura del Estado" por el "crimen organizado" era simplemente insostenible ante los indicadores económicos del país. Hacia el final del sexenio de Calderón, todavía después de más de 100 mil asesinatos y más de 20 mil desapariciones forzadas, la economía mexicana se mostraba vigorosa y saludable, como explica con detenimiento George Philip, profesor de la London School of Economics:

México no es un Estado fallido ni está en peligro de convertirse en uno en un futuro cercano. Aparte de su criminalidad violenta, México ha tenido un buen desempeño en los últimos años. La última década ha experimentado un crecimiento económico positivo con poca inflación. El último grave malestar macroeconómico de México, la llamada crisis del tequila de 1994-1995, tuvo lugar hace casi 20 años. El Estado mexicano goza hoy de un equilibrio fiscal mucho mejor que durante décadas, y su estabilidad macroeconómica y control sobre su deuda es superior a la de al menos algunos países europeos, oficialmente del

---

[10] *Ibid.*, p. 268.
[11] Rubén Aguilar y Jorge Castañeda, "La guerra antinarco, el gran fracaso de Calderón", *Proceso*, 17 de octubre de 2012.

primer mundo. Debido a su fortaleza económica comparativa, el Estado mexicano tiene los medios para combatir al crimen organizado, al menos en términos puramente financieros. Ha encontrado los recursos necesarios para poder aumentar el gasto en policías y militares de manera significativa desde 2006, aunque determinar si ha gastado estos recursos adicionales con sabiduría óptima ya es otra historia.[12]

Desde luego que estos reparos no son considerados en el relato que Calderón ofrece sobre las razones que motivaron su política de seguridad. Lo que presenta, en cambio, es una simple y depurada narrativa que fue construyéndose a lo largo de tres décadas y que ahora se incorporaba de lleno en el gobierno de México: el "narco" debía ser combatido militarmente o terminaría por tomar el control del Estado, aunque las tendencias de la violencia a la baja y la economía al alza demostraran lo contrario.

Junto a la narrativa del presidente Calderón, existe otro debate en torno a la decisión de su gobierno de emprender la llamada "guerra contra el narco". Como recuerdan los académicos Guadalupe Correa y Tony Payán, hay dos versiones encontradas sobre cómo llegó Calderón a concebir su política de seguridad antidrogas durante los primeros meses de su presidencia. Por una parte, funcionarios de los gobiernos de México y Estados Unidos de esos años —Tony Garza, embajador de Estados Unidos en México; Arturo Sarukhán, su contraparte mexicana en Washington; Guillermo Valdés, director del Cisen; Carlos Rico, subsecretario para América del Norte de la cancillería mexicana; Sigrid Arzt Colunga, secretaria técnica del Consejo de Seguridad Nacional, entre otros— insisten en que la decisión de combatir al narcotráfico fue concebida independientemente por Calderón. Por otra parte, periodistas, académicos y exfuncionarios de ambos gobiernos —los reporteros Wilbert Torre y Alejandro Gutiérrez, exfuncionarios como Rafael Fernández de Castro, asesor principal de política exterior de Calderón, o académicos como Luis Astorga, sociólogo especializado en narcotráfico, entre otros— afirman que el gobierno de Estados Unidos, mediante presiones diplomáticas, reunio-

---

[12] George Philip, "Mexico's struggle against organized crime", en George Philip y Susana Berruecos (eds.), *Mexico's struggle for public security. Organized crime and state responses*, Nueva York, Palgrave Macmillan, 2012, p. 2.

nes de alto nivel y reportes de inteligencia y acuerdos binacionales, plantó originalmente la idea de la militarización antidrogas y luego persuadió a Calderón para llevarla a cabo.[13]

La segunda explicación no sólo es más convincente sino también más verificable. En primera instancia, es inequívoca la revelación hecha por un cable diplomático fechado el 15 de junio de 2006 y filtrado por Wikileaks. En ese documento, el entonces embajador estadounidense Tony Garza recomendaba a los departamentos de Homeland Security y Justicia una reunión de alto nivel entre ambos países, pues "México debe aceptar que se enfrenta a una crisis de violencia relacionada con las drogas y que debe reaccionar en consecuencia". En el mismo cable, Garza explicitó parte del objetivo ulterior de la agenda estadounidense para México: "Estados Unidos, por supuesto, puede ayudar con inteligencia, capacitación, asesoramiento de expertos, etc., pero México necesita actuar. Implícita en esto (y tal vez no tan implícita) está la señal de que la nueva administración [del presidente Calderón] no debería esperar que el gobierno de Estados Unidos mire hacia otro lado mientras las ciudades fronterizas explotan en violencia. Queremos que México se quite los guantes en la lucha contra los cárteles".[14]

La directiva oficial no podía ser más clara: obligar a México a "actuar" y sin "guantes" en el combate al narcotráfico, invocando la popular metáfora del box para describir una lucha real, sin protecciones, a muerte. Este tipo de discurso y presión diplomática marca con frecuencia la relación México-Estados Unidos bajo la égida de la "seguridad nacional", como dijo en una entrevista Marta Bárcena, exembajadora de México en Washington: "En otras embajadas, uno hace política exterior, relaciones bilaterales. Ese tipo de cosas. Pero el trabajo del embajador mexicano en los Estados Unidos es muy diferente. La relación con México se maneja más en el DHS [Departamento de Homeland Security] y la Casa Blanca que en el Departamento de Estado".[15]

---

[13] Véase el capítulo "Los 'gringos'" en Guadalupe Correa-Cabrera y Tony Payán, *La guerra improvisada. Los años de Calderón y sus consecuencias*, México, Océano, 2021.

[14] Antonio O. Garza Jr. "Engaging the New Mexican Administration on Law Enforcement", *Wikileaks*, Confidential cable 06MEXICO3297_a, 15 de junio de 2006. Consultado en <https://wikileaks.org/plusd/cables/06MEXICO3297_a.html>.

[15] Nick Miroff, "A Mexican Ambassador's career finale", *The Washington Post*, 21 de febrero de 2021.

Una fuente anónima cercana a Calderón dijo a Correa-Cabrera y Payán que el todavía presidente electo y su equipo de transición fueron de hecho recibidos en la Casa Blanca con informes de inteligencia que establecían un panorama alarmista de inseguridad en México: "El papel de los gringos y su influencia fue fundamental. En su primera visita a Washington atiborraron a Calderón de información sobre la inseguridad en México y luego aprovecharon para darle consejo y ofrecerle ayuda en lo subsecuente".[16] La visita de Calderón, todavía como presidente electo, se llevó a cabo el 9 de noviembre de 2006, y como recuerda Alejandro Gutiérrez, reportero de la revista *Proceso*, tuvo un fuerte componente práctico: "A la par de las reuniones oficiales, la visita fue aprovechada para que el equipo de Calderón recibiera algunos dossiers de información sensible de la Dirección Nacional de Inteligencia, entonces encabezada por John Dimitri Negroponte, y de la secretaria del Departamento de Estado, Condolezza Rice, sobre los temas del crimen organizado".[17]

Este proceso de mediación política, según explica Gutiérrez, se completó con una gira de trabajo que Calderón realizó por Centro y Sudamérica. El 4 de octubre de 2006 se reunió en Bogotá con el presidente Álvaro Uribe, en donde se le presentaron los "logros" obtenidos con el Plan Colombia, la estrategia de militarización antidrogas financiada por Estados Unidos, con agentes de la DEA y elementos del Ejército norteamericano operando en territorio colombiano, además de establecer un acuerdo para agilizar las solicitudes de extradición. El gobierno de Uribe ya había aprobado para entonces 521 de las 827 peticiones recibidas.

> Tras su encuentro con Uribe, Calderón adelantó que "queremos aprender de las mejores experiencias y aplicar acciones contundentes en la lucha contra la inseguridad en nuestro país, que aquí en Colombia se ha traducido en la política de seguridad democrática, porque no se puede permitir que haya poderes de facto que atenten todos los días contra la sociedad y que desafíen a la autoridad del Estado mexicano".[18]

---

[16] Correa-Cabrera y Payán, *La guerra improvisada, op. cit.*, p. 180.
[17] Alejandro Gutiérrez, "Narcotráfico. El gran desafío de Calderón", *Proceso*, 5 de junio de 2007.
[18] *Idem.*

En el mismo mes de octubre de 2006, el secretario de Seguridad Pública del gobierno de Vicente Fox, Eduardo Medina-Mora, junto con el director de la Agencia Federal de Investigación (AFI, ahora extinta) se reunieron en Cuernavaca, Morelos, con Karen Tandy, administradora de la DEA, y David Gaddis, director regional de la DEA para América del Norte y Centroamérica, "típico cazador de narcotraficantes latinos" que había tenido experiencia previa en Costa Rica y Colombia. Según los reporteros Ignacio Alvarado y Jorge Torres, la DEA operaba abiertamente para "involucrar a México en un plan de guerra contra el narcotráfico", persuadiendo a funcionarios de gobierno que habrían de tener puestos clave durante la administración del presidente Calderón.[19] De 2006 a 2009 Medina-Mora fue procurador general de la República, mientras que Genaro García Luna habría de alcanzar una notoria fama entre México y Estados Unidos como el implacable secretario de Seguridad Pública y principal operador de la "guerra contra el narco" ordenada por Calderón. En este proceso de persuasión política, como anota el reportero Wilbert Torre, la inteligencia mexicana terminó por reproducir la agenda estadounidense durante los meses de transición del nuevo gobierno:

El diagnóstico que el Cisen elaboró sobre el narcotráfico y la violencia generada por los cárteles partió esencialmente de los análisis realizados por las agencias estadounidenses. Los mapas de las zonas controladas por los cárteles existentes hasta ese momento —el cártel del Golfo, Los Zetas, el cártel de Sinaloa, La Familia Michoacana, el cártel de Juárez, el cártel de los Arellano Félix— se elaboraron además con base en una serie de hojas cartográficas publicadas por Stratfor, un centro estadounidense de análisis en inteligencia global. El centro de inteligencia [mexicana] había digerido la narrativa estadounidense sobre la violencia generada por los cárteles, una teoría simple y poco profunda que lo reducía todo a una disputa por territorios.[20]

---

[19] Jorge Torres e Ignacio Alvarado, "Un Plan Colombia al estilo mexicano", *El Universal*, 26 de enero de 2010.

[20] Wilbert Torre, *Narcoleaks. La alianza México-Estados Unidos en la guerra contra el crimen organizado*, México, Grijalbo, 2013, p. 25.

Este proceso de mediaciones informó la "decisión" del presidente mexicano. Fue premeditado y producido por contactos directos con altos funcionarios del gobierno estadounidense, sus agencias de seguridad y hasta firmas consultoras como Stratfor —que se precia de ser una suerte de CIA privada—, que le suministraron un discurso orientado a legitimar la agenda antidrogas militarista, la cual también fue implementado en Colombia mediante un multimillonario paquete de ayuda financiera.[21] Calderón asimiló la lógica y el lenguaje de la guerra diseminado en documentos de inteligencia, conversaciones a puerta cerrada con miembros del gabinete, asesores de seguridad, procuradores, y desde luego los presidentes de Estados Unidos y Colombia, es decir, del país que primero imaginó la "guerra contra el narco" y del país que primero la puso en marcha.

Como recuerda Rafael Fernández de Castro, asesor de política exterior de Calderón, el presidente mexicano comenzó a tener "una enorme deferencia a Estados Unidos y una gran admiración" después de tomar un curso en la Escuela Kennedy de Gobierno de la Universidad de Harvard, en donde además conoció a futuros colaboradores de su gobierno.[22] Ese entusiasmo político, cultural y hasta afectivo por Estados Unidos puede explicar mejor el curioso momento de ingenuidad narrado por el propio Calderón, cuando admite que personalmente solicitó al entonces presidente George W. Bush "todas las herramientas" de Jack Bauer, el protagonista de la popular serie de televisión *24*, en la que un violento agente neutraliza dramáticos atentados terroristas en distintas ciudades de Estados Unidos en el transcurso de un único día, en el que Bauer secuestra, tortura y asesina a los responsables.[23]

---

[21] Stratfor se anuncia como una plataforma que ofrece servicios de inteligencia geopolítica a empresas trasnacionales. La compañía, sin embargo, ha sido desacreditada como una máquina de propaganda que recicla información pública con fines políticos y geoestratégicos que benefician al gobierno estadounidense y sus otros clientes, como los conglomerados de Coca-Cola (que además del popular refresco es también embotelladora de agua como Dasani, Ciel, y el agua mineral Topo Chico), Lokheed Martin (enfocada en tecnología aeroespacial, armas y seguridad), y Dow Chemical (productores de químicos como polietileno, solventes, silicones y poliuretano). Véase Max Fisher, "Stratfor is a joke and so is Wikileaks for taking seriously", *The Atlantic*, 27 de febrero de 2012.

[22] Correa-Cabrera y Payán, *La guerra improvisada, op. cit.*, p. 178.

[23] "En alguna de esas conversaciones entre el Presidente Bush, la Secretaria de Estado, la canciller mexicana y un servidor, además de los intérpretes, le pedí ayuda de inteligencia

En ese mismo encuentro, celebrado el 13 de marzo de 2007 en Mérida, Yucatán, el presidente Bush y Calderón pactaron la llamada Iniciativa Mérida. El presidente Calderón podrá defender con razón su papel activo en solicitar la ayuda estadounidense, pero lo cierto es que llegó a esa decisión después de internalizar la política securitaria estadounidense al grado de imaginarse a sí mismo como una suerte de héroe que combate a los "narcos" en una serie televisiva trasladada a la violenta realidad mexicana. Al optar por una política en congruencia con la visión estadounidense dominante, Calderón no hizo más que responder prediciblemente al despliegue de la hegemonía securitaria. Su decisión no fue producto de un cuidadoso e independiente análisis de las circunstancias, sino el resultado de un proceso político de sumisión y dominación.

La "guerra contra las drogas", como hemos visto, ha sido primero que nada un proceso *discursivo* que condujo una lógica política y diplomática que no por accidentada y discontinua fue menos eficaz para construir gradualmente una plataforma de integración de México a la agenda de "seguridad nacional" de Estados Unidos. Al iniciar la presidencia de Calderón el 1 de diciembre de 2006, ya se había aceptado la lógica militarista antidrogas a la par del reforzamiento del aparato de seguridad, el gasto público en las Fuerzas Armadas y los acuerdos binacionales de cooperación que justificarían el despliegue del Ejército y las Fuerzas Armadas en las regiones más afectadas por el "narco". La decisión del presidente mexicano sería respaldada luego con el apoyo político, económico, diplomático y militar estadounidense de la Iniciativa Mérida: se trató inicialmente de un paquete de más de mil 500 millones de dólares destinados a la compra de equipo y entrenamiento militar y policial. Si bien el convenio de cooperación hacía un énfasis en la protección de los derechos humanos y la atención a las "raíces" de la violencia en México, la mayor parte del presupuesto se invirtió en el combate al narcotráfico con 420 millones de dólares para la compra de aviones y helicópteros, 100 millones

---

y apoyo tecnológico. En broma, le pregunté acerca de una serie televisiva que había estado en boga en los primeros años de la década, donde aparecía un despliegue tecnológico excepcional, no muy alejado de las capacidades tecnológicas disponibles. '¿Recuerda usted el programa *24* con Jack Bauer?, pues bien, necesitamos todas las herramientas'. De broma o no, pero México tuvo un salto en capacidades tecnológicas en materia de seguridad y seguimiento de bandas criminales." Calderón, *Decisiones difíciles*, *op. cit.*, p. 451.

más en entrenamiento y equipo para incrementar la seguridad en la frontera compartida por ambos países, junto con otros 400 millones para el fortalecimiento del sistema judicial mexicano. Hasta 2021 el Congreso estadounidense había destinado 3 mil 300 millones de dólares para la Iniciativa Mérida. El presupuesto previsto para el paquete de ayuda a México 2021 era de 159 millones de dólares.[24]

El discurso oficial estadounidense se cuida de no dar la impresión de haber financiado un conflicto armado en México, sino de proveer herramientas para mejorar la seguridad de la ciudadanía:

La Iniciativa Mérida no dirige operaciones militares o policiacas conjuntas. El programa de la Iniciativa Mérida nunca ha proporcionado armas o municiones al ejército ni a la policía mexicana. Los equipos donados bajo la Iniciativa Mérida van desde helicópteros a la Policía Federal, en los primeros años del Plan, a equipos de escaneo de rayos X en los puertos de entrada, a equipos de protección para las fuerzas que desmantelan laboratorios de drogas clandestinas, a equipos de Tecnologías de la Información (TI) a los tribunales para garantizar la implementación del sistema de justicia penal acusatorio. Se han donado *simuladores virtuales* de armas de fuego a las academias federales y estatales de policía para capacitar a cadetes y personal en servicio sobre cómo lidiar con situaciones tensas y accionar un arma solo cuando sea necesario para salvar vidas. Todos los equipos donados están destinados a mejorar la capacidad del Gobierno Mexicano para proteger a los ciudadanos y garantizar el estado de derecho, lo cual apoya esfuerzos regionales a favor de la paz y la prosperidad.[25]

No deja de sorprender la contradicción del discurso estadounidense que reitera una supuesta preocupación por la pacificación de México mientras suministra equipo militar, simuladores virtuales de armas y entrenamiento para soldados. Pero además de facilitar la militarización del país, importó sobre

---

[24] Clare Ribando Seelke, "México: Evolution of the Merida Initiative, 2007-2021", United States Congressional Research Service, 13 de enero de 2021. Consultado en <https://fas.org/sgp/crs/row/IF10578.pdf>.

[25] "Cinco puntos clave para entender la Iniciativa Mérida", Embajadas y Consulados de Estados Unidos en México. Consultado en <https://mx.usembassy.gov/es/our-relations hip-es/temas-bilaterales/iniciativa-merida/cinco-puntos-clave-iniciativa-merida/>.

todo el apoyo *político* de Estados Unidos, que lejos de advertir los crímenes de lesa humanidad cometidos por las Fuerzas Armadas mexicanas, reconoció a Calderón por su "valentía al enfrentar a los traficantes y los cárteles", como hizo todavía hasta el final de su gobierno el presidente Barack Obama.[26] La "guerra" de Calderón, celebrada y defendida por el gobierno estadounidense, haría posible la entrada de México a una nueva era de conflictos armados que se habría de extender y agravar durante la siguiente década. Su terrible saldo de muerte y destrucción, que sigue analizándose desde el periodismo y la academia, ya ha sido denunciado incluso ante la Corte Penal Internacional de La Haya en una demanda respaldada por 23 mil ciudadanos mexicanos.[27]

Instigado por la presión estadounidense, las primeras incursiones militares del gobierno de Calderón, de hecho, ocurrieron antes de que se pactara formalmente la Iniciativa Mérida. Convencido del discurso de mano dura, Calderón ordenó el despliegue de 4 mil 260 soldados del ejército, mil 54 elementos de la Marina, y mil 420 de la Policía Federal y la Agencia Federal de Investigaciones en la "Operación Conjunta Michoacán" el 8 de diciembre de 2006, a siete días de haber iniciado su gobierno.[28] El 3 de enero de 2007

---

[26] "Joint Press Conference by President Obama, President Calderon of Mexico, and Prime Minister Harper of Canada", *The White House*, 2 de abril de 2012. Consultado en <https://obamawhitehouse.archives.gov/the-press-office/2012/04/02/joint-press-con ference-president-obama-president-calderon-mexico-and-pri>.

[27] Fernando Camacho Servín, "Demandan a Calderón en La Haya por 'delitos de lesa humanidad'", *La Jornada*, 26 de noviembre de 2011.

[28] El investigador Carlos Resa Nestares sumó 13 operativos conjuntos durante el gobierno de Calderón. Al primero en Michoacán le siguieron: "Operación Conjunta Tijuana" (3 de enero de 2007, 3 mil 296 efectivos), "Operación Conjunta Sierra Madre" (7 de enero, 9 mil 54 efectivos en las montañas del llamado Triángulo Dorado entre Durango, Sinaloa y Chihuahua), "Operación Conjunta Guerrero" (7 de enero, 6 mil 388 efectivos), "Operativo Chiapas, Campeche y Tabasco" (23 de enero, número indeterminado de efectivos), "Operación Conjunta Nuevo León Tamaulipas" (18 de febrero, 3 mil 350 efectivos), "Operativo Veracruz seguro" (12 de mayo, número indeterminado de efectivos), "Operativo Conjunto La Laguna" (14 de junio, número indeterminado de efectivos en Coahuila y Durango), "Operativo San Luis Potosí (20 de septiembre, número indeterminado de efectivos), "Operativo Cancún" (24 de septiembre, 200 efectivos), "Operativo Aguascalientes" (19 de octubre, número indeterminado de efectivos), "Operación Conjunta Juárez" (28 de marzo de 2008, 2 mil 26 efectivos), "Operativo Culiacán Navolato" (13 de mayo, 2 mil 723 efectivos). Considerando todos los casos, "el crecimiento de la violencia en el resto de México a partir de mediados de 2008 fue superior al

circuló en medios de comunicación una imagen particularmente significativa: el presidente Calderón realizó una visita oficial a la 43ª Zona Militar, en Michoacán. Ante 250 soldados del ejército, se propuso rendir "tributo" a las Fuerzas Armadas en las primeras semanas de su "guerra contra el narco": "Calderón llegó al aeropuerto de Uruapan ataviado como si fuera soldado, con gorra de campo que lucía un escudo con cinco estrellas y chamarra de color verde olivo y pantalón beige. Luego se dirigió a Apatzingán, donde encabezó una ceremonia de saludo a la Bandera frente a las tropas y firmó el libro de visitantes distinguidos de esta zona militar".[29]

Encabezado e imagen intervenida de la visita del presidente Felipe Calderón a la 43ª Zona Militar del Ejército en Michoacán. *El Deforma*, medio de comunicación satírico, parodió el atuendo militar de Calderón que le quedó demasiado holgado. La imagen circuló en redes sociales después de que el presidente Andrés Manuel López Obrador llamara "Comandante Borolas" a Calderón.

---

clima de estabilidad e incluso ligero descenso de la violencia que se registró en el primer año de gobierno de Calderón Hinojosa". Véase Carlos Resa Nestares, "¿La guerra contra el narcotráfico creó la violencia en México? Análisis cuantitativo de la violencia antes y después de los operativos conjuntos", publicación independiente del autor, septiembre de 2017, p. 79. Consultado en <https://www.researchgate.net/publication/320781534_La_Guerra_contra_el_Narcotrafico_creo_la_violencia_en_Mexico_Analisis_cuantitativo_de_la_violencia_antes_y_despues_de_los_operativos_conjuntos>.
[29] Claudia Herrera y Ernesto Martínez, "Vestido de militar, Calderón rinde 'tributo' a las fuerzas armadas", *La Jornada*, 4 de enero de 2007.

La estrategia nacional de militarización consistió en un total de 13 "operativos conjuntos" entre el gobierno federal y 16 estados afectados por el narcotráfico, según comunicados oficiales y la cobertura de los medios de comunicación. Laura Atuesta explica que la información sobre los operativos es poco transparente y que en múltiples casos la presencia de las Fuerzas Armadas antecede al anuncio del operativo en sí. Contrario a los objetivos especificados, Atuesta anota que numerosos operativos poco o nada tenían que ver con la erradicación de cultivos de droga y que su meta real estaba lejos de la "cooperación" entre las fuerzas federales y estatales de cada región: "Durante el gobierno de Felipe Calderón se definieron los operativos conjuntos como un esfuerzo de coordinación entre fuerzas federales, estatales y locales, pero en la práctica fueron implementados como un esfuerzo federal para sustituir al orden local".[30]

Si bien sigue habiendo un debate sobre el momento exacto de la militarización de cada región y el número de soldados y policías involucrados, ahora hay estudios claros, basados en datos oficiales, de que el despliegue de miles de soldados y agentes policiales interrumpió el descenso de una década de homicidios en todo el país y, de hecho, coincidió con un aumento dramático de la violencia en esas mismas regiones ocupadas por las Fuerzas Armadas. En noviembre de 2007 un reporte de la organización no gubernamental Washington Office for Latin America (WOLA) ya había diagnosticado el problema: los operativos militares "hacen poco por abordar el tema en el largo plazo, y distraen la atención de las reformas fundamentales a los sistemas de policía y de justicia que son necesarias para combatir los problemas de seguridad pública en el país".[31] Además del trabajo de los sociólogos Fernando Escalante Gonzalbo y José Merino, un estudio estadístico realizado en la Universidad de Harvard analizó la violencia en los municipios más afectados del país y determinó que

---

[30] Laura H. Atuesta, "Militarización de la lucha contra el narcotráfico: los operativos militares como estrategia para el combate del crimen organizado", *Las violencias. En busca de la política pública detrás de la guerra contra las drogas*, Laura H. Atuesta y Alejandro Madrazo Lajous (eds.), México, CIDE, 2018, libro electrónico. Agregando operativos en los primeros años de gobierno del presidente Enrique Peña Nieto, Atuesta registra 15 operativos militarizados antidrogas.

[31] Maureen Meyer, "En la encrucijada. Tráfico de drogas, violencia y el estado mexicano", Washington Office on Latin America (WOLA), noviembre de 2007.

la estrategia de seguridad no sólo era ineficaz, sino que fue el factor determinante que produjo un incremento sustancial en la tasa de homicidios.[32] La misma investigadora concluye: "La presencia de fuerzas federales sí tiene un impacto en el incremento de la violencia observada en México, y este impacto es mayor en el largo plazo que en el corto plazo, siendo más intenso cuando hay participación de la Sedena que de otras fuerzas federales".[33]

Ahora bien, ¿cómo explicar el sentido de la violencia producida por la militarización? Como lo ha analizado ya el trabajo clave de analistas, periodistas y académicos, la "guerra contra las drogas" debe entenderse como el vehículo de intervención geoestratégica estadounidense que ejerce unilateralmente una agenda de seguridad que en el nombre del combate al narcotráfico moldea la política doméstica de México, establece acuerdos de cooperación que posicionan los intereses estadounidenses al interior mismo de las estructuras de Estado en México y mantiene la influencia del complejo industrial militar del norte global en la región. Al mismo tiempo, la violencia estatal ejercida por el Ejército mexicano y los cuerpos policiales a nivel federal, estatal y municipal ha sido una herramienta para allanar el avance y fluidez del capital global trasnacional bajo el amparo y usufructo de la clase político-empresarial del país. La militarización, como veremos, ha sido un brutal instrumento facilitador de proyectos de extracción en numerosas zonas ricas en petróleo, gas y minerales, un destructor de comunidades enteras mediante el uso de la violencia organizada, la desaparición y el desplazamiento forzado.

La Iniciativa Mérida es resultado directo de la llamada Alianza para la Seguridad y Prosperidad de América del Norte (ASPAN), un acuerdo celebrado el 23 de marzo de 2005 entre los gobiernos de México, Estados Unidos y Canadá. En un extraordinario momento de involuntaria sinceridad geopolítica, el entonces subsecretario de Estado para Asuntos del Hemisferio Occidental, Thomas Shannon, declaró en abril de 2007 —un mes después de acordada la Iniciativa Mérida— que la ASPAN entendía a Norteamérica como un "espacio económico compartido" que debía protegerse por medio

---

[32] Valeria Espinosa y Donald B. Rubin, "Did the Military Interventions in the Mexican Drug War Increase the Violence?", *The American Statistician*, vol. 69, núm. 1, 2015, pp. 17-27.

[33] Laura H. Atuesta, "Militarización de la lucha contra el narcotráfico", *op. cit.*

de cooperación en medidas de seguridad. "Hasta cierto punto, estamos blindando al TLCAN."[34] Según lo explica la analista Laura Carlsen, la agenda securitaria de la ASPAN es el legado del proyecto intervencionista estadounidense que actualiza la firma del Tratado de Libre Comercio de América del Norte (TLCAN) con los ataques terroristas del 11 de septiembre de 2001 en Nueva York. La ASPAN no sólo forzaba en México un peligroso programa de militarización que trastocaba la relación binacional y que implicaba evidentes violaciones a los derechos humanos, sino que deliberadamente avanzaba los preceptos de la agenda de seguridad nacional establecidos por el presidente George W. Bush: la criminalización de migrantes, terroristas y traficantes por igual y medidas unilaterales en el combate al terrorismo y al narcotráfico. La confusión entre los "enemigos" de la "seguridad nacional" era en particular alarmante, pues se extendía perversamente a otras zonas de la política doméstica que colindaban con la represión de cualquier posibilidad de resistencia: "Al promover la estrategia de confrontación de Calderón, [la política de seguridad] bloquea vías para el desarrollo de las instituciones de la sociedad civil, criminaliza a la oposición, justifica la represión y restringe las libertades civiles".[35] Entre los ejemplos inmediatos registrados por Carlsen, se encuentra el acoso de campesinos organizados en el estado de Chihuahua para denunciar la altas tarifas del servicio de electricidad y la privatización de los fertilizantes, que luego fueron acusados de robo de electricidad y posteriormente detenidos unos meses después de haber iniciado el "Operativo Conjunto Chihuahua" en 2008. El despojo territorial y la represión en contra de activistas y organizaciones disidentes han sido constantemente reportados por medios nacionales e internacionales en numerosos estados del país: Durango, Sonora, Nuevo León, Tamaulipas, Baja California, Guerrero, Sinaloa, Michoacán y Oaxaca. Las disputas poco o nada tienen que ver con el trasiego de drogas y sí con la explotación de minería, hidrocarburos y reservas de agua.

En el plano hemisférico, el programa de militarización, represión y despojo detonado a través de la Iniciativa Mérida tiene un precedente clave en el llamado Plan Colombia. Concebido entre Estados Unidos y Colombia

---

[34] Laura Carlsen, "Armoring NAFTA: The Battleground for Mexico's Future", *NACLA Report on the Americas*, vol. 41, núm. 5, 2008, pp. 17-22, p. 17.
[35] *Ibid.*, p. 18.

en 2000, durante los últimos meses del gobierno de Bill Clinton, el acuerdo establecía una nueva estrategia de erradicación de la cocaína mediante un extenso programa de militarización que contó con un paquete de ayuda de 7 mil 500 millones de dólares.[36] La periodista y académica Dawn Paley recuerda que el régimen de militarización y paramilitarización que produjo para 2014 el desplazamiento forzado interno de más de 5 millones de personas permitió al mismo tiempo el avance de empresas transnacionales y domésticas con un fuerte componente de inversión extranjera. Es el caso específico de Ecopetrol, que explota uno de los principales oleoductos del país junto con empresas extranjeras, como la española Repsol o la estadounidense Occidental Petroleum, con la protección directa del ejército colombiano y helicópteros Black Hawk de Estados Unidos. Bajo el pretexto de una doble "guerra contra las drogas" y contra la insurgencia guerrillera, el Plan Colombia desplazó comunidades enteras en la zona del Putumayo para la extracción de petróleo y otros megaproyectos. Aunque el Plan Colombia terminó oficialmente en 2006, el modelo, según explica Paley, se incorporó a la agenda de seguridad de Centroamérica a través de la Central American Regional Security Initiative, o CARSI, y desde luego a la de México por medio de la Iniciativa (también llamada Plan) Mérida: "Vista a través de esta lente, la guerra contra las drogas parece ser una solución sangrienta a los problemas económicos de los Estados Unidos. La guerra contra las drogas, tal como se plasma en el Plan Colombia, el Plan Mérida y la CARSI, combina el terror con la formulación de políticas en una mezcla neoliberal, forzando la apertura de mundos sociales y territorios que antes no estaban disponibles para el capitalismo globalizado".[37]

Desde la óptica del neoliberalismo, inducido en Latinoamérica con mayor eficacia a partir de la década de 1990, avanzó en la región la racionalidad securitaria estructurada alrededor del combate al narcotráfico y que en unos meses aceleró la expansión del capital global. Para 2015 se habían invertido ya más de 10 mil millones de dólares, además de otros fondos secretos para

---

[36] Connie Veillette, "Plan Colombia: A Progress Report", Congressional Research Service, Washington, D. C., The Library of Congress, 22 de junio de 2005.

[37] Dawn Paley, "Drug War as a Neoliberal Trojan Horse", *Latin American Perspectives*, vol. 42, núm. 5, Environmental violence in Mexico, septiembre de 2015, pp. 109-132, p. 117.

operaciones encubiertas, según el periodista Steven Cohen: "El Plan Colombia funcionó como un laboratorio ideológico para una guerra perpetua en el siglo XX, con la Guerra Fría abriendo el paso a la política antidrogas, que a su vez abrió el paso al contraterrorismo, todo en el combate a una supuesta insurgencia marxista 'narcoterrorista' que volvía tales distinciones irrelevantes".[38]

La agenda securitaria en México alcanzó un nivel de depuración que favoreció los intereses estadounidenses. Como lo nota el investigador Jorge Chabat, a diferencia del Plan Colombia, la Iniciativa Mérida se enfocó en "apoyar las labores de inteligencia y [en] modernizar el funcionamiento organizativo de las agencias de seguridad mexicanas", es decir, "incentivando el combate al narcotráfico, al terrorismo y seguridad fronteriza", pero desde las mismas instituciones militares y policiales mexicanas que habrían de aparecer públicamente como las responsables de cada acción de combate en el país.[39] Esto se tradujo en primera instancia en un mayor gasto público. El gobierno de México invirtió alrededor de 7 mil millones de dólares en los primeros 18 meses de operativos, más de cuatro veces del dinero invertido por el gobierno de Estados Unidos.[40] Lo más grave, sin embargo, fue que el gobierno de México absorbió el costo *político* de la "guerra contra el narco". "Estados Unidos siempre va perfeccionando sus esquemas de colaboración en la región", me explicó la politóloga Guadalupe Correa-Cabrera.

> En el caso del Plan Colombia hubo mucho mayor participación en operativos en la región y un mayor desembolso de recursos. Para la Iniciativa Mérida les fue mucho más sencillo porque hicieron que México adquiriera gran parte de la responsabilidad que al final sería política, con las Fuerzas Armadas mexicanas pagando el costo de violaciones a los derechos humanos, desapariciones forzadas, desplazamiento forzado y todo lo que esto conlleva. México gasta el dinero y absorbe los riesgos.[41]

---

[38] Steven D. Cohen, "Militarize, Destabilize, Deport, Repeat. The Enduring Legacy of Plan Colombia", *The Baffler*, 5 de marzo de 2020.

[39] Jorge Chabat, *La Iniciativa Mérida y la relación México-Estados Unidos: En busca de la confianza perdida*, México, CIDE, 2010, p. 6.

[40] Dada la opacidad del presupuesto en materia de seguridad, esta cifra es apenas una aproximación que requiere de corroboración y que probablemente sea mayor de lo aquí citado. Véase Merle D. Kellerhals Jr., "Merida Initiative Will Help Battle Drug Trafficking", *News Blaze*, 1 de julio de 2008.

[41] Entrevista personal con Guadalupe Correa-Cabrera, 17 de abril de 2021.

Al insistir en que la "guerra" fue idea del presidente, el gobierno de Estados Unidos se mantuvo a una sana distancia "asesorando" al gobierno de Calderón, mientras que el ahora expresidente insiste en eximir a Estados Unidos de cualquier responsabilidad directa.[42]

El vínculo entre el Plan Colombia y el Plan Mérida nos permite comprender la escalada de la violencia en México. Como también lo ha denunciado el periodista Carlos Fazio, Estados Unidos instigó la implementación de un estado de excepción militarizado en México, es decir, la instrumentalización del ejército de esos países para ocupar el territorio nacional como en un escenario de guerra para combatir a un enemigo doméstico, pero con otros motivos ulteriores:

> En forma paralela, y a partir de la implantación larvada de un estado de excepción no declarado que se fue convirtiendo en regla, Estados Unidos instituyó en México —como antes en Colombia— un modelo donde la administración de la política se convirtió en un 'trabajo de muerte' que permite el control de amplios territorios para la explotación de los recursos geoestratégicos, laborales, de manufacturación o de paso para la circulación de las mercancías.[43]

Al permitir la construcción de un permanente estado de excepción, el Estado mexicano participó directa e indirectamente en el fomento de la violencia como herramienta de despojo y control social, dirigido por la lógica securitaria estadounidense. La violencia detonada por el Estado fue al mismo tiempo el pretexto legitimador de la política militarista.

En ese proceso, el Estado mexicano ha detentado una forma de soberanía territorial. Pero la *decisión* soberana que presume el presidente Calderón se complica al haberse ejercido al interior de un paradigma político fraguado por el discurso securitario estadounidense. El principio de soberanía está en el centro de un largo debate en teoría política y teoría crítica cultural que

---

[42] Véase, por ejemplo, la entrevista que Calderón concedió al periodista Ioan Grillo, en la que mantiene que la Iniciativa Mérida fue enteramente idea suya. El reportero acepta esta premisa y concede que "la ofensiva de Calderón fue su propio proyecto". *Blood Gun Money. How America Arms Gangs and Cartels*, Nueva York, Bloomsbury, 2021, p. 244.

[43] Carlos Fazio, *Estado de emergencia. De la guerra de Calderón a la guerra de Peña Nieto*, México, Grijalbo, 2016, p. 17.

desborda los objetivos de mi ensayo. Me remito aquí, para efectos de mi argumento, a dos conceptos complementarios de soberanía. Primero, retomo la célebre definición del jurista alemán Carl Schmitt, "soberano es quien decide sobre el estado de excepción".[44] Puesto que la naturaleza misma de una excepción no puede preverse en el orden constitucional, es la decisión del soberano la que rebasa la norma jurídica ante el escenario de excepción precisamente al nombrarlo como tal, al señalar la magnitud de la emergencia, la gravedad de la circunstancia y el curso de acción por tomar en respuesta. De aquí se explica la dimensión de soberanía del Estado, pues el soberano asume lo que Schmitt denomina el monopolio de la *decisión*: "En lo cual estriba precisamente la esencia de la soberanía del Estado, que más que monopolio de la coacción o del mando, hay que definirla jurídicamente como el monopolio de la decisión".[45] A la par del pensamiento de Schmitt, como señala el académico Brook Thomas, puede considerarse también la definición de soberanía articulada por el jurista estadounidense John W. Burgess: soberano es "aquello que impone la limitación". Al considerar el concepto de soberanía como la imposición de límites tanto a la ley como a las formas de gobierno que sustentan al Estado, aparece un complemento al estado de excepción que señala sus confines, sus fronteras operativas. El ejercicio retórico de esos límites es lo que permite la función de la soberanía estatal tanto para accionar como para suspender esa acción.[46] La pregunta que surge de esta discusión consiste en determinar realmente la posición de soberanía del presidente Calderón ante la "guerra contra las drogas". Acaso fue soberano en su decisión de militarizar el país, pero los límites de la guerra han sido impuestos por Estados Unidos —y sin asumir el costo económico y político—, en continuidad con su larga historia de expansión intervencionista. El investigador Steven Osuna advierte un vínculo directo entre la ideología expansionista del "destino manifiesto" y la política antidrogas estadounidense:

---

[44] Carl Schmitt, *Teología política*, Francisco Javier Conde y Jorge Navarro Pérez (eds.), Madrid, Editorial Trotta, 2009, p. 13.

[45] *Ibid.*, p. 18.

[46] Brook Thomas, "Reconstructing the Limits of Schmitt's Theory of Sovereignty: A Case for Law as Rhetoric, Not As Political Theology", *UC Irvine Law Review*, vol. 4, Issue 1, 2014, pp. 239-272.

el involucramiento de Estados Unidos en la guerra contra las drogas en México se basa en las lógicas de la ideología del siglo XIX del destino manifiesto, que consideraba [a México] incapaz de gobernar, de desarrollar una democracia y necesitado de la supervisión estadounidense. Sin embargo, en lugar de la expansión hacia el oeste de Estados Unidos, esta ideología ahora sirve para legitimar el apoyo financiero estadounidense a la militarización capitalista para evitar que México se convierta en un "narcoestado", un "Estado fallido" y una amenaza para la seguridad nacional para la población estadounidense. En lugar de la expansión hacia el oeste de los Estados Unidos, el destino manifiesto en el siglo XXI consiste en asegurar el capitalismo global.[47]

En congruencia con esta deriva de la doctrina del "destino manifiesto", la narconarrativa más hegemónica ha legitimado la intervención estadounidense circulando el principal mito de la "guerra contra las drogas" al afirmar que los narcotraficantes disputan y de hecho suspenden la soberanía estatal en México. Esto puede constatarse mejor precisamente en las ficciones del discurso securitario más populares. Con la publicación en 2002 de la novela *La reina del sur* de Arturo Pérez-Reverte, el "narco" hizo su aparición en el campo literario mexicano, ejerciendo esa aparente oportunidad de soberanía interrumpida. Desde entonces, numerosas "narconovelas" elevaron el tema al rango de la alta cultura. Junto con el éxito de esos libros, casi todos los campos de producción cultural comenzaron a reflejar artísticamente la supremacía de las organizaciones de tráfico de drogas.

Con el neoliberalismo, el estado de bienestar fue reemplazado con estructuras de gobierno corporativistas con el principal propósito de facilitar los grandes flujos del capital global. Bajo la visión neoliberal, el "narco" aparece como el reverso negativo de la globalización: empresas delictivas que aprovechan la supuesta apertura de las fronteras para hacer circular la droga y las ganancias que genera su venta mundial. Se escribieron así novelas como *Trabajos del reino* (2004) de Yuri Herrera y *Fiesta en la madriguera* (2010) de Juan Pablo Villalobos, películas como *El infierno* (2010) de Luis Estrada y *Sicario*

---

[47] Steven Osuna, "Securing Manifest Destiny: Mexico's War on Drugs, Crisis of Legitimacy, and Global Capitalism", *Journal of World-Systems Research*, vol. 27, Issue 1, 2021, pp. 12-34, p. 14.

(2015) de Denis Villeneuve, series de televisión como *La reina del sur* (2011) producida por Telemundo y *Narcos* (2015) producida por Netflix, así como incontables obras de ficción, corridos y piezas de arte conceptual que localizan el supuesto poder de los "cárteles" en el centro mismo de lo social. Reiteraron un país tomado por traficantes, es decir, refrendaron la imaginación neoliberal de la "seguridad nacional" que preparó al consumidor mexicano para la experiencia de una guerra narrada por su gobierno y renarrada por la clase creadora. Aunque en contradicción con la realidad de grupos de traficantes precarios, esencialmente vinculados a economías locales, y con frecuencia marginados por los poderes políticos, militares y policiacos de las ciudades donde operan, el "reino" de los "cárteles" existe en las narconarrativas de ficción precisamente porque son mediaciones del poder oficial que concibió esa narrativa en un principio. La "guerra contra el narco" es, en suma, una guerra simulada.

Es cierto que la protesta de los padres de los 43 estudiantes normalistas de Ayotzinapa desaparecidos en 2014 politizó el tema del narcotráfico durante el gobierno de Enrique Peña Nieto, como no fue posible durante los años de la "guerra" de Calderón. Tras la consigna "Fue el Estado", ha sido posible enunciar una crítica a la clase gobernante y su probable responsabilidad en ese y otros casos de violencia de Estado, involucrando además los intereses de las empresas mineras que operan en el estado de Guerrero.[48] La última captura de Joaquín "El Chapo" Guzmán y su humillante extradición a Estados Unidos terminó por romper con el mito del mayor "capo" en la historia de los "cárteles". Al inicio de su presidencia, Peña Nieto intentó limitar el acceso de las agencias de seguridad estadounidenses a instituciones y funcionarios de su gobierno designando a la Secretaría de Gobernación como la "ventanilla única" para dirimir la agenda binacional de seguridad.[49] Al final del sexenio, sin embargo, Peña Nieto permitió la continuación de la militarización antidrogas, así como consolidó el proceso de expolio de los recursos naturales en México con la aprobación de la reforma energética de 2013, que como

---

[48] Mónica Maristain, "El Ejército y las mineras sí están detrás de la tragedia de los 43: Francisco Cruz", *SinEmbargo*, 13 de agosto de 2016.

[49] Redacción, "Gobernación, única ventanilla para tratar temas de seguridad con EU", *Animal Político*, 30 de abril de 2013.

discutiré más adelante, facilitó uno de los mayores saqueos del país mientras supuestamente se libraba la peor crisis de seguridad de su historia.

Volvamos los pasos en la narrativa para entender cómo llegamos hasta este punto. En el camino deberemos conceder, sin embargo, el alegato de defensa del presidente Calderón cuando intenta explicar el saldo de sangre legado de su gobierno: "Si como dice el discurso de mis críticos, hoy convertido en propaganda oficial, la violencia se debe a la 'guerra de Calderón', entonces la violencia debió terminar en 2012. Porque se olvida, convenientemente, que los funcionarios del gobierno que llegó después del mío aseguraron orgullosos, una y otra vez, que ellos no estaban siguiendo la misma estrategia".[50]

Que la violencia no se haya interrumpido con el fin del sexenio de Calderón no exime a su gobierno de responsabilidad, pero ciertamente presupone la duración del largo proceso histórico que ha sido la condición de posibilidad del conflicto antes y después de la "guerra contra las drogas". Aunque en principio haya sido su decisión emprender la estrategia de militarización, la "guerra" no terminó con Calderón porque sus límites se derivan de una racionalidad de gobierno externa, articulada por una forma de soberanía extraterritorial vigente antes y después de su mandato. Intentemos recorrer ahora los confines de esa "guerra contra las drogas" más allá de los años del gobierno de Calderón, hasta alcanzar sus bordes, sus precipicios, su final.

---

[50] Calderón, *Decisiones difíciles, op. cit.*, p. 320.

El mito de la narcoviolencia
en el siglo XXI

El 7 de febrero de 2021 *National Geographic* subió a la plataforma YouTube un adelanto del más reciente episodio del popular programa *Trafficked*, conducido por la presentadora portuguesa Mariana van Zeller. A bordo de una lancha que cruza el Mar de Cortés con tres hombres en apariencia uniformados, la presentadora llega hasta la orilla de una playa desértica del estado de Sonora donde un hombre encapuchado, que dice ser miembro del "Cártel Jalisco Nueva Generación" (CJNG), compra un par de pistolas frente a ella. El encapuchado dice que en un solo día ha llegado a comprar hasta 200 rifles AK-47, los temidos "cuernos de chivo", en ese mismo punto secreto del contrabando de armas de Estados Unidos a México que ahora quedaba grabado y expuesto para el público de *National Geographic*. "¿Y por qué tantos cuernos de chivo?", pregunta van Zeller. El supuesto traficante responde: "Es que está dura la guerra. Nosotros somos gente del Mencho [el "jefe" del CJNG] contra 'Los Salazar'. Está peligroso. El gobierno, los soldados, andamos todos contra todos. Andamos muy fuertes nosotros, agarrando todos los mercados, todas las plazas". "¿Por qué?", insiste van Zeller sin necesidad aparente de elaborar mejor sus preguntas. "El jefe quiere todo —responde con soltura el traficante, despreocupado—. Más dinero. Agarrar todo el país, pues."[1]

---

[1] "How do cartels get their weapons? Trafficked with Mariana van Zeller", *National Geographic*, 7 de febrero de 2021. Disponible en <https://youtu.be/dMayrvVOMOo>. Unas semanas más tarde se puso en circulación *Blood Gun Money. How America Arms Gangs and Cartels* (Nueva York, Bloomsbury, 2021) del periodista británico Ioan Grillo. El libro es

Thank you for letting us film here.

Fotograma del programa de televisión *Trafficked*, en la cual la conductora Mariana van Zeller entrevista a un supuesto miembro del "Cártel Jalisco Nueva Generación" en el momento en que compra ilegalmente armas de origen estadounidense en una playa de Sonora.

Este intercambio fue reproducido en una columna de Dolia Estévez, una experimentada periodista mexicana basada en Washington, en un artículo publicado en el sitio de noticias *SinEmbargo*.

Sin cuestionar en ningún momento la credibilidad del video, Estévez afirma que el encapuchado es en efecto "gente del Mencho", el supuesto líder del "Cártel Jalisco Nueva Generación", y que sus declaraciones deben tomarse por ciertas, validando la información presentada por la *National Geographic*.[2]

Sorprende que el llamado "Cártel Jalisco Nueva Generación" tenga que desplazarse a las playas desérticas de Sonora para obtener su armamento. Según la Secretaría de la Defensa Nacional y el Buró Federal de Alcohol, Tabaco y Armas de Fuego (ATF, por sus siglas en inglés), 70% de las más de 200 mil armas

---

un elocuente alegato en contra del permisivo mercado de armas estadounidense y del sistema político que ha sido incapaz de regularlo. No obstante, Grillo repite prácticamente el mismo argumento que el reportaje de la *National Geographic*. El tráfico de armas de Estados Unidos a México, dice, está generando un conflicto armado protagonizado por "cárteles de la droga". El periodista generaliza sin evidencia que los traficantes mexicanos "han asesinado a miles de policías, soldados, alcaldes, jueces, candidatos políticos, periodistas, curas y civiles" (p. 16) y pasa por alto el hecho de que la violencia repuntó con la militarización del país, como discutí en la sección anterior.

[2] Dolia Estévez, "El CJNG se arma para la Guerra con la ayuda de EU", *SinEmbargo*, 16 de febrero de 2021.

Dolia Estévez ✔
@DoliaEstevez

Los carteles se están armando para una guerra, no sólo para disputarse plazas. Su arsenal es similar al de los ejércitos irregulares. Las medidas que ha tomado EEUU...han fracasado. México también ha fracasado por corrupción o ineptitud, escribo.

Translate Tweet

El CJNG se arma para la guerra con la ayuda de EU
Si Joe Biden realmente quiere tratar a México como "país amigo", como afirma, debe empezar con priorizar el combate al tráfico de armas de fueg...
🔗 sinembargo.mx

8:13 AM · Feb 16, 2021 · Twitter Web App

La periodista Dolia Estévez reprodujo desde su cuenta personal de Twitter información no verificada reportada por la *National Geographic*, afirmando que en México los "cárteles se están armando para una guerra".

que anualmente ingresan a México se adquieren en las 22 mil 689 armerías localizadas en los estados fronterizos de Estados Unidos y que dejan una ganancia anual de unos 127 millones de dólares. Cientos de compradores, la mayoría de ellos ciudadanos estadounidenses, adquieren una o dos armas por persona para facilitar el flujo de contrabando hormiga que se completa a unos kilómetros de la frontera al ingresar a las principales ciudades del norte de México por los cruces internacionales establecidos sin necesidad de vías clandestinas.[3]

Aunque la realidad no concuerde con lo reportado, el *timing* de *National Geographic* no podía ser más oportuno: el 1 de marzo de 2021 la cadena de televisión estadounidense NBC publicó un extenso reportaje en el que la DEA asegura que Nemesio Rubén Oseguera Cervantes, alias "El Mencho", es ahora "el señor de la droga más sangriento de México" y el "nuevo Chapo", con influencia en las más importantes ciudades estadounidenses, incluyendo Nueva York, Chicago, Los Ángeles, Houston y Atlanta.[4]

---

[3] Sarah Kinosian y Eugenio Weigend, "We're sending guns, crime to Mexico", *Los Angeles Times*, 2 de marzo de 2017.
[4] Gabe Gutierrez y Biana Seward, "The New Chapo. An inside look at the hunt for El Mencho, Mexico's bloodiest drug lord", *NBC News*, 1 de marzo de 2021.

NBC News ✓
@NBCNews   ...

Major U.S. cities — including Los Angeles, Chicago, Houston, Atlanta and New York — are all affected by the CJNG's drugs, DEA officials said. - @NBCLatino

The New Chapo: An inside look at the hunt for El Mencho, Mexico's bloodie...
The DEA is targeting a cartel kingpin the agency says is responsible for tons of meth flowing into the U.S. each month.
🔗 nbcnews.com

4:01 AM · Mar 2, 2021 · SocialFlow

La cadena NBC News repite sin cuestionar información proporcionada por la DEA, que afirma sin presentar evidencia que las principales ciudades de Estados Unidos están "afectadas" por drogas del "Cártel Jalisco Nueva Generación" y su líder "El Mencho", a quien se le considera como "el nuevo Chapo".

Entrevistado, el jefe de división de la DEA en Los Ángeles dijo que el CJNG es su prioridad número uno, complicando el hecho de que justo al día siguiente la misma DEA afirmara en su reporte anual del panorama del narcotráfico en Estados Unidos que la ciudad angelina en realidad está en manos del "Cártel de Sinaloa", aunque su jefe máximo se encontrara purgando una sentencia carcelaria de por vida y hubiera sido oficialmente reemplazado por "El Mencho".[5] Hasta los "narcos" disputan la narrativa de la DEA que insiste en la supuesta presencia de los "cárteles" mexicanos en Estados Unidos: "es mentira", dijo un traficante sinaloense entrevistado para la revista *Business Insider*, "lo que tenemos ahí son clientes o asociados, gente que ayuda con el transporte, o miembros de pandillas trabajando con nosotros" pero de modo independiente.[6]

---

[5] National Media Affairs Office, "DEA Releases 2020 National Drug Threat Assessment", Drug Enforcement Administration, 2 de marzo de 2021.
[6] Luis Chaparro, "A new DEA map shows where cartels have influence in the US. Cartel operatives says 'it's bull---'", *Business Insider*, 12 de abril de 2021.

Pero toda contradicción quedó de nuevo olvidada con la siguiente noticia sobre el narcotráfico mexicano: *El País* publicó un video en el que aparecen varios hombres armados y vestidos con uniformes militares e identificados con las siglas del supuesto "Cártel Jalisco Nueva Generación". Iban en un camión cubierto con placas de metal que según el reportero Jacobo García fue arrebatado al "Cártel de Los Viagras", que según datos oficiales tiene sede en Michoacán. El periodista asegura en su nota que los hombres del video, que aparecen "presumiendo su poder de fuego", son en efecto miembros del supuesto "cártel".[7] Aunque la única fuente de información citada haya sido un portal de noticias llamado Reporte Ciudadano, basado en Jalisco, la noticia pronto circuló en medios nacionales.

Nota sobre la supuesta irrupción del "Cártel Jalisco Nueva Generación" en el poblado de Aguililla, Michoacán, publicada el 4 de marzo de 2021. La información está basada en un video y una nota previa publicada por un sitio local de noticias, sin ninguna otra fuente verificable.

---

[7] Jacobo García, "El Cártel Jalisco exhibe su poder de fuego con dos tanques caseros por las calles de Michoacán", *El País*, 4 de marzo de 2021.

Por la noche de ese mismo día, el periodista Alejandro Páez Varela, coconductor del popular programa *Los periodistas*, ya repetía la misma información desde su cuenta personal de Twitter, sin ningún intento de verificación de su fuente.

Desde su cuenta personal de Twitter, el periodista Alejandro Páez Varela convalida información no verificada de supuestos "sicarios" que portaban insignias del "Cártel Jalisco Nueva Generación" que se hicieron tomar fotografías y video a bordo de un vehículo adaptado con un tipo de blindaje que, según se dijo, fue robado a un grupo rival. El sitio *SinEmbargo*, que dirige el mismo Páez Varela, reprodujo, sin otra fuente, los dichos de dos notas publicadas en *El País* y el semanario *ZETA*.

En otra iteración de un ciclo similar de noticias, el periodista y académico Ricardo Raphael publicó el 9 de marzo de 2021 una columna en *The Washington Post* en la que alertaba sobre una pugna fronteriza "entre organizaciones delictivas que aprovecharon los meses de la pandemia para ganar territorio a sus adversarias". Entre las confrontaciones, Raphael cita balaceras y bloqueos en carreteras de Caborca, Sonora, que habrían sido provocadas por un conflicto entre los hijos de "El Chapo" Guzmán y Rafael Caro Quintero, el envejecido miembro del "Cártel de Guadalajara" de 68 años y puesto en libertad en 2013 tras 28 años en prisión.[8] Pero la información se basa sólo en los dichos no verificados del alcalde de Caborca y la aparición de una manta firmada con el nombre de Caro Quintero.

Hay un curioso precedente de este último episodio. La DEA reportó en mayo de 2016 que Caro Quintero estaba "operando" de nuevo en México para reingresar al mercado de la droga.[9] Dos meses después, el 11 de julio, apareció colgada una manta en la ciudad de Chihuahua, supuestamente firmada por Caro Quintero, que anunciaba una "guerra" en contra del "Cártel de Sinaloa" por el control del estado, además de que amenazaba la vida del fiscal chihuahuense Jorge González Nicolás.[10] Después de una entrevista en que Caro Quintero desmintió en persona esa versión,[11] las autoridades cambiaron la narrativa para advertir que el "Cártel Jalisco Nueva Generación" era el verdadero invasor. "Bien mirado, la guerra pregonada de Caro Quintero contra El Chapo Guzmán, que él mismo se encargó de desmentir, parece un chiste", escribió el periodista Héctor de Mauleón, afirmando que el CJNG era "la organización criminal más poderosa de México" que habría ganado una "guerra invisible" contra los demás cárteles.[12] Unos meses más tarde, en abril de 2017, el CJNG ya estaba "operando" en Chihuahua, según las autoridades estatales.[13] Pero las contradicciones desde luego no terminan ahí: las dos versiones sobre las supuestas actividades criminales de Caro Quintero fueron combinadas por la Fiscalía General del Estado de Chihuahua, que en febrero de 2021 aseguraba la existencia de una alianza entre el CJNG y La Línea (el

---

[8] Ricardo Raphael, "La pelea entre cárteles desborda la violencia en la frontera México-Estados Unidos", *The Washington Post*, 9 de marzo de 2021.

[9] Redacción, "Caro Quintero sigue operando, dice EU", *La Jornada*, 11 de mayo de 2016. Comenté a fondo estos eventos en el capítulo final de mi libro *Los cárteles no existen. Narcotráfico y cultura en México*, Barcelona, Malpaso, 2018.

[10] Redacción, "Chihuahua toma medidas para evitar arribo de Caro Quintero; Fiscal recibe amenaza de muerte", *SinEmbargo*, 12 de julio de 2016. Redacción, "Caro Quintero, liberado en este sexenio, se une a la guerra: va a pelearse Chihuahua, dice Fiscal", *SinEmbargo*, 5 de julio de 2016.

[11] Redacción, "Caro Quintero: 'No estoy en guerra con El Chapo; ya no soy narco'", *Proceso*, 25 de julio de 2016.

[12] Héctor de Mauleón, "La guerra invisible del Cártel Jalisco Nueva Generación", *El Universal*, 26 de julio de 2016.

[13] David Varela, "Cártel de Jalisco Nueva Generación opera ya en Chihuahua", *El Sol de México*, 19 de abril de 2017.

otrora "brazo armado del Cártel de Juárez") aliados en contra del "Cártel de Sinaloa" en Chihuahua. En medio de este supuesto pacto estratégico se encontraba de nuevo Caro Quintero, a quien ahora se le atribuía ser el jefe de un "Cártel de Caborca" de reciente creación.[14]

Las autoridades estadounidenses insisten en perseguir a Caro Quintero, a quien todavía responsabilizan del asesinato del agente de la DEA Enrique "Kiki" Camarena. Recordemos que su nombre fue agregado en 2018 a la lista de los "10 prófugos más buscados" por el FBI, con una recompensa de 20 millones de dólares a quien ofrezca información que lleve a su captura.[15] Y en una soberbia extensión transterritorial de su autoridad, el 15 de abril de 2021 el juzgado del Eastern District de la ciudad de Nueva York —en donde fue juzgado Joaquín "El Chapo" Guzmán—, ordenó confiscar cinco propiedades localizadas en Guadalajara, Jalisco, supuestamente pertenecientes a Caro Quintero por medio de familiares y prestanombres.[16]

Notemos las dinámicas de estos flujos de información: medios extranjeros acreditados (*National Geographic, El País, NBC News, The Washington Post*) que entrevistan a supuestos traficantes, que citan sin cuestionar a fuentes oficiales o que ponen en circulación material audiovisual de inverificable procedencia, validan la narrativa de que el país se encuentra al borde de una nueva "narco-guerra". En otros casos, la información originada por agencias como la DEA aparece luego corroborada en contradictorios comunicados supuestamente emitidos por "narcos" por medio de mantas, videos, mensajes de teléfono

---

[14] Redacción, "Borrar a los Chapitos del mapa del narco: la estrategia de la Línea en Chihuahua y Sonora", *Infobae*, 21 de febrero de 2021.

[15] "Leader of Guadalajara and Sinaloa Cartels Charged with Conspiring to Murder a DEA Agent as Part of Continuing Criminal Enterprise", U.S. Attorney's Office, Eastern District of New York, 12 de abril de 2018. Consultado en <https://www.justice. gov/usao-edny/pr/leader-guadalajara-and-sinaloa-cartels-charged-conspiring-mur der-dea-agent-part>. Véase el capítulo 11 de este libro.

[16] Los reclamos judiciales de Estados Unidos desde luego dependen de convenios de cooperación y del reconocimiento de jurisdicciones. El presidente Andrés Manuel López Obrador declaró que colaboraría con el gobierno estadounidense para confiscar las propiedades, pero que su objetivo es que sea para beneficio del Instituto para Devolver al Pueblo lo Robado (Indep), organismo "encargado de dar destino a los Bienes y a las Empresas improductivas para el Estado". Véase la página oficial del Indep en <https:// www.gob.mx/indep/que-hacemos>. "Estados Unidos ordena confiscar 5 propiedades de Caro Quintero en Jalisco", *Expansión Política*, 15 de abril de 2021.

celular, amenazas en redes sociales. Reporteros, analistas y medios influyentes en México reproducen después la misma "información" y sin mayor esfuerzo de constatación contribuyen a la integración de la consabida explicación hegemónica que presenta a México como país tomado por "cárteles".[17]

A todo este marco referencial se agrega constantemente información que se aprovecha para potenciar la supuesta amenaza del crimen organizado. Un ejemplo de ello ocurrió la mañana del 14 de febrero, cuando agentes de la

Hallazgo de un dron cargado con un kilogramo de metanfetamina que cayó sobre el techo de una casa en San Ysidro, California, según lo reportó en su cuenta oficial de Twitter el jefe local de la Patrulla Fronteriza.

---

[17] Un ejemplo extremo es el libro de John P. Sullivan y Robert J. Bunker, *Mexico's Criminal Insurgency* (Bloomington, Indiana, iUniverse, 2012), que reúne artículos publicados en el *Small Wars Journal*. Según los editores, en México los "cárteles" son una insurgencia paramilitar basada en una "criminalidad secular y narco espiritualidad", guiando a la ciudadanía en asesinatos rituales como formas de culto a la Santa Muerte (p. xxi). No sobra decir que *Small Wars Journal* es una revista online que ha colaborado en talleres con el Ejército estadounidense y la Marina para concebir una "estrategia de combate tribal" en Afganistán, según se indica en el sitio de la revista (https://smallwarsjournal.com/content/tribal-engagement-workshop). La publicación reproduce la mentalidad militar estadounidense al grado de haber tomado su nombre del *United States Marine Corps Small Wars Manual*, una herramienta militar para desarrollar estrategias en torno a las guerrillas y los conflictos armados no convencionales.

Border Patrol que respondieron a una alerta de vecinos de San Ysidro —el distrito sur de la ciudad de San Diego, junto a la frontera con Tijuana— encontraron un dron que se estrelló en el techo de una casa con un kilogramo de metanfetamina en dos paquetes.

Según Aaron M. Heitke, jefe de la Border Patrol en la zona, este tipo de contrabando está ocurriendo con cierta frecuencia (iban siete eventos similares en esos primeros dos meses de 2021).[18] Ciertamente el uso de estos drones de fácil adquisición por Amazon y numerosas tiendas virtuales contribuye al tráfico de drogas, pero notemos la manera en que el incidente se incorpora semanas más tarde a la narrativa securitaria: el *think tank* liberal Brookings Institution publicó el reporte titulado "Muerte desde arriba: cómo el uso de drones de organizaciones criminales amenaza americanos", en el que se establece una relación de causalidad —sin evidencia alguna— entre el tráfico de drogas por medio de drones con la muerte de 81 mil estadounidenses por sobredosis de cocaína y opioides como el fentanilo entre junio de 2019 y mayo de 2020.[19] El reporte pasó por alto el hecho de que el tráfico ilegal de fentanilo no depende exclusivamente de los "cárteles" mexicanos. Según un reporte de la *National Public Radio*, el mercado al menudeo de fentanilo es algo cotidiano entre China y Estados Unidos. Los vendedores utilizan las redes sociales como Twitter, Facebook, MeWe y Wickr para contactar con compradores individuales al otro lado del mundo. La droga llega hasta el usuario por los más populares servicios de paquetería, como DHL, FedEx y UPS. En este vasto y complejo mercado, los traficantes mexicanos no sólo no detentan monopolio alguno, sino que son rebasados por una multiplicidad de actores que utilizan redes internacionales que ni aún la DEA y el FBI han podido desmantelar.[20]

A esa cadena de información la precedió un anuncio fechado el 4 de febrero de 2021 de la agencia Customs and Border Protection (CBP) —a la cual pertenece la Border Patrol— solicitando un estudio para desarrollar un

---

[18] Ewan Palmer, "Drone carrying kilo of meth crashes onto roof near U.S.-Mexico border", *Newsweek*, 17 de febrero de 2021.

[19] Michael Sinclair, "Death from above: How criminal organizations' use of drone threatens Americans", *Brookings Institution*, 11 de marzo de 2021.

[20] Emily Feng, "'We Are Shipping To The U.S.': Inside China's Online Synthetic Drug Networks", *National Public Radio*, 17 de noviembre de 2020.

sistema que permita contrarrestar supuestos *unmanned aircraft system* (UAS) que se atribuyen a las "organizaciones criminales trasnacionales".[21] Aquí importa el uso manipulador del lenguaje: las autoridades de la CBP llaman UAS a los simples drones que se pueden comprar en cualquier tienda de electrónicos a pesar de que, como explica el general mayor en retiro James Poss, la tecnología militar que utiliza drones automatizados se viene desarrollando desde la década de 1990 y sus adelantos más sofisticados no están al alcance del público consumidor. "Estos drones militares varían entre los *Global Hawk* del tamaño de un avión Boeing 737 hasta los del tamaño de la palma de la mano, como el dron *Black Hornet*. Casi todos estos drones —hasta el pequeño *Black Hornet*— pueden operarse BVLOS [*beyond visual line of sight* o más allá del alcance visual] del piloto".[22] Aunque puedan echar mano de drones de venta comercial, los traficantes están muy lejos de acceder al tipo de tecnología militar que se emplea en los sistemas de seguridad fronterizos. Por otra parte, la inversión del gasto público en esos mismos sistemas es difícil de superar: entre 2008 y 2020 el gobierno estadounidense concedió 105 mil 997 contratos a empresas trasnacionales que, además de drones militares, ofrecen la más actualizada tecnología con sensores de movimiento y cámaras infrarrojas capaces de detectar personas a cientos de kilómetros de distancia de las torres "inteligentes" de vigilancia, con un valor de 55 mil 100 millones de dólares.[23] (En contraste, como discutiré más adelante, la DEA sólo intentó comprobar que Joaquín "El Chapo" Guzmán obtuvo unos 14 mil millones de dólares como supuesto líder del "Cártel de Sinaloa" entre 1989 y 2017. El gasto en seguridad fronteriza entre 2008 y 2020 fue casi cuatro veces mayor que las ganancias generadas por "El Chapo" en *toda* su carrera delictiva.)[24] Recordemos además que la Border Patrol es la agencia

---

[21] Véase el anuncio oficial publicado en el sitio web de la Customs Border Protection el 4 de febrero de 2021: <https://beta.sam.gov/opp/e2da5d5130b44606821ff7dd83b2f9b0/view?keywords=&sort=-modifiedDate&index=opp&is_active=true&page=1&organization_id=100011942,100012587,100012075>.

[22] James Poss, "The Military-To-Commercial Drone Market: Is It A Two-Way Street?", *Inside Unmanned Systems*, 19 de julio de 2019.

[23] Todd Miller y Nick Buxton, "Biden's Border. The industry, the democrats and the 2020 elections", *Transnational Institute*, 17 de febrero de 2021.

[24] The United States Department of Justice, Office of Public Affairs, "Joaquin 'El Chapo' Guzman Loera Faces Charges in New York for Leading a Continuing Criminal Enterprise

más grande del gobierno federal estadounidense que se duplicó en tamaño a partir de 2003, cuando fue incorporada a la CBP como una agencia del Departamento de Homeland Security (DHS). Desde entonces, el DHS ha destinado 333 mil millones de dólares para reforzar la frontera. El presupuesto de la CBP se incrementó exponencialmente de 5 mil 900 millones de dólares en 2003 a 17 mil 700 millones en 2021.[25]

Todo este contexto pasa a un segundo plano con la diseminación mediática de la "narcoviolencia" en medios nacionales y extranjeros, que además de su redituable inercia en el vertiginoso ciclo de consumo de información, responde a la hegemonía narrativa de la "guerra contra el narco". La hegemonía, como pudimos ver en los ejemplos iniciales, se construye en parte mediante la legitimación de la explicación oficial de la violencia en el trabajo de la cobertura doméstica e internacional de medios de información sobre la política de militarización antidrogas.[26] Este consenso manufacturado es consolidado después con la circulación de un corpus expansivo de productos culturales consumidos por un público general y estudiado por ciertas agendas académicas basadas en las razones de la política antidrogas y la supuesta

---

and other Drug-Related Charges", 20 de enero de 2017. Consultado en <https://www.justice.gov/opa/pr/joaquin-el-chapo-guzman-loera-faces-charges-new-york-leading-continuing-criminal-enterprise>.

[25] "The Cost of Immigration Enforcement and Border Security", *American Immigration Council*, 20 de enero de 2021. Consultado en <https://www.americanimmigrationcouncil.org/research/the-cost-of-immigration-enforcement-and-border-security>.

[26] En una nota del *Washington Post*, por ejemplo, la reportera Mary Beth Sheridan se las arregla para concentrar la narrativa oficial desde el encabezado: "Grupos criminales están erosionando la autoridad del gobierno de México y controlando más territorio". Su interpretación plantea el escenario de un Estado rebasado por el "crimen organizando" "infiltrando comunidades, fuerzas policiales y alcaldías". Y advierte: "Una gran variedad de grupos armados —que podrían llegar a ser más de 200— se ha diversificado en una gama creciente de actividades. No sólo están transportando drogas sino secuestrando mexicanos, traficando migrantes y extorsionando negocios que van desde productores de limón hasta empresas mineras". Véase Mary Beth Sheridan, "Grupos criminales están erosionando la autoridad del gobierno de México y controlando más territorio", *The Washington Post*, 29 de octubre de 2020. En mi libro *Los cárteles no existen* (2018) estudio el vínculo entre la narrativa oficial de la "guerra contra el narco" y la corriente del llamado "periodismo narrativo", como en libros de Diego Enrique Osorno, Anabel Hernández y Sergio González Rodríguez, entre otros.

"guerra contra el narco".[27] Los estudios sobre el tráfico de drogas y su correspondiente "narcocultura", en este sentido, corren el riesgo de reproducir las justificaciones oficiales de la militarización, y como tal, permanecen condicionados por los límites epistémicos impuestos desde la agenda estatal. En suma, se hacen circular imágenes, una pedacería visual y discursiva organizada para repetir la misma historia de "narcos" y "cárteles", pero no información verificable, datos, hechos.

En sus distintas disciplinas, la investigación académica ha contribuido sustancialmente a la circulación del mito de la "narcoviolencia". El historiador británico Alan Knight, autor de una celebrada historia de la Revolución mexicana, distingue entre el delito común "desorganizado" en las calles de México y lo que él denomina "narcoviolencia" y que involucra "producción, cargamento y venta de droga a gran escala". Mientras que la primera forma de violencia "es más individualizada y descentralizada, la segunda es más colectiva y centralizada".[28] Con la adopción del neoliberalismo, afirma Knight, el narcotráfico ganó el terreno perdido por el "ogro filantrópico". El fracaso del Estado equivale al triunfo de los "cárteles", y por ello, nos asegura Knight, la narcoviolencia se localiza sólo en ciertos países: México el primero, y después Colombia, Bolivia, Perú y Afganistán. No sobra decir que Estados Unidos, el mayor consumidor de drogas en el planeta, el mayor exportador de armas a México y uno de los principales centros del lavado de dinero global, no aparece en la lista de Knight. La asunción del estado "mal preparado" ante

---

[27] Junto a los medios hegemónicos se inscribe todo un *habitus* securitario que con frecuencia premia las narrativas hegemónicas, por ejemplo en el prestigiado George Polk Award concedido al colectivo de 60 periodistas de 25 medios internacionales denominado "The Cartel Project", que culpó a "narcos" mexicanos coludidos con funcionarios y policías corruptos del asesinato de Regina Martínez, reportera de la revista *Proceso*; la beca de la Neiman Foundation de la Universidad de Harvard; el Premio Gabo de la Fundación Nuevo Periodismo de Colombia; el Premio Nacional de Periodismo en México y la promoción y circulación de numerosos libros sobre la "narcoviolencia" en México publicados por los principales sellos editoriales trasnacionales como Penguin Random House, Planeta y HarperCollins.

[28] Alan Knight, "Narco-Violence and the State in Modern Mexico", en Will G. Pansters (ed.), *Violence, Coercion, and State-Making in Twentieth-Century Mexico: The Other Half of the Centaur*, Stanford, California, Stanford University Press, 2012, pp. 115-134, p. 116.

el poder del narco en México ha sido el tropo en común de numerosos trabajos desde las ciencias sociales de investigadores. En las humanidades, por su parte, el impacto del discurso adquiere una densidad con pretensiones filosóficas desde la cual se especula con la "narcoviolencia" como un objeto dado y no como un constructo discursivo recibido precisamente porque se ignora por completo la historia del securitarismo entre México y Estados Unidos, como en el trabajo de Carlos Alberto Sánchez, Amalendu Misra y David Johnson, entre otros.[29] En la esfera pública, los *think tanks* estadounidenses como el Center for Strategic and International Studies, así como los reportes producidos directamente por las instituciones militares estadounidenses, como el US Navy War College, han refrendado la agenda antidrogas de Washington diagnosticando la insurrección armada de los "Transnacional Criminal Organizations", un concepto en apariencia más técnico que "cártel", pero que reinscribe la misma narrativa y que utilizan por igual los especialistas como las agencias de gobierno. La contraparte en México opera del mismo modo. Un ejemplo es el Colectivo de Análisis de la Seguridad con Democracia (Casede) —una asociación civil que reúne "académicos, expertos gubernamentales y no gubernamentales, miembros de organizaciones de la sociedad civil y distintos centros de investigación"—,[30] cuyos documentos de trabajo se imbrican con los reportes de análisis de la DEA, los informes de inteligencia de consultoras privadas, como la Rand Corporation, alineadas con los intereses estadounidenses, los reportes de la Oficina de Naciones Unidas sobre Drogas y Crimen, y estudios que informan sobre los peligros de los "cárteles" dentro y fuera de México, reproduciendo la misma política de seguridad estadounidense.[31]

---

[29] Véase Carlos Alberto Sánchez, *A Sense of Brutality. Philosophy After Narco-Culture*, Amherst, Massachusetts, Amherst College Press, 2020; Amalendu Misra, *Towards a Philosophy of Narco Violence in Mexico*, Londres, Palgrave, 2018; y David E. Johnson, *Violence and Naming*, Austin, University of Texas Press, 2019.

[30] Sitio oficial del Casede en <https://www.casede.org/index.php/quienes-somos>.

[31] Es el caso, entre tantos otros, del reporte "Radiografía ominosa de los cárteles mexicanos" [*sic*], publicado por la Fundación Paz & Reconciliación (Pares), una organización no gubernamental colombiana que recibe fondos de la Agencia para el Desarrollo Internacional (USAID) y el National Endowment for Democracy (NED), organismos sustentados con fondos públicos, promotores de la agenda estadounidense en la región y fuertemente criticados por sus vínculos con la CIA. Según el reporte, existe "una relación fluida

Es lógico que la obstinada circularidad de este discurso penetre en los campos de producción cultural y en las más arraigadas prácticas de consumo capitalista. Si la violencia aparece estilizada por igual en la plataforma de *Vice News* como en las incontables series de Netflix y Amazon Prime, ¿cómo no esperarlas en Tik-Tok,[32] en la moda italiana[33] o incluso cultivada como un producto de marca exportable a otros países,[34] inherente a la cultura de la muerte que actores como Diego Luna, Joaquín Cosío, Kate del Castillo, Benicio del Toro o Wagner Moura han encarnado en sus seductores cuerpos?

Reportaje sobre la línea de ropa y accesorios El Chapo, lanzada en Milán, Italia, explotando comercialmente la imagen del narcotraficante sinaloense que ahora purga una sentencia carcelaria de por vida en Estados Unidos.

entre el crimen organizado de México, Centroamérica y Colombia" que reemplazó en este último país a los grupos guerrilleros y que al mismo tiempo subcontrata a pandillas como la Mara Salvatrucha para asegurar el traslado de cargamentos de cocaína. Este tipo de informes coincide con la caracterización que las autoridades de Estados Unidos hacen del narcotráfico mexicano desde finales de 1980, como discutí en los capítulos 15 y 16. El reporte de Pares está disponible en el sitio web del Casede en <https://www.casede.org/index.php/biblioteca-casede-2-0/crimen-organizado/narcotrafico-y-drogas/569-radiografia-de-la-ominosa-presencia-de-los-carteles-mexicanos/file>.

[32] Óscar López, "Guns, Drugs and Viral content: Welcome to Cartel TikTok", *The New York Times*, 28 de noviembre de 2020.

[33] Irene Savio, "Surge en Milán la 'chapomoda'", *Proceso*, 2 de marzo de 2021.

[34] Mike Power, "Cartel-style drug violence is coming to Europe", *Vice*, 18 de febrero de 2021.

Uno de los debates centrales en torno al mito de la "narcoviolencia" reside precisamente en el papel del Estado ante el llamado "crimen organizado". La idea prevalente de los "cárteles" no se reduce a un juego semántico concebido para nombrar de forma estratégica a las principales agrupaciones del campo criminal, sino a la coherente circulación de una matriz discursiva que *narrativiza*, en el sentido que el historiador Hayden White da a este concepto, el lugar del Estado en la era neoliberal. Se asume que la privatización de los sectores más sensibles del país, en particular la energía y las comunicaciones, han desarticulado la estructura del Estado al grado de que ha cedido, voluntariamente o no, el monopolio de la violencia. Pero esta comprensión desestima el crecimiento del aparato securitario a la par de la privatización de las empresas paraestatales. Al momento de escribir estas líneas, el ejército controla en México las fronteras sur y norte, las aduanas marítimas y territoriales, la construcción del Tren Maya, el aeropuerto de la Ciudad de México, incluso la distribución de la vacuna contra el covid-19, una tendencia que ha generado preocupación hasta en la oficina para los derechos humanos de la Organización de Naciones Unidas.[35] La estrategia de militarización alarma porque se ha demostrado que sus operativos ejercen un alto índice de letalidad que ha dejado un sangriento saldo de ejecuciones extrajudiciales.[36] Esto ocurre sin un registro preciso de las víctimas a manos del Ejército, que desde 2014 dejó de reportar los homicidios de civiles perpetrados por soldados.[37] De entre la bruma de la guerra, los cuerpos victimados narran las políticas del exterminio en los sectores más vulnerables de la sociedad mexicana, como comprobó un estudio demográfico de las matanzas: jóvenes morenos de entre 25 y 29 años, sin educación y desempleados, que nacieron y murieron pobres, habitantes de los márgenes de las principales ciudades de México, criminalizados por un sistema racista y clasista que lejos de brindar un futuro, les proporcionó una muerte política y económicamente redituable para las élites gobernantes y empresariales del país. Los victimarios, los llamados "sicarios" inculpados por

---

[35] Marcos Martínez Chacón, "Preocupa a la ONU creciente militarización en México", *Associated Press*, 7 de abril de 2021.

[36] Carlos Silva Forné, Catalina Pérez Correa y Rodrigo Gutiérrez Rivas, "Índice de letalidad 2008-2014: menos enfrentamientos, misma letalidad, más opacidad", *Perfiles Latinoamericanos*, vol. 25, núm. 50, Flacso, México, pp. 331-359.

[37] Fernando Escalante Gonzalbo, "No es el pueblo", *Nexos*, 1 de enero de 2021.

las autoridades, no se distinguían demasiado de las víctimas: eran también jóvenes morenos y pobres, malvivientes de los barrios pobres de las urbes mexicanas, y con la única diferencia de ser en promedio cinco años más jóvenes que los sacrificados por el "narco".[38]

Si como ha argumentado Pierre Bourdieu, el Estado es el generador de los linderos simbólicos de lo social mediante su monopolio de la violencia *simbólica*, la idea de un "narcoestado" no sólo no queda por fuera de esa misma plataforma epistémica, sino que habría sido inventado por ella. El geógrafo Pierre-Arnaud Chouvy ha señalado que el concepto del "narcoestado" es un mito inverificable, pues no existe métrica alguna para la medición del supuesto grado de "penetración" criminal de las instituciones de gobierno.[39] Los alcances del Estado como articulador de narrativas, por el contrario, en más de un modo organizan el espacio social en conflicto. "Narcoestado" ha sido, en ese sentido, el complemento operativo del concepto de "narcoviolencia", pues ambos términos conciben la percepción de un gobierno vulnerado al grado de haber sido "capturado", como insiste el trabajo de analistas de seguridad como Edgardo Buscaglia, Eduardo Guerrero o Raúl Jiménez.

Un ejemplo clave de la manera en que el Estado constituye el escenario de guerra concebido es Michoacán, con la aparición de las llamadas "autodefensas". Según el periodista José Gil Olmos, las autodefensas fueron organizadas, armadas y protegidas por el gobierno de Enrique Peña Nieto para instigar un conflicto armado con el objetivo de desarticular al grupo criminal "Los Caballeros Templarios" y su estrecha relación con el gobierno estatal de Fausto Vallejo, un político del PRI con larga trayectoria en la función pública en el estado. "Se trataba de armar a numerosos civiles de la zona de Tierra Caliente que ya estaban cansados del yugo de Los Caballeros Templarios —anotó Olmos—. Se les daría dinero y protección para que fueran ellos quienes combatieran a los criminales en su propio terreno."[40]

---

[38] Leticia Ramírez de Alba, "Indicadores de víctimas visibles e invisibles de homicidio", *Centro de Análisis de Políticas Públicas*, noviembre de 2012, pp. 37-38.

[39] Pierre-Arnaud Chouvy, "The myth of the narco-state", *Space and Polity*, vol. 20, núm. 1, 2016, pp. 26-38, p. 29.

[40] José Gil Olmos, *Batallas de Michoacán. Autodefensas, el proyecto colombiano de Peña Nieto*, México, Ediciones Proceso, 2015, p. 16.

Detonando una polémica incluso dentro de las Fuerzas Armadas, el presidente Peña Nieto enlistó la ayuda del general Óscar Naranjo, el notorio director de la Policía Nacional de Colombia, colaborador cercano de la DEA al grado de ser considerado "producto de exportación de Washington para el subcontinente", y operador de estrategias militares antidrogas que lo vinculan con desapariciones forzadas, ejecuciones extrajudiciales, tortura y asociaciones delictivas con traficantes y guerrilleros.[41] La presencia de Naranjo en México no fue algo inusual. Numerosos exmilitares colombianos, entrenados por las Fuerzas Armadas estadounidenses para la "guerra contra las drogas", ofertan servicios mercenarios literalmente por todo el planeta para operativos legales e ilegales (entre ellos, por ejemplo, el asesinato del presidente de Haití Jovenel Moïse el 7 de julio de 2021).[42] Las prácticas militares de Colombia se insertaron así en el territorio mexicano, mezclando escenarios de insurgencia y contrainsurgencia, pero bajo el control cercano del gobierno federal, que ahora adoptaba de segunda mano la estrategia estadounidense en la región andina.[43]

Las autodefensas irrumpieron en la esfera pública en febrero de 2013, y el 18 de junio de 2014 el gobernador Vallejo ya había renunciado a su cargo.[44] Unos días más tarde, el 27 de junio, el médico José Manuel Mireles, uno de los principales líderes de las autodefensas, fue detenido después de negarse a deponer las armas, como sí lo hicieron otros que accedieron a formar parte del Cuerpo de Policía Rural del estado, tal y como registró el documental *Cartel*

---

[41] Carlos Fazio, "Las fábulas del general. Basada en corrupción y mentiras, la historia del colombiano Óscar Naranjo", *La Jornada*, 20 de junio de 2012.

[42] Joshua Collins y Parker Asmann, "U.S. Admits Training Colombians Accused of Killing Haiti President as Part of Billion Dollar War on Drugs", *The Daily Beast*, 15 de julio de 2021.

[43] No resulta una sorpresa que el general Naranjo —quien también fungió como vicepresidente de Colombia— sea un crítico de la política de pacificación del presidente Andrés Manuel López Obrador. En una contradictoria entrevista en la que admitió haber recomendado al presidente Peña Nieto dejar de hablar de la "guerra contra el narcotráfico", Naranjo señaló que "no bastan políticas, eslóganes o frases impactantes, esas frases se deben traducir en protección real de la vida de los ciudadanos", en directa alusión a la llamada política de "abrazos, no balazos" de AMLO. Véase Rafael Croda, "La política antinarco de la 4T, en la dirección incorrecta: Óscar Naranjo", *Proceso*, 15 de julio de 2021.

[44] Redacción, "Fausto Vallejo renuncia a la gubernatura de Michoacán tras 22 meses de un mandato manchado de corrupción", *SinEmbargo*, 18 de junio de 2014.

Land (Matthew Heineman, 2015).[45] El 27 de febrero de 2015, finalmente, fue detenido Servando Gómez Martínez, "la Tuta", el jefe de "Los Caballeros Templarios" que al momento de su captura declaró: "Lideré una banda de pendejos".[46] Luego de dos años de conflicto, el gobierno de Peña Nieto había desmantelado a la banda criminal más importante del estado, al problemático gobierno que presuntamente la auspiciaba, pero también al grupo paramilitar que organizó para combatirla. Pese a todo, el peso simbólico de "Los Caballeros Templarios" con frecuencia se considera como un ejemplo sustancial del poder de los "cárteles" en México, tanto en el periodismo como en la investigación académica.[47]

El mito de la "narcoviolencia" prevalece, entonces, no sólo por la dificultad que supone una mejor comprensión de campo en torno a la producción material de drogas en México, sino porque su discursividad se afianza en una práctica simbólica edificada en distintos modos y políticas de la producción y consumo del conocimiento especializado y divulgativo, al igual que en las plataformas de producción cultural digital que se derivan del mismo trazo hegemónico. Reside a un nivel puramente discursivo y virtual. Al constatar la dimensión mítica de la "narcoviolencia", se nos revela el artificio de una potente máquina de narrar que describe una realidad sin referentes, el desencuentro entre el cuerpo significado de un traficante y el verdadero signo de la estructura de poder que lo nombra. Aparece cuando se asume que la víctima "en algo andaba involucrada".[48] O cuando se criminaliza el entorno racializado y de clase del victimario hasta hacerlo parecer como un "sujeto endriago", es decir, como un monstruo fabulado por una novela medieval y por las pesadillas explícitas de una película *gore*.[49]

"Si los mataron es porque en algo andaban", dijo el presidente Calderón sobre el asesinato de 15 personas —la mayoría estudiantes de preparatoria sin

---

[45] Véase el sitio oficial de la película en <http://cartellandmovie.com>.

[46] Andrea Noel, "'La Tuta' vivía en una cueva cuando fue capturado", *Vice*, 4 de marzo de 2015.

[47] Véase, por ejemplo, un ensayo etnográfico del reconocido antropólogo Claudio Lomnitz, "The Ethos and Telos of Michoacán's Knights Templar", *Representations*, vol. 147, verano de 2019, pp. 96-123.

[48] Claire Moon, "'Involved in something (*involucrado en algo*)': Denial and stigmatization in Mexico's 'war on drugs'", *The British Journal of Sociology*, 2020, pp. 1-19.

[49] Dawn Paley, "Countering Gore Capitalism", *Social Text*, 8 de noviembre de 2019.

ningún antecedente delictivo— la noche del 30 de enero de 2010, durante una fiesta de cumpleaños en Villas de Salvárcar, una colonia pobre en los márgenes de Ciudad Juárez.[50] En ese discurso oficial se enmarca el grado cero de la narconarrativa, su versión más simple y normativa, y por lo mismo más duradera, más fácil de reproducir. Anota Luis Astorga: "La producción de sentido acerca del tráfico de drogas y de los traficantes se hace fundamentalmente desde un punto de vista que es el dominante y el legítimo: el gubernamental. Éste nos proporciona ya un objeto preconstruido, un dominio de significación en el cual circulan todas aquellas producciones que respetan la norma, la regla del juego".[51]

El mito de la "narcoviolencia" preconstruido por el discurso oficial dominante no hace sino radicalizarse en sus incontables variaciones. A nivel macro, aparece en los 463 grupos criminales que según el International Crisis Group se disputan el control territorial cedido por el debilitado Estado mexicano.[52] A nivel micro, son los ubicuos traficantes de la "Unión Tepito" que el periodista Héctor de Mauleón distingue porque usan una mariconera —una pequeña mochila cruzada al pecho en la que supuestamente cargan teléfonos celulares y equipos de radiocomunicación—, que en su paranoia securitaria es un indicador irrefutable del control absoluto que han establecido en el barrio de Tepito, extorsionando literalmente a todo el que tiene un negocio, por muy pequeño e insignificante que sea. "Aquí no se salva ni la señora de las quesadillas."[53]

Es significativo el trabajo de campo que desacata la narconarrativa oficial y descentra el concepto del "crimen organizado" para mostrar la precaria y marginal realidad de campesinos, pequeños comerciantes y contrabandistas insertos "en un sistema de fronteras fluidas y personajes cambiantes, cuyos vínculos son de una mezcla de lazos de parentesco, vínculos formales e in-

[50] Vanessa Job, "Salvárcar: se cumplen 10 años de otra masacre de estudiantes", *Milenio*, 29 de enero de 2020.
[51] Luis Astorga, *Mitología del "narcotraficante" en México*, México, Plaza y Valdés, 1995, pp. 36-37.
[52] Jane Esberg, "More Than Cartels: Counting Mexico's Crime Rings", *International Crisis Group*, 8 de mayo de 2020.
[53] Héctor de Mauleón, "Eje Central en manos de la Unión Tepito", *El Universal*, 25 de febrero de 2021.

formales, transitorios y relaciones comerciales más bien distantes, de escasa confianza".[54] El mito de la "narcoviolencia" se tensa con las narrativas locales recogidas por los estudios etnográficos de investigadores como Natalia Mendoza, Romain Le Cour y Karina García Reyes. La etnografía se tensa de dos maneras con el discurso oficial: o no se corresponde en lo absoluto con el imaginario del "narco" y el traficante aparece en función de una comunidad precarizada, o bien los miembros de la misma comunidad performatizan ese discurso como un intento de empoderamiento simbólico, como una forma de aspiracionismo desesperado que ofrece la única salida a la misma condición de precariedad extrema. Así, como explica Shaylih Muehlmann, "el comercio de droga funciona no sólo a través de los actos de figuras violentas y asesinas representadas en los medios, sino crucialmente a través de redes de gente ordinaria y negocios legítimos, en modos que profundamente imbrican la vida diaria".[55] Esa gente ordinaria se resiste a cumplir las expectativas simbólicas del "narco" que aparece mediatizado por el periodismo y los incontables productos culturales que explotan ese imaginario. Menos que un "narco", aparecen recurrentemente como vidas mínimas, residuales, desechadas. "Morir es un alivio", dice uno de los traficantes entrevistados.[56]

Pero los actores inmediatos de la "guerra contra las drogas" —los campesinos, los traficantes, los policías y los soldados— poco o nada pueden decirnos de la configuración del discurso securitario porque esa plataforma simbólica no fue decidida por ellos. Del mismo modo, los agentes de la DEA tampoco son los articuladores de la política antidrogas estadounidense, sino sus ejecutores pedestres, efectos de una relación de poder cuyo origen les resulta ajeno e inaccesible. No es posible comprender la construcción de ese imaginario entre quienes sólo se limitan a ejecutarlo. Carl Schmitt entendía la guerra como la manifestación más extrema de lo político que ya presupone

---

[54] Fernando Escalante Gonzalbo, *El crimen como realidad y representación*, México, El Colegio de México, 2012, p. 59.

[55] Shaylih Muehlmann, *When I Wear My Alligator Boots. Narco-culture in the U.S.-Mexico Borderlands*, Berkeley / Los Ángeles, California, University of California Press, 2014, p. 7.

[56] Natalia Mendoza, *Conversaciones en el desierto. Cultura y tráfico de Drogas*, México, Centro de Investigación y Docencia Económicas, 2017; Romain Le Cour Grandmaison, "Orden, soberanía(s) y violencia en México. Otra propuesta", *Nexos*, 7 de diciembre de 2020; Karina García Reyes, "'Morir es un alivio': 33 exnarcos explican por qué fracasa la guerra contra la droga", *El País*, 10 de enero de 2020.

la definición del enemigo y la decisión de combatirlo. La guerra puede tener una forma propia, pero la política es su racionalidad original. "La guerra no es ni el objetivo ni el propósito y ni siquiera el contenido de la política", explica Schmitt.[57] Ni el soldado, ni el agente de Estado que combate (o cree combatir) a un traficante, que quema un plantío de mariguana o amapola, que patrulla las calles, que hurga en el maletero de un coche en un punto de revisión militar y que incluso llega a cometer violaciones a los derechos humanos, decide el discurso de guerra. Mucho menos el traficante, que es apenas el receptor de un orden político que lo nombra su enemigo, que lo convierte en el objeto de una violenta razón de Estado, en una vida convertida en detrito, anónima, irrelevante. Unos son los instrumentos, los otros son los resultados. La causa es anterior y su objetivo a largo plazo es muy posterior a todos ellos.

---

[57] Carl Schmitt, *The Concept of the Political*, 1932, George Schwab (trad.), Chicago, University of Chicago Press, 1996, p. 34.

Desposesión por militarización

La mañana del 5 de septiembre de 2019 circularon en medios locales y redes sociales noticias sobre una balacera en Nuevo Laredo, Tamaulipas, supuestamente entre traficantes del "Cártel del Noreste" y Fuerzas Armadas oficiales. De acuerdo con las autoridades de Tamaulipas, ocho "sicarios" —cinco hombres y tres mujeres— atacaron a soldados de la Secretaría de la Defensa Nacional y agentes del Grupo de Operaciones Especiales (Gopes) de Tamaulipas, una unidad policial élite entrenada en Estados Unidos, que repelieron el fuego y que terminaron matando a los atacantes, cuyos cuerpos quedaron dentro de una camioneta blindada. En las siguientes imágenes dadas a conocer por la policía en redes sociales, los supuestos sicarios vestían uniformes de tipo militar con las siglas CDN, que los identificaba como miembros del "Cártel del Noreste". La policía dijo que los "sicarios" formaban parte de un grupo conocido como "La Tropa del Infierno", el "brazo armado" del llamado CDN.[1]

Tres días después, Kassandra Treviño, la hija de 18 años de uno de los hombres ejecutados, denunció que su padre Severiano fue de hecho secuestrado en su propia casa por agentes de la policía estatal, quienes lo golpearon delante de su familia y lo obligaron en su recámara a ponerse el uniforme militar con el que fue encontrado horas más tarde junto con los demás "sicarios" asesinados. Con su bebé en brazos, Kassandra también fue golpeada pero luego puesta en libertad. Dice que los policías le ordenaron irse de la casa

---

[1] "'La Tropa del Infierno': la sanguinaria facción del Cártel del Noreste que aterroriza a Tamaulipas", *Infobae*, 5 de septiembre de 2019.

Noticia del asesinato de ocho supuestos "sicarios" del supuesto "Cártel del Noreste" durante una confrontación con soldados del Ejército mexicano y agentes del Grupo de Operaciones Especiales (Gopes) de Tamaulipas.

bajo amenaza de muerte para ella y su bebé si se atrevía a volver. El Comité de Derechos Humanos de Nuevo Laredo, una organización cívica, entrevistó a otros testigos familiares de las demás víctimas denunciando que la masacre entera fue simulada como un episodio más de la "guerra contra el narco". Una semana después, el Alto Comisionado de Derechos Humanos de la Organización de Naciones Unidas decidió investigar el caso, que en los medios de comunicación con presencia internacional, como *El País*, fue reportado como un "falso positivo".[2] Este tipo de caso se refiere a la recurrente táctica del ejército colombiano que según numerosas acusaciones asesinó a alrededor de 10 mil civiles entre 2002 y 2010, disfrazando las ejecuciones extrajudiciales como el resultado de las confrontaciones con supuestos combatientes de grupos guerrilleros.[3]

---

[2] Georgina Zerega, "Los falsos positivos de Tamaulipas", *El País*, 24 de septiembre de 2019.

[3] Joe Parkin Daniels, "Colombian army killed thousands more civilians than reported, study claims", *The Guardian*, 8 de mayo de 2018.

Con una rápida respuesta y una maniobra política inusual, la mayoría en el Senado del partido gobernante, el Movimiento de Regeneración Nacional (Morena), propuso un mecanismo constitucional para la disolución del gobierno del estado de Tamaulipas, haciendo un llamado para nombrar a un gobernador interino. Refiriéndose al homicidio de ocho "ciudadanos" y ya no "sicarios", la mayoría en el Senado denunció el incidente como una "ejecución extrajudicial" en consecuencia con la retórica de la política de seguridad del gobierno del presidente Andrés Manuel López Obrador.[4] Recordemos que el 30 de enero de 2019 —unas ocho semanas después de iniciar su presidencia— AMLO ya había sacudido al país con el anuncio de la cancelación inmediata de la "guerra contra el narco". El 28 de febrero consiguió su mayor victoria política hasta la fecha con la aprobación casi unánime de la creación de una Guardia Nacional, un nuevo cuerpo de seguridad bajo un mando civil concebido para reemplazar gradualmente al ejército en las tareas de seguridad. Avanzando en sus promesas de campaña para desmilitarizar la estrategia antidrogas, López Obrador rechazó abiertamente las perspectivas dominantes sobre la "seguridad nacional" proponiendo también la descriminalización del uso ilegal de drogas junto con la institución de un proceso de amnistía para transgresores de las leyes prohibicionistas que no hayan cometido delitos graves.

Hubo, como era de esperarse, una fuerte reacción entre los gobernadores, las policías federal y estatales, e incluso entre miembros del Ejército mexicano, para revertir la política de pacificación del presidente. La revista *Proceso* informó que la confrontación simulada en Nuevo Laredo tuvo lugar nueve días después de que el gobernador de Tamaulipas, Francisco Javier García Cabeza de Vaca, hiciera un llamado a AMLO para comprometerse a "una estrategia conjunta para terminar con la violencia y la inseguridad".[5]

Como sabemos, la petición de una estrategia conjunta tiene aquí un significado clave en la historia reciente de México. El gobernador de Tamaulipas parecía estar instigando una renovación de la campaña de militarización

---

[4] Angélica Mercado, "Morena pedirá desaparición de poderes en Guanajuato y Tamaulipas", *Milenio*, 23 de septiembre de 2019.

[5] Gloria Leticia Díaz, "Tamaulipas: soldados y policías se habrían coordinado para asesinar", *Proceso*, 14 de septiembre de 2019.

antidrogas de la era del presidente Calderón. Y aunque en un principio la política de desmilitarización y descriminalización de la droga de López Obrador parecía tensionarse con el estado de excepción concebido durante los años neoliberales de las últimas tres décadas, la agenda de la "seguridad nacional" volvió a intersectarse con el combate al "crimen organizado" en un contexto mayor que se extiende a las dinámicas de migración, desplazamiento forzado y despojo de la economía global.

La "guerra contra el narco", entre otros usos, ha funcionado como un mecanismo biopolítico de desplazamiento forzado para facilitar la apropiación de recursos naturales en tierras comunales de numerosas regiones del México neoliberal. A través del concepto de "acumulación por desposesión" propuesto por David Harvey, puede entenderse mejor la estrategia de militarización en México como el complemento operativo de políticas de reforma energética para legitimar el saqueo de petróleo, gas natural y minería en zonas con altos índices de violencia atribuida engañosamente a organizaciones de traficantes de droga. En la ola de violencia en Tamaulipas los intereses extractivistas convergen con la militarización, las políticas antidrogas y una de las más altas tasas de homicidio en el país. Mi reflexión sobre el concepto de desplazamiento forzado interno me lleva a argumentar la necesidad de un cambio de paradigma en nuestro actual entendimiento de la "narcoviolencia" en el contexto del gobierno neoliberal.

Examinemos brevemente los números de la confrontación simulada con los "sicarios" en Nuevo Laredo. Como la mayoría de los estados ahora asociados con la "guerra contra las drogas", Tamaulipas mostró una disminución constante en su tasa de homicidios hasta que comenzó la estrategia militar antidrogas. El año más violento en registro antes de la militarización en casi dos décadas había sido 1992, con un total de 407 asesinatos. La tasa de homicidios fluctuó en los años siguientes, pero con un descenso sustancial en 2007 con un total de 189 asesinatos, los 12 meses menos violentos en 15 años.[6] La tasa de homicidios entonces era de 8.78 por cada 100 mil habitantes, apenas encima de la tasa nacional de ocho por cada 100 mil habitantes. Cuando el operativo conjunto militarizado comenzó el 18 de febrero de 2007 no

---

[6] Fernando Escalante Gonzalbo, *El homicidio en México entre 1990 y 2007. Aproximación estadística*, México, El Colegio de México, 2009, p. 27.

respondió a un escenario particularmente convulso en Tamaulipas, sino que más bien ocupó un estado con mucha menos violencia que, por ejemplo, el Estado de México, donde a pesar de que la tasa de homicidio ha sido históricamente hasta seis veces más alta que la de Tamaulipas, nunca fue considerado como objetivo de un operativo conjunto. En 2010 hubo un total de 721 homicidios en Tamaulipas. Esa cifra aumentó dramáticamente en 2012 a un total de mil 562, con una tasa de homicidios de 29.75 por cada 100 mil habitantes. La militarización es el único factor de cambio en el incremento de 300% de la tasa de homicidios en Tamaulipas.

El único otro estado con tal oleada de violencia fue Chihuahua. Después de una similar disminución de los asesinatos entre 1997 y 2007, Ciudad Juárez registró una tasa extraordinaria de homicidios de 250 por cada 100 mil habitantes en 2010, con un total de 3 mil 622 asesinatos, todo mientras que la militarización supuestamente combatía a los "cárteles de la droga" con el objetivo de frenar la violencia.[7] El papel de la militarización como el factor correlacionado más importante en esta oleada de violencia ha comenzado a examinarse, pero el fenómeno del desplazamiento forzado se ha pasado por alto a menudo, ya que la mayoría de la investigación académica y periodística sigue enfatizando enfoques más convencionales para analizar los efectos de la violencia y las resultantes oleadas de migración hacia los Estados Unidos.

Si bien la tasa de asesinatos atribuida a la "guerra contra las drogas" ha recibido merecidamente una abundante atención mediática, las cifras de desplazados internos siguen siendo apenas comprendidas en los debates nacionales. La Comisión Mexicana de Defensa y Promoción de los Derechos Humanos estima un total de 338 mil 405 personas desplazadas por la fuerza en México entre 2006 y 2018.[8] La antropóloga Séverine Durin es una de las pocas especialistas que se ha acercado a los fenómenos derivados del concepto de "migración forzada", acuñado por el sociólogo Stephen Castles.

---

[7] Juan Omar Fierro, "Tamaulipas: 6 años de violencia continua, más de 4,500 muertos", *Aristegui Noticias*, 11 de julio de 2016.

[8] Comisión Mexicana de Defensa y Promoción de los Derechos Humanos, A. C. P., "Episodios de desplazamiento interno forzado masivo en México", Informe 2018. Consultado en <www.cmdpdh.org/project/episodios-de-desplazamiento-interno-forzado-masivo-en-mexico-informe-2018/>.

Actualizando la cifra total de desplazamientos forzados, Durin registra aproximadamente 345 mil personas, principalmente de los estados de Chihuahua y Tamaulipas, que se han visto obligadas a abandonar sus hogares.[9] La Corte Interamericana de Derechos Humanos ha criticado el hecho de que el gobierno mexicano no mantenga una metodología rigurosa para contabilizar los desplazamientos forzados. La fuente mundial más confiable sigue siendo el Centro de Monitoreo de Desplazamientos Internos (IDMC, por sus siglas en inglés), con sede en Ginebra, cuyas cifras siguieron de cerca a las de las organizaciones de derechos humanos y académicos de México y Latinoamérica.

En toda esta investigación, sin embargo, hay un denominador común: la causa indiscutible y ampliamente aceptada del desplazamiento forzado en México que se localiza en la violencia atribuida a los "cárteles de la droga". Se resume en un informe de 2012 del Centro de Vigilancia del Desplazamiento Interno con sede en Ginebra:

> La violencia de los cárteles de la droga en México ha aumentado dramáticamente desde 2007, cuando el nuevo gobierno del presidente Felipe Calderón identificó la inseguridad como un problema clave y comenzó a desplegar al ejército para combatir a los cárteles en lugares clave. Según varios analistas, la estrategia ha sido contraproducente, agitando un nido de avispas al perturbar los acuerdos existentes entre los cárteles, y desencadenando guerras tanto dentro como entre ellos.[10]

Este informe, como gran parte de los estudios académicos sobre el tema, está condicionado por la lógica oficial de la "guerra contra el narco". Registra el aumento de la violencia precisamente en el mismo año en que se lanzaron los primeros "operativos conjuntos", y sin embargo culpa, sin evidencia, a los "cárteles" de toda la violencia. Cuando parece estar criticando al gobierno federal señalando que la militarización fue contraproducente, termina por confirmar que los "cárteles de la droga" eran los agentes centrales responsables

---

[9] Juan Alberto Cedillo, "Desplazamientos forzados, el oculto resultado de la violencia: Ciesas", *Proceso*, 14 de septiembre de 2018.

[10] Internal Displacement Monitoring Center, "Forced displacement linked to transnational organised crime in Mexico", mayo de 2012, p. 3. Consultado en <www.internal-displacement.org/publications/forced-displacement-linked-to-transnational-organised-crime-in-mexico>.

de la agitación, delincuentes animalizados que picaban incontrolablemente a la sociedad civil después de que su "nido de avispas" fuera perturbado, como a menudo se dice coloquialmente en el discurso oficial y popular. Este vocabulario se basa en el mismo imaginario del "narco" mexicano que reproduce la narrativa oficial clasista y racializada de los "cárteles" y sus atributos folclóricos contradictorios, como su sentido de pertenencia familiar, sus creencias religiosas supersticiosas, sus ingenuas aspiraciones consumistas, su masculinidad tóxica y tendencias psicóticas que en última instancia los convierten en una amenaza salvaje y hasta subhumana.

Mi análisis sigue una corriente de trabajo periodístico y académico que cuestiona las principales afirmaciones de este discurso oficial al argumentar que la "guerra contra las drogas" de México debe entenderse en parte como el nombre público de la ocupación militar para abrir vastas regiones del país a las prácticas extractivas transnacionales de explotación. El periodista de investigación italiano Federico Mastrogiovanni fue uno de los primeros en denunciar la preferida práctica gubernamental de desapariciones y desplazamientos forzados como herramienta para acceder a territorios ricos en energéticos en el norte de México. Entre otros hallazgos, Mastrogiovanni examinó la contradicción del discurso oficial que afirmaba que el cártel de "Los Zetas" —una unidad militar de élite que supuestamente se escindió del Ejército mexicano— controlaba Tamaulipas, mientras que conglomerados transnacionales y las élites políticas y empresariales del estado avanzaban en megaproyectos para aprovechar la cuarta reserva más grande del mundo de gas *shale* en la zona conocida como la cuenca de Burgos. Entrevistando a directores ejecutivos e ingenieros de empresas de energéticos, Mastrogiovanni demostró que las transnacionales apoyan a gobiernos autoritarios pero amistosos que deliberadamente instigan malestar social para despoblar regiones enteras y, por lo tanto, previniendo cualquier posibilidad de oposición comunitaria. "Los gobiernos deben comprometerse a dejar que en las zonas más importantes para los recursos se genere o se difunda un alto nivel de violencia, de terror, con un gran número de asesinatos y desapariciones —explica Mastrogiovanni—. Se desarticula el tejido social así como la organización de resistencia."[11]

---

[11] Federico Mastrogiovanni, *Ni vivos ni muertos. La desaparición forzada en México como estrategia de terror*, México, Random House, 2016, p. 36.

La violencia vale la pena: se estima que las cuencas de gas del noreste de México son más grandes que Eagle Basin y Permian Basin —las dos mayores cuencas de Estados Unidos— combinadas.

La investigación de Mastrogiovanni ha sido corroborada por distintos trabajos periodísticos independientes. En el estado de Coahuila, el reportero Ignacio Alvarado vinculó la desaparición de casi 2 mil personas con una "estrategia para despojar a terratenientes y ganaderos de grandes extensiones de tierra en áreas ricas en gas, carbón y agua".[12] Siguiendo la ruta del dinero hasta la frontera con California, los reporteros de la revista *Proceso* Mathieu Tourliere y Arturo Rodríguez documentaron a su vez cómo la transnacional Sempra Energy, con sede en San Diego, a través de presión política y el desprecio sistemático de las regulaciones binacionales y las leyes ambientalistas del país, aseguraron permisos y contratos para la construcción del gasoducto Los Ramones, uno de los desarrollos clave de infraestructura para extraer gas *shale* de la cuenca de Burgos.[13] Parte del proyecto se estableció en tierras comunales a través de Tamaulipas, en las profundidades del territorio ejidal presuntamente bajo el control de "Los Zetas". Pero si transponemos los sitios de los proyectos de extracción con los lugares donde la ocupación militar supuestamente ha llevado a cabo la "guerra contra el narco", descubrimos que convergen decisivamente en las mismas regiones del noreste de México con epicentro en el estado de Tamaulipas.

La construcción del gasoducto fue clausurada en 2011 en la ciudad de Ensenada, cuando las autoridades locales determinaron que la empresa incumplió el permiso para el uso de suelo y desacató el Plan de Desarrollo Urbano de Baja California. Tourliere y Rodríguez informaron que las negociaciones para destrabar el proyecto a nombre de Sempra Energy tuvieron lugar en la embajada de los Estados Unidos en la Ciudad de México, y estuvieron a cargo de John D. Feeley, segundo jefe de Misión. Feeley fue además el funcionario encargado de la implementación de la Iniciativa Mérida, el paquete de ayuda estadounidense de mil 500 millones de dólares en equipo

---

[12] Ignacio Alvarado, "Terror in Coahuila: Gas reserves beneath turf war in northern Mexico?", *Al Jazeera America*, 10 de marzo de 2015.
[13] Mathieu Tourliere y Arturo Rodríguez, "Ya está aquí Sempra Energy, sus presiones, sus sobornos", *Proceso*, 9 de agosto de 2014.

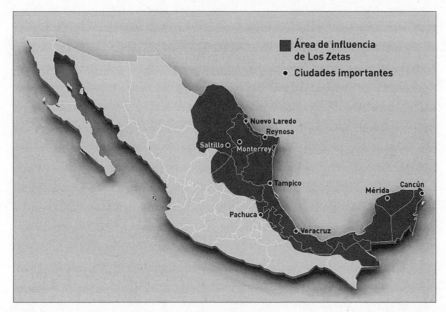

Mapa de la supuesta "influencia" de "Los Zetas" en el noreste de México, desde la frontera con Estados Unidos, hasta la península de Yucatán.
Fuente: "El ocaso de Los Zetas", *El Universal*, 2013. Consultado en <https://archivo.el universal.com.mx/graficos/graficosanimados12/EU-LosZetas/influencia.html>.

y capacitación para el combate al narcotráfico en México. Entre los negociadores estuvieron también presentes Luis Téllez —secretario de Energía durante el gobierno de Ernesto Zedillo y luego de Comunicaciones y Transportes en el gobierno de Calderón— y Carlos Ruiz Sacristán —secretario de Comunicaciones y Transportes con Zedillo—. Entre otros altos cargos en el sector privado, Téllez fungía como miembro del Consejo Directivo de Sempra Energy. Sacristán ha ido más lejos: pasó de formar parte del mismo Consejo Directivo en 2007 a ser presidente ejecutivo de Infraestructura Energética Nova (Ienova), filial de Sempra, para luego ser nombrado presidente y CEO de Sempra Energy para América del Norte a partir de 2018.[14] Entre otros proyectos energéticos, Sempra es actualmente dueña del más

---

[14] Véase el comunicado oficial del nombramiento de Ruiz Sacristán: "Sempra Energy Forms North American Infrastructure Group", *Sempra Energy*, 8 de agosto de 2018. Consultado en <https://www.sempra.com/newsroom/press-releases/sempra-energy-forms-north-american-infrastructure-group>.

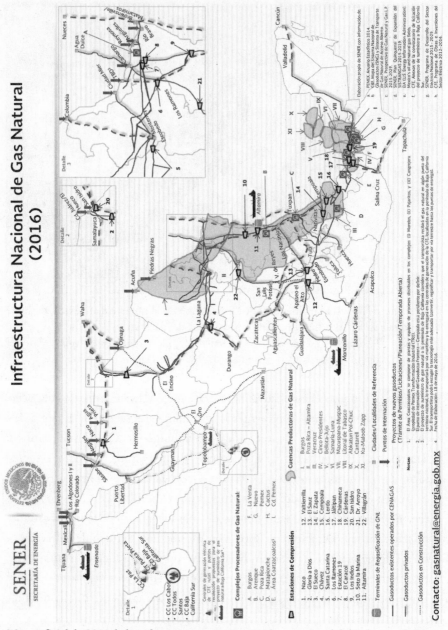

Mapa oficial de 2016 de la infraestructura extractiva de gas natural del gobierno federal. Tanto las zonas donde se encuentran las reservas de gas natural, así como donde cruzan los gasoductos, coinciden con la región de "influencia" de "Los Zetas".
Fuente: Secretaría de Energía de México. Consultado en <https://www.gob.mx/sener/articulos/mapa-infraestructura-nacional-de-gas-natural-2016>.

grande parque de energía eólica en Nuevo León y otro en Baja California, además de una red de gasoductos en Sonora, Sinaloa, Chihuahua, Nuevo León, Baja California y Tamaulipas.

Es clave entender que la militarización antidrogas y la reforma energética han sido procesos convergentes en México, ambos con el respaldo financiero y político del gobierno de Estados Unidos. Recordemos que en 2009 —un año después de que el presidente Barack Obama asumiera el cargo— el Departamento de Estado de Hillary Clinton también creó la Oficina de Recursos Energéticos, una unidad especial encargada de la estrategia diplomática para asegurar la reforma energética en México, como se documenta en los cables diplomáticos filtrados por Wikileaks.[15]

En diciembre de 2013 ya se habían aprobado las modificaciones constitucionales que pusieron fin al monopolio de la paraestatal Petróleos Mexicanos (Pemex) para abrir la extracción de hidrocarburos a la inversión extranjera, que ahora podría competir por licitaciones con producción y ganancias compartidas de petróleo y gas natural. Lo mismo ocurrió con el monopolio de la Comisión Federal de Electricidad (CFE), ahora abierto para la participación extranjera en la generación y suministro de energía. En 2014 se aprobaron leyes secundarias para privatizar la generación, distribución y comercialización de energía en el país. Emilio Lozoya Austin, director de Pemex durante el gobierno de Enrique Peña Nieto, denunció que un grupo de senadores del Partido Acción Nacional (PAN) vendió su voto en el Congreso por 50 millones de dólares. Entre esos senadores se encontraba Francisco Javier García Cabeza de Vaca, que después sería electo gobernador de Tamaulipas.[16] En 2018, ya como gobernador, estableció un convenio de cooperación con la Border Patrol para intercambiar inteligencia sobre el crimen organizado, además de mantener una relación de trabajo constante con figuras del *establishment* político texano, como el diputado demócrata Henry Cuéllar o el senador republicano Ted Cruz.[17] Y aunque pidió la intervención del gobierno federal

---

[15] Steve Horn, "Exclusive: Hillary Clinton State Department Emails, Mexico Energy Reform and the Revolving Door", *The Huffington Post*, 9 de agosto de 2016.

[16] Abel Barajas, "Acusa Lozoya 'extorsión' de senadores del PAN", *Reforma*, 19 de agosto de 2020.

[17] Olivia P. Tallet, "New binational campaign targets criminal groups on Texas-Mexico border", *The Houston Chronicle*, 16 de junio de 2018.

para combatir al narcotráfico, fue acusado a principios de 2021 por la Fiscalía General de la República de haber cometido delitos de delincuencia organizada, operaciones con recursos de procedencia ilícita y defraudación fiscal.[18]

Pero la reforma energética no sólo permitió la inversión extranjera, sino también la apropiación de territorios donde se realizan procesos de exploración y extracción, utilizando además técnicas como la fracturación hidráulica o *fracking*, que contamina mantos acuíferos y que produce un profundo daño en los ecosistemas. La investigadora ambientalista Victoria Ruiz Rincón alertó en su momento sobre uno de los mayores problemas de la reforma energética:

> Aunque se eliminó la palabra "expropiación", los dueños de la tierra no podrán evitar que su terreno sea para la industria, pues se aprobó el término "ocupación temporal" cuando no se llegue a un acuerdo de compra-venta. Por lo anterior los dueños de la tierra quedan obligados a negociar un acuerdo con aquellos que deseen explotar los recursos energéticos de su terreno y en caso de que este no se concrete, el Estado ordenará los pagos que le corresponden a cada propietario. Se está hablando de una negociación forzada, en la que ineludiblemente el propietario tendrá que aceptar la ocupación temporal y aceptar una contraprestación por su tierra. La negación no está contemplada en la ley. Sus casos irían a tribunales agrarios en donde actualmente, el rezago de atención es del 85%.[19]

A la par de facilitar la inversión extranjera, la reforma energética se convirtió, en la práctica, en un mecanismo de despojo territorial inapelable y

---

[18] De acuerdo con la Unidad de Inteligencia Financiera, Cabeza de Vaca está vinculado a la empresa Enerxiza Wind, que en asociación con la empresa española Acciona Energía, ganó en 2016 un ventajoso contrato para la construcción y operación del parque eólico "El Cortijo", que vende energía limpia a la CFE. Acciona Energía es a su vez socia de la constructora brasileña Odebrecht, denunciada al centro de una red de escándalos de corrupción oficial en varios países latinoamericanos, incluido México, en donde sobornó al director de Pemex con al menos 10 millones de dólares para obtener contratos privilegiados. Véase "Con nuevas pruebas, la UIF amplía denuncia contra Cabeza de Vaca", *Animal Político*, 22 de abril de 2021.

[19] Victoria Ruiz Rincón, "Los pros y los contras de la Reforma Energética de acuerdo con el paradigma del desarrollo sustentable", *Revista Digital Universitaria*, vol. 16, núm. 1, 1 de enero de 2015, p. 8.

a favor de los inversionistas que desde entonces pueden literalmente forzar operaciones de extracción incluso sin el consentimiento de los dueños de la tierra, con frecuencia perteneciente a comunidades ejidales.

Mientras coordinaba los esfuerzos para propulsar la reforma energética, el Departamento de Estado de Obama mantuvo una presión constante en el gobierno de México con el tema de la seguridad en los estados afectados por el narcotráfico. En 2010, cuando la violencia alcanzó máximos históricos en Tamaulipas y Chihuahua, la secretaria Clinton comparó a los "cárteles de la droga" de México con las insurgencias colombianas, alegando sin presentar ninguna evidencia, que en México "los narcotraficantes controlaban ciertas partes del país".[20] Luego reveló que el presidente Obama había considerado una intervención militar directa en México similar a la del Plan Colombia de su marido, el presidente Bill Clinton, y que contemplaba el despliegue de militares estadounidenses en territorio mexicano. De hecho, en un reporte interno que circuló en el gobierno de Obama en 2009, el Joint Forces Command —un organismo (ahora desaparecido) que coordinaba a todas las Fuerzas Armadas de Estados Unidos— externó con crudeza su preocupación por los niveles de conflicto en México: "Todo descenso de México hacia el caos exigiría una respuesta estadounidense basada ya sólo en las serias implicaciones que tendría para la seguridad nacional".[21]

La respuesta oficial a la amenaza de los "cárteles" justifica la militarización y el uso irrestricto de la violencia. Analizando la militarización como un instrumento del saqueo neoliberal de recursos naturales, los investigadores Dawn Paley y Simon Granovsky-Larsen han propuesto el concepto de "violencia organizada" para analizar el sentido político y económico del conflicto armado en México. Esto es, como un fenómeno "organizado no sólo debido a la estructura formal de los grupos armados, sino organizado en su relación con el capitalismo".[22] Contra la idea prevalente de que el Estado se retrae bajo el gobierno neoliberal, Paley y Granovsky-Larsen observan a las instituciones oficiales a cargo de establecer "condiciones locales para la acumulación de

---

[20] Rory Carroll, "Hillary Clinton: Mexican drugs was is Colombia-style insurgency", *The Guardian*, 9 de septiembre de 2010.
[21] "Among U.S. fears: A failed Mexican State", *The New York Times*, 9 de enero de 2009.
[22] Dawn Paley y Simon Granovsky-Larsen (eds.), *Organized Violence: Capitalist warfare in Latin America*, Regina, Canadá, University of Regina Press, 2019, p. 8.

capital y mantener con fuerza su papel como árbitros económicos".[23] Los megaproyectos y las comunidades locales quedan así como entidades mutuamente excluyentes. Como concepto alternativo, la idea de una *violencia organizada* fisura efectivamente la noción dominante de crimen organizado. Esta última ha sido el instrumento simbólico del discurso político y judicial para operar una resignificación nómica de comunidades enteras. No ofrece una configuración legal de la actividad criminal, sino la espacialización del crimen como constructo político, transformando a una determinada comunidad en un campo de batalla. En Tamaulipas, este proceso implica la intersección de la violencia de Estado, el paramilitarismo y la industria extractiva de hidrocarburos. Es lo que Samuel Schmidt ha llamado también "crimen autorizado", como la cooptación del marco jurídico para establecer asociaciones delictivas múltiples en contra de sectores sociales vulnerables.[24]

A medida que el narcotráfico se convierte en la metáfora de la industria extractiva neoliberal, la académica Guadalupe Correa-Cabrera ha argumentado que el "cártel de Los Zetas" opera como una extensión de los intereses transnacionales, pero lejos de ser los principales actores, los criminales actúan como una fuerza paramilitar al servicio de las élites políticas y empresariales de Tamaulipas y los estados vecinos. Este modelo, según Correa-Cabrera, se encuentra en aquellas regiones sitiadas por los llamados "cárteles", como "Los Caballeros Templarios" en Michoacán, "Guerreros Unidos" en Guerrero y el "Cártel Jalisco Nueva Generación" en Jalisco: "Las zonas de extracción potencial de recursos después de la reforma energética han mostrado los niveles más altos de violencia, experimentando primero la llegada de grupos criminales (siguiendo el modelo Zeta) y la militarización y paramilitarización de la seguridad, supuestamente implementada como respuesta a la "'violencia relacionada con las drogas' y las llamadas guerras de cárteles".[25]

---

[23] *Ibid.*, p. 10.

[24] Samuel Schmidt, *Crimen autorizado. La estrecha relación entre el Estado y el crimen*, México, Debate, 2020. Véase también el documental *El guardián de la memoria* (Marcela Arteaga, 2019) que avanza en la misma tesis enfocándose en el trabajo del abogado Carlos Spector, amigo y colaborador de Schmidt, en la frontera entre Ciudad Juárez y El Paso.

[25] Guadalupe Correa-Cabrera, *Los Zetas Inc. Criminal Corporations, Energy, and Civil War in Mexico*, Austin, University of Texas Press, 2017, p. 158.

Lo que comúnmente se denomina "cártel" puede entenderse con mayor precisión en la lógica de la paramilitarización. El fenómeno no es reducible a la experiencia de las juntas militares en regímenes autoritarios de la era de la Guerra Fría y la lucha contra el comunismo global. Es cierto, como advierte Joshua Lund, que el fenómeno del paramilitarismo en Latinoamérica existe en una "zona de indistinción" que desestabiliza el lugar de la soberanía en las estructuras de las democracias modernas en la región.[26] Pero para comprender la actualidad del paramilitarismo en México es necesario ir más allá de la narrativa oficial que imagina a los "cárteles" como agentes extraestatales que integran soberanías criminales alternativas en sus supuestos territorios de dominio.

Si seguimos los vínculos entre las actividades de los traficantes y las industrias extractivas, los "cárteles" parecen funcionar como fuerzas paramilitares que llevan a cabo acciones extrajudiciales que benefician a los intereses domésticos y transnacionales de la clase política y los conglomerados extranjeros. Los "cárteles" deben ser estudiados entonces bajo la lente del paramilitarismo, como el "Estado paralelo" que facilita operativos encubiertos que coinciden con los intereses del Estado y aquellos grupos beneficiados por él. La investigadora J. Patrice McSherry define el concepto de *Estado paralelo* y su utilidad:

> El Estado paralelo es un instrumento para lograr en secreto lo que no se podía lograr legal o políticamente. Fue creado para llevar a cabo políticas que violaran todas las leyes y normas y para eludir cualquier límite al poder coercitivo del Estado, permitiendo al Estado utilizar la violencia extrema contra "enemigos internos" más allá de todos los límites civilizados, sin restricciones legales y con total impunidad. Las estructuras estatales paralelas eran "propiedad del estado", pero fueron una deformación del Estado legítimo.[27]

Históricamente, como argumenta McSherry, las fuerzas paramilitares recurren al terrorismo como un mecanismo de control social actuando con

---

[26] Joshua Lund, "The Poetics of Paramilitarism", *Revista Hispánica Moderna*, vol. 64, núm. 1, junio de 2011, pp. 61-67, p. 63.

[27] J. Patrice McSherry, *Predatory States. Operation Condor and Covert War in Latin America*, Nueva York, Rowman and Littlefield Publishers, 2005, p. 21.

lealtad a las estructuras estatales, pero con diferentes grados de autonomía dependiendo de alianzas políticas con los grupos gobernantes. Bajo este análisis, grupos como "Los Zetas" realizan tareas de seguridad que benefician directamente a proyectos energéticos dirigidos por el gobierno federal pero que pueden ir en contra de los intereses de los municipios locales y ejidatarios regionales. De hecho, las operaciones de los "cárteles" suelen desarticular las estructuras locales de gobierno con el efecto ulterior de abrir territorios para la industria extractiva. Es desde esta perspectiva que el fenómeno de los falsos positivos denunciados en Colombia parece estar operando también dentro de las Fuerzas Armadas mexicanas como una herramienta para consolidar proyectos extractivos. Entre tantos ejemplos más, sabemos ahora que la mitología del narcotráfico como principal causa de la inseguridad no fue sino una estrategia discursiva para distorsionar el asesinato en 2016 de la reconocida ambientalista Berta Cáceres, un crimen vinculado directamente a la violenta explotación de recursos naturales de Honduras tras el golpe de Estado de 2009, con el apoyo y legitimación de Estados Unidos.[28] Como el país que establece la agenda de seguridad nacional en la región, Estados Unidos —o lo que el investigador Peter Dale Scott denomina la "máquina de guerra" estadounidense— *fabricó* activamente las condiciones simbólicas y materiales para esta nueva etapa del despojo de recursos naturales en Latinoamérica y el resto del mundo.[29]

El despojo de tierras, como resultado de desplazamientos forzados masivos, no es sólo el efecto de la política neoliberal que ignora la legislación laboral, la ecocrítica o la reforma agraria. Es también un fenómeno impulsado por un Estado (para)militarizado que, en nombre de la "seguridad nacional", desplaza comunidades enteras y se apropia de los territorios maduros para la extracción. Basándose en el trabajo de Rosa Luxemburg, David Harvey sostiene que el

---

[28] Jared Olson, "Who Killed Berta Cáceres", *NACLA*, 22 de junio de 2020. Roberto David Castillo, exjefe de la hidroeléctrica Desarrollos Energéticos (DESA) —quien fue además exfuncionario de inteligencia militar, entrenado en Estados Unidos—, que buscaba apropiarse del río Gualcarque, fue encontrado culpable de haber ordenado el asesinato de Berta Cáceres. Véase Nina Lakhani, "Berta Cáceres assassination: exhead of dam company found guilty", *The Guardian*, 5 de julio de 2021.

[29] Peter Dale Scott, *American War Machine: the CIA global drug connection, and the road to Afghanistan*, Nueva York, Rowman & Littlefield Publishers, 2010.

principio de acumulación primitiva de Marx, que "implicaba tomar tierras, cercándolas y expulsando a la población residente para crear un proletariado sin tierra, para luego liberar la tierra en el flujo privado de la acumulación de capital" para la configuración original —y violenta— de la diferencia de clase, sigue siendo un proceso en curso en la actual época del capitalismo tardío.[30] Permite canalizar la sobreacumulación, es decir, la condición en la que el estancamiento del capital encuentra una forma de fluidez y expansión en los bordes del sistema capitalista, en los márgenes externos de la economía globalizada. Ahí, la acumulación primitiva se aplica de nuevo en un proceso que se entiende mejor, según Harvey, como "acumulación por desposesión". En México, este proceso ha sido continuo desde la adopción de la política neoliberal en la década de 1980, la transformación política e institucional que puso fin al proyecto estatal nacionalista y proteccionista que reivindicó la soberanía de los recursos naturales con la expropiación del petróleo de 1938. Harvey explica: "México, por ejemplo, abandonó sus ya debilitadas protecciones de las poblaciones campesinas e indígenas en la década de 1980, en parte bajo la presión de su vecino del norte para adoptar la privatización y las prácticas neoliberales a cambio de asistencia financiera y la apertura del mercado estadounidense para el comercio a través del TLCAN. Incluso cuando la motivación parece predominantemente interna, las condiciones externas importan."[31]

En 2006, cuando la presión estadounidense se convirtió en una activa incitación para militarizar al país con el fin de declarar una "guerra contra las drogas", repitiendo el modelo colombiano de la década de 1990, México experimentó una violenta estrategia de despojo facilitado por sus propias Fuerzas Armadas. El concepto de Harvey puede ser reformulado aquí como "desposesión por militarización", destacando la dimensión de coerción que con frecuencia se pierde en los procesos de expansión capitalista normalizada.

Para hacer viable el principio de acumulación primitiva "el capitalismo siempre y necesariamente crea su propio 'otro'", es decir, los límites externos

---

[30] David Harvey, *The New Imperialism*, Nueva York, Oxford University Press, 2003, p. 149.
[31] *Ibid.*, pp. 154-155.

del sistema donde el despojo ventila el excedente de capital en nuevos territorios antes inaccesibles para la explotación.[32] Como discutí en la Segunda Parte, la reconfiguración del narcotráfico como una amenaza global tuvo lugar junto con los albores de la reforma neoliberal en Latinoamérica y se convirtió en otro vehículo para que Estados Unidos asegurara su hegemonía en la región.[33] Durante los gobiernos de Calderón y Peña Nieto, como hemos visto, las disposiciones legales para mantener la propiedad comunal de la tierra que se habían institucionalizado desde la Revolución mexicana se vieron drásticamente erosionadas en medio de la bruma de la "guerra contra las drogas". Quedaron así territorios vaciados de comunidades enteras, desplazadas por "cárteles de la droga" que contradictoriamente, se nos decía, disputaban la soberanía del Estado despoblando esas tierras para allanar el camino de proyectos extractivos aprobados por el Estado mismo.

Esto puede constatarse incluso en torno a la política de energías limpias del país, que ha sido instrumentalizada como una herramienta de despojo y neocolonialismo mediante la privatización de zonas comunales enteras.[34] Tal fue el caso de la masacre de 15 indígenas ikoots del poblado de San Mateo del Mar, en la zona del Istmo de Tehuantepec, en el estado de Oaxaca, el 21 de junio de 2020. Inicialmente, el crimen fue atribuido a una colusión entre el "Cártel Jalisco Nueva Generación", las autoridades municipales y caciques locales interesados en la zona como "un punto estratégico para el tráfico de indocumentados y enervantes".[35] Tanto fuentes oficiales como analistas de *think tanks* como el International Crisis Group o el Wilson Center explican este tipo de violencia asegurando que los "cárteles" con frecuencia "diversifican" sus actividades, involucrándose en el tráfico humano y la extracción de recursos naturales. Investigaciones periodísticas y académicas han demos-

---

[32] *Ibid.*, p. 141.

[33] Para más información sobre la cuestión general de la agenda de seguridad de Estados Unidos en Latinoamérica, véase María José Rodríguez Rejas, *La norteamericanización de la seguridad en Latinoamérica*, México, Akal, 2017.

[34] Chris Hesketh, "Clean Development or the development of dispossession? The political economy of wind parks in South Mexico", *EPE: Nature and Space*, vol. 0, núm. 0, 2021, pp. 1-23.

[35] Francisco Mejía, "ONG acusan a CJNG de estar detrás de violencia en San Mateo del Mar", *Milenio*, 24 de junio de 2020.

trado, sin embargo, que la violencia en el Istmo de Tehuantepec está directamente relacionada con la expansión de megaproyectos de energía eólica de empresas como Mitsubishi, Iberdrola, EDF Energies Nouvelles y Gamesa, alrededor de una extensión de mil 200 kilómetros cuadrados y que ha sido denunciada como una estrategia de despojo y de neoextractivismo desde mediados de la década de 1990. En 2016, como explica la académica ambientalista Sofía Ávila Calero, el gobierno federal aprobó 17 megaproyectos de iniciativa privada y pública para instalar aproximadamente mil 780 turbinas en la región del istmo. El desarrollo de estos proyectos ignoró la resistencia local, despojó tierras comunales y estafó a las comunidades locales, pero benefició con la generación de energía a corporativos como Walmart, Bimbo, las tiendas Chedraui, la cadena de hoteles Crown Plaza, compañías operadoras de minas, y hasta las empresas productoras de Gatorade, Jugos del Valle y Nestlé, entre otras.[36]

La zona del Istmo es también una región clave para uno de los mayores proyectos de infraestructura del gobierno de Andrés Manuel López Obrador: la creación del Corredor Interoceánico que conectará por tren los puertos de Salina Cruz en Oaxaca y Coatzacoalcos en Veracruz, creando una nueva ruta comercial entre los océanos Pacífico y Atlántico, la cual ha sido llamada "el nuevo Canal de Panamá" y que supuestamente beneficiaría a las comunidades indígenas de ambos estados.[37] Según testimonios recogidos por el reportero Eoin Wilson, la violencia en San Mateo está directamente relacionada con el despojo territorial que ha sufrido la comunidad indígena para la construcción de los parques eólicos. El alcalde local, Bernardino Ponce Hinojosa, culpó de la violencia a un supuesto grupo de "crimen organizado" al mando de un tal Gualterio Escandón, alias "Gual Perol", que, según fuentes consultadas por el reportero, es un personaje inventado para justificar la violencia perpetrada en contra de los activistas locales.[38]

---

[36] Sofía Ávila-Calero, "Contesting energy transitions: wind power and conflicts in the Isthmus of Tehuantepec", *Journal of Political Ecology*, vol. 24, 2017, pp. 992-1012, en especial pp. 996-998.
[37] Véase la presentación oficial del proyecto del gobierno de Andrés Manuel López Obrador, fechada el 23 de diciembre de 2018 en <https://www.gob.mx/ciit/articulos/presentacion-del-programa-para-el-desarrollo-del-istmo-de-tehuantepec-227166?idiom=es>.
[38] Eoin Wilson, "Murders, megaprojects and a 'new Panama Canal' in Mexico", *Al Jazeera*, 13 de julio de 2020.

Pero la expresión más dramática de un similar proceso de violencia tuvo lugar el 4 de noviembre de 2019, cuando tres mujeres y seis niños de la familia LeBarón —una colonia mormona establecida en el estado norteño de Chihuahua desde la década de 1920— fueron brutalmente asesinados, sus cuerpos incinerados en una terracería del municipio de Bavispe en el estado fronterizo de Sonora. Como los miembros de la familia LeBarón mantienen ciudadanía estadounidense, la noticia que se dio a conocer en los principales medios de comunicación reportaba el asesinato de una "familia estadounidense", descontextualizando el hecho de que las víctimas nacieron en México tras varias generaciones de una rama de la familia mormona establecida en la región y cuyos miembros se presentan primordialmente como ciudadanos mexicanos. La masacre fue explicada en numerosos medios de comunicación, sin ninguna evidencia forense o investigación policial, como una emboscada perpetrada por un "cártel".[39]

Desde Estados Unidos se explotó la coyuntura al máximo: el influyente senador republicano Lindsey Graham anunció que exploraría la posibilidad de designar a los "cárteles" mexicanos como "organizaciones terroristas extranjeras", lo cual facultaría al gobierno estadounidense para emprender operaciones militares directamente en territorio mexicano y sin consentimiento de las autoridades locales, pues obraría en legítima defensa de su "seguridad nacional".[40] Tal designación sería la única forma de insertar la política terrorista en la frontera norte de México, pues está documentado que ninguna

---

[39] Elizabeth Chuck, "Slain U.S. citizens were part of Mormon offshoot with sordid history", *NBC News*, 9 de noviembre de 2019. Incidentalmente, el Cato Institute, un *think tank* libertario, advertía que tras la masacre de la familia LeBarón un mayor intervencionismo estadounidense en México sólo contribuiría al lucrativo negocio de la militarización antidrogas con un alto costo humano. Véase Ted Galen Carpenter, "U.S. Military Assistance Cannot Fix Mexico's Cartel Mayhem", Cato Institute, 13 de noviembre de 2019.

[40] "Congresistas de EU piden estatus de 'terroristas' a cárteles para combatirlos en suelo mexicano", *SinEmbargo*, 7 de noviembre de 2019. Una iniciativa de ley similar fue presentada el 12 de marzo de 2019 en la Casa de Representantes por el congresista republicano Chip Roy para solicitar al Departamento de Estado un reporte sobre la designación del "Cártel Jalisco Nueva Generación", el "Cártel del Golfo" y el "Cártel del Noreste" como "organizaciones terroristas extranjeras". Véase la iniciativa H.R. 1700, "Drug Cartel Terrorist Designation Act" en <https://www.congress.gov/bill/116th-congress/house-bill/1700/all-info>.

persona ha sido jamás víctima de un terrorista en Estados Unidos que hubiera cruzado ilegalmente la frontera con México.[41] No obstante, el presidente Donald Trump intentó completar la narrativa desde su cuenta de Twitter un día después de la masacre en Sonora, ofreciendo al gobierno mexicano la ayuda de una incursión militar estadounidense en México para luchar contra los "cárteles de la droga":

A wonderful family and friends from Utah got caught between two vicious drug cartels, who were shooting at each other, with the result being many great American people killed, including young children, and some missing. If Mexico needs or requests help in cleaning out these.....

8:25 AM · Nov 5, 2019 · Twitter for iPhone

22.5K Retweets   80.6K Likes

Donald J. Trump @realDonaldTrump · Nov 5, 2019
Replying to @realDonaldTrump
....monsters, the United States stands ready, willing & able to get involved and do the job quickly and effectively. The great new President of Mexico has made this a big issue, but the cartels have become so large and powerful that you sometimes need an army to defeat an army!

5.1K   18.7K   71.7K

Mensajes del presidente Donald Trump desde su cuenta personal de Twitter ofreciendo ayuda estadounidense para "limpiar" el país de los "monstruos" miembros de los "cárteles", que según él fueron responsables de la masacre de la familia LeBarón en el norte del país el 4 de noviembre de 2019.

Como explica la politóloga argentina Pilar Calveiro, la política antidrogas y antiterrorista son compatibles porque se articulan en función de los principios de organización, acumulación y concentración del neoliberalismo. "Estas 'guerras' tienen el objeto de justificar la violencia estatal necesaria para inter-

---

[41] Entre 1975 y 2020 sólo nueve personas culpables de planear un ataque terrorista entraron ilegalmente a Estados Unidos. El caso más grave fue el de Walid Kabbani, quien cruzó la frontera entre Estados Unidos y Canadá con una bomba en 1987. De los nueve indocumentados, sólo tres cruzaron por la frontera con México, pero lo hicieron como niños, 23 años antes de ser detenidos. Véase Alex Nowrasteh, "Terrorists Are Not Crossing the Mexican Border", Cato Institute, 18 de marzo de 2021.

venir en cualquier lugar del planeta y de la sociedad, haciéndolas funcionales al sistema global."[42]

Semanas más tarde surgieron las implicaciones geopolíticas del caso: precisamente en la frontera entre los estados de Chihuahua y Sonora, justo donde tuvo lugar la masacre, se encuentra la que puede ser la mayor reserva de litio del mundo, el precioso mineral apodado como "el petróleo del futuro" por su uso como materia prima para baterías de aparatos electrónicos, automóviles, aviones e incluso naves espaciales, en constante disputa entre conglomerados energéticos en todo el planeta. Según las estimaciones iniciales aún por verificar, el litio de México puede alcanzar los 243 millones de toneladas que ya están siendo exploradas por la firma canadiense Bacanora Lithium y la empresa china Ganfeng Lithium. Para contextualizar su importancia global, es probable que el litio de México sea 11 veces más grande que la reserva boliviana, que según numerosos analistas pudo ser una de las razones del golpe de Estado contra el presidente Evo Morales en noviembre de 2019.[43] "Es difícil desvincular los asesinatos de estas personas de la pugna por el agua y otros recursos naturales de la región", anotó el periodista Ricardo Raphael.[44] Unos días después de la masacre, más de 100 miembros de la familia LeBarón decidieron abandonar México, trasladándose temporalmente a los Estados Unidos.[45] En 2021, a nivel nacional, había mil 609 concesiones mineras que cubrían 21 millones de hectáreas del territorio nacional —el equivalente de casi todo el estado de Chihuahua— con proyectos de extracción incluso en 68 de las 142 áreas naturales protegidas de México.[46]

La propuesta de imbricar al tráfico de drogas con el terrorismo encontró una nueva justificación el sábado 19 de junio de 2021, cuando supuestos miembros de "La Tropa del Infierno", brazo armado del "Cártel del Noreste" (CDN), asesi-

---

[42] Pilar Calveiro, *Violencias de Estado. La guerra antiterrorista y la guerra contra el crimen como medios de control global*, Buenos Aires, Siglo XXI Editores, 2012, p. 170.

[43] Braulio Carbajal, "Megayacimiento da a México boleto a la carrera del litio", *La Jornada*, 5 de diciembre de 2019.

[44] Ricardo Raphael, "Hay una guerra por los recursos naturales en Sonora", *The Washington Post*, 15 de junio de 2021.

[45] Stephanie Casanova, "Days after cartel kills 9, community flees Mexico", *Tucson.com*, 11 de noviembre de 2019.

[46] Daniela Pastrana, "68 áreas naturales 'protegidas' tienen suelo concesionado a mineras", *Pie de página*, 20 de mayo de 2021.

naron a 15 personas en la ciudad fronteriza de Reynosa, Tamaulipas. La revista *Proceso* lo llamó un acto de "narcoterrorismo". Según "fuentes de seguridad consultadas en Texas y miembros del Grupo de Operaciones Especiales (Gopes)", el CDN se alió con el "Cártel de los Hermanos Beltrán Leyva" con el objetivo de "frenar el ingreso del 'Cártel Jalisco Nueva Generación' (CJNG) en Tamaulipas".[47] La nota no mencionó que los Gopes —una policía élite conformada por 150 agentes con bases operativas en Reynosa y Ciudad Victoria— estuvieron involucrados en el caso del falso positivo en Nuevo Laredo, donde simularon un enfrentamiento con falsos "sicarios" de "La Tropa del Infierno". Tampoco se reparó en el hecho de que 12 agentes de los Gopes fueron detenidos como probables responsables de la matanza de 19 migrantes en Camargo, Tamaulipas.[48] La tesis de una "guerra entre cárteles" no se sostiene. Se pregunta Guadalupe Correa: "¿Por qué a estos grupos o células les interesaría calentar la plaza de otro rival que opera muy cerca de su territorio si esto llamaría la atención de la prensa internacional, al tiempo que atraería una investigación y una fuerte presencia de las autoridades federales?"[49]

Si el *dictum* del siglo XIX era "gobernar es poblar", el neoliberalismo del siglo XXI parece determinar que "extraer es despoblar". Tendemos a considerar el homicidio, la desaparición y el desplazamiento forzados como subproductos del comercio ilegal de drogas, cuando en realidad parecen ser la estrategia primaria y el mecanismo diario de la gobernanza neoliberal. No los consideramos procesos interrelacionados porque la energía, la seguridad y la migración siguen siendo objetos separados de la política pública binacional dominante y, en consecuencia —y a menudo con poca resistencia de nuestra parte—, en la investigación académica y periodística.

La historia de nuestra comprensión actual del "narcotráfico", la "guerra contra las drogas" y la "narcocultura" está también inscrita en la historia del neoliberalismo extractivo en México. Pero esta historia no depende del auge de los "cárteles", sino de la profunda transformación de México que fue de un estado de bienestar hacia un estado militarizado neoliberal. Es dentro de esta

---

[47] Juan Alberto Cedillo, "Reynosa: Cuando el terror supera la violencia", *Proceso*, vol. 2330, 27 de junio de 2021.

[48] Carlos Manuel Juárez, "Detienen a policías por masacre de migrantes hallados en Camargo", *Pie de Página*, 2 de febrero de 2021.

[49] Guadalupe Correa-Cabrera, "Calentar la plaza", *SinEmbargo*, 5 de julio de 2021.

transformación que el desplazamiento forzado de comunidades enteras debe ser localizado, examinado y entendido. Es también a este nivel que debemos estudiar el presente inmediato del "fin de la guerra contra el narco" como declaró el presidente López Obrador. Se piensa en las víctimas como daño colateral, ya sea como el resultado de un simple traficante que supuestamente pelea por su trozo de territorio, o bien como el efecto aleatorio de las actividades de extorsión, secuestro y asesinato de los "cárteles" que "diversifican" sus operaciones, como insisten las autoridades de México y Estados Unidos. Con escasa presión de la sociedad civil, el gobierno mexicano hasta la fecha sigue sin establecer una metodología rigurosa para dar cuenta de los desplazados internos, doblemente victimizados por la violencia estatal y más tarde por la indiferencia general. Los migrantes y los refugiados, desplazados por la militarización, son meramente residuos invisibles del gobierno neoliberal. Son forzados a un estado liminal continuo donde nunca son reconocidos y donde su ciudadanía simplemente se ha disuelto. Nos enfrentamos hoy a esta tarea tan urgente como pendiente: primero, tenemos ante nosotros el reto de discernir las ocultas condiciones geopolíticas de posibilidad de la violencia en México más allá de la narrativa oficial de la "guerra contra las drogas", y segundo, debemos superar nuestra propia inercia para entender la migración más allá de los supuestos convencionales que buscan validar modelos agotados e insuficientes que observan el movimiento de personas como resultado de economías disfuncionales de los países en desarrollo.

El desplazamiento forzado interno, un fenómeno apenas estudiado en México, es en parte el resultado directo de una estrategia calculada de terror paramilitar promovida por la gobernanza neoliberal que promueve los intereses transnacionales. Los vínculos entre la energía, el narcotráfico y el paramilitarismo definen el objeto urgente para las ciencias sociales, los estudios culturales y el periodismo de investigación a medida que experimentamos una era de cruda explotación con total desprecio hacia los derechos humanos, el derecho internacional y la soberanía nacional. Éste es más que nunca el momento de un esfuerzo multidisciplinario radical dedicado a un examen crítico de la seguridad, los discursos hegemónicos que criminalizan a sectores enteros de la sociedad y la lógica neoliberal prevaleciente, todo como un único campo de estudio que reconsidere el valor de la vida humana contra la fuerza impersonal y degradante del capital global.

22

La Guardia Nacional
y el migrante "rescatado"

El 21 de junio de 2019 la fotoperiodista Hérika Martínez capturó en Ciudad Juárez una escena inconcebible en los inicios del gobierno de Andrés Manuel López Obrador: soldados de la Guardia Nacional —el nuevo cuerpo de seguridad creado en febrero de 2019 con el objetivo de desmilitarizar gradualmente el país— detenían a dos mujeres y a una niña nicaragüenses que intentaban cruzar el río Bravo hacia Estados Unidos. La imagen, que circuló en numerosos medios nacionales e internacionales, mostraba el momento dramático de separación: los hombres de la familia lograron atravesar la frontera, pero también fueron detenidos al norte del río.

CNN World   Africa Americas Asia Australia China Europe India Middle East United Kingdom

The other photo that shows what's happening now at the border

By Catherine E. Shoichet, CNN
Published 8:01 PM EDT, Wed June 26, 2019

Mexican National Guard troops prevent Central American migrants from crossing the Río Grande in Ciudad Juárez, Mexico, on June 21.

Hérika Martínez/AFP/Getty Images

Familia nicaragüense detenida por soldados de la Guardia Nacional en las orillas del río Bravo, en Ciudad Juárez, el 21 de junio de 2019. Fuente: imagen de Hérika Martínez para la agencia AFP y publicada en el sitio de noticias de CNN el 26 de junio de 2019.

No se trataba de indocumentados entrando a México por la frontera sur, sino de migrantes intentando *salir* del país atravesando la frontera norte. En la imagen, los soldados de la militarizada Guardia Nacional igualaban las funciones propias de la Border Patrol estadounidense. En más de un modo, los soldados mexicanos suplementaban *de facto* a la política antiinmigrante del presidente Donald Trump *desde* México.

Operaban, en efecto, al servicio del gobierno de Estados Unidos, en el extremo último de la narrativa del *bad hombre* que popularizó el presidente Donald Trump desde el inicio de su gobierno y que inicia con el viaje de criminales en potencia desde el llamado Triángulo Norte, una región combinada entre Honduras, El Salvador y Guatemala donde se reproduce el discurso securitario, pero ahora aplicado al pandillerismo. Según los gobiernos de esos países, el narcotráfico utiliza pandillas como la Mara Salvatrucha para construir una red de criminalidad continental. Aunque están conformadas por jóvenes morenos precarizados y marginales, que nacen y mueren pobres, el discurso oficial presenta a las pandillas como organizaciones con "sofisticados sistemas de comunicación, poder económico y político" al mismo nivel que los "cárteles" mexicanos y colombianos.[1] No sorprende que al igual que a los "narcos", se responsabilice a las pandillas de prácticamente cualquier delito y acto de violencia en Centroamérica. La criminalización de las pandillas se ha ido radicalizando al grado de incorporar el lenguaje que Estados Unidos emplea en torno al terrorismo. Entre el llamado Triángulo Suní de Irak y el Triángulo Norte centroamericano —y desde luego el "Triángulo Dorado" del narcotráfico mexicano—, lo que está en juego es el intento de equiparar ciudades como San Pedro Sula o San Salvador con zonas de guerra como Bagdad, Faluya o Tikrit, o con zonas del trasiego de droga como el noroeste de México. Con ello no sólo se intenta imponer una explicación de la violencia, sino también justificar el despliegue de contingentes militares que ejercen una constante represión ciudadana.[2] No sobra decir que las tasas de homicidio

---

[1] Óscar Iraheta, "Centroamérica, un triángulo de miedo y muerte", *El País. Noticias de Cali, Valle y Colombia*, 5 de febrero de 2012.

[2] El concepto del Triángulo Suní fue acuñado en la década de 1970 por Abbas Keladir, politólogo de la Universidad de Londres, pero popularizado por el *New York Times* para contextualizar la estrategia militar durante la invasión de Irak ordenada por el gobierno de George W. Bush. Según el *Times*, el Triángulo Suní era "un bastión de apoyo para

en Centroamérica fluctúan significativamente. En 2013, por ejemplo, San Pedro Sula alcanzó una tasa de 187 homicidios por cada 100 mil habitantes, que se explicaba como el resultado combinado de pandillas, narcotraficantes y una explícita criminalización de la pobreza. A esto se agrega la frecuente referencia de la "presencia" de traficantes mexicanos en la región sin mayor evidencia que las declaraciones de las autoridades locales.[3] Se pasa por alto en la cobertura de la mayoría de medios de comunicación de mayor presencia global que el golpe de Estado de 2009 en Honduras desencadenó graves violaciones a los derechos humanos, desplazamiento forzado y asesinatos extrajudiciales perpetrados por fuerzas armadas entrenadas y financiadas por el gobierno estadounidense, pero cuya violencia se metaforiza como una "crisis de seguridad" que descontextualiza el papel del Estado y las élites empresariales y los intereses de conglomerados transnacionales.[4] Y aunque en 2020 la tasa de homicidios de San Pedro Sula descendiera a 41.19 asesinatos por cada 100 mil habitantes —menor que la de ciudades como Memphis (50.99), Nueva Orleans (51.78), Baltimore (56.45) o Saint Louis (87.83)— la narrativa del violento Triángulo Norte prevalece con su mitología clasista y racista sobre los violentos pandilleros centroamericanos.[5]

Pero la instrumentalización de la Guardia Nacional para establecer un muro virtual en las fronteras mexicanas, tanto en el sur como en el norte, responde también a una condición planetaria antiinmigrante que ha escalado a la par de la retórica xenofóbica del norte global hasta convertirse en una nueva "guerra" en nombre de la "seguridad nacional" de México y Estados Unidos. La militarización de la política migratoria de México se deriva de la

---

Saddam Hussein, él mismo un musulmán suní". Véase David Rohde y Michael Gordon, "U.S. Forces Detain 400 Iraqis in a Large-Scale Roundup", *The New York Times*, 11 de junio de 2003.

[3] Christina Sterbenz, "Here's What It's Like in The Most Dangerous City In The World", *Business Insider*, 31 de diciembre de 2014. En la misma nota se muestra la fotografía de "una rudimentaria choza con techo de metal en un área montañosa [localizada] alrededor de 100 millas al norte de la capital Tegucigalpa", que sin embargo se presenta como "el primer laboratorio de cocaína operado por mexicanos en un país Centroamericano", aunque ninguna detención de traficantes mexicanos validara esa información.

[4] Hilary Goodfriend, "The Honduran Nightmare", *Jacobin*, 12 de diciembre de 2018.

[5] Óscar García, "Publican el ranking de las ciudades más violentas del mundo y esta es la situación de Guatemala", *Prensa Libre*, 23 de abril de 2021.

misma historia securitaria que enmarca la política antidrogas. Son enemigos prohijados por una misma imaginación intervencionista.

En ese horizonte aparece lo que el antropólogo y activista Jeff Halper denomina como "guerra securocrática", es decir, la plataforma bélica del complejo militar-fronterizo por medio de la cual los aparatos de seguridad se vierten en contra de la población civil para ventilar intereses del capital transnacional del norte sobre el sur global. Para ello, explica Halper, las Fuerzas Armadas, las agencias de inteligencia, los cuerpos policiacos y los sistemas carcelarios ejercen una función clave para integrar un "sistema global de pacificación" que construye un discurso de guerra permanente en contra de enemigos múltiples a quienes culpa de generar climas de inseguridad: "Las nuevas formas de guerra controlan estas inseguridades endémicas. A pesar de sus distintos nombres —'guerras securocráticas', 'guerras contra el pueblo', 'guerras por los recursos', contrainsurgencias— todas comparten un mismo objetivo: pacificación en el nombre de hacer prevalecer la hegemonía del capital transnacional. La pacificación del sistema-mundo en su totalidad, de sus periferias, incluso de sus víctimas en el centro."[6]

La circulación de este discurso de guerra permanente no se ejerce como una conspiración entre unos cuantos ni tampoco como una simple reiteración de prácticas coloniales de potencias globales en contra de países en vías de desarrollo. Se construye más bien estableciendo alianzas entre élites estatales y empresariales empoderadas que trascienden límites nacionales a favor de los intereses del capital transnacional. Aunque pueden existir desacuerdos y disrupciones entre esas élites, una "lógica identificable corre a través de la economía política del sistema-mundo, que da coherencia y dirección a la agencia de los actores transnacionales dominantes".[7]

Esto pudo observarse precisamente en el contexto binacional en el que se enunció la política migratoria del gobierno de López Obrador. La movilización de la Guardia Nacional fue el resultado del acuerdo migratorio entre México y Estados Unidos convenido el 7 de junio de 2019 tras la crisis política que el presidente Trump desató el 30 de mayo cuando amenazó, mediante un *post*

---

[6] Jeff Halper, *War Against the People. Israel, the Palestinians and Global Pacification*, Londres, Pluto Press, 2015, p. 14.

[7] *Ibid.*, p. 15.

desde su cuenta personal de Twitter, con la imposición de 5% de aranceles a las exportaciones de México si la actual ola de refugiados centroamericanos no era atendida por el gobierno de AMLO en términos satisfactorios para Washington. Tras varios días de negociación, la delegación mexicana, encabezada por el canciller Marcelo Ebrard, anunció en un comunicado conjunto con el gobierno de Estados Unidos que México incrementaría "significativamente su esfuerzo de aplicación de la ley mexicana a fin de reducir la migración irregular, incluyendo el despliegue de la Guardia Nacional en todo el territorio nacional, dando prioridad a la frontera sur".[8] Inicialmente se dispuso de 6 mil elementos de la Guardia Nacional para atajar el flujo de migrantes en busca de refugio. El acuerdo también especificaba que los migrantes que solicitaran asilo en Estados Unidos serían "retornados sin demora a México, donde podrán esperar la resolución de sus solicitudes". Finalmente, México se comprometió a ofrecer empleos, atención médica y programas educativos durante el periodo de espera de una resolución a la petición de asilo en Estados Unidos.

La concesión de este endurecimiento en la política migratoria mexicana significó más que una derrota diplomática para el gobierno de AMLO, como fue entendido entre los principales medios de comunicación del país. Las fotografías de las detenciones de migrantes en la frontera norte son la ilustración más elocuente del complejo proceso de transformación de la política de seguridad del gobierno de AMLO, que se incorporó a la racionalidad global que instrumentaliza la migración como extensiones del intervencionismo tanto del gobierno estadounidense como del capital transnacional que se beneficia de ello.

La campaña presidencial de AMLO se distinguió por un mensaje de *pacificación* que, entre otros temas, se enfocó en la retirada del ejército de las tareas de seguridad asignadas desde el gobierno de Felipe Calderón. Con el anuncio de su Plan Nacional de Paz y Seguridad, AMLO y su equipo de transición dejaron claro que se alejarían de la política antidrogas estadounidense y que en cambio se enfocarían en atender el problema del consumo de drogas como una cuestión de salud pública y no como una emergencia que debería ser combatida militarmente.[9] La creación de la Guardia Nacional marcó un

---

[8] Amanda Mars y David Marcial Pérez, "Trump llega a un acuerdo migratorio con México y retira la amenaza de aranceles", *El País*, 8 de junio de 2019.
[9] Andrés Manuel López Obrador, "Plan Nacional de Paz y Seguridad. 2018-2024",

plazo de cinco años para el regreso del ejército a los cuarteles y se estructuró con un mando civil a cargo de la Secretaría de Seguridad Pública y Protección Ciudadana. Pero el 11 de mayo de 2019 AMLO dio un viraje a sus promesas de campaña y decretó la reincorporación del Ejército y la Marina a tareas de seguridad. Aunque se dijo que las Fuerzas Armadas participarían "de manera extraordinaria, regulada y fiscalizada, subordinada y complementaria con la Guardia Nacional en las funciones de seguridad", también se advirtió que los soldados y los marinos quedarían bajo la supervisión directa de la Sedena y Marina, y no bajo la Secretaría de Seguridad y Protección Ciudadana.[10] El proceso de militarización alcanzaría una dimensión mayor con la propuesta de suspender el mando civil de la Guardia Nacional para incorporarla de lleno a la Sedena, según anunció AMLO en 2021.[11]

Cuando comenzó a agravarse la crisis migratoria de centroamericanos que masivamente comenzaron a cruzar el país hacia la frontera norte en las llamadas "caravanas", el gobierno de AMLO una vez más se mostró decidido a un cambio radical de las políticas neoliberales de los gobiernos anteriores. El 17 de enero de 2019 decidió abrir la frontera para los refugiados y agilizar los trámites para recibir a los migrantes indocumentados. Para principios de febrero su gobierno ya había otorgado 12 mil 500 visas humanitarias en lo que fue considerado como un "gesto histórico".[12]

Dos meses después, sin embargo, el panorama era otro. Según datos oficiales, el gobierno de AMLO deportó a más de 37 mil 450 migrantes centroamericanos en los primeros cinco meses de su gobierno. Entre marzo y abril, la política de deportaciones ya había superado en un 67% a las cifras del gobierno de Enrique Peña Nieto (2012-2018) durante el mismo periodo. La bienvenida inicial que el gobierno mexicano ofreció a los migrantes pudo haber contribuido a aumentar el desplazamiento de centroamericanos a la frontera sur. Las cifras oficiales en la frontera norte también se dispararon: las

---

Transición.mx, 2018.

[10] Juan Omar Fierro, "AMLO ordena la intervención del Ejército en labores de seguridad pública", *Proceso*, 11 de mayo de 2020.

[11] Ezequiel Flores Contreras, "AMLO va por tres reformas constitucionales: eléctrica, electoral y de seguridad", *Proceso*, 15 de junio de 2021.

[12] Elena Reina, "Del sueño americano a la visa humanitaria en México", *El País*, 3 de febrero de 2019.

autoridades estadounidenses dijeron haber detenido a 109 mil indocumentados sólo en el mes de abril, la cifra más alta desde 2007.[13] Entre 2014 y 2018, según un estudio realizado por especialistas de la Universidad de Texas en Austin, la migración de El Salvador, Guatemala y Honduras se incrementó y se estabilizó en alrededor de 300 mil personas que anualmente abandonan sus países para intentar refugiarse a Estados Unidos.[14]

Con el acuerdo migratorio del 7 de junio de 2019, AMLO decidió distanciarse de su discurso de pacificación y apertura para comprometerse con el despliegue de la Guardia Nacional para reforzar la detención y deportación de migrantes. El gobierno mexicano ha adoptado el lenguaje de la "crisis fronteriza" que el presidente Trump repitió como parte de su estrategia para buscar, sin éxito, la reelección en los comicios de 2020. Sintomáticamente, la secretaria de Gobernación Olga Sánchez Cordero ya repetía ese mismo discurso declarando a la migración indocumentada como una nueva "amenaza" de "seguridad nacional".[15] Potenciando la narrativa oficial que ha utilizado al narcotráfico como el principal enemigo de la sociedad civil estadounidense durante décadas, el nuevo enemigo confeccionado por Trump es una amalgama perfecta: el *bad hombre* que es al mismo tiempo un migrante "ilegal", un narcotraficante y un terrorista.

Tras la tensión binacional, quedó claro que Trump pudo clamar victoria a partir de la veloz negociación con el gobierno de México que consiguió con una mera bravuconada por Twitter. El ardid le funcionó aun a pesar de la oposición de influyentes senadores republicanos que advirtieron el enorme costo político y económico —más de 40 mil millones de dólares— que habría implicado la imposición de aranceles en Estados Unidos.[16] Y aunque el gobierno de AMLO celebró haber rechazado que México fuera designado como "tercer país seguro" —una de las propuestas del gobierno de Trump más

---

[13] Kirk Semple, "Mexico Cracks Down on Migrants, After Pressure From Trump to Act", *The New York Times*, 3 de junio de 2019.
[14] Stephanie Leutert y Sarah Spalding, "How Many Central Americans Are Traveling North?", *Lawfare*, 14 de marzo de 2019.
[15] Mathieu Tourliere, "El modelo represivo se reimplanta en migración", *Proceso*, 17 de junio de 2019.
[16] Catie Edmondson y Maggie Haberman, "Senate Republicans Warn White House Against Mexico Tariffs", *The New York Times*, 4 de junio de 2019.

insistentes—, el acuerdo migratorio orilló a México a esa función, pero sin los beneficios de un acuerdo formal que conllevaría una compensación financiera por los servicios necesarios para recibir a los refugiados. Según el Center for International Policy, los acuerdos de "tercer país seguro" son ante todo un mecanismo mediante el cual los países del primer mundo desacatan deliberadamente sus obligaciones internacionales de brindar asilo humanitario y "externalizan así sus fronteras, pues el reconocimiento de un tercer país seguro permite que las personas que huyen no lleguen hasta su territorio". El reporte concluye tajante: "Más que una crisis de refugiados, el mundo está presenciando, nuevamente, una crisis en la protección de los refugiados".[17] La militarización de las fronteras mexicanas opera, entonces, como una extensión directa de la hostilidad contra los migrantes en Estados Unidos, cuya frontera se ha externalizado más allá del río Bravo con el consentimiento explícito del gobierno de AMLO.

Fue significativo en este sentido que el 14 de junio de 2019, una semana después del acuerdo migratorio, renunciara a su puesto el comisionado del Instituto Nacional de Migración, Tonatiuh Guillén López, quien había defendido el "derecho humano a migrar". En su lugar, el presidente López Obrador nombró a Francisco Garduño Yáñez, cuya experiencia como funcionario de la extinta Procuraduría General de la República y como secretario de Seguridad Pública de la Ciudad de México "concretan el endurecimiento de la estrategia del gobierno federal para frenar la migración y cumplir su compromiso con el presidente de Estados Unidos, Donald Trump".[18] (Recordemos, por cierto, que el Instituto Nacional de Migración fue incorporado en México al sistema de seguridad nacional desde 2005).[19] Así, esta estrategia de militarización, al igual que con los 12 años del supuesto combate al narcotráfico durante las presidencias de Calderón y Peña Nieto, se concibió en un contexto geopolítico en el cual México es uno de los territorios donde se ensaya la más reciente articulación del discurso estadounidense de "seguridad nacional".

---

[17] Aude Blenet y Laura Carlsen, "México y el acuerdo de tercer país seguro. Negación del derecho de asilo y externalización de fronteras", Programa de las Américas del Center for International Policy, noviembre de 2018.

[18] Mathieu Tourliere, "El modelo represivo se reimplanta en migración", *Proceso*, 17 de junio de 2019.

[19] Mayolo López, "Incorporan al INM a seguridad nacional", *Mural*, 19 de mayo de 2005.

Más allá de la coyuntura política inmediata, la continuidad del sistema militarista alinea a los gobiernos del norte y sur global bajo un mismo paradigma securitario. *The New York Times* reportó que meses antes de la amenaza arancelaria de Trump, México ya se había comprometido al despliegue de la Guardia Nacional en un encuentro secreto en Miami durante el mes de marzo de 2019 entre la secretaria de Gobernación, Olga Sánchez Cordero, y la entonces secretaria de Homeland Security estadounidense, Kirstjen Nielsen.[20] El programa que aceptó públicamente el gobierno de AMLO fue concebido desde el 20 de diciembre de 2018 y comenzó a implementarse oficialmente a partir del 25 de enero de 2019 en el cruce internacional entre San Ysidro y Tijuana y posteriormente en los cruces fronterizos de Calexico / Mexicali y El Paso / Ciudad Juárez.[21] Según datos del Programa de Seguridad Ciudadana de la Universidad Iberoamericana en la Ciudad de México, para 2021 el gobierno mexicano ya había desplegado 8 mil 715 elementos de la Sedena, Semar y la Guardia Nacional hacia las fronteras norte y sur, estableciendo además 347 puntos de control en las rutas migratorias por todo el país. Entre junio de 2019 y diciembre de 2020 las Fuerzas Armadas y la Guardia Nacional habían detenido a 152 mil migrantes en la frontera sur y deportado a 273 mil personas, de las cuales 27 mil eran menores de edad. En el perverso discurso oficial que se utiliza desde 2013, explica la investigadora Sonja Wolf, el gobierno mexicano insiste en que se trata de un programa de "rescate humanitario" por las autoridades migratorias, que "lejos de preservar la integridad física y psicológica de las personas, sólo interrumpió la circulación de quienes anhelan una mejor vida en otros horizontes".[22]

El proceso de transformación de la política migratoria en una política militarista tiene una larga historia que ha ocupado un lugar cada vez mayor de la agenda intervencionista de Estados Unidos en Latinoamérica. En 1980,

---

[20] Michael D. Shear y Maggie Haberman, "Mexico Agreed to Take Border Actions Months Before Trump Announced Tariff Deal", *The New York Times*, 8 de junio de 2019.

[21] Véase el reporte completo sobre el programa "Remain in Mexico" preparado por el centro Justice for Immigrants, del 12 de abril de 2021 en <https://justiceforimmigrants. org/what-we-are-working-on/asylum/frequently-asked-questions-remain-in-mexico-policy/>.

[22] Samuel Storr, "La militarización de las fronteras", Programa de Seguridad Ciudadana, Universidad Iberoamericana, 24 de marzo de 2021.

como documenta el periodista estadounidense Todd Miller, el presupuesto del entonces llamado Servicio de Inmigración y Naturalización (INS, en inglés) fue de 349 millones de dólares. Con la radicalización del discurso antiinmigrante que comenzó a circular durante la década de 1990, el grueso del gasto público en seguridad fue reorientándose gradualmente, imbricando la agenda de seguridad nacional con la política migratoria del mismo modo en que también se fue vinculando a la política antidrogas. En 1994, la llamada "Operation Gatekeeper" marcó un antes y un después en el endurecimiento de la política migratoria estadounidense, que según el recuento de algunos activistas ha cobrado ya más de 11 mil vidas de migrantes indocumentados orillados a buscar rutas de acceso en los desiertos del suroeste.[23] Para 2020, el presupuesto combinado entre las agencias del Departamento de Homeland Security encargadas de la seguridad fronteriza, el sistema de aduanas y migración —Immigration and Customs Enforcement (ICE) y Customs and Border Protection (CBP)— recibieron un presupuesto combinado de 25 mil millones de dólares, un aumento de 6 000%. Al integrarse como una única agenda, fue necesaria la creación de una nueva rama del gobierno federal que coordinara las nuevas facetas de la "seguridad nacional", el narcotráfico y la migración, los enemigos domésticos que ya habían reemplazado completamente al comunismo global de la Guerra Fría.

Con esa nueva gubernamentalidad comenzó a fluir el dinero público para la "seguridad" fronteriza. Entre 2006 y 2018, ICE y CBP otorgaron 99 mil contratos con un valor de 45 mil millones de dólares a corporativos militaristas como Northrop Grumman, Elbit Sustems, General Atomics y Lockheed Martin, que producen sistemas de detección acústica, radares humanos, lentes infrarrojos, helicópteros Black Hawk, drones y otras herramientas de tecnología militar de punta que se utilizan diariamente sin ningún tipo de consenso público. Estos mismos sistemas se exportan por toda Latinoamérica para reproducir los mismos patrones de militarización tecnificada.

El término aparentemente amable de "programas de cooperación en seguridad" significa que Estados Unidos está redefiniendo sus fronteras, entrenando guardias

---

[23] Paul Theroux, *On the Plain of Snakes: A Mexican Journey*, Boston, Massachusetts, Houghton Mifflin Harcourt, 2019, p. 36.

fronterizos y enviando vehículos de patrullaje blindados, armas y otros recursos no sólo a países centroamericanos y caribeños, sino también hasta Sudamérica, con agregados de la CBP ahora en Brasilia y Bogotá. Como con la guerra contra las drogas y la guerra contra el terrorismo, ahora hay una guerra contra el cambio climático, dirigida no a mitigar las emisiones de carbón en la biósfera, sino a erguir "fuertes defensivos" contra la gente más afectada, la gente desplazada.[24]

Los "programas de cooperación" en torno a la migración cumplen la función específica de integrar esa agenda al marco general del militarismo securitario. En abril de 2021, Tyler Moran, asesor del presidente Joe Biden, anunció un nuevo acuerdo con México, Guatemala y Honduras para endurecer la estrategia militarizada con el objetivo de contener la migración de refugiados centroamericanos hacia el norte. Mientras que los gobiernos de Honduras y Guatemala aceptaron enviar mil 500 y 7 mil soldados a sus respectivas fronteras, México se comprometió a desplegar 10 mil elementos de la Guardia Nacional. La justificación de un cerco militar para impedir el avance de refugiados se presenta desde una contradicción insalvable: "Eso no sólo evitará que los traficantes, los contrabandistas y los cárteles se aprovechen de los niños en camino aquí, sino que también protegerá a esos niños". Además de las condiciones de extrema pobreza e inseguridad en países como Honduras, los mismos soldados desplegados en la frontera terminan operando como un filtro más de violencia y extorsión contra los migrantes.[25]

Julián Cardona, "Punto de revisión en Hermosillo, Sonora. 2004".
FUENTE: Lannan Foundation Art Collection: <https://lannan.org/art/artist/julian-cardona>.

---

[24] Todd Miller, *Build Bridges, Not Walls. A Journey to a World Without Borders*, San Francisco, California, City Lights Books, 2021, p. 15.
[25] Jared Olson, "In Honduras, US Efforts to Deter Migrants Add Danger, Costs", *The Nation*, 8 de junio de 2021.

Irrumpe en esta sección del libro la fotografía que tomó el fotoperiodista Julián Cardona, uno de los más relevantes reporteros fronterizos que documentó el giro securitario en Ciudad Juárez y otras ciudades del norte del país y del sur de Estados Unidos. El rostro entrecortado de la pareja que muestra documentos personales muestra la radical violencia en contra de los migrantes. El ojo de la mujer enuncia el terror ante la posibilidad de ser el otro, el indeseable, el enemigo. Interpone como defensa lo que parece certificado de primaria para demostrar que no es una indocumentada, que sólo lo parece. Que su delito es ser joven y morena y viajera en un autobús hacia el norte. ¿Pudo continuar su viaje en paz? ¿O habrá sido deportada, o "rescatada", por las autoridades migratorias de México? El 22 de enero de 2021 recordamos la trágica vulnerabilidad de ese viaje: 16 migrantes guatemaltecos y tres mexicanos fueron masacrados por policías del Grupo de Operaciones Especial de Tamaulipas, una unidad de fuerzas especiales armadas y entrenadas por Estados Unidos. El Departamento de Estado, de hecho, ha admitido que su buró antinarcóticos ha entrenado aproximadamente a 27 mil policías mexicanos desde 2016.[26]

Lejos de asumir cualquier responsabilidad, las autoridades estadounidenses hablan de un "imperativo de seguridad nacional", pero nunca de la catástrofe humanitaria hemisférica que implica la migración masiva de centroamericanos hacia el norte. Así lo entendió el general Glen VanHerck, jefe del Comando Norte de Estados Unidos (Usnorthcom, en inglés) —que protege los intereses estadounidenses en Canadá, México y las Bahamas— durante una conferencia de prensa el 16 de marzo de 2021. Aunque dijo no querer intervenir en un debate político, VanHerck afirmó que la migración masiva era el efecto combinado de desastres naturales, la pandemia del covid-19 y la violencia causada por organizaciones criminales de México y el restado de Latinoamérica. La crisis de refugiados en la frontera México-Estados Unidos, advirtió, es un "síntoma":

Dos huracanes grandes, covid, la inestabilidad creada por organizaciones criminales trasnacionales, todos son indicadores y razones por las cuales la gente

---

[26] John Lindsay-Poland, "Mexican Police Who Massacred Guatemalan Migrants Get Their Guns from the U.S.", NACLA, 1 de abril de 2021.

quiere irse de Centroamérica, América del Sur y México para venir a nuestra nación. Entonces éste es el problema más amplio. Cuando digo síntoma, el combate al narcotráfico, la migración, el tráfico humano, todos son síntomas de las organizaciones criminales trasnacionales que operan con frecuencia en áreas sin gobierno, entre el 30 y 35% de México, y es lo que está creando algunas de las cosas que enfrentamos en la frontera.[27]

En una visita a Centroamérica en el verano de 2021, la vicepresidenta de Estados Unidos, Kamala Harris, anunció que el gobierno de Biden, a diferencia del de Trump, atendería las "raíces" de la migración forzada. Pero lejos de contextualizar la larga responsabilidad histórica de Estados Unidos en la región, Harris se limitó a promover programas de desarrollo e inversión económica y el combate al tráfico humano. Su mensaje terminó exigiendo a los migrantes un sacrificio voluntario: "No vengan". Los académicos Suyapa Portillo Villeda y Miguel Tinker Salas advirtieron la continuidad del colonialismo estadounidense detrás de la política migratoria militarizada: "Antes que confrontar las causas de raíz, el gobierno de Estado Unidos continúa viendo a Centroamérica como una fuente de mano de obra barata, como exportador de materia prima y como una oportunidad de inversiones para compañías como Nestlé [...] En lugar de distanciarse del pasado, la estrategia de Harris lo repite, apuntando el poder de las élites gobernantes y las corporaciones para hacer lo que deseen".[28] El 7 de junio de 2021 el procurador general de Estados Unidos, Merrick B Garland —que junto con el presidente Biden y la vicepresidenta Harris se precia de ser un "liberal" ajeno a las políticas represivas del gobierno anterior de Donald Trump—, anunció una nueva iniciativa del Departamento de Justicia y el de Homeland Security para combatir a las organizaciones de tráfico de personas en el Triángulo del

---

[27] El general Glen D. VanHerck, comandante del Usnorthcom, hizo estas polémicas declaraciones el 16 de marzo de 2021 durante una rueda de prensa conjunta con el general Craig S. Faller, comandante del Comando del Sur o Ussouthcom. Véase la transcripción completa en el sitio oficial del Departamento de Defensa estadounidense en <https://www.defense.gov/Newsroom/Transcripts/Transcript/Article/2539561/usnorthcom-ussouthcom-joint-press-briefing/>.

[28] Suyapa Portillo Villeda y Miguel Tinker Salas, "The Root Cause of Central American Migration is US Imperialism", *Jacobin*, 8 de junio de 2021.

Norte y México. La Fuerza de Tarea Conjunta Alpha se propone "afectar y desmantelar las redes de contrabando y tráfico que abusan, explotan y ponen en peligro a migrantes, que son amenazas a la seguridad nacional, y que se involucran en el crimen organizado".[29] Según un analista que traduce los mensajes de Washington, todos estos signos apuntarían a que al gobierno de Biden "se le agota la paciencia" ante la política de pacificación del presidente López Obrador, reconsiderando la opción de designar a los supuestos "cárteles" como organizaciones terroristas extranjeras: "Si el presidente Joe Biden da ese paso, la milicia estadounidense podrá intervenir para desarticular a esos cárteles que hoy amenazan un tercio del país y que amenazan la seguridad interna de nuestro principal socio comercial. ¿Eso quieren en Palacio Nacional?"[30] Faltó un punto clave del mensaje: Washington quiere que México vuelva a ser el escenario de su redituable "guerra contra el narco" o los estadounidenses mismos se encargarán de traer la guerra hasta el territorio nacional.

El periodista colombiano Germán Castro Caycedo, una de las principales voces críticas de la violenta militarización de su país en el supuesto combate al narcotráfico, describió la injerencia estadounidense como "nuestra guerra ajena", es decir, como la política de "seguridad nacional" "en la cual los intereses y la geopolítica que la determinan tampoco son los nuestros".[31] Según el filósofo Pierre Dardot y el sociólogo Christian Laval, el neoliberalismo ha operado una transformación del concepto de seguridad pública, como garantía de estar a salvo de la violencia estatal y el abuso del poder oficial, hacia el pernicioso concepto de "seguridad nacional", cuya racionalidad sólo interesa y beneficia al Estado mismo. Desde que se convirtió en la medida global de gobierno tras la caída de la Unión Soviética, el neoliberalismo funciona como una administración de "crisis" permanente que refuerzan el mismo modelo neoliberal que las ocasionó.[32]

---

[29] Office of Public Affairs, "Attorney General Announces Initiatives to Combat Human Smuggling and Trafficking and to Fight Corruption in Central America", U.S. Department of Justice, 7 de junio de 2021.

[30] Darío Celis, "A EU se le agota la paciencia", *El Financiero*, 23 de julio de 2021.

[31] Germán Castro Caycedo, *Nuestra guerra ajena*, Bogotá, Planeta, 2014, p. 12.

[32] Pierre Dardot y Christian Laval, *Never-Ending Nightmare. The Neoliberal Assault on Democracy*, Nueva York, Verso, 2019, pp. 56-57.

El lenguaje de guerra es fundamentalmente la plataforma simbólica que construye una forma de mirar a los otros, generalmente a las clases más vulnerables, en la era neoliberal. Es un mecanismo de *percepción* de aquellos a quienes nos hemos acostumbrado a imaginar como enemigos de la sociedad asediada por la inseguridad —los "narcos", los migrantes indocumentados, los pandilleros, los "huachicoleros"—, negándoles el derecho a la ciudadanía que nos apresuramos a defender para nosotros mismos. Es lo que Todd Miller ha denominado el *new world border*, es decir, el nuevo orden construido a partir de la fronterización general de México, Centroamérica y el Caribe.[33]

La pandemia del covid-19 consolidó el muro antiinmigrante militarizado en México: el gobierno de Guatemala ordenó el 17 de marzo de 2020 el cierre de sus fronteras con México, El Salvador, Honduras y Belice, resguardando militarmente los puntos de entrada y salida como medida preventiva del contagio. Entre los múltiples debates que suscitó la pandemia, hubo un desacuerdo entre quienes observaron el evento como el reforzamiento de una violenta política estatal afincada en lo que Giorgio Agamben definió como el estado de excepción —la suspensión del orden jurídico legal como sustento permanente de la democracia liberal— y la posibilidad de reactivar una respuesta colectiva emancipatoria que Slavoj Žižek quisiera ante un improbable colapso del capitalismo global causado por el coronavirus. Entre esta discusión, se interpuso una tercera postura: Byung-Chul Han señaló la distópica vida vigilada en la era digital que en gobiernos asiáticos facilita el control de los ciudadanos por medio de complejos algoritmos, metadatos y millones de cámaras registrando ubicuamente la cotidianidad.[34]

El concepto de *inmunidad* complica el panorama teórico en la era de la pandemia. El filósofo italiano Roberto Esposito lo piensa como el efecto inverso de la vida en comunidad. Roto el pacto comunitario de la modernidad estatal, la inmunidad aparece como una forma efectiva de posicionar un *afuera* de la sociedad comunal, exento de la obligación y del compromiso hacia los otros. La reconfiguración de la ciudad en la era neoliberal es el resultado de

---

[33] Todd Miller, *Empire of borders. The expansion of the US border around the world*, Nueva York, Verso, 2019, p. 12.

[34] Las intervenciones de Agamben, Žižek y Chul Han fueron recogidas, junto con otras, en el siguiente libro electrónico, de título poco afortunado: *Sopa de Wuhan. Pensamiento contemporáneo en tiempos de pandemias*, Pablo Amadeo (ed.), ASPO, 2020.

un proceso autoinmunitario. Históricamente, los barrios de clase media convivían en proximidad con los residenciales de clase alta. Poco a poco, desde finales del siglo xx y a lo largo de la primera década del xxi, las familias ricas de las ciudades construyeron zonas alejadas del tejido urbano tradicional. Edificaron no sólo *gated communities* sino *gated cities*, lejos de los centros históricos de la Ciudad de México, Monterrey, Chihuahua, o Guadalajara. Las poblaciones precarizadas quedaron por fuera de ese nuevo orden, habitando residenciales que antes fueron de la clase media y ahora se debaten en un olvido de inseguridad y violencia estatal.

El cuerpo individual, social, tecnológico y político, según Esposito, se intersecta con la noción de inmunidad para establecer barreras, formas de control y de protección contra el contagio del *otro* social tras la llegada de la globalización y sus malestares: la migración indocumentada, el sida como enfermedad marcada por clase y género, el terrorismo islámico y, desde luego, la constante amenaza del "crimen organizado". "La idea de inmunidad —explica Esposito—, que es necesaria para la protección de nuestra vida, si se lleva más allá de cierto umbral, termina negando la vida."[35] La condición de *immunitas* traspasa ese límite negando la vida, transformando la distinción aristotélica entre bíos (la vida política-social de todo individuo) en zoé (la mera vida biológica natural), arrojando lo que Agamben denominó célebremente la "nuda vida" y la "catástrofe biopolítica sin precedentes".[36] Habituada a la percepción del peligro, la frontera entre México y Estados Unidos es una expansiva tecnología inmunitaria con la explotación laboral de las maquiladoras, la industria del servicio y las insondables economías informales. Permite disfrutar de los beneficios del trabajo, pero sin la amenaza del trabajador, que terminará además aislado en los márgenes de su propia ciudad. La frontera es la zona a la que el resto del país ha confinado su tejido social indeseable. Pero en su interior hay más niveles de inmunización: la clase media alta se aísla en sus comunidades cerradas y atraviesa la frontera a voluntad, el poderoso e invencible cerco inmunitario infranqueable para la mayoría.

---

[35] Roberto Esposito, *Terms of the Political. Community, Immunity, Biopolitics*, Nueva York, Fordham University Press, 2013, p. 61.

[36] Giorgio Agamben, *Homo Sacer: Sovereign Power and Bare Life*, California, Stanford University Press, 1998, p. 188.

El cierre de fronteras y el desplazamiento forzado de la guerra securocrática son el resultado directo de una estrategia integral de terror militar y la precarización de la vida promovida por la gobernanza neoliberal. Los vínculos entre las cadenas de producción, la energía, el narcotráfico y el militarismo constituyen un objeto múltiple para las ciencias sociales, los estudios culturales y el periodismo a medida que experimentamos una época de comodificación de la vida y la enfermedad. Nos confronta un desafío intelectual mayor: el examen multidisciplinario de las políticas de salud pública y la agenda de "seguridad nacional", entrelazados con los discursos hegemónicos que desechan y criminalizan a sectores enteros de la sociedad en la lógica neoliberal, todo como un único campo de estudio que reconsidere el valor de la vida humana contra la fuerza impersonal, inmunitaria y biopolítica del capital global.

23

El juicio a "El Chapo" y la renovación de la narrativa hegemónica

Las contradicciones, fantasías y mitificaciones del juicio a Joaquín "El Chapo" Guzmán, llevado a cabo en Nueva York entre el 5 de noviembre de 2018 y el 12 de febrero de 2019, ha sido uno de los golpes más exitosos en la historia de la narconarrativa oficial. El proceso, sin embargo, también brindó una nueva oportunidad para examinar críticamente el modo en el que se hace prevalecer la "guerra contra el narco" en México. En el documento original del *indictment*, o acusación formal, a Guzmán se le imputaron 17 cargos, entre los más importantes el de dirigir una "empresa criminal", que, bajo su supervisión y la de Ismael "El Mayo" Zambada, introdujo más de 200 toneladas métricas de cocaína a Estados Unidos entre 1989 y 2014, generando ganancias personales por más de 14 mil millones de dólares.[1] De acuerdo con un comunicado de prensa del Departamento de Justicia estadounidense, esa cantidad de dinero habría sido transportada *en efectivo* en su totalidad desde Estados Unidos a México. Y aunque no se incluye formalmente en ninguno de los cargos en su contra, también se acusó a "El Chapo" de secuestro, tortura y de ordenar en persona el asesinato de "miles" de "competidores traficantes de droga" en la frontera entre los dos países durante la supuesta guerra entre el "Cártel de Sinaloa" y el "Cártel de Juárez", "aproximadamente" entre 2007 y 2011.[2]

---

[1] Al final del proceso judicial, Guzmán fue encontrado culpable de 10 cargos detallados en una última versión de la acusación formal. La acusación original está disponible en el sitio del periódico *Los Angeles Times* en <http://documents.latimes.com/indictment-joa quin-el-chapo-guzman/>.

[2] The United States Department of Justice, Office of Public Affairs, "Joaquin 'El Chapo' Guzman Loera Faces Charges in New York for Leading a Continuing Criminal Enterprise

La fiscalía se basó sobre todo en los dichos de 56 testigos, 14 de ellos traficantes cercanos a Guzmán.[3] En el sistema penal estadounidense es legítimo ofrecer reducciones a sus sentencias carcelarias a cambio de la "cooperación" de otros delincuentes. Repasemos uno de esos testimonios: un traficante llamado Alexander Cifuentes Villa dijo que durante el gobierno de Felipe Calderón un "capi" del Ejército mexicano recibió "entre 10 a 12 millones de dólares" a cambio de ayuda para pelear una "guerra" contra el "cártel" de la familia Beltrán Leyva, pero en el mismo testimonio, Cifuentes recordó que los Beltrán Leyva también pagaron fortunas al mismo Calderón a cambio de protección. Cifuentes también dijo haber negociado a nombre del jefe del "Cártel de Sinaloa" un soborno de 250 millones de dólares para el presidente Enrique Peña Nieto. Por razones desconocidas, explicó el traficante, "El Chapo" decidió alterar el acuerdo y despachó a su "comadre María" con sólo 100 millones en octubre de 2012.[4] Son comunes los asaltos a quienes se aventuran a caminar con algunos cuantos miles de pesos a unas cuadras de cualquier banco, pero la "comadre María" se desplazaba sin contratiempos por la Ciudad de México con 100 millones de dólares en efectivo para el presidente Peña Nieto. En ningún momento se presentaron pruebas de los sobornos al gobierno de Calderón para proteger al mismo tiempo a los dos "cárteles" en pugna, ni tampoco para demostrar la capacidad de negociación y el ingenio logístico de la "comadre María". Considerando el interminable retablo de "narcos" sinaloenses que han sido asesinados o se encuentran actualmente en prisión —incluyendo a un hermano y un hijo del propio "Mayo" Zambada—, ¿cómo aceptar que esos vulnerables traficantes pueden "sobornar" a los poderosos presidentes mexicanos? Más que "sobornos" para facilitar el tráfico de drogas, como por lo general se explica en los medios de comunicación, ¿no deberíamos suponer que el gobierno mexicano, en todo caso, *extorsiona* a los traficantes a cambio de retrasar su inminente caída?

---

and other Drug-Related Charges", 20 de enero de 2017. Consultado en <https://www.justice.gov/opa/pr/joaquin-el-chapo-guzman-loera-faces-charges-new-york-leading-continuing-criminal-enterprise>.

[3] Alan Feuer, "El Chapo Found Guilty on All Counts; Faces Life in Prison", *The New York Times*, 12 de febrero de 2019.

[4] David Brooks, "'El Chapo' pagó sobornos a Enrique Peña Nieto y Felipe Calderón: testigo", *La Jornada*, 15 de enero de 2019.

En otra de las audiencias, la fiscalía presentó al jurado un costal con "ladrillos" de cocaína decomisada que, según se dijo, sobrevivió de entre las 200 mil toneladas transportadas por la gente de "El Chapo", las cuales supuestamente fueron destruidas por las autoridades estadounidenses a lo largo de sus 15 años de actividad delictiva.[5] Entre la evidencia, la fiscalía destacó también una fotografía en la que "El Chapo" aparece bailando con una mujer y con una pistola fajada a la cintura. Luego se mostró esa misma pistola Colt calibre .38 con incrustaciones de diamantes y las iniciales "JGL". En agosto de 2019, como expliqué en la segunda parte de este libro, me encontré con que esa misma pistola de "El Chapo" había sido devuelta a las autoridades mexicanas y ahora luce pulida y reluciente en uno de los aparadores del Museo del Enervante de la Sedena en la Ciudad de México, cerrado al público porque sólo se utiliza para completar el entrenamiento de jóvenes soldados asignados a los contingentes militares que combaten al "narco".[6]

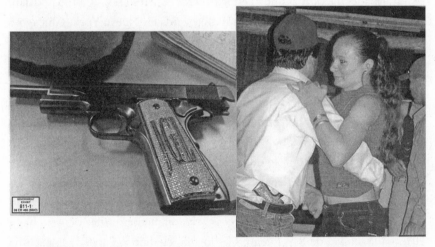

Fotografías presentadas como evidencia en el juicio a "El Chapo" Guzmán en el juzgado Eastern District de Brooklyn, Nueva York.

---

[5] Sonia Moghe, "El Chapo trial week 3: Plastic surgeries, bricks of cocaine and an ominous prison serenade", *CNN*, 1 de diciembre de 2019.

[6] Algunos medios ya advirtieron también el regreso de la famosa reliquia. Véase Diana Zavala Ibáñez, "Al interior del 'museo del narco': prohibido al público y lleno de objetos criminales", *Infobae*, 2 de julio de 2019. Al final de este libro analizaré a detalle las implicaciones del Museo del Enervante.

Hasta donde sé, el "ladrillo" de cocaína no fue devuelto ni tampoco destruido por la DEA en Nueva York. Como para completar la parafernalia típica de la "narcocultura", en una antesala del juzgado incluso se encontró una pequeña figura de Jesús Malverde, conocido como el "santo" de los traficantes.[7]

Entre el efectismo y la teatralidad del proceso judicial, la fiscalía debía probar que el sinaloense de 61 años era en verdad un traficante que "ha aterrorizado a comunidades de todo el mundo", según el comunicado del Departamento de Justicia estadounidense antes citado. Algo igualmente inverosímil ocurrió con los 14 mil millones de dólares que la acusación formal atribuyó a "El Chapo", si recordamos que la revista *Forbes* especulaba que su fortuna rondaba los mil millones de dólares cuando lo incluía en su lista de multimillonarios entre 2009 y 2012. *Forbes* lo dejó fuera en 2013 porque, de acuerdo con un reporte de la periodista Dolia Estévez, se creía que el traficante había sido forzado a dilapidar gran parte de su capital tratando de mantenerse a salvo de las autoridades mexicanas que ya estaban cerca de arrestarlo.[8] ¿Cómo podrían, además, circular miles de kilogramos de cocaína en Nueva York, Chicago o Los Ángeles sin las ganancias repartidas entre traficantes estadounidenses y autoridades locales corruptas?

En 1997, cuando trabajaba como reportero de *El Diario* de Ciudad Juárez, cubrí la noticia de un camión de carga que transportaba 5.6 millones de dólares en efectivo, el mayor decomiso en efectivo del que se tenga registro en la frontera entre México y Estados Unidos.[9] Los bloques de billetes iban escondidos en un techo falso detectado con la misma tecnología que vuelve casi imposible el tráfico ilegal de sustancias, objetos y seres humanos en los cruces internacionales entre ambos países. Aunque se cree que es un método frecuente de contrabando, el único caso remotamente similar ocurrió hasta 2016 en la ciudad de San Diego, California, cuando agentes de la patrulla fronteriza decomisaron poco más de 3 millones de dólares en vehículos de dos personas que ni siquiera se encontraban en un cruce internacional, sino

---

[7] Redacción, "Juicio al Chapo: la fiscalía mostró la pistola con incrustaciones en diamantes que el capo utilizó para enfrentar a sus enemigos", *Infobae*, 21 de noviembre de 2018.
[8] Dolia Estévez, "Does Mexican Drug Lord El Chapo Guzmán Have The $14 Billion The U.S. Wants From Him?", *Forbes*, 25 de enero de 2019.
[9] Oswaldo Zavala, "Decomisan en EP tráiler con 5.6 mdd", *Diario de Juárez*, 11 de abril de 1997.

que se presume que apenas se dirigían a la frontera con México.[10] Las autoridades estadounidenses mismas admiten que el contrabando de dinero ha disminuido de manera significativa en los últimos años. Peor aún, según el sitio Money Laundering Watch, Estados Unidos ya había desplazado a Suiza en 2020 como el segundo país considerado como un "paraíso" para el lavado de dinero, sólo por debajo de las Islas Caimanes.[11] ¿No es ridículo imaginar los miles de camiones que se necesitarían para transportar 14 mil millones de dólares en efectivo desde Estados Unidos a México y que hasta el último dólar llegara a las manos de "El Chapo" en la serranía de Sinaloa? Con la insondable corrupción del sistema financiero de Estados Unidos, escudada en las leyes que protegen el secreto bancario y la evasión fiscal, ¿no habría tenido sentido que el "Cártel de Sinaloa" —que, según la DEA, se asocia con las principales pandillas y mafias de 27 estados de ese país— intentara legitimar esa fortuna a través de las redes financieras internacionales acostumbradas a "lavar" dinero sucio?[12]

La hipocresía de la DEA y el aparato judicial estadounidense se inscribe en la distribución de las ganancias que genera la venta de droga en ese país. Según la Oficina de las Naciones Unidas contra la Droga y el Delito (UNODC), 70% de las ganancias del mercado de la cocaína en Estados Unidos se queda con los vendedores que surten directamente a los consumidores. Los traficantes que se encargan de trasladar la cocaína desde la región andina hasta Estados Unidos —que no se limita a las organizaciones mexicanas— obtienen en su conjunto apenas 13%. Los menos beneficiados son los campesinos productores de la droga y los traficantes que operan en los distintos países andinos, que obtienen 1.5% y 1%, respectivamente.

Hasta *The Washington Post* puso en evidencia la fantasía de las ganancias que se atribuyen a los "cárteles" mexicanos. El influyente periódico cuestionó las declaraciones del senador republicano David Perdue cuando afirmó, durante

---

[10] Mimi Yagoub, "'Largest Ever'. Cash Seizure Made on US-Mexico Border", *InSight Crime*, 30 de agosto de 2016.

[11] Peter D. Hardy y Alicia M. Went, "United States 'Beats' Switzerland as a Perceived Global Haven for Money Laundering and Tax Evasion", *Money Laundering Watch*, 20 de febrero de 2020.

[12] Drug Enforcement Administration, *2018 National Drug Threat Assessment*, U.S. Department of Justice, p. 116.

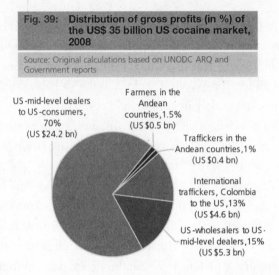

Fig. 39: Distribution of gross profits (in %) of the US$ 35 billion US cocaine market, 2008

Source: Original calculations based on UNODC ARQ and Government reports

US-mid-level dealers to US-consumers, 70% (US $24.2 bn)

Farmers in the Andean countries, 1.5% (US $0.5 bn)

Traffickers in the Andean countries, 1% (US $0.4 bn)

International traffickers, Colombia to the US, 13% (US $4.6 bn)

US-wholesalers to US-mid-level dealers, 15% (US $5.3 bn)

Distribución de las ganancias por la venta de cocaína en el mercado estadounidense en 2008, según estimaciones de la UNODC. *World Drug Report 2010*, p. 79. Véase el reporte completo, disponible en la página web de ese organismo internacional: <https://www.unodc.org/documents/wdr/WDR_2010/1.3_The_globa_cocai ne_market.pdf>.

una audiencia en el Congreso de Estados Unidos el 11 de junio de 2019, que los traficantes mexicanos generan ganancias anuales de más de 500 mil millones de dólares, superando a corporativos transnacionales como Walmart. "Los violentos cárteles de México operan en la sombra, por eso es difícil calcular cuánto dinero generan. No declaran impuestos ni se someten a auditorías", escribió el *Post*, citando la disparidad entre las especulaciones más verosímiles, que van de 6 mil millones a 29 mil millones de dólares de ganancias anuales atribuidas a los "cárteles" mexicanos. "Hay un mundo de estimaciones sobre el tráfico de drogas mexicano, ninguna remotamente aproximada a 500 mil millones al año. La más alta que encontramos fue de 39 mil millones y eso incluye a Colombia."[13]

Llama también la atención que, pese a las denuncias documentadas de atrocidades cometidas por las Fuerzas Armadas mexicanas —con el financiamiento y respaldo de Estados Unidos— durante la supuesta "guerra contra

---

[13] Salvador Rizzo, "Do Mexican drug cartels make $500 billion a year?", *The Washington Post*, 24 de junio de 2019.

las drogas" en lugares como Ciudad Juárez, Tijuana o Monterrey, la fiscalía en Nueva York no tenga mayores reparos en señalar a "El Chapo" como el responsable directo de miles de asesinatos sólo de "traficantes rivales", como si los numerosos casos de civiles inocentes no tuvieran la menor relevancia.[14] Ahora sabemos que "El Chapo" fue el jefe de la misma organización que tardó semanas en traducir del inglés las preguntas del actor estadounidense Sean Penn después de una curiosa entrevista publicada por la revista *Rolling Stone*.[15] El mismo traficante que se obsesionó con la actriz de telenovelas Kate del Castillo al punto de invitarla a su escondite probablemente a costa de su captura.[16] (Véanse las imágenes 10 y 11 del cuadernillo central.)

¿Cómo reconciliar en la misma persona al ejecutivo de una organización multimillonaria que amedrenta ciudades de todo el mundo, pero que sólo cuenta con personal logístico monolingüe? ¿O aquel psicópata que *literalmente* ordenó la muerte de "miles" de traficantes en *viva voce*, pero que arriesga su vida para conocer a "la reina del sur" tocado por su belleza en la televisión?

Harto menos compleja que la laboriosa fiscalía, la estrategia del equipo de defensa consistió en mostrar a Guzmán como un traficante de segunda fila, y todavía más lejos, como un *mito* inventado por las autoridades mexicanas y estadounidenses. Según el abogado Jeffrey Lichtman, el verdadero jefe del "Cártel de Sinaloa" era Ismael "El Mayo" Zambada, quien se habría mantenido en libertad ofreciendo millones de dólares a funcionarios mexicanos, incluidos los presidentes Enrique Peña Nieto y Felipe Calderón, pero también con la perversa complicidad de agentes de la DEA estadounidense. "El mundo está enfocándose en esta criatura mítica de "El Chapo" —afirmó el abogado defensor desde el inicio del juicio—. El mundo no está enfocándose en Mayo Zambada."[17]

---

[14] Para un resumen de los miles de denuncias en contra de las Fuerzas Armadas en México por violaciones a los derechos humanos, desaparición forzada y tortura, véase el más reciente reporte de *Human Rights Watch* en <https://www.hrw.org/es/world-report/2018/country-chapters/313310>.

[15] Sean Penn, "El Chapo Speaks", *Rolling Stone*, 10 de enero de 2016.

[16] Robert Draper, "The Go-Between. The Mexican actress who dazzled El Chapo", *The New Yorker*, 21 de marzo de 2016.

[17] Alan Feurer y Emily Palmer, "El Chapo's Defense: He Was Framed by Vast Conspiracy", *The New York Times*, 13 de noviembre de 2018.

Ni bien había comenzado el proceso cuando ya se instalaba el reemplazo de "El Chapo" en el liderazgo del "Cártel de Sinaloa" en el contexto de la agenda de "seguridad nacional". Había terminado la carrera del "más buscado", pero comenzaba la cacería para un nuevo "jefe de jefes". La narrativa derivada del juicio pronto medió en la esfera pública. El campo del periodismo, como ocurre con frecuencia, fue uno de los primeros afectados. Aunque primero consideró que "El Chapo" era "el Bin Laden mexicano",[18] el periodista Diego Osorno, por ejemplo, ya repetía la versión del abogado de Guzmán en un artículo: "Una de las interrogantes que sembró este proceso judicial es la de que el famoso criminal apodado El Chapo no es en realidad quien ha movido los hilos del narcotráfico todos estos años. Que el poder detrás del trono ha sido siempre su socio y compadre Ismael Zambada García, un capo de bajo perfil conocido como El Mayo, quien lleva medio siglo dedicado al tráfico de drogas ilegales sin haber pisado nunca una cárcel".[19]

Lo mismo ha ocurrido con la periodista Anabel Hernández. De narrar cómo "El Chapo" se convirtió "en el rey de la traición y el soborno, en el jefe de los principales comandantes de la policía federal" en su libro *Los señores del narco*,[20] ahora afirma en un nuevo libro que Ismael "El Mayo" Zambada es "el verdadero jefe de las drogas en México en el último medio siglo, el verdadero rey del narcotráfico que nunca ha pisado la cárcel".[21]

Al final del juicio, la fiscalía convenció al jurado de que Joaquín Guzmán Loera ha sido un traficante de droga y el probable responsable de varios asesinatos. Permanecerá en prisión por el resto de su vida. Pero ¿en verdad probó que "El Chapo" protagonizó un conflicto armado parecido a una guerra civil durante los mismos años en que supuestamente lideraba el monopolio de la cocaína mundial? ¿Por qué, en la era de la vigilancia masiva en que la National Security Agency (NSA) de Estados Unidos probablemente me espía a través de mi computadora ahora mientras escribo, no se han encontrado cuentas

---

[18] Diego Enrique Osorno, *El cártel de Sinaloa. Una historia del uso político del narco*, México, Grijalbo, 2009, p. 115.

[19] Diego Enrique Osorno, "Jefes de jefes", *El País*, 13 de abril de 2019.

[20] Anabel Hernández, *Los señores del narco*, México, Grijalbo, 2010, p. 16.

[21] Anabel Hernández, *El traidor*, México, Grijalbo, 2019, p. 21.

bancarias que vinculen a "El Chapo" con un solo dólar de los 14 mil millones que supuestamente se hizo enviar a México desde Estados Unidos?[22] ¿Y por qué esa cantidad, más bien menor, si consideramos que, según la oficina de la Organización de Naciones Unidas dedicada al estudio del tráfico de drogas a nivel global, se estima que la venta de cocaína en Estados Unidos genera alrededor de 30 mil millones de dólares anuales?[23] Las adelgazadas ganancias atribuidas por las autoridades estadounidenses al "Cártel de Sinaloa" sólo pueden explicarse si admitimos primero que el valor estimado de la cocaína en Estados Unidos ha sido exagerado, pues hasta la mariguana legal en ese país produce anualmente más de 16 mil millones de dólares, un negocio que supera en 12 meses los 15 años de tráfico ilegal de cocaína de "El Chapo".[24] Recordemos además que la cocaína no requiere de México como país privilegiado de tránsito ni de Estados Unidos como único país de consumo, pues otras regiones como África y Asia han emergido significativamente en los mercados globales de la droga.[25] En otras palabras, para poder aceptar la narrativa acusatoria en contra de "El Chapo", el gobierno de Estados Unidos debe admitir que el negocio de la mariguana legal en ese país es más redituable, que la DEA es una agencia derrotada por los "cárteles" mexicanos que trasladan sin problemas fortunas en efectivo a lo largo y ancho del país y que, contradictoriamente, no estamos hablando de grandes cantidades de dinero porque en realidad mucho del tráfico de drogas se localiza en África y Asia también.

Las incoherencias en la narrativa oficial son evidentes y debieron desacreditar el juicio en contra de "El Chapo" por sí mismas. Esto no ocurrió porque la fantasía que nos presenta al mayor traficante en la historia de la tierra contribuyó a la narconarrativa dominante para explicar la violenta realidad en la

---

[22] Alberto Nájar, "México: dónde está la fortuna del Joaquín 'El Chapo' Guzmán, uno de los hombres más ricos del planeta", *BBC Mundo*, 10 de mayo de 2017.

[23] Organization of American States, "The Drug Problem in the Americas: Studies", Washington, D. C., 2013, p. 10.

[24] Don Reisinger, "The Legal Marijuana Industry Is Soaring—And 2019 Could Be Its Best Year Yet", *Fortune*, 27 de diciembre de 2018.

[25] United Nations Office on Drugs and Crime, "World Drug Report 2018", Viena, Austria, UNODC, junio de 2018, p. 13.

que vivimos y separar complacientemente el mundo entre "narcos" malos y policías y gobernantes buenos, sobre todo si son policías y gobernantes estadounidenses. Para el ciudadano promedio, "El Chapo" continuará siendo el responsable de miles de asesinatos de "traficantes rivales" durante las supuestas "guerras de cárteles". Con el consenso del público mexicano que acepta esta narrativa, se exculpa a las Fuerzas Armadas mexicanas de sus crímenes de lesa humanidad y se legitima la estrategia de militarización como la única solución viable; con el consenso del público estadounidense, se les hace creer que su gobierno no conoce de corrupción y que combate verdaderamente el narcotráfico, que la cocaína que llega hasta sus narices está ahí por la sofisticada inteligencia y el sobrenatural esfuerzo de los traficantes sinaloenses que burlaron a la DEA, la CIA, el control de aduanas, la Patrulla Fronteriza, el FBI, el espionaje cibernético internacional, los policías de las principales ciudades como Nueva York, Los Ángeles y Chicago, las pandillas latinas y negras y las mafias legendarias de rusos, italianos, ucranianos, albaneses y supremacistas blancos que supuestamente controlaban las economías ilegales de las grandes urbes estadounidenses. Contra todos ellos, se nos indica que hasta al vendedor de la esquina, aunque sea un muchacho blanco que no habla español y que no podría ubicar a México en un mapa, de algún modo trabaja también para el "Cártel de Sinaloa". Se nos asegura además que el dinero de "El Chapo" jamás entró en las redes de lavado de dinero estadounidense, en bancos que se quieren impolutos y en el espacio político donde sus funcionarios se precian de ser nacionalistas, decentes y muy cristianos hombres y mujeres de familia. El juicio fue "básicamente pura política —dijo Michel Schneider, uno de los abogados de Guzmán—. Si crees que el cártel de Sinaloa es un cártel, tienes mucho que aprender".[26]

A unas horas del veredicto, la DEA ya usaba la noticia como promoción en Twitter para reclutar nuevos agentes.

---

[26] Luis Chaparro, "'El Chapo' has been locked up for 5 years, but business has never been better for the Sinaloa cartel", *Business Insider*, 17 de junio de 2021.

Mensaje publicado el 12 de febrero de 2019 desde la cuenta oficial de la DEA para reclutar nuevos agentes: "¿Quieres perseguir a los mayores narcotraficantes del mundo, capos como "El Chapo"? ¿Quieres marcar la diferencia como agente especial de la DEA? Averigua si tienes lo que se necesita".

La mitología de los "cárteles" está llena de agujeros, simulación e incoherencia, pero su narrativa resulta hasta ahora indestructible. El juicio, en suma, naturalizó la idea del "narco" mexicano como el único responsable del tráfico de drogas sin mención alguna del hecho de que el mayor país consumidor de droga es Estados Unidos, junto con su violenta cultura de armas de fuego y con un laberíntico e impune sistema de lavado de dinero. Sólo así se explica que el juez que presidió el juicio concluyera su labor en la autocomplacencia, sintiéndose "orgulloso de ser americano".[27] (Véanse las imágenes 12 y 14 del cuadernillo central.)

Unas semanas más tarde aparecieron dos libros periodísticos sobre este proceso judicial: *El juicio. Crónica de la caída del Chapo* de J. Jesús Esquivel, y *El Chapo Guzmán. El juicio del siglo*, de Alejandra Ibarra Chaoul. Precisamente por tratarse de recuentos puntuales de lo sucedido en el juzgado federal del Distrito Este en Nueva York, ambos libros recogen mucha de la mitología que narra cómo "el narco más famoso del mundo"[28] estuvo al mando de "una de las organizaciones más grandes y peligrosas del mundo, responsable

---

[27] Alan Feurer y Emily Palmer, "Inside the Courtroom: El Chapo Appeared Stunned After Veridic", *The New York Times*, 12 de febrero de 2019.

[28] J. Jesús Esquivel, *El juicio. Crónica de la caída del Chapo*, México, Grijalbo, 2019, p. 17.

de violencia, asesinatos y el tráfico de cantidades masivas de narcóticos a los Estados Unidos".[29] Como para consolidar la leyenda del supuesto jefe del "Cártel de Sinaloa", Emma Coronel Aispuro, la esposa de "El Chapo", se declaró culpable el 10 de junio de 2021 ante un juzgado estadounidense por colaborar en el supuesto "imperio global criminal" de su marido.[30] Aceptó además haberlo ayudado a escapar del penal de máxima seguridad de El Altiplano construyendo ese fantástico túnel de un kilómetro y medio de largo por el que Guzmán pudo salir en una motocicleta montada en rieles por una ruta con iluminación eléctrica y tanques de oxígeno el 11 de julio de 2015.

VICE News ✅
@VICENews   ...

The 2015 escape was Chapo's most legendary feat. But the full story of how the tunnel was built, exactly how Chapo escaped, the massive bribe that was allegedly paid, and the details of what happened afterward wasn't told until today

El Chapo witness reveals new details about the epic motorcycle tunnel escape
El Chapo's former right-hand man alleged that Chapo's wife and sons were involved in the escape.
∂ vice.com

6:51 PM · Jan 23, 2019 · TweetDeck

Nota del sitio *Vice News* sobre el túnel utilizado en 2015 por "El Chapo" Guzmán para escapar de prisión, la "más legendaria hazaña" del traficante, supuestamente ayudado por su esposa Emma Coronel y sus hijos.

Si bien no prosperó la idea de filmar una película de su vida producida por Kate del Castillo, "la reina del sur", "El Chapo" sigue vigente en incontables productos culturales. Aunque su vida en prisión lo refute, a Joaquín Guzmán Loera le queda el consuelo de consumir su propia imagen magnificada, como los usuarios de Netflix y los lectores de los incontables libros que reciclan su mito.

---

[29] Alejandra Ibarra Chaoul, *El Chapo Guzmán. El juicio del siglo*, México, Aguilar, 2019, p. 211.
[30] Alan Feuer, "Wife of El Chapo Pleads Guilty to Helping Run His Drug Empire", *The New York Times*, 10 de junio de 2021.

24

La tentación de la guerra

Ante la irrupción de la violencia en el mundo globalizado, Slavoj Žižek recuerda la importancia de no reaccionar con premura. "Hay situaciones en las que lo único verdaderamente 'práctico' por hacer es resistir la tentación de intervenir inmediatamente y 'esperar y ver' por medio de un paciente análisis crítico."[1] Examinaré, a modo de conclusión, la jornada de violencia registrada en Culiacán el 17 de octubre de 2019 —el llamado "culiacanazo"—, que debe pensarse con esa misma paciente y cuidadosa calma. Más que intentar conocer con precisión los hechos, que difícilmente pueden establecerse con certeza, me parece crucial comprender el modo en que fueron y siguen siendo *significados* políticamente en el complejo escenario doméstico y geopolítico en que se enmarcan. En la historia del discurso sobre el narcotráfico, este evento detonó una importante discusión nacional e internacional que impuso un antes y un después en la política antidrogas en México y que acaso sea clave para proyectar el futuro de la guerra o de la pacificación del país, según se mire.

Ante todo, es necesario un primer deslinde: los acontecimientos de Culiacán fueron el escenario simbólico en el que se puso en juego la política de seguridad del presidente Andrés Manuel López Obrador, pero no la viabilidad del Estado o su soberanía territorial ante la amenaza de los supuestos "cárteles de la droga". Lo que estuvo en disputa después de la siniestra espectacularización de la violencia que sufrió la sociedad sinaloense no fue la "seguridad

---

[1] Slavoj Žižek, *Violence. Six Sideways Reflections*, Nueva York, Picador, 2008, p. 7.

nacional", sino la continuidad de la "guerra contra las drogas" en tanto ocupación militar del país que comenzó con el gobierno de Felipe Calderón en 2006. La singularidad de este evento supuso un golpe mediático que alteró la percepción colectiva de la violencia atribuida al narcotráfico.

Recordemos cómo llegamos aquí desde la primera página del presente libro: el 30 de enero de 2019, el mismo día en que se presentaron los alegatos finales de la fiscalía durante el juicio contra "El Chapo" Guzmán, el presidente López Obrador sacudió al país con la extraordinaria declaración del fin de la "guerra contra el narco". Según explicó, por decisión ejecutiva, se cancelaría la estrategia de militarización que dio inicio durante el gobierno de Felipe Calderón en 2006 y que terminó en 2012, ya con la presidencia de Enrique Peña Nieto, con un saldo de más de 272 mil asesinatos y más de 40 mil desapariciones forzadas en México.[2] "Ya no hay guerra, oficialmente ya no hay guerra —dijo López Obrador—. Nosotros queremos la paz y vamos a conseguirla."[3] Junto con la radical crítica a la política de seguridad antidrogas, AMLO logró el 28 de febrero de 2019 la creación de la Guardia Nacional con el objetivo explícito de reemplazar al Ejército en todas las tareas de seguridad en un plazo de cinco años a partir de la fecha de su aprobación en el Congreso.

El 17 de octubre de 2019 un operativo militar para intentar detener a Ovidio Guzmán López, alias "El Ratón" —uno de los hijos de "El Chapo"—, detonó un alarmante episodio de violencia perpetrada por varios grupos armados que salieron a las calles de la ciudad disparando e incendiando vehículos para bloquear varias avenidas. Según versiones oficiales y periodísticas, un contingente de 30 soldados de la Guardia Nacional y agentes de la Policía Ministerial Militar de la Secretaría de la Defensa Nacional intentaron detener a Guzmán López en una casa en el residencial Tres Ríos, una zona de clase alta en Culiacán. Mientras los soldados esperaban una orden de cateo alrededor de las 2:30 p.m. (hora local), supuestos miembros del "Cártel de Sinaloa" los rodearon. De acuerdo con un reporte de la BBC, la confrontación continuó con 19 bloqueos con autos incendiados y 14 enfrentamientos con armas

---

[2] Isaí Lara Bermúdez, "150 mil 992 ejecutados: la herencia de Peña", *Zeta*, 3 de diciembre de 2018.

[3] Rubén Mosso y Jannet López, "Ya no hay guerra: AMLO", *Milenio*, 31 de enero de 2019.

de fuego en varios puntos de la ciudad, incluyendo el ataque a una prisión para liberar reos. Se informó también que unos nueve soldados habrían sido secuestrados por los delincuentes. Alrededor de las 5 p.m. el operativo fue suspendido por orden de López Obrador y Ovidio Guzmán fue puesto en libertad poco después. La violencia se prolongó hasta cerca de la medianoche. Hubo ocho muertos: un soldado de la guardia nacional, un civil, un reo y cinco supuestos miembros de la organización criminal. También se reportó al final del día un total de 19 heridos.[4]

El 30 de octubre de 2019, durante otra de las ruedas de prensa de AMLO, se dio a conocer que el operativo fue ordenado por el Grupo de Análisis de Información del Narcotráfico (GAIN), cuya existencia se ignoraba hasta ese momento. Este grupo —cuyas siglas parecen referirse a la palabra que en inglés significa "ganancia"— fue creado en 1995 con el propósito de desarticular grupos de traficantes. Se informó que el grupo contaba con 540 elementos, 190 dedicados a tareas de inteligencia y 350 enfocados en acciones de "intervención". De las 663 detenciones que ha llevado a cabo desde entonces, 588 ocurrieron entre 2006 y 2019 —88.6%—, durante la llamada "guerra contra el narco". El GAIN trabajó en la detención de Ovidio Guzmán López desde meses atrás y actuó en Culiacán sin informar a sus superiores y sin el conocimiento de AMLO, según reconoció el propio presidente.[5]

Medios de comunicación dentro y fuera de México cubrieron los sucesos de Culiacán primordialmente como una derrota del gobierno federal y como una demostración del poder del "Cártel de Sinaloa". "Ustedes mandan", afirmó la revista *Proceso* en su portada, aludiendo a los supuestos traficantes que perpetraron la violencia.[6]

"México fracasa ante el narco", publicó *El País* en su página editorial.[7] Numerosos periodistas y analistas especializados en temas de seguridad avanzaron la misma lectura. El reportero Ricardo Ravelo confundió los enfrentamientos más recientes entre las Fuerzas Armadas y delincuentes para hilvanar

---

[4] Alberto Nájar, "Culiacán: cómo se vivió el jueves infernal que aterrorizó a la capital de Sinaloa", *BBC News Mundo*, 19 de octubre de 2019.

[5] Arturo Rodríguez García, "López Obrador reconoce que no estaba informado del operativo en Culiacán", *Proceso*, 22 de octubre de 2019.

[6] Redacción, "Culiacán. Ustedes mandan", *Proceso*, 20 de octubre de 2019.

[7] Redacción, "México fracasa ante el narco", *El País*, 18 de octubre de 2019.

Portada de la revista *Proceso* del 18 de octubre de 2019 en referencia a la confrontación entre soldados del Ejército mexicano y supuestos miembros del "Cártel de Sinaloa" en Culiacán.

falazmente una lectura tremendista de los hechos. Se refirió al asesinato de 13 policías estatales en Aguililla, Michoacán, ocurrido el 14 de octubre de 2019, a manos de supuestos miembros del "Cártel Jalisco Nueva Generación" junto con el tiroteo que al día siguiente dejó 14 delincuentes y un soldado del Ejército mexicano muertos en Tepochica, Guerrero. En su listado, los "narcos", sin distinguir entre regiones del país, son descritos como una amenaza monolítica y absoluta lo mismo para el Estado que para la sociedad civil: "Mientras el crimen hace y deshace en el país, el Presidente Andrés Manuel López Obrador sigue sin rectificar su política de no usar la fuerza contra los cárteles", arguyó Ravelo legitimando el discurso militarista de confrontación y "mano dura" de los gobiernos anteriores. "Parece que al Presidente no le ha quedado claro que el crimen organizado le disputa el poder y el control territorial."[8] Otros analistas fueron todavía más lejos. En distintas entrevistas, Edgardo

---

[8] Ricardo Ravelo, "AMLO: Palabras contra metralla", *SinEmbargo*, 18 de octubre de 2019. El uso de la mayúscula en "Presidente" es del original.

Buscaglia, consultor en seguridad afiliado a la Universidad de Columbia, dijo que el "Cártel de Sinaloa", según los reportes de inteligencia estadounidense, es la tercera organización criminal más grande del planeta y con presencia en 81 países. Todavía más alarmista, Buscaglia insistió en que el ataque en Culiacán debía calificarse "como acto de terrorismo y no solo delincuencia organizada".[9] (Recordemos que la intersección entre el narcotráfico y el terrorismo, que Buscaglia promovía como análisis independiente, ha sido un objetivo de la política antidrogas desde la presidencia de Ronald Reagan a la de Donald Trump.) Como ocurre con frecuencia con las expresiones de la llamada "narcocultura", unas horas después de reportarse los disturbios ya circulaban en redes sociales y en YouTube corridos sobre la liberación del hijo de "El Chapo".[10]

Estas interpretaciones no se correspondían con la realidad. De acuerdo con varios medios de comunicación, alrededor de 100 delincuentes detonaron sus armas y bloquearon calles de la ciudad, mientras que en Culiacán se contaba con aproximadamente 800 militares "con mayor capacidad de fuego".[11] Doscientos treinta soldados más fueron enviados esa misma noche para reforzar el cuartel de la Novena Zona Militar, que se encuentra a 3.9 kilómetros de distancia —unos siete minutos en automóvil— del Desarrollo Urbano Tres Ríos, donde se llevó a cabo el operativo de captura de Ovidio Guzmán.[12]

Si consideramos que el GAIN tiene una extensa experiencia operativa de más de 20 años que abarca los últimos cinco gobiernos de México y que incluye la detención del mismo jefe del cártel, ¿cómo hablar de una derrota en Culiacán cuando los soldados superaban en número y entrenamiento a los supuestos traficantes en las calles?

---

[9] Cintia Sánchez Aguilar, "Lo ocurrido en Culiacán fue un acto de terrorismo: Edgardo Buscaglia", *Así el Weso,* W Radio, 21 de octubre de 2019.

[10] "Culiacán se estremeció, tronaba y relampagueaba... la gente muy asustada no sabía lo que pasaba", según uno de los corridos. Redacción, "Narcocorridos narran balacera y liberación de Ovidio Guzmán", *El Universal*, 18 de octubre de 2019.

[11] Roberto Rock L., "Culiacán: la historia que se abre paso", *El Universal*, 22 de octubre de 2019.

[12] Redacción, "Así es la zona donde detuvieron a Ovidio Guzmán en Culiacán", *El Informador*, 20 de octubre de 2019.

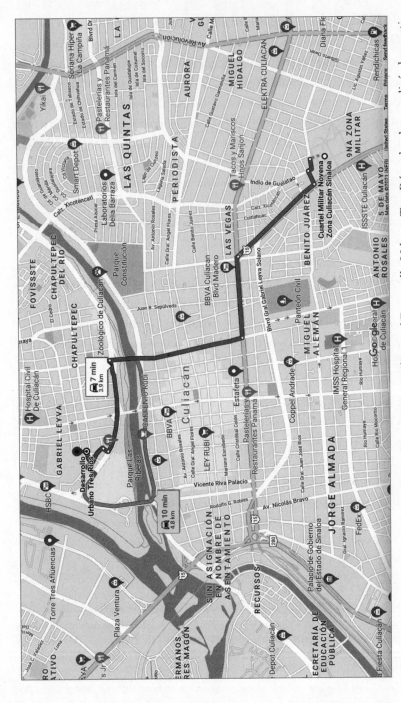

Mapa de la distancia entre el cuartel de la Novena Zona Militar y el Desarrollo Urbano Tres Ríos, donde se realizó el operativo para detener a Ovidio Guzmán, hijo de Joaquín "El Chapo" Guzmán, el 17 de octubre de 2019. Fuente: Google Maps.

Según los datos oficiales, del 1 de diciembre de 2018 al 26 de octubre de 2019 el GAIN había detenido ya a 46 de los delincuentes involucrados.[13] Si ni el presidente ni su gabinete de seguridad aprobaron el operativo en Culiacán, ¿debemos asumir que un sector de la Sedena sigue operando por su cuenta la "guerra contra el narco" contraviniendo la explícita política de pacificación de López Obrador? ¿Tendrá algo que ver ese sector del ejército con el supuesto descontento generalizado que se manifestó entre las Fuerzas Armadas por el fracaso del operativo en Culiacán, según reveló en una entrevista Sergio Aponte Polito, general de división en retiro que por tres décadas encabezó operaciones militares antinarcóticos por todo el país?[14] ¿Está relacionado ese sector con el reclamo de Carlos Demetrio Gaytán, también general de división en retiro y exsubsecretario de Defensa del gobierno de Calderón, quien afirmó en un desayuno ante el actual titular de la Sedena que los soldados se sentían "agraviados" y "ofendidos" por "decisiones estratégicas que no han convencido a todos, para decirlo con suavidad"?[15] ¿A ellos se refirió AMLO el 2 de noviembre de 2019 cuando, desde su cuenta de Twitter, afirmó que la mayoría en el país "no permitiría otro golpe de Estado" como el que derrocó a Francisco I. Madero en 1913?

Un dato más exige otro nivel de preguntas: el semanario *Ríodoce* reportó que Uttam Dhillon, entonces director interino de la DEA —y en su momento el primer jefe de la oficina antinarcóticos del Departamento de Homeland Security—, estuvo en Culiacán el 16 de septiembre de 2019 para reunirse en privado con el entonces gobernador de Sinaloa, Quirino Ordaz Coppel (del PRI), los comandantes de la Novena Zona Militar y de la Tercera Región Militar, y representantes de la Guardia Nacional y la Secretaría de Marina.[16] Según el periodista Óscar Balderas, se trató del viaje de toda una delegación de la DEA para presionar al gobierno de México para continuar con el combate

---

[13] Redacción, "Grupo de Análisis de Información del Narcotráfico de Sedena planeó captura de Ovidio Guzmán", *Aristegui Noticias*, 30 de octubre de 2011.

[14] José Raúl Linares, "Hay 'enojo y decepción' en el Ejército, advierte el general Sergio Aponte", *Proceso*, 3 de noviembre de 2019.

[15] Redacción, "Cuestiona general 'decisiones estratégicas' del Ejecutivo que 'no han convencido a todos'", *Aristegui Noticias*, 30 de octubre de 2019.

[16] Marcos Vizcarra, "La DEA visita Sinaloa", *Ríodoce*, 16 de septiembre de 2019.

al narcotráfico en específico en Sinaloa.[17] ¿Está la DEA relacionada con la supuesta insurrección de traficantes?

También interesan los tiempos de los procesos judiciales tanto en México como en Estados Unidos. El 21 de abril de 2019 el Departamento de Justicia estadounidense dio a conocer una acusación formal en contra de Ovidio Guzmán López. El escueto documento de cuatro páginas, fechado el 6 de julio de 2017, presentaba un único cargo en contra de Ovidio Guzmán y a su padre: conspiración para traficar cinco kilogramos de cocaína, 500 gramos de metanfetamina y mil kilogramos de mariguana. A diferencia de la larga acusación formal en contra de "El Chapo" durante su juicio en Nueva York, los detalles de este documento son en extremo vagos. Se dice que los hechos ocurrieron "en o alrededor" del mes de abril de 2008 en "los países de México, Estados Unidos y otras partes", con la colaboración de "otros conocidos y desconocidos".[18] La imprecisión de esta acusación, junto al hecho de que el presunto delito se cometió más de una década antes de darse a conocer públicamente, abre múltiples interrogantes. A pesar de la lentitud del caso en Estados Unidos, el 13 de septiembre de 2019 —cuatro meses después de revelarse la acusación formal, pero tres días antes de la visita del director interino de la DEA a Culiacán— el gobierno de Estados Unidos solicitó al de México una orden de aprehensión provisional contra Ovidio Guzmán con fines de extradición. Fue concedida por un juez federal el 25 de septiembre de 2019 y a solicitud de la FGR.[19] Aunque a la fecha se mantiene cierto grado de hermetismo sobre el caso, lo cierto es que el gobierno de López Obrador puso en movimiento una estrategia de comunicación pública que, aunque no estuvo exenta de contradicciones y limitaciones, sí permitió conocer a detalle lo transcurrido durante ese día en Culiacán.

Entre lo más relevante que, a mi juicio, se desprendió del debate nacional en torno al "culiacanazo" es que AMLO refrendó su rechazo a la militarización

---

[17] Redacción, "Operativo en Culiacán, inició 36 días antes con viaje secreto de la DEA a México", *MVS Noticias*, 23 de octubre de 2019.

[18] El comunicado de prensa y el texto completo de la acusación formal están disponibles en la página web del Departamento de Justicia en <https://www.justice.gov/opa/pr/sons-joaquin-guzman-loera-aka-el-chapo-charged-drug-trafficking>.

[19] Monserrat Peralta, "Ovidio Guzmán: Protección de Estado", *Proceso*, núm. 2325, 23 de mayo de 2021.

antidrogas del modo en que operaba en los gobiernos de Calderón y Peña Nieto. En ese sentido debe entenderse la explicación que ofreció su gabinete de seguridad: el fallido operativo se canceló no por temor a los traficantes, sino "para proteger la vida de las personas". "La estrategia que se estaba aplicando anteriormente convirtió al país en un cementerio —dijo AMLO—. No se puede apagar el fuego con el fuego, esa es la diferencia de esta estrategia con relación a lo que habían hecho los anteriores gobiernos. Nosotros no queremos muertos, no queremos la guerra, esto les cuesta trabajo entenderlo."[20] El entonces secretario de Seguridad y Protección Ciudadana, Alfonso Durazo, fue todavía más directo: "En Culiacán habría sido fácil recurrir a un combate de exterminio y a final de cuentas habríamos ganado, pero ¿a qué costo?".[21] La decisión de no exacerbar la militarización en Culiacán para detener al hijo de "El Chapo" parece reformular la célebre máxima de Confucio: "No uses un cañón para matar a un ratón".

Activar un principio de soberanía para decidir *no* matar debería haber sido siempre parte de la agenda de seguridad del país. Implica replantear el concepto de decisionismo soberano que teorizó Carl Schmitt como el momento en que se define ya no el uso de la violencia organizada, sino el *bien común* por medio del estado de excepción:

> Schmitt sostiene que "la soberanía (y por lo tanto el propio Estado) reside en decidir esta controversia, es decir, en determinar definitivamente qué constituye orden público y seguridad, en la determinación de cuándo son perturbados, y así sucesivamente". Dado que el soberano debe decidir cuándo se perturba el orden (es decir, no es evidente), la cuestión principal es definir y defender cuál debe ser el interés general y, por lo tanto, cuándo este interés general está siendo amenazado. La decisión del soberano sobre el estado de excepción no es un intento de establecer violentamente el gobierno personal, sino más bien de decidir entre concepciones contradictorias del bien general.[22]

---

[20] Redacción, "'No puede valer más la captura de un delincuente que la vida de las personas', argumenta AMLO tras liberación de Ovidio Guzmán", *Aristegui Noticias*, 18 de octubre de 2019.

[21] María Fernanda Navarro, "Habríamos ganado en Culiacán, pero no quisimos exterminio: Durazo", *Forbes*, 30 de octubre de 2019.

[22] David Pan, "Carl Schmitt on Culture and Violence in the Political Decision", *Telos*, vol. 142, primavera de 2008, pp. 49-72, p. 66.

La sociedad mexicana parece haber comprendido ese principio de bienestar implícito en la decisión del gobierno de López Obrador de no conducir una matanza más en el nombre de la "guerra contra el narco". Según una encuesta publicada por *El Financiero* días después del operativo en Culiacán, AMLO gozaba de una aprobación de 67% aún después del escándalo nacional e internacional que suscitó. No obstante, 57% de los consultados dijo creer que el "crimen organizado" ganó la batalla.[23] El riesgo de esta opinión, cada vez más generalizada, es que deliberada o inadvertidamente conduce al regreso de la militarización. Aquí la última pregunta es al mismo tiempo la más importante: ¿qué intereses se beneficiarían de la reactivación de la "guerra contra las drogas"?

Para 2020 el escenario de un país en guerra volvió a instalarse con brutalidad en el centro del debate nacional que se horrorizaba por una implacable ola de violencia homicida a la par de una extraordinaria estrategia de militarización ordenada por el presidente López Obrador. Dos noticias que circularon el 24 de agosto de 2020 en medios de comunicación nacionales e internacionales pusieron de manifiesto la problemática presencia de las Fuerzas Armadas por todo el país. Primero, *El Universal* dio a conocer ese día un video en el que soldados del Ejército que patrullaban las calles de Nuevo Laredo, Tamaulipas, la madrugada del 3 de julio, dispararon en contra de una camioneta con 12 personas a bordo. Más de 250 tiros impactaron el vehículo. En el video pudo observarse cuando los soldados se acercan a la camioneta ya detenida en una avenida. Uno de los militares advierte que uno de los pasajeros seguía vivo. Otro soldado, presumiblemente un superior, ordena que maten al sobreviviente. De acuerdo con la denuncia de uno de los familiares, los militares asesinaron a Damián Genovés Tercero, un joven de 18 años, que estaba atado de pies y manos junto con otros dos hombres que también murieron a manos de la milicia, aparentemente secuestrados por los demás ocupantes de la camioneta. El presidente López Obrador anunció en su conferencia de prensa el mismo día en que fue dado a conocer el video que había ordenado personalmente al general Luis Crescencio Sandoval, secretario de

---

[23] Alejandro Moreno, "Aprobación de AMLO resiste 'efecto Culiacán'", *El Financiero*, 22 de octubre de 2019.

la Defensa Nacional, conducir una investigación sobre el caso.[24] La segunda noticia fue de orden más estructural: *El País* reveló que el Ejército mexicano emitió pagos fraudulentos a 250 empresas "fantasma" por montos que ascendieron a 2 mil 371 millones de pesos —unos 156 millones de dólares— entre 2013 y 2019. Aunque el desvío masivo de fondos está siendo investigado por el gobierno federal, ningún titular de las direcciones de la Sedena que autorizaron los pagos ha sido hasta ahora sancionado.[25]

Las dos noticias permiten observar, aunque parcial y tentativamente, los alcances del actual poder militar en México. Lejos de ser eventos aislados, en el contexto de la emergencia planetaria causada por el covid-19, el proceso de militarización del territorio nacional no ha hecho sino agravarse con una oleada de violencia con frecuencia atribuida al "crimen organizado". Mientras se registraban más de 300 mil homicidios y más de 80 mil desapariciones forzadas desde que empezó la militarización con la mal llamada "guerra contra el narco" en 2006, también aumentaba exponencialmente la presencia de las Fuerzas Armadas por todo el país en el nombre de la "seguridad nacional". En 2020, 151 mil 731 soldados y marinos estaban a cargo de tareas de seguridad por todo el país, una cifra que, según numerosos analistas, "no tiene precedente en la historia moderna del país".[26]

La madrugada del 26 de junio se complicó aún más el panorama: un grupo armado atacó el vehículo blindado en el que viajaba Omar García Harfuch, secretario de Seguridad Ciudadana del gobierno de la Ciudad de México. El funcionario, que ha sido investigado por vínculos con el narcotráfico y la desaparición de los 43 normalistas de Ayotzinapa, no vaciló en culpar al "Cártel Jalisco Nueva Generación" a unas horas del atentado y sin previa investigación policial.

El 17 de julio de 2020 se estrenó en la plataforma Amazon Prime la serie *El candidato*, que dramatiza el siniestro plan de un poderoso narcotraficante para

---

[24] Gloria Leticia Díaz, "En video, los excesos militares en Nuevo Laredo", *Proceso*, núm. 2287, 30 de agosto de 2020, p. 37.
[25] Zorayda Gallegos, "El Ejército mexicano desvió 156 millones de dólares a empresas fantasmas entre 2013 y 2019", *El País*, 24 de agosto de 2020.
[26] Erubiel Tirado, "AMLO y militares en el gobierno. Seducción de armas y poder", *Proceso*, núm. 2287, 30 de agosto de 2020, p. 38.

Esta mañana fuimos cobardemente atacados por el CJNG, dos compañeros y amigos míos perdieron la vida, tengo tres impactos de bala y varias esquirlas. Nuestra Nación tiene que continuar haciéndole frente a la cobarde delincuencia organizada. Continuaremos trabajando.

A unas horas de un atentado en su contra la mañana del 26 de junio de 2020, el secretario de Seguridad Ciudadana de la Ciudad de México, Omar García Harfuch, culpó desde su cuenta personal de Twitter al llamado "Cártel Jalisco Nueva Generación".

penetrar las estructuras del poder oficial en el gobierno de la Ciudad de México, corrompiendo al alcalde y perpetrando múltiples asesinatos. Dos agentes de la CIA intentan detenerlo, apoyados por el valiente jefe de inteligencia naval en México. Aunque parecía responder al atentado en contra del secretario de Seguridad Ciudadana en la capital, la serie probablemente se refería a la política de seguridad de Miguel Ángel Mancera, alcalde de la Ciudad de México entre 2012 y 2018. Hacia el último año de su gobierno, Mancera aseguró que ningún "cártel" operaba en la capital e incluso cuestionó la validez de la noción de "cártel" para describir a organizaciones de narcomenudeo activas en la ciudad.[27] La actuación de Joaquín Cosío en el papel del jefe del "cártel" familiarizaba de entrada al público con esa narrativa de violencia inscrita *a priori* en el cuerpo del actor, el mismo que encarnó a Ernesto Fonseca Carrillo en la serie *Narcos* de Netflix o al memorable "Cochiloco" en la película *El infierno*. Al mismo tiempo, los agentes estadounidenses de la CIA y los soldados de la Marina aparecían como héroes legítimamente intentando detener el avance del narcotráfico en México. (Véase la imagen 14 en el cuadernillo central.)

La interpretación acumulada de todos los eventos de violencia, mediados por series como *El candidato*, que funcionaban prácticamente como propaganda

---

[27] Redacción, "No hay cárteles en CDMX, insiste Mancera, y la Marina le da la razón", *Aristegui Noticias*, 21 de julio de 2017.

del discurso oficial antidrogas, confirmó el supuesto poder de los traficantes y reiteró la necesidad del expansivo poder militar. En ese contexto se explica por qué mientras que el presidente López Obrador insistía públicamente en frenar la estrategia militarizada contra el "narco", su política de seguridad incrementaba la presencia de las Fuerzas Armadas por todo el territorio nacional. Es cierto que el decreto presidencial del 11 de mayo de 2020, que autorizó el regreso de las Fuerzas Armadas a tareas de seguridad, supone un militarismo fiscalizado bajo un mando civil, pero esa relación de subordinación es ambigua y muy poco transparente.[28] El gobierno de AMLO subsecuentemente ordenó que el Ejército y la Marina administraran el nuevo aeropuerto de la Ciudad de México, además de los 49 recintos aduanales en tierra firme y 116 aduanas marítimas del país.[29] Porque el país estaba supuestamente en manos de los "cárteles", debía estar en manos de los militares para controlar quién y qué entra y sale del país por tierra, mar y aire. Al concluir 2020, sin embargo, la política antidrogas de AMLO fue seriamente cuestionada dentro y fuera de México con más de 35 mil homicidios, prácticamente los mismos niveles de violencia de 2019, incluso a pesar de la interrupción global que significó la pandemia del covid-19 y la ubicua estrategia de militarización.[30]

Pese a todo, el presidente López Obrador ha refrendado su política de pacificación que se rehúsa a continuar la militarización del país en la forma de una "guerra contra las drogas". En su conferencia mañanera del 15 de julio de 2021, AMLO criticó una vez más las políticas de "mano dura" de los gobiernos anteriores, cuando se reivindicaba el uso del Estado de derecho como medidas punitivas y coercitivas. "Entonces, sí es un desafío decir: hay otra forma, no es el mátalos en caliente, no es la tortura, que era una práctica lamentablemente usual hasta hace muy poco, torturar, las masacres, el que en un enfrentamiento a los que quedaban heridos los remataban." Y después

---

[28] Véase el texto completo del decreto publicado en el *Diario Oficial de la Federación* el 11 de mayo de 2020 en <https://www.dof.gob.mx/nota_detalle.php?codigo=5593105&fecha=11/05/2020>.

[29] Jorge A. Medellín, "El Ejército mexicano asume el control de las aduanas del país", *Defensa*, 20 de julio de 2020.

[30] Arturo Ángel, "En México asesinaron a más de 35 mil personas en 2020, solo un 0.4% menos que un año antes", *Animal Político*, 21 de enero de 2021.

declaró: "Si no terminamos de pacificar a México, por más que se haya hecho, no vamos a poder acreditar históricamente a nuestro gobierno".[31]

El desafío de la política de seguridad de AMLO cobra sentido cuando redimensionamos el supuesto poder de los "cárteles" dentro y fuera de México. Un mes después del "culiacanazo", el director de análisis científico del Observatorio Europeo para las Drogas y las Toxicomanías, Laurent Laniel, dijo que simplemente no existe "evidencia sólida" que permita constatar el supuesto poder de los "cárteles" mexicanos y en particular del "Cártel de Sinaloa", que para entonces no era considerado una "amenaza mayor" y ni siquiera era objeto de atención para los medios de comunicación europeos a pesar del lucrativo tamaño del mercado de consumidores del continente. Según Laniel, los traficantes mexicanos no compiten con los europeos que compran droga directamente de los productores en Colombia, Perú y Bolivia. Vale la pena recuperar la puntual declaración:

No tenemos información de que el trasiego sea organizado por los cárteles mexicanos. Supuestamente tienen un gran poder en Colombia y manejan el negocio, pero nosotros aquí vemos que son colombianos y europeos los que controlan ese comercio. Existen informaciones periodísticas, fundadas algunas en supuestas investigaciones internacionales, sobre la presencia global del Cártel de Sinaloa incluso, se dice, hasta en 70% del planeta. Hay que aportar pruebas. Estoy abierto a creerlo, pero no veo evidencias de que sea así. Estoy estratégicamente ubicado en el observatorio para estar enterado de ese tipo de información. El hecho de que no esté enterado es una muestra de que no es tanto así, o lo es de una manera que pasa complemente desapercibida en Europa: o no entendemos cómo funciona el negocio de las drogas o esas declaraciones son exageradas.[32]

Un año después, el mismo Alfonso Durazo también argumentó en contra de la percepción de generalidad tras la liberación de Ovidio Guzmán. En México, ningún cártel tiene poder para retar al Estado: "Eso ya no sucede

---

[31] Ezequiel Flores Contreras, "Si no terminamos de pacificar al país, no podremos acreditar históricamente a nuestro gobierno: AMLO", *Proceso*, 15 de julio de 2021.
[32] Marco Appel, "'Exagerado', el poderío internacional del narco mexicano: experto europeo", *Proceso*, 11 de noviembre de 2019.

ni en el Triángulo Dorado —zona que se localiza en los estados de Sinaloa, Durango y Chihuahua y que controló Joaquín *El Chapo* Guzmán— ni en la Tierra Caliente de Michoacán ni en Miguel Alemán, Tamaulipas. Esto no significa que no haya presencia de criminales, sólo que ya no dominan en esos lugares", sostiene.[33]

No se trata, me parece, de una opinión convenientemente exculpatoria, sino la afirmación de una realidad irrefutable: mientras que no existe evidencia real sobre el poder del "narco" ni dentro ni fuera de México, sí es posible medir con precisión el poder del Estado y la extensión de su soberanía en nuestro país militarizado, y las dramáticas consecuencias del discurso de guerra que lo ha movilizado durante más de una década.

Ha resultado alentador hasta ahora que López Obrador haya demostrado cierta voluntad para investigar los excesos y crímenes cometidos por las Fuerzas Armadas. Treinta elementos de la Secretaría de Marina fueron detenidos en abril de 2021 acusados de secuestro y desaparición forzada en Nuevo Laredo, Tamaulipas.[34] Otros siete soldados, señalados como los perpetradores de una masacre de 22 personas en el poblado de Tlatlaya, Estado de México, fueron detenidos también en 2021 después de haber sido liberados en 2015.[35]

Otro acierto ha sido haber reformado la Ley de Seguridad Nacional para regular la presencia de la DEA en México, negando inmunidad a los agentes que cometan delitos en el país, limitando el número preciso de visas que se les otorga y exigiendo informes sobre sus actividades.[36] También hizo público el expediente de la DEA mediante el cual se fabricó cargos inverosímiles en contra del general Salvador Cienfuegos, exsecretario de Defensa, detenido en 2020 en Estados Unidos y acusado de vínculos con narcotraficantes y lavado de dinero.[37]

---

[33] Gustavo Castillo García, "Ningún *cártel* tiene poder para retar al Estado: Durazo Montaño", *La jornada*, 27 de octubre de 2020.

[34] Emily Green, "Mexico's Elite Marines Got US Training While Accused of Disappearing People", *Vice*, 1 de noviembre de 2021.

[35] EFE, "Detienen a siete militares por la matanza de Tlatlaya de 2014", *Forbes*, 1 de abril de 2021.

[36] "Decreto por el que se adicionan diversas disposiciones a la Ley de Seguridad Nacional", *Diario Oficial de la Federación*, 18 de diciembre de 2020.

[37] Micaela Varela, "López Obrador defiende la publicación del expediente de la DEA sobre Cienfuegos", *El Universal*, 18 de enero de 2021.

Pero, aunque estas acciones claramente distancian a López Obrador de sus predecesores, su agenda securitaria ha sido hasta ahora poco transparente y complaciente con las Fuerzas Armadas que eluden una verdadera fiscalización del gobierno civil.[38] También ha dejado impune graves acusaciones de corrupción y delitos cometidos por soldados y marinos, incluyendo la polémica exoneración del mismo general Cienfuegos.[39] Los medios de comunicación han denunciado consistentemente el peligro de la extensa militarización en México, con 80 mil 210 soldados y 79 mil 126 elementos de la Guardia Nacional patrullando el territorio.[40]

Encima, la política securitaria estadounidense parece ganar terreno gradualmente en el gobierno de López Obrador. El llamado "Entendimiento Bicentenario", un acuerdo de seguridad binacional que reemplazó en 2021 a la Iniciativa Mérida, aunque insiste en replantear el problema del narcotráfico como un asunto de salud pública con énfasis en la protección de comunidades vulnerables, parece retomar la "kingpin strategy" de la vieja "guerra contra el narco" centrada en operativos para detener o asesinar a los principales jefes de los "cárteles".[41] Tras el anuncio en Washington de una recompensa de 20 millones de dólares por información sobre los hijos de "El Chapo" Guzmán, el presidente López Obrador ya parecía haber comenzado a ceder a la presión estadounidense al afirmar que su captura sería también "una prioridad" de su gobierno.[42]

En su fundamental análisis sobre el violento arranque del siglo XXI dominado por los discursos de "seguridad nacional" estadounidenses, el célebre

---

[38] Georgina Zerega, "Las cuentas ocultas del Ejército: 25.000 millones de pesos gastados en 2020 sin dejar un registro público", *El País*, 24 de febrero de 2021.

[39] Natalie Kitroeff, Alan Feuer y Óscar López, "México exonera al general Cienfuegos y afecta la maltrecha relación con Estados Unidos", *The New York Times*, 15 de enero de 2021.

[40] Arturo Ángel, "Con AMLO, Ejército moviliza a 80 mil elementos para labores de policía, cifra récord", *Animal Político*, 17 de noviembre de 2021.

[41] Parker Asmann, "Failed 'kingpin strategy' at heart of new Mexico-US security plans", *Mexico News Daily*, 27 de diciembre de 2021. El contenido del "Entendimiento Bicentenario" puede consultarse en la página oficial del gobierno mexicano: <https://www.gob.mx/sre/documentos/hoja-informativa-entendimiento-bicentenario>.

[42] Karina Suárez, "López Obrador afirma que la detención de los hijos de El Chapo le corresponde a las autoridades mexicanas", *El País*, 16 de diciembre de 2021.

historiador Eric Hobsbawm reflexionó sobre las supuestas amenazas del terrorismo y el narcotráfico en el mundo occidental:

> Hemos sido inundados por una oleada de retórica política que nos habla de los desconocidos, pero terribles, peligros que pueden llegar del extranjero (la histeria de las armas de destrucción masiva), de la "guerra contra el terror" y de la "defensa de nuestra forma de vida" frente a unos enemigos externos mal definidos y sus elementos terroristas, infiltrados en el interior de nuestras sociedades [...] Por consiguiente, despejemos nuestra mente de toda esta porquería. La llamada "guerra contra el terrorismo" no es ninguna guerra, salvo en el sentido metafórico que empleamos al hablar de la "guerra contra las drogas" o de la "guerra de los sexos". "El enemigo" no está en condiciones de derrotarnos, ni siquiera se encuentra en situación de causarnos un daño decisivo.[43]

La "guerra contra el narco" tampoco es una guerra, salvo en el sentido metafórico políticamente construido por la agenda de "seguridad nacional". Es el nombre que la clase gobernante le dio a un proyecto militarista que entregó al país a la política securitaria estadounidense que no ha dejado de ser el paradigma dominante en estos años siniestros cuyo horror ha sido experimentado por todos los mexicanos. ¿Continuará esa narconarrativa con una nueva "guerra" ahora contra el "Cártel de Sinaloa" dirigido por "El Mayo" Zambada o los hijos de "El Chapo"? ¿Podrá el gobierno de México imponer una política de pacificación que de verdad suspenda la hegemonía militar en el país?

Invoco una reflexión extemporánea para terminar esta última parte y advertir el peligro latente del discurso de guerra. Al comprender que el presidente Richard Nixon estaba dispuesto a continuar una guerra sin sentido para no pagar el precio político de "perder" en Vietnam, el analista militar Daniel Ellsberg dio a conocer a los medios de comunicación los secretos de ese fracaso con los "Pentagon Papers" que sacudieron a Estados Unidos en 1971, hace exactamente 50 años, al momento en que escribo estas líneas.[44] Al

---

[43] Eric J. Hobsbawm, *Guerra y paz en el siglo XXI*, México, Booket, 2019, pp. 196-197.
[44] Chip Gibbons, "50 Years Ago Today, Daniel Ellsberg's Pentagon Papers Helped End the Vietnam War", *Jacobin*, 13 de junio de 2021.

releerlos, el periodista e intelectual Jack Beatty anotó que la advertencia sobre los peligros de la guerra en la historia estadounidense la articuló primero James Madison, quien temía que los presidentes pudieran "hacer la guerra" a conveniencia si esa facultad fuera suya y no del Congreso. "La tentación era demasiado para cualquier hombre", escribió Beatty.[45] Ciertamente fue demasiado para presidentes como Felipe Calderón y Enrique Peña Nieto. Ojalá no lo sea para Andrés Manuel López Obrador.

★ ★ ★

México está ante la posibilidad de un proceso de justicia transicional cuya viabilidad depende en gran medida de la interrupción del ciclo de violencia generado por la "guerra contra las drogas". Mientras no se detenga la ocupación militar guiada por la agenda de seguridad nacional estadounidense y adoptada por la clase gobernante mexicana, el país seguirá experimentando la disrupción del "narco", del "huachicolero", de los *bad hombres* y, en suma, del otro, del indeseable, del desechable, del sacrificable.

Pero no se trata de arrebatar a los supuestos enemigos del Estado una soberanía perdida o el monopolio de la violencia legítima. El Estado nunca ha perdido ni la una ni lo otro. A lo largo de estos 45 años de "guerra contra el narco" los aparatos de seguridad han preservado y ejercido una contundente —y muchas veces criminal— soberanía sobre el territorio, sobre los recursos del país, sobre los cuerpos de la población, sobre todo los más vulnerables. El "narco" nunca ha detentado soberanía alguna en México. La soberanía implica decidir e imponer límites. Los traficantes nunca han decidido ni han impuesto límite alguno en la historia moderna de México. Creer que los excesos intermitentes de su vida representan una forma de soberanía, es confundir el crimen organizado con la violencia organizada, a un delincuente con el sistema de criminalidad, a un arma con un ejército legitimado desde el poder oficial. Para dilucidar críticamente la historia del "narco" en México debemos primero entender que quienes construyeron la posibilidad de decidir y luego de establecer límites sobre la decisión de simular una "guerra contra el narcotráfico", nunca fueron los traficantes, sino las instituciones de gobierno, los funcionarios públicos, los militares, los policías, los agentes de

---

[45] Jack Beatty, "The Temptation of War", *The Atlantic*, octubre de 2002.

inteligencia, que los nombran. "Todas las guerras son crímenes", más allá del discurso, más allá de todas las mitologías nacionales.[46] Separemos la guerra de las palabras. Desmontemos su narrativa. Impidamos que vuelva a contarse una vez más.

---

[46] *The West Wing*, "War Crimes", 3.5, creador Aaron Sorkin, director Alex Graves, guionista Aaron Sorkin, NBC, estrenado el 7 de noviembre de 2001.

CONCLUSIÓN

Visita guiada en
el Museo de la Seguridad Nacional

Todas las guerras se libran dos veces, la primera vez
en el campo de batalla, la segunda vez en la memoria.
VIET THANH NGUYEN,
Nothing ever dies: Vietnam and the memory of war

TRES FIGURAS

Hay en el vestíbulo tres grandes imágenes colgando de la pared central como banderas o estandartes, en apariencia inconexas: los rostros, sobre un fondo negro, de Sherezade, Don Quijote de la Mancha y Jorge Luis Borges. Me recibe la directora del museo e intercambiamos algunos comentarios sueltos sobre las instalaciones remodeladas sin lujo, pero con la sobria elegancia que distingue al edificio del Molino del Rey. No desentona en el Complejo Cultural Los Pinos, y aunque surge de una misma historia, su función es otra.

No dejo de observar a la curiosa trinidad que recibe a los visitantes en la entrada. La directora me invita a pensar primero en *Las mil y una noches*. La hermosa y brillante Sherezade reinicia el ritual de cada mañana para narrar una nueva historia que pueda calmar la bestialidad del sultán que, cegado por la paranoia de los celos, ordenaba matar a cada mujer que desposaba para anular el riesgo de que le fuera infiel. Antes de ser sacrificada, Sherezade comienza una larga cadena de relatos extraordinarios que el sultán preferirá escuchar en las noches que irán sosegando su pulsión feminicida. En algún punto, "un déspota puede mejorar con sirvientes buenos que le proveen de buen consejo,

437

El edificio Molino del Rey, ocupado anteriormente por el Estado Mayor Presidencial de la Sedena, es sede del actual Museo de la Seguridad Nacional, Complejo Cultural Los Pinos, Ciudad de México.
Fuente: <https://lospinos.cultura.gob.mx/espacios/molino-del-rey>.

pero también de historias que conduzcan a la virtud política".[1] Sherezade convierte su ser en una máquina de narrar para corregir el torcido rumbo político
de su reino. Una fuente de historias que cuenta otras historias. En una de las
noches incluso hilvana su propio relato, *Las mil y una noches* entera dentro de
una de las mil y una noches. Se abre un abismo circular que se vierte sobre el
mecanismo narrativo, ahora infinito.

"Mira a Don Quijote", me señala la directora. Con su improvisada armadura cubriendo la fragilidad de su cuerpo adelgazado por los rigores de
la lectura, el viejo hidalgo sale a comprobar su imaginación desbordada en
los límites del mundo. Quiere convertir a La Mancha en una interminable
novela de caballería. No observa la realidad: lee una página de ficción so-
brepuesta en la superficie del mundo. "El libro es menos su existencia que
su deber. Ha de consultarlo sin cesar a fin de saber qué hacer y qué decir
y qué signos darse a sí mismo y a los otros para demostrar que tiene la

---

[1] Robert Irwin, "Political Thought in *The Thousand and One Nights*", *Marvels and Tales*,
vol. 18, núm. 2, 2004, pp. 246-257, p. 251.

misma naturaleza que el texto del que ha surgido."[2] Don Quijote quiere ser igual al mito que ha sido repetido en las novelas que ahora quiere encontrar fuera del texto. Como Sherezade, Don Quijote también narra su propia historia. En la segunda parte de la novela alguien pone en sus manos un ejemplar de la primera parte, que Cervantes había publicado por separado 10 años antes. Don Quijote disputa episodios, reconoce algunos, pero refuta otros. Reclama los descuidos del autor. Hasta desenmascara a un falso Quijote que pretende adueñarse de su épica.

"Y aquí comienza el trabajo de este museo", declara la directora, pues la "seguridad nacional" es también un relato que genera relatos. Pero es más que eso: es un *dispositivo* cuya principal función es crear un horizonte inagotable de ficciones que condicionan las acciones de un determinado gobierno, como Sherezade, y que imponen una forma de interpretar la realidad, como Don Quijote. Michel Foucault acuñó el concepto de dispositivo para nombrar aquello que emana del conjunto de discursos, instituciones, arquitecturas, decisiones regulatorias, el Estado de derecho, medidas administrativas, descubrimientos científicos, indagaciones filosóficas, morales y filantrópicas, que constituyen formas relacionales del poder que luego condicionan subjetividades y la percepción misma de la realidad en la que interactúan. En suma, "lo dicho tanto como lo no dicho".[3]

Si bien toda nación es una comunidad imaginada,[4] sabemos también que la comunidad imagina a la vez sus propios relatos para justificar la extensión de su dominio, para marcar fronteras o para vulnerarlas. También para establecer políticas de control o para administrar el caos y hasta la violencia deliberada o espontánea. Este museo fue creado para interrumpir una poderosa agenda que legitimó políticas represivas y hasta crímenes de Estado: la "seguridad nacional". Se creyó en su momento que se trataba sólo de una política pública, pero en realidad debe entenderse como un dispositivo anclado en un espacio

---

[2] Michel Foucault, *Las palabras y las cosas. Una arqueología de las ciencias humanas*, Elsa Cecilia Frost (trad.), Buenos Aires, Siglo XXI Editores, 1968, p. 53.

[3] Sverre Raffnsøe, Marius Gudmand-Høyer y Morten S. Thaning, "Foucault's dispositive: The perspicacity of dispositive analytics in organizational research", *Organization*, vol. 23, núm. 2, 2016, pp. 272-298, p. 278.

[4] Benedict Anderson, *Comunidades imaginadas. Reflexiones sobre el origen y la difusión del nacionalismo*, México, Fondo de Cultura Económica, 2021.

transnacional de instituciones oficiales, funcionarios de gobierno, marcos jurídicos, medios de comunicación, la industria del entretenimiento, organizaciones no gubernamentales, saberes académicos y el imaginario colectivo que estructura una plataforma simbólica a partir de una primera enunciación del discurso securitario del modo en que fue conceptualizado en Estados Unidos y luego incorporado a las estructuras de gobierno en México.

Estamos conscientes de que al referir la "seguridad nacional" del modo en que estamos presentando el concepto, se impone una cierta interpretación del campo de los estudios de seguridad. No queremos decir con esto que hablar de seguridad en el discurso político resulta ahora algo ilegítimo o censurable. Nuestro objetivo es más bien desautorizar la noción *dominante* del securitarismo que ha sido internalizada por las estructuras de poder en México. Aquí seguimos la crítica articulada en su momento por el teórico británico de las relaciones internacionales, Ken Booth:

> Los estudios de seguridad (a menudo bajo la etiqueta de "estudios estratégicos" o "estudios de seguridad nacional") han sido abrumadoramente estadounidenses y británicos en su agenda, prioridades y aspectos prácticos. La disciplina derivada de este núcleo geopolítico / cultural ha sido a la vez etnocéntrica y dominada por valores masculinos. Esto ha afectado a las ideas predominantes sobre lo que constituye la seguridad, el tipo o tipos de amenazas que deben estudiarse y la manera en que se han concebido y comunicado los problemas a través del lenguaje empleado.[5]

Si la guerra imaginada por la agenda securitaria está en las palabras, debemos comprender que esas palabras —con sus falsas premisas y sus enemigos inventados por una racionalidad de guerra ajena— tienen genealogías históricas específicas —"las zonas de la vida social en que se manifiesta la imbricación entre el lenguaje y la política"—[6] enunciadas desde los centros de poder de Washington y Londres, blancos y heteropatriarcales, construyendo un espacio simbólico hegemonizado.

---

[5] Ken Booth, *Theory of World Security*, Nueva York, Cambridge University Press, 2007, p. 34.
[6] José del Valle, "La perspectiva glotopolítica y la normatividad", AGlo 1, 2017, pp. 17-39, p. 17.

Observemos una expresión de esa historia en esta primera vitrina. Está en el imperativo de "proveer un programa comprehensivo para el futuro de la seguridad de Estados Unidos" ante el peligro permanente de amenazas domésticas y externas que fueron apareciendo a partir de 1947.[7] Luego, es el factor determinante inscrito en la Ley de Seguridad Nacional decretada por el presidente Vicente Fox el 31 de enero de 2005 para "mantener la integridad, estabilidad y permanencia del Estado Mexicano" ("las mayúsculas son del original", precisa la directora).[8] Los documentos lucen ahora anacrónicos, reliquias de un tiempo descartado, inoculado, neutralizado. Reviso el texto completo de la ley estadounidense y advierto la trampa básica del lenguaje empleado que no identifica amenaza alguna, sino la *idea vacía* de una amenaza. Un peligro sin nombre, un enemigo sin rostro. En la ley mexicana se va más lejos, tipificando un dodecálogo de actos que se consideran amenazas a la "seguridad nacional" del país como "espionaje, sabotaje, terrorismo, rebelión, traición a la patria, genocidio" y hasta el "obstaculizar o bloquear operaciones militares o navales contra la delincuencia organizada".[9] Irónicamente, se considera una amenaza a la "seguridad nacional" todo acto que impida "a las autoridades actuar contra la delincuencia organizada", pero no la delincuencia organizada propiamente, que además nunca es definida. Se señala que el "tráfico ilegal de materiales nucleares, de armas químicas, biológicas y convencionales de destrucción masiva" es también una amenaza, pero no el tráfico de drogas. Un año más tarde el presidente Calderón ordenará la ocupación militar del país, pero los "cárteles" no existen en el marco legal de la "seguridad nacional". Son una amenaza construida *a posteriori*, como el incendio que comienza después de la llegada de los bomberos.

Con la adopción del dispositivo securitario el país se convirtió en la primera década del siglo XXI en una zona de guerra, con un ejército de ocupación que detonó una estrategia de exterminio en contra de las poblaciones

---

[7] "1947 National Security Act", Office of the Director of National Intelligence. Texto íntegro en <https://www.dni.gov/index.php/ic-legal-reference-book/national-security-act-of-1947>.

[8] "Decreto por el que se expide la Ley de Seguridad Nacional", *Diario Oficial de la Federación*, 31 de enero de 2005. Texto íntegro en <http://www.diputados.gob.mx/Leyes Biblio/ref/lsn/LSN_orig_31ene05.pdf>.

[9] *Idem.*

más vulnerables: jóvenes morenos sin educación, que nacieron y murieron en pobreza. Cuando el gobierno federal propuso desarticular la agenda de la "seguridad nacional" por una política de bienestar, consiguió avanzar hacia una noción de "seguridad ciudadana" que se corresponde mejor con la realidad sociopolítica de países como México, cuya prioridad "es el ejercicio efectivo y legítimo de la soberanía" ante las potencias globales distanciándose de las políticas represoras diseñadas para ejercer control social y territorial en beneficio del capital transnacional.[10]

Es cierto que la crítica al modelo militarista no ha interrumpido la lógica de guerra, pero ha legitimado un debate nacional sobre la falacia del discurso securitario. La infranqueable disonancia entre la minoría que insiste en políticas de "mano dura" junto al repudio generalizado a la presencia de las Fuerzas Armadas en las calles radicaliza la contradicción que actualmente experimenta el aparato de seguridad que ha perdido el control de la narrativa del combate al llamado "crimen organizado" y que se ha tenido que someter cada vez más al escrutinio de las instituciones civiles, de las preguntas periodísticas y del análisis académico.

Las gráficas con los índices de homicidio, desaparición forzada, extorsión y secuestro, colocadas en ese terrible arco histórico en ascenso, establecen contundentes la correlación entre la militarización y la violencia homicida y desautorizan las narraciones sobre el crimen organizado que servían como instrumento para interpretar políticamente el desastre de la racializada violencia de clase que se generó en el país mientras se avanzaba en una reforma constitucional para legitimar el saqueo de los recursos naturales. La pacificación del país será posible cuando ambos procesos sean finalmente revertidos.

El sobrio vestíbulo del museo contrasta con la exuberancia de los otros edificios en Los Pinos, la antigua residencia oficial del presidente de México, que se convirtió en el Complejo Cultural Los Pinos abierto para el público desde el 1 de diciembre de 2018, al inicio del gobierno de Andrés Manuel López Obrador. Pero no es una concesión populista de un gobierno demagógico: fue la culminación de un reclamo democrático de los espacios sensibles del

---

[10] Mauricio Jaramillo Jassir, "El tránsito de la seguridad nacional a la ciudadana. Los retos de la descentralización en materia de seguridad ciudadana", *Revista Criminalidad*, vol. 57, núm. 2, 2015, pp. 287-299, p. 292.

poder, donde se resignifica qué se puede decir, quién puede hablar y desde dónde. Esto ha sido una oportunidad política para alterar el orden de aquello que separaba y excluía a sectores enteros de lo social, "una intervención en lo visible y lo decible".[11]

Las primeras filas de visitantes en el Complejo Cultural Los Pinos, abierto al público el 1 de diciembre de 2018, después de más de medio siglo de acceso restringido como residencia oficial de 14 presidentes de la República. El Museo de la Seguridad Nacional es una de las más recientes instituciones creadas tras el fin de la hegemonía estadounidense en México.
FUENTE: <https://lospinos.cultura.gob.mx>.

Es un espacio sencillo, burocrático, no exento de cierta elegancia ejecutiva, pero siempre contenida. Después de todo, estamos en el edificio que auspiciaba el Estado Mayor Presidencial, el organismo encargado de la seguridad del presidente de México durante décadas. La elección del edificio Molino del Rey tiene su propia importancia simbólica: el 8 de septiembre de 1847 la brigada al mando del general Antonio de León, en desventaja, defendió el edificio del ataque de las tropas del general Winfield Scott. Debilitado cuando el general Antonio López de Santa Anna decidió movilizar tropas hacia otros

---

[11] Jacques Rancière, *Dissensus. On Politics and Aesthetics*, Steven Corcoran (trad.), Nueva York, Continuum, 2010, p. 37.

puntos de la ciudad, el Ejército mexicano sufrió aproximadamente 800 bajas. Al final de la batalla, sin embargo, las tropas estadounidenses habían perdido poco más de 700 soldados.[12]

En la planta baja del museo se explica el contexto general de lo que Pierre Bourdieu denominó como el "monopolio de la violencia simbólica", pues "no se pueden entender realmente las relaciones de fuerza fundamentales del orden social sin incorporar la dimensión simbólica de esas relaciones".[13] Pensé en la necesidad de reformular ese célebre *dictum* del escritor estadounidense de origen vietnamita Viet Nguyen cuando afirma que todas las guerras se libran dos veces, pero no primero en el campo de batalla y después en la memoria, como escribió él, sino primero en el lenguaje y después en el campo de batalla.[14] La memoria, me parece, es una segunda guerra, pero que siempre queda extendida en un horizonte inconcluso, siempre con una batalla más por venir.

Desde la antigüedad, como explica el historiador alemán Reinhart Koselleck en esta ficha colocada en una de las paredes del museo, toda hegemonía requiere de un enemigo implacable. Es una oposición que ocurre primero al nivel semántico. Los bárbaros tienen una identidad fluida e intercambiable. Son "los normandos, los húngaros, los tártaros, los turcos, los indios, los rusos o los alemanes" que integran una red de variaciones estereotipadas y caricaturizadas. "Una vez arraigada en el lenguaje como un aparato conceptual opuesto —anota Koselleck—, esta estructura vive de forma icónica y semántica, siempre lista para ser invocada."[15] La principal herramienta del poder, en ese sentido, ha sido siempre el lenguaje. En las interacciones del norte con el sur global es el acto de nombrar, en sí mismo, el que contiene las claves de la hegemonía. Quien establece los nombres adquiere soberanía sobre el espacio

---

[12] "8 de septiembre de 1847, Batalla del Molino del Rey", Secretaría de la Defensa Nacional. Consultado en <https://www.gob.mx/sedena/documentos/8-de-septiembre-de-1847-batalla-del-molino-del-rey>.

[13] Pierre Bourdieu, *On the State. Lectures at the Collège de France, 1989-1992*, Cambridge, Polity, 2014, p. 163.

[14] "All wars are fought twice, the first time on the battlefield, the second time in memory." Viet Thanh Nguyen, *Nothing ever dies: Vietnam and the memory of war*, Cambridge, Massachusetts, Harvard University Press, 2016, p. 4.

[15] Reinhart Koselleck, *Sediments of Times. On Possible Histories*, Stanford, California, Stanford University Press, 2018, p. 200.

y el tiempo. "Las terminologías demarcan un campo, política y epistemológicamente —observó el antropólogo haitiano Michel-Rolph Trouillot—. Los nombres configuran un campo de poder."[16]

Son efectivas las cápsulas textuales de la curaduría que pueden leerse conforme avanzo en la visita guiada. El discurso securitario se instituyó nombrando estratégicamente a personajes y lugares que integraron la percepción de una permanente crisis de ingobernabilidad. Para eludir ese campo de poder y desmantelarlo es necesario un acto de repolitización discursiva que permita reconfigurar el campo discursivo en el que se edifica la noción de la "seguridad nacional". Según Ernesto Laclau, las prácticas discursivas hegemónicas se asientan en lo social cuando se estabiliza su significado por medio de una operación que borra sus orígenes. Así, lo político "se define como el momento de la institución de lo social tanto como el momento de la reactivación de la naturaleza contingente de cada institución", pues se pone de manifiesto que este proceso se basa en prácticas que persisten cuando se eliminan las demás alternativas.[17] El museo propone entonces dos operaciones complementarias: rescata los momentos discursivos en que se instituye el relato securitario, pero al hacerlo reactiva la contingencia que había sido borrada y nos recuerda que la cuestión de la "seguridad nacional" es menos un campo de conocimiento que una forma de *interpretar* lo social. Así, el relato interpretativo de nuestra realidad, que se había sedimentado y naturalizado, de pronto queda dislocado y desnaturalizado.

"En apariencia es una propuesta radical —concede la directora—, pero en realidad no hacemos sino reproducir mecanismos para la cancelación de discursos hegemónicos que se activan en museos por todo el mundo." El nuestro se basa en dos condiciones de posibilidad. Primero, la apertura de los archivos de inteligencia que se crearon durante la hegemonía securitaria estadounidense, es decir, los archivos de la Dirección Federal de Seguridad (DFS) y los del Centro de Investigación y Seguridad Nacional (Cisen), que integran un arco histórico que recorre desde 1947 hasta 2018, para el estudio de

---

[16] Michel-Rolph Trouillot, *Silencing the past: power and the production of history*, Boston, Massachusetts, Beacon Press, 1995, p. 115.

[17] Oliver Marchart, *Post-Foundational Political Thought: Political Difference in Nancy, Lefort, Badiou and Laclau*, Edinburgo, Edinburgh University Press, 2007, p. 135.

la comunidad académica y periodística en el Archivo General de la Nación. Y, segundo, con igual importancia, se creó este espacio de memorialización del discurso de "seguridad nacional" con la historia material de esas agencias de inteligencia en México en el contexto del securitarismo global. Creemos que en el análisis crítico de ese pasado y en su visualización colectiva están algunas de las claves para el presente y el futuro de la pacificación del país.

LA EXPERIENCIA ALEMANA

Se entiende mejor la relevancia política, económica y cultural que implica la apertura de los archivos y la creación de un Museo de la Seguridad Nacional cuando recordamos, en esta siguiente sala, el extraordinario proceso de justicia transicional que conllevó la unificación de Alemania en 1990 a partir de la apertura del archivo y la creación de un museo de la notoria agencia de seguridad estatal de la República Democrática Alemana (RDA), la llamada Stasi. No es una digresión histórica, sino un modelo a seguir. Una hoja de ruta. Como se sabe, la Stasi fue fundada en 1950 y se le recuerda ahora como "una de las más implacables, eficientes y omnipotentes policías secretas del mundo".[18] En sus años de mayor poder contó con más de 91 mil empleados dedicados al espionaje doméstico e internacional, construyendo una red de 174 mil informantes que cubría la totalidad de la RDA. Con tal presencia, la Stasi operó con la más alta vigilancia entre agentes y población de cualquier país del mundo. Contaba con una fuerza militar propia que incluía un regimiento con seis batallones motorizados, artillería, helicópteros, armas antiaéreas y antitanques. La Stasi controlaba su propio sistema penal, independiente del Ministerio del Interior, con campos de detención para prisioneros políticos. También operaba su propia academia, un servicio médico, un banco y hasta una liga profesional de deportes.[19]

---

[18] Catherine Epstein, "The Stasi. New Research on the East Germany Ministry of State Security", *Kritika: Explorations in Russian and Eurasian History*, vol. 5, núm. 2, primavera de 2004, pp. 321-348, p. 321.

[19] *Ibid.*, p. 324.

Pese a su enormidad, que ha llevado a algunos historiadores a considerarla como un "Estado dentro del Estado", el edificio central de operaciones y el archivo de la Stasi se abrieron al público con asombrosa rapidez tras la caída del Muro de Berlín el 9 de noviembre de 1989. Fue renombrada como "Oficina de Seguridad Nacional" una semana después y su disolución se concretó el 8 de diciembre de ese mismo año. Como era de esperarse, los directivos de la agencia ordenaron la destrucción sistemática de documentos comprometedores. Pero el 15 de enero de 1990 un grupo de ciudadanos se organizó espontáneamente para resguardar los archivos ocupando por la fuerza el edificio de la agencia en Berlín oriental. El tratado de unificación el 3 de octubre de 1990 permitió la apertura parcial de los archivos y para 1992 el nuevo gobierno alemán ya había decidido abrir al público el resto. Lo mismo ocurrió con las instalaciones: el 7 de noviembre de 1990, a unos meses de la ocupación ciudadana, se abrió para el público un centro de consulta y un memorial en el edificio principal de la agencia que actualmente se conoce como el Museo de la Stasi.

Vista general de la explanada y fachada del Museo de la Stasi en Berlín. Se abrió al público en 1990 como centro de consulta de los archivos de inteligencia, pero también como espacio de memorialización del aparato de seguridad que prevaleció durante la Guerra Fría.

Fuente: Fotografía de la página web del Museo de la Stasi, Berlín: <https://www.stasi museum.de/en/enausstellung.htm>.

El verano de 2018 visité el museo y no deja de impresionarme la transparencia con la que se describen las técnicas de espionaje e intimidación, la constante hostilidad y paranoia con la que la Stasi controló por casi cuatro décadas a la totalidad de la población de la RDA. Junto con el archivo se han recuperado los artefactos del espionaje, los manuales de interrogación, los protocolos de reclutamiento de informantes y hasta la disposición exacta del desayuno

Vista general de una sala de exhibición con silla y un manual para realizar interrogatorios.

Fuente: Fotografía de la página web del Museo de la Stasi, Berlín: <https://www.stasi museum.de/en/enausstellung.htm>.

que todas las mañanas demandaba uno de sus más autoritarios directores, que se reproduce en copias laminadas a la venta como *souvenir* para turistas.

Acaso el mayor reto político para la justicia transicional se localizó en la enormidad del acervo: son 178 kilómetros de material archivístico, expedientes personales de 6 millones de individuos, 40 millones de tarjetas indexadas, un millón de fotografías y negativos, incluso miles de trozos de tela con el sudor de los detenidos que se guardaban en jarros de cristal como muestra para los perros entrenados en la persecución de disidentes. Con los cientos de libros monográficos, historias, artículos, investigaciones periodísticas y memorias escritas por agentes, informantes y víctimas, tenemos a nuestro alcance una vasta y casi laberíntica discusión política, económica, cultural y hasta deportiva, todo gracias a la apertura y el acceso público del archivo de la Stasi en poco menos de dos décadas.

En comparación, la Dirección Federal de Seguridad (DFS) de México, aunque de estructura modesta, fue paradójicamente un problema político innegociable aún después haberse cerrado en 1985 en medio de continuos escándalos de corrupción, abuso de poder, narcotráfico y asesinato. Su función primordial fue ejecutar el estado de excepción mexicano sobre los temas más sensibles de seguridad durante la Guerra Fría: la represión de

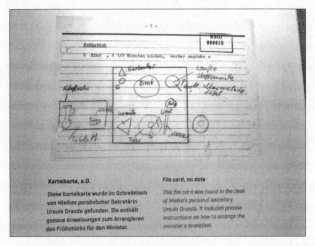

Karteikarte, o.D.

Diese Karteikarte wurde im Schreibtisch von Mielkes persönlicher Sekretärin Ursula Drasdo gefunden. Sie enthält genaue Anweisungen zum Arrangieren des Frühstücks für den Minister.

File card, no date

This file card was found in the desk of Mielke's personal secretary Ursula Drasdo. It included precise instructions on how to arrange the minister's breakfast.

Instrucciones para la organización del desayuno de uno de los directores de la Stasi. Museo de la Stasi, Berlín.

Fotografía de Oswaldo Zavala.

grupos guerrilleros, movimientos estudiantiles, sindicalistas, campesinos, y con productiva impunidad, la instrumentalización de los traficantes de droga. Aún en su mayor auge, la DFS llegó a contar con sólo 3 mil empleados, entre ellos apenas unos 400 agentes, que subempleaban a alrededor de 10 mil informantes.[20]

La vertiginosa creación del Museo de la Stasi y la casi inmediata apertura de su archivo fueron el resultado de una insólita oportunidad política que se produjo con la derrota de la Unión Soviética ante la expansión del capitalismo global. La dimensión simbólica del proceso de justicia transicional en la Alemania poscomunista fue ciertamente parte de un "muy complejo enmarañado de espacios culturales urbanos, memoria pública y prácticas y sitios conmemorativos", según explican los investigadores Duncan Light y Craig Young.[21] Pero a pesar de la casi insondable totalidad del poder de la Stasi en la RDA la ciudadanía reclamó con éxito la captura simbólica y material de una de las

---

[20] Sergio Aguayo, *La charola. Una historia de los servicios de inteligencia en México*, México, Grijalbo, 2001, p. 228.

[21] Duncan Light y Craig Young, "Public Memory, Commemoration, and Transitional Justice: Reconfiguring the Past in the Public Space", en Lavinia Stan y Nadya Nedelsky (eds.), *Post-Communist Transitional Justice*, Nueva York, Cambridge University Press, 2015, p. 233.

más grandes policías políticas del siglo xx en parte para "desacreditar" la influencia de las instituciones del pasado comunista.[22]

¿Cómo fue posible que la Stasi alemana, 30 veces más grande que la DFS y con una sofisticación estructural impensable en la inteligencia mexicana, haya podido ser transparentada en menos de un año de transición? Se podría argumentar, a modo de refutación, que el proceso histórico alemán fue harto más complejo que el mexicano, pero ése es precisamente el punto de esta sala del museo: en medio de la delicada confrontación diplomática y militar, que puso al mundo entero bajo el riesgo de la aniquilación nuclear, los alemanes lograron poner fin a su subordinación a la Unión Soviética descubriendo —y descubriéndose— los secretos de la mayor agencia de espionaje de su historia.

Los archivos de la DFS y el Cisen, pese a significar un proceso político mucho menos complicado, fueron un punto ciego en nuestra historia décadas después de haber desaparecido. Gracias al trabajo seminal del académico investigador Sergio Aguayo conocimos en los primeros años de la década de 2000 una parte del archivo de la DFS y el Cisen y comenzó una evaluación política y cultural de su impacto en la sociedad mexicana. Entre 1947 y 1991 —según información recabada por Aguayo— las agencias acumularon entre 60 y 80 millones de tarjetas indexadas con información vinculada a entre 3 y 4 millones de personas e instituciones, así como unos 26 mil videos y 250 mil fotografías.[23] El 19 de febrero de 2002 el Cisen entregó al Archivo General de la Nación (AGN) 4 mil 223 cajas de los fondos documentales de la DFS y de la paralela Dirección General de Investigaciones Políticas y Sociales. La investigadora Mónica López Macedonio recuerda que el acceso inicial que se concedió a los archivos de la DFS produjo valiosas investigaciones sobre la Guerra Fría y los movimientos armados en México. Pero con el regreso del Partido Revolucionario Institucional (PRI) a la presidencia se retiraron las fichas de consulta en 2015 y durante la presidencia de Peña Nieto sólo era posible acceder a copias editadas previamente por las autoridades. Luego del terremoto del 19 septiembre de 2017 el archivo tuvo que reubicarse en otra

---

[22] *Ibid.*, p. 235.
[23] *Ibid.*, pp. 24-25.

sala del AGN y, según López Macedonio, continuó custodiado y "con más recelo por personal del Cisen" hasta el final del sexenio de Peña Nieto.[24]

Cumpliendo una promesa de campaña, Andrés Manuel López Obrador (AMLO) ordenó el cierre del Cisen en los primeros días de su gobierno. La agencia fue desplazada por el Centro Nacional de Inteligencia (CNI), el cual, sin abandonar del todo el discurso de la "seguridad nacional", puso un énfasis en la generación de inteligencia, pero renunciando —por lo menos así lo dijo públicamente—, a la agenda securitaria de los gobiernos anteriores. Con un cambio radical de la política de censura y secrecía de los gobiernos anteriores, AMLO anunció la apertura total de los archivos de inteligencia al público en general en una rueda de prensa el 23 de enero de 2019: "Se van a abrir los archivos secretos, todos. Estoy por firmar el decreto. Había una parte del archivo nacional del país que reservaron. No va a haber reserva, se van a poder consultar todos los expedientes, se los adelanto".[25] No sobra recordar que ese proceso fue en un principio retórica vacua, que no se acompañó de una clara política de apertura ni mucho menos de un presupuesto para lograrlo. El AGN operó entonces con un personal sin entrenamiento ni recursos, sin una dirección y ni siquiera una voluntad política real para llevar los archivos a la luz pública. Significativamente, pronto se hicieron públicos los reportes de inteligencia sobre las actividades políticas del presidente López Obrador entre 1979 y 1983, pero los contenidos de las 4 mil 223 cajas con unos 8 millones de documentos de la DFS permanecieron inaccesibles durante años.

"Todos esos precedentes nos condujeron, con avances y retrocesos constantes, a reconocer la necesidad histórica de establecer un museo y un archivo verdaderamente abierto de la DFS y el Cisen", me dice la directora. Esto ha tenido una doble función en el proceso de justicia transicional: por una parte, se hizo visible la totalidad de los sistemas de represión política durante la Guerra Fría, pero también su relación operativa con la producción, circulación y venta de drogas ilegales. Con ello también quedó a nuestro alcance la

---

[24] Mónica Naymich López Macedonio, "El archivo de la Dirección Federal de Seguridad: una fuente para escribir la historia de la segunda mitad del siglo XX mexicano", *Legajos. Boletín del Archivo General de la Nación*, núm. 15, enero–abril de 2018, pp. 71-82, p. 79.

[25] Arturo Rodríguez García, "El presidente promete abrir los archivos del Cisen y de antiguas direcciones de seguridad", *Proceso*, 23 de enero de 2019.

articulación de la política antidrogas en el periodo neoliberal basada en una simulada crisis de "seguridad nacional" a partir de 1989 desde la creación del Cisen y hasta la era de la mal llamada "guerra contra las drogas" desde 2006. Por otra parte, en la complejidad de nuestra relación binacional, la cancelación del discurso de "seguridad nacional" operó como un mecanismo de emancipación política ante la dominación histórica a la que nos sujetó la hegemonía estadounidense del mismo modo en que la Alemania unificada consiguió interrumpir y cancelar la injerencia de la Unión Soviética, y después de Rusia, en su política interna.

El Museo de la Seguridad Nacional, junto con la apertura del archivo, ofrecen al investigador académico y periodístico, pero también al público en general, no una simple experiencia documentada de la corrupción policial, sino lo que Jan y Aleida Assmann denominan "memoria cultural", es decir, una forma externalizada de institucionalización de la memoria colectiva para establecer los límites simbólicos de ese proceso histórico, para objetivarlo, cosificarlo, y luego remitirlo a un *lugar*, a un *archivo histórico*, a un espacio contenido donde no pueda reactivarse ideológicamente, donde sus operaciones ideológicas de hecho aparezcan como efectos de un tiempo pasado y muerto. Es el tránsito, según Aleida Assmann, de un archivo *político* hacia uno *histórico* en el que se depositan las reliquias de un orden político superado. Una burocracia estatal en activo resguarda el archivo político para la legitimación del poder simbólico. En cambio, el archivo histórico "es el receptáculo de documentos que han caído fuera de los marcos institucionales y que pueden ser reformulados e interpretados en un nuevo contexto".[26]

"Con esta memoria política y nacional logramos apropiarnos del discurso de 'seguridad nacional' como una cosa neutralizada precisamente en el momento en que por fin pudimos, como sociedad, escribir críticamente *sobre* ese discurso como algo abierto a interpretaciones, arrebatando el monopolio simbólico de las instituciones que lo habían formulado en primera instancia", explica la directora. El museo y el archivo adquieren aquí la función política que Alain Badiou encuentra en el arte: la plataforma para

---

[26] Aleida Assmann, "Canon and Archive", en Astrid Erll y Ansgar Nünning (eds.), *Cultural Memory Studies. An Interdisciplinary Handbook*, Berlín, Walter de Gruyter, 2008, pp. 97–107, p. 103.

mostrar que la ideología securitaria produce una "realidad imaginaria"[27] que el archivo revela en el instante de inscripción, es decir, en el momento en que se enuncia como una narrativa *antes* de que se acepte como la realidad, imposibilitando que esa operación se complete. Como forma de institucionalización exteriorizada más allá de los relatos colectivos del presente inmediato, la memoria cultural se inscribe en el Museo de la Seguridad Nacional, entonces, no para mostrar el pasado factual sino aquello que se *recuerda* en la indistinción entre el mito y la historia.[28]

Se revela la importancia —pero también los riesgos— de este proceso con la inauguración en 2007 del Museo Memorial del 68, en el Centro Cultural Universitario Tlatelolco, que significó un contradictorio esfuerzo de inscripción del movimiento estudiantil de 1968 y la matanza del 2 de octubre como un punto nodal de la memoria cultural del país y de su narrativa de transición hacia la democracia luego de siete décadas de la hegemonía política del PRI. La página oficial del museo advierte una suerte de captura del tiempo histórico del 68: "Su impronta política y su mitología ya forman parte de la sangre intelectual de nuestra cultura, un valioso núcleo de energía renovadora y una fuente de inspiración para comprender y estimular los cambios que demanda la sociedad mexicana".[29] La curación de un archivo multimedia interpola artefactos históricos con narraciones audiovisuales que articulan la clausura simbólica no de la atrocidad perpetrada por el Estado, sino de su *repetición* en los términos políticos en que ocurrió, como un operativo concebido y legitimado por el aparato de seguridad del régimen y sancionado por el Poder Ejecutivo. El contenido ideológico expresado por la brutal represión en Tlatelolco desaparece por completo de la discusión nacional en torno a la desaparición de los 43 normalistas de Ayotzinapa. Ni en la denuncia pronunciada por la consigna "Fue el Estado" ni en la fabricación oficial de una "verdad histórica" se encuentra la calculada presencia de una maquinaria gubernamental que aparece

---

[27] Alain Badiou, "The Autonomy of the Aesthetic Process", en *The Age of the Poets*, Bruno Bosteels (trad.), Nueva York, Verso, 2012, pp. 111-131.

[28] Jan Assmann, "Communicative and Cultural Memory", en *Cultural Memory Studies. An Interdisciplinary Handbook*, Astrid Erll y Ansgar Nünning (eds.), Berlín, Walter de Gruyter, 2008, pp. 109-118, p. 113.

[29] Véase la descripción del museo en la página oficial de la Secretaría de Cultura del gobierno federal en <http://sic.gob.mx/ficha.php?table=museo&table_id=1600>.

siempre desvinculada de su agencia, entregada a un poder militar que actúa por su cuenta o a la soberanía criminal del narco. Por otra parte, el museo puede incorporarse al relato dúctil del neoliberalismo en el tejido urbano de la capital como "la más inteligente reterritorialización del 68", como observa el investigador académico José Ramón Ruisánchez, cuya función de memorialización "ya ha tomado lugar, en un lugar *otro* por *otras* personas, y así pueden continuar los asuntos importantes, como la gentrificación del centro de la Ciudad de México".[30]

Con el precedente y el *caveat* de la memoria cultural del 68, el museo y el archivo abierto de la DFS y el Cisen posibilitan una pregunta general sobre los efectos del violento estado de excepción en el que hemos vivido por más de medio siglo. Lo hacen desde el lugar donde se articuló históricamente la narrativa de la "seguridad nacional", dislocando ese centro neurálgico del presidencialismo del siglo XX, pero también su transformación neoliberal en el XXI. El museo y el archivo, como analiza Jacques Derrida, son apropiaciones simbólicas que custodian un saber colectivo, pero también lo delimitan y lo clausuran.[31] Es así que aquello que entendemos comúnmente como el "pasado histórico" es en realidad la suma de "representaciones de eventos pasados que con creadas, circuladas y recibidas en un marco cultural y una constelación política específica".[32] Históricamente, la Secretaría de la Defensa Nacional intentó lo opuesto con su Museo del Enervante, que instrumentalizaba la llamada "narcocultura" fetichizando armas chapadas en oro con incrustaciones de piedras preciosas y materializando el vistoso cuerpo del "narco" como maniquíes estrafalarios que procuraban dar densidad histórica al mito del "narco" y sus "cárteles" como una amenaza latente en nuestro futuro inmediato.[33] El otro importante referente fue el Museo de la DEA, establecido

---

[30] José Ramón Ruisánchez Serra, "Reading '68. The Tlatelolco Memorial and Gentrification in Mexico City", en Ksenija Bilbija y Leigh A. Payne (eds.), *Accounting for violence: marketing memory in Latin America*, Durham, Carolina del Norte, Duke University Press, 2011, pp. 179-206, p. 187.

[31] Jacques Derrida, *Archive Fever. A Freudian Impression*, Chicago, Chicago University Press, 1995.

[32] Aleida Assmann y Linda Shortt (eds.), *Memory and political change*, Nueva York, Palgrave Macmillan, 2012, p. 3.

[33] Véase <http://www.sedena.gob.mx/leytrans/petic/2004/mar/09032004.html>.

en 1976 en la ciudad de Arlington, Virginia, a menos de un kilómetro de distancia del edificio del Pentágono, que completaba el discurso securitario con una hagiografía de sus agentes, convertidos en héroes o mártires de una imaginaria guerra justa en tierra de bárbaros.

"Decidimos reservar una sala completa para el Museo del Enervante, tal como se encontraba en la Secretaría de la Defensa Nacional (Sedena). Fue un desafío técnico trasladar este mural que ilustra la 'guerra contra el narco', pero los demás objetos fueron mucho menos complicados de "reubicar"", observa la directora. Hay una efectiva transformación simbólica que ocurre en esta sala, que vuelve materia pública los contenidos de un museo diseñado originalmente para adoctrinar soldados, pero que ahora instiga el pensamiento crítico de los ciudadanos. "No hay comentarios metatextuales", me hace notar la directora. El Museo del Enervante por sí solo denuncia los excesos del securitarismo en cada uno de los objetos que se hicieron pasar por metonimia de una guerra cuando en realidad eran utilería de una representación teatralizada de la narrativa oficial. Ya como sala, el Museo del Enervante nombra su propia historia como un proceso político terminado. Comprendemos aquí cómo nuestro perverso sistema político inventó un mito sobre el narcotráfico y luego incluso construyó un museo para eternizar a los monstruos imaginados en la mente de los soldados encargados de exterminarlos.

"Nos pareció lógico que la sala contigua estuviera dedicada a la 'narcocultura'", señala la directora. Aquí algunos de los objetos seleccionados cuentan historias alternativas, como esa manta con un falso mensaje firmado por el traficante Rafael Caro Quintero y que se cree que fue diseñada y montada en un puente de la ciudad de Chihuahua por agentes de la Fiscalía General de Justicia del estado para crear la percepción de una nueva guerra entre "cárteles". "Nos interesó también establecer esta cronología de objetos culturales sobre el 'Jefe de jefes', desde el disco de vinil con el corrido de Los Tigres del Norte hasta las numerosas referencias de traficantes que en algún momento han sido considerados con ese título", dice la directora. La proyección de cine sobre el "narco" que está en aquellas pantallas también tiene un propósito crítico: del lado izquierdo aparecen las películas de la década de 1980 que mostraban las vidas precarizadas y trágicas de los traficantes, generalmente mujeres y hombres rústicos sin educación y con mala suerte. Esa escena de *La banda del carro rojo* (Rubén Galindo, 1978) es muy sugerente: Mario Almada, en el papel del jefe de la banda, toma la única decisión a su alcance unos instantes antes de morir: negarse a delatar a sus cómplices. Del lado derecho proyectamos escenas del cine de "narcos" de la era securitaria: la batalla climática de *Salvando al soldado Pérez* (Beto Gómez, 2011), donde un grupo de traficantes élite lleva a cabo con éxito un operativo de rescate de un soldado mexicoamericano inmigrante —hermano del jefe del "cártel" mexicano— que fue secuestrado en Irak y que ha sido abandonado a su suerte por el Ejército estadounidense. La simple operación crítica de la película no puede subestimarse: adopta hasta sus últimas consecuencias el discurso sobre el "narco" y le da forma cinematográfica. Si los "cárteles" pueden desafiar al gobierno de México y Estados Unidos, y a los 48, 60 o 72 países donde se supone que tienen "presencia",[34] ¿cómo no podrían también irrumpir en medio de la invasión estadounidense en Irak y superar a los dos ejércitos en pugna? La película pone además en un mismo plano a los tres objetos privilegiados por el discurso securitario: el terrorista musulmán, el inmigrante pobre y moreno y el narcotraficante en un mismo escenario de guerra manufacturado por Estados Unidos.

VER EN CLAVE SECURITARIA

"La mirada estadounidense es el tema de esta siguiente sala", me dice la directora. ¿Qué mejor objeto para significarla que estos binoculares militares que Michael Douglas, en el personaje de Robert Wakefield, el "zar antidrogas" estadounidense, utiliza para mirar hacia Tijuana desde la frontera de San Ysidro, en California, en la película *Traffic* (Steven Soderbergh, 2000)? Al otro

---

[34] Edgardo Buscaglia, un muy citado analista de seguridad, ha dicho en distintas entrevistas que el "Cártel de Sinaloa" "opera en 48 países y está en franca expansión", pero también "ha sobrepasado límites geográficos y administrativos en al menos 60 países cobijado por la corrupción política y empresarial" y finalmente "está presente en 72 países con bases patrimoniales, de lavado de dinero y de logística operativa". Véanse, respectivamente, María Verza, "El cártel de Sinaloa, una multinacional de las drogas", *El Mundo*, 12 de agosto de 2012; Marcos Vizcarra, "La corrupción política es la esencia del crimen organizado", *Noreste*, 15 de noviembre de 2015; Jean Palou Egoaguirre, "La expansión del Cártel Jalisco Nueva Generación pone en alerta a América Latina", *El Mercurio*, 21 de diciembre de 2020.

lado del río puede apreciarse, a plena luz del día, una casa de operaciones de un traficante que fingió su muerte —en una clara alusión a Amado Carrillo Fuentes, supuesto jefe del "Cártel de Juárez"— para seguir controlando el tráfico de drogas en esa frontera con grosera desfachatez. Wakefield pregunta a sus asistentes quién tiene el equivalente de su puesto en México. "Nadie", le contestan. *Traffic* inauguró una forma de imaginar la frontera que efectivamente borró su historia y que convirtió a la franja entre México y Estados Unidos en lo más parecido a una trinchera de guerra, con las desconcertadas autoridades estadounidenses incapaces de comprender las dinámicas de criminalidad de México y con una problemática relación de cooperación con el corrupto y violento gobierno mexicano.

El "zar antidrogas" Robert Wakefield (Michael Douglas) mira hacia Tijuana desde la frontera de San Ysidro en la película *Traffic* (Steven Soderbergh, 2000) y se inquieta ante la falta de contactos de alto nivel con el gobierno mexicano, donde, según se le dice, no existe el equivalente del cargo oficial que él ejerce.

Irónicamente, para cuando la película llegó a las salas de cine en 2000 no sólo ya existía el cargo del "zar antidrogas" en México, sino que fue de hecho creado como parte de los acuerdos de cooperación binacional entre ambos países para el combate al narcotráfico que se dieron a lo largo de la década de 1990. Tampoco está por demás recordar que la DEA confirmó en menos de 24 horas que el cuerpo del traficante que murió durante una cirugía plástica era en efecto el de Amado Carrillo Fuentes.[35] Con estas falsedades, *Traffic* también omite las complejas dinámicas históricas en las comunidades fronterizas, donde existe una íntima historia compartida y donde difícilmente se sustenta el discurso de guerra antes que los cruces internacionales de millones de personas cuya vida se desarrolla en ambos lados de la línea divisoria.

"No podríamos entender los juegos de percepciones sobre la 'guerra contra las drogas' sin esta sala que recorre los años de la campaña 'Just Say No' ('Sólo di no') de la primera dama Nancy Reagan", me explica la directora. Son escenas de su aparición en los programas de televisión *Blanco y negro* y *Dinastía*, donde acudió a promover el discurso antidrogas de la presidencia de su esposo. Al final de la década de 1980 Nancy Reagan había aparecido en incontables *talk shows*, eventos deportivos y hasta en la Organización de las Naciones Unidas (ONU), en donde invitó a 30 primeras damas del planeta. Para la década de 1990 la frase *Just Say No* se había integrado plenamente a la cultura mediática estadounidense.[36] Como nos recuerda el académico Curtis Marez, la campaña contextualizó una explosión de productos culturales que ofrecían historias de tráfico y consumo de drogas como *caveat* para el público estadounidense. Acaso la inmediata evidencia de esto fue la película *Scarface* (Brian de Palma, 1983) con la historia del ascenso y caída de un traficante cubano migrante en Miami.

> La omnipresencia de la "guerra contra las drogas" a través de una variedad de medios ha ayudado a que la aplicación de la ley se dé por sentada en la realidad social. Las representaciones mediáticas en Estados Unidos están saturadas con tales imágenes que aun cuando las audiencias no estén directamente familiarizadas con el tráfico de drogas y la ley pueden experimentar vívidamente escenarios de televisión, cine o música que llevan la "guerra contra las drogas" a sus horizontes imaginativos.[37]

La complacencia de la industria del entretenimiento con las instituciones estadounidenses que conducen la supuesta "guerra contra las drogas" se ha

---

[35] Véase la tercera parte de este libro.

[36] Véase la biografía oficial de Nancy Reagan en la página de la National Library of First Ladies en <http://www.firstladies.org/biographies/firstladies.aspx?biography=41>.

[37] Curtis Marez, *Drug Wars. The Political Economy of Narcotics*, Mineápolis, University of Minnesota Press, 2004, p. 3.

reproducido incesantemente desde entonces, sobre todo en las populares series de plataformas como Netflix, Amazon o HBO. Se divide en dos corrientes que pretenden una posición crítica, pero que en realidad profesan un apoyo funcional a la agenda intervencionista estadounidense, me indica la directora del museo. Por un lado están las narrativas de los *cínicos* de la DEA, la CIA y el Departamento de Estado, como los agentes Steve Murphy y Javier Peña en las primeras dos temporadas de *Narcos* (Carlo Bernard, Chris Brancato y Doug Miro, 2015) y los agentes de la CIA Wayne Addison e Isabel Alfaro en *El candidato* (Peter Blake, 2020). Y por otra parte están los *ingenuos* de buena voluntad en un mundo siniestro cuya maldad los rebasa, como el martirizado agente "Kiki" Camarena en *Narcos: México* (Carlo Bernard, Chris Brancato y Doug Miro, 2018) y los incomodados agentes de la DEA arrepentidos de confiar en sus superiores sin escrúpulos o en las corruptas autoridades mexicanas en *Somos* (Álvaro Curiel y Mariana Chenillo, 2021), la miniserie que dramatiza la masacre del poblado de Allende, en el estado de Coahuila, el 18 de marzo de 2011.

En el reverso del cine comercial se encuentra un fenómeno todavía más complejo y al mismo tiempo más superficial: el *videohome* del llamado "cine narco". Ryan Rashotte, especialista en este género, explica que se trata de un mercado alternativo de producciones de bajo presupuesto realizadas para consumo en casa y dominado por pequeñas empresas mexicanas y mexicoamericanas en extremo lucrativas que han producido un catálogo de miles de títulos desde la década de 1970. Las regiones más privilegiadas son Baja California, Sinaloa y Michoacán, con historias de acción saturadas de sangre y pasión, pero con una constante de ética personal que los personajes llevan hasta sus últimas consecuencias. Aquí es clave comprender, dice Rashotte, que este tipo de cine no tiene pretensiones de autenticidad. "Su *kitsch* parece por momentos absoluto al grado de que uno se pregunta si no será una afrenta deliberada contra las audiencias que promueven la autenticidad tratando de encontrar un sentido profundo más allá de los reflectores."[38]

La cuestión de la autenticidad debe entenderse de un modo distinto a los debates sobre las películas hechas supuestamente por "encargo" de los mismos

---

[38] Ryan Rashotte, *Narco Cinema: Sex, Drugs, and Banda Music in Mexico's B-Filmography*, Nueva York, Palgrave, 2015, p. 6.

traficantes y que terminan generando "apologías" del crimen organizado.[39] Más que una "glorificación" del submundo criminal, el "cine narco" de bajo presupuesto se apropia del discurso securitario performatizando su exterioridad, una superficie construida por palabras sin referentes, detrás de la cual sólo aparecen otras palabras repitiendo relatos similares. La narrativa de las "guerras entre cárteles" se reduce a su función más esencial: un imaginario de entretenimiento que circula en incontables variaciones para reiterar la imagen de un "narco" asesino que es igual a todos los demás y que mantiene un deseo entre el público para seguir consumiendo el mismo relato indefinidamente. Todo esto ocurre, como nota el periodista Federico Mastrogiovanni, en un contexto autoirónico que propone un juego de representaciones entre el mito, el estereotipo y la realidad ficcionalizada. Las fotografías de Cuttica sobre el "cine narco" toman "conscientemente ese lenguaje de la ficción, retomando a su vez del fotoperiodismo, y lo representa irónicamente, gracias a la presencia de elementos que ofrecen al observador herramientas para entender los múltiples espejismos y matrioskas".[40] (Véase la imagen 15 del cuadernillo central.) La lógica operativa de este cine proviene de una cadena de representaciones basada en otras representaciones porque el imaginario del "narco" es siempre una forma de representación sin original, una simulación.

El consumo *mainstream* de otros productos culturales ha ido todavía más lejos: en este número especial del cómic del Capitán América un ejército extraterrestre explota el consumo de drogas como arma de dominación en Estados Unidos. Un talentoso joven beisbolista descubre que su *dealer* es un alien con máscara de rostro humano. El traficante ya no es sólo un monstruo, sino que se convierte literalmente en una amenaza ajena a la civilización terrestre. Un cintillo en la portada indica que el cómic fue "producido en cooperación con el Buró Federal de Investigaciones (FBI)". Al interior de la portada enlista las oficinas del FBI por todo Estados Unidos que en esos años contaban con un "Coordinador para la Reducción de la Demanda de Droga". Se agrega además que el cómic fue también revisado por personal del National Institute on Drug Abuse del Departamento de Salud estadounidense.

---

[39] Ioan Grillo, "En México, la narcoficción se debate entre el entretenimiento y la apología", *The New York Times*, 28 de julio de 2016.

[40] Federico Mastrogiovanni, "Mexican B(order) movies en Tijuana: ironía como crítica a la hegemonía en las fotos de Fabio Cuttica", *Confluenze*, vol. XII, núm. 1, 2020, pp. 56-87, p. 76.

¿Qué hace aquí el traje extraño de un superhéroe con una bandera estadounidense por capa? Proviene de la serie de televisión *The Boys*. La trama nos recuerda una operación básica del discurso de seguridad: una compañía manufactura superhéroes bioquímicamente con el objetivo de reemplazar las más potentes armas del Ejército estadounidense. Cuando se revela que sus poderes son productos de laboratorio, el gobierno amenaza con detener la operación y procesar a los ejecutivos de la empresa por fraude y crímenes de lesa humanidad. Todo cambia cuando aparecen en el horizonte supervillanos. Homelander, el perverso Superman de probeta, admite haber creado a los supervillanos para poder seguir justificando la existencia del programa ante el gobierno: "Y ahora tenemos villanos por todo el planeta que sólo nosotros podemos combatir. En secuela tras secuela tras secuela".[41]

Número especial del cómic *Captain America*, producido en 1990 "en cooperación con el Buró Federal de Investigaciones (FBI, por sus siglas en inglés). En la trama, un joven jugador de beisbol es inducido a tomar drogas para tolerar la presión generada por las expectativas de su talento como pícher. De un puñetazo, se descubre que el vendedor de drogas es un extraterrestre enmascarado que forma parte de una flota invasora proveniente del espacio exterior que planea dominar a la humanidad por medio del consumo de narcóticos.

---

[41] *The Boys*, temporada 1, episodio 7, "The Self-Preservation Society", Amazon Prime, director Daniel Attias, guionistas Erick Kripke, Craig Rosenberg y Ellie Monahan, estrenado el 26 de julio de 2019.

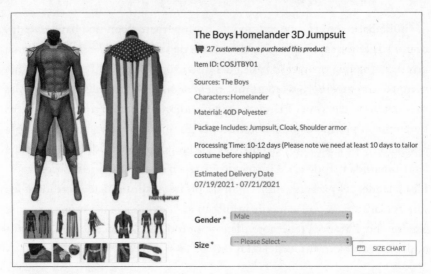

The Boys Homelander 3D Jumpsuit

🛒 *27 customers have purchased this product*

Item ID: COSJTBY01

Sources: The Boys

Characters: Homelander

Material: 40D Polyester

Package Includes: Jumpsuit, Cloak, Shoulder armor

Processing Time: 10-12 days (Please note we need at least 10 days to tailor costume before shipping)

Estimated Delivery Date
07/19/2021 - 07/21/2021

Gender * | Male

Size * | -- Please Select --   SIZE CHART

Disfraz de Homelander, el superhéroe creado en un laboratorio y uno de los personajes centrales de la satírica serie *The Boys* (Eric Kripke, 2019), disponible en la plataforma de Amazon Prime y basada en el cómic del mismo nombre creado por Gareth Ennis y Darick Robertson.

En la imaginación mexicana aguardan los enemigos a combatir en el sur global, territorio del "narco". "Con ellos tapizamos esta pared de portadas de 'narconovelas' que revelan en su conjunto la profunda mediación del securitarismo en la clase creadora de nuestro país", dice la directora. "Destacamos, entre ese mar de inscripciones de la hegemonía oficial, dos novelas que se leen, en cambio, como disrupciones en momentos distintos de la historia de los imaginarios sobre el 'narco': *Contrabando* de Víctor Hugo Rascón Banda y *Cuatro muertos por capítulo* de César López Cuadras". Las dos dramatizan los procesos de representación del narcotraficante en los distintos campos de producción cultural. En la primera novela un periodista intenta capturar la violenta realidad de un pueblo en la sierra de Chihuahua para escribir un guion de cine basado en los corridos de Antonio Aguilar. En la segunda una joven estadounidense escucha el relato del chofer de una familia de traficantes para escribir el guion sobre el "negocio" de la droga en Sinaloa. En ambas novelas hay un problema insalvable. En *Contrabando* Antonio Aguilar rechaza el guion que transforma el mito de la vida idílica de las rancherías serranas, "de amor puro", en una "venganza entre narcos", mientras la población es aterrorizada por policías federales y soldados que disfrazan crímenes de operativos antidrogas.[42] En *Cuatro muertos por capítulo* el contradictorio relato que alimenta la fantasía de la gringa que escribe el guion de su película de acción entra en una extraña crisis cuando aparece una *mise-en-abîme* inesperada: el jefe de la familia de narcotraficantes descubre que es el último en enterarse de que los medios de comunicación consideran a su organización como un "cártel". "Un cártel, dicen los periódicos. Eso voy a construir yo, un cártel."[43] ¿No es aquí este personaje un eco de Don Quijote, leyendo un relato (periodístico) dentro de otro relato (la novela de López Cuadras) al interior del relato mayor de la narconarrativa?

Se combina aquí deliberadamente múltiples objetos culturales con notas de prensa y documentos tomados de los archivos oficiales de gobiernos anteriores. Todos constituyen la misma historia de los "cárteles" en guerra. Está la conocida "lengua" de un joven asesinado en una trifulca callejera que la artista conceptual Teresa Margolles compró para poderla exhibir como ejemplo de la economía de violencia en México. Es cierto que la pieza puede interpretarse como "un ejercicio de necroescritura irónica" que denuncia la desigualdad sistémica del consumo cultural de los cuerpos desechables en el sur global.[44]

La pieza *Lengua* (2000), de la artista conceptual Teresa Margolles. Se trata de una lengua cercenada a un joven asesinado en una riña callejera, donada por sus familiares a cambio de un ataúd para el entierro.

---

[42] Víctor Hugo Rascón Banda, *Contrabando*, México, Mondadori, 2008, p. 210.

[43] César López Cuadras, *Cuatro muertos por capítulo*, México, Ediciones B, 2013, p. 179.

[44] Luis Gómez Romero, "Beyond the Corpse-Barbarian: The Radical (Mexican) Grammar of Death in the Works of Teresa Margolles and Sergio González Rodríguez", *Law and Literature*, 2021, pp. 1-27, p. 12.

Pero leer su obra de esa manera ya es parte de un privilegio conceptual que difícilmente puede incorporarse a un debate nacional y transnacional mediado por narrativas del "crimen organizado". Como admite Margolles, su obra posterior está condicionada por los significantes que narrativizan la violencia ("encobijados, fosas comunes, decapitados") en los medios de comunicación, esos "trovadores de los sucesos que nos cantan las pérdidas de los caídos en esta guerra".[45] ¿De qué otra cosa podría hablar el público al volver a ver la *Lengua*? ¿Del "narco" o de la "necroescritura" metonímicamente inscrita en el cuerpo cercenado de joven desposeído de agencia política?

"Nos pareció central aquí contextualizar con la poderosa crítica al lenguaje de la 'guerra contra el narco' que pacientemente integró el periodista Julián Cardona en su libro póstumo *Abecedario de Juárez*", dice la directora. Inmerso durante décadas en Ciudad Juárez, Cardona comprendió la relevancia de las palabras que construyeron nuestra percepción narrativa de la violencia, "palabras que llegaron a Juárez con el ejército": *punto* (vendedor de droga al menudeo), *montado* (encarcelado con pruebas inculpatorias fabricadas), *teipeado* (víctima con cinta adhesiva en los ojos), *sicareado* (víctima de un sicario).[46] La operación intelectual de Cardona es completamente distinta de la imaginación antropológica de Michel Taussig en su imaginario Museo de la Cocaína en Colombia: aquí no se encuentra la "naturaleza" omitida de los trágicos productores de droga, sino el lenguaje que las personas más vulnerables debieron aprender para describir la violenta política de gobierno que de pronto tomó sus calles, criminalizó sus pasos y los llamó enemigos.[47] El lenguaje que nombró su muerte.

El problema de fondo, como lo advirtió el académico y activista fronterizo Willivaldo Delgadillo, radica en la construcción de un vocabulario vertido en narrativas de violencia que produce a la vez toda una gama de objetos. El lenguaje define al objeto y no al revés. Es lo que ocurrió, por ejemplo, con estos productos de la popular colección de cosméticos Rodarte y MAC, cuya estética gótica y *dark* —utilizada en vestuarios diseñados para la película *Black*

---

[45] Teresa Margolles, *¿De qué otra cosa podríamos hablar?*, México, Editorial RM, 2009, p. 88.
[46] Julián Cardona y Alice Leora Briggs, *Abecedario de Juárez, An Illustrated Lexicon*, Austin, Texas, University of Texas Press, 2022.
[47] Michael Taussig, *My Cocaine Museum*, Chicago, The University of Chicago Press, 2004.

Sawn (Darren Aronofsky, 2010)— incorporó una oscura visión toponímica de Ciudad Juárez como limbo de violencia, explotación y precarización, donde esos lápices labiales se llaman "Ghost Town" o "Sleepless" y el barniz para uñas "Factory" o simplemente "Juárez". Reseñada en la revista *Vogue*, entre otros medios, la colección fue celebrada precisamente por los juegos de percepción de su imaginación securitaria. "Las reseñas describieron a Juárez como un territorio onírico y brumoso —advirtió Delgadillo— donde las obreras van a laborar a las fábricas durante las altas horas de la madrugada y señalaron que eso llevó a las diseñadoras a plantear una propuesta relacionada con el sonambulismo."[48]

Nota del sitio Colorlines sobre la línea de cosméticos de Rodarte y MAC, "inspirada" en la problemática del feminicidio de Ciudad Juárez, que terminó cancelada tras una polémica desatada en redes sociales y en numerosos medios de comunicación. Las empresas ofrecieron una disculpa pública por las alusiones directas a la violencia de género, con productos que incluso simulaban el color de la sangre.

No hay mayor expresión de la contundencia del discurso hegemónico que cuando es interiorizado por los propios traficantes y sus familias. En julio de 2019, mientras Joaquín Guzmán era sentenciado a cadena perpetua en Nueva York, su hija Alejandrina presentaba una línea de ropa y accesorios durante el certamen Intermoda en Guadalajara. De ahí proviene esta colección de gorras con la marca El Chapo 701, que era el sitio que la revista *Forbes* le asignó

---

[48] Willivaldo Delgadillo, *Fabular Juárez. Marcos de Guerra, memoria y los foros por venir*, Ciudad Juárez, Brown Buffalo Press, 2020, pp. 21-22.

entre los hombres más ricos del mundo.[49] La propia esposa de Guzmán intentó también crear una línea de ropa y accesorios con la marca El Chapo Guzmán, compitiendo directamente con la hija del traficante.[50] Aunque ambos proyectos fracasaron y la marca no pudo ser registrada, numerosos productos similares se encuentran en venta en sitios como Ebay y Amazon.

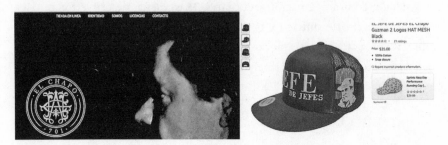

A la izquierda, tienda online de la línea de productos El Chapo 701 en la página <www.elchapoguzman.com> creada por Alejandrina Guzmán, hija del traficante. La tienda fue clausurada en 2019. A la derecha, una gorra de "El jefe de jefes" con la imagen de "El Chapo", de venta en Amazon por 25 dólares.

"Nos da particular orgullo la curaduría documental de esta siguiente sala", me indica la directora, mostrándome una alargada vitrina donde se exponen algunos de los papeles clave de la época de la llamada "guerra contra el narco". Vemos aquí la manera en que literalmente se escribían los discursos de la política de seguridad durante el gobierno de Calderón. Observo el proceso de construcción de cada intervención del presidente, siempre anteponiendo un "metapúblico", que con frecuencia era el lugar que ocupaba no la ciudadanía sino los medios de comunicación. Cada discurso se articulaba a partir de una "narrativa de seguridad" que repetía sistemáticamente justificaciones de la militarización como una estrategia de combate que no podía aplazarse. Me detengo en un párrafo de las palabras pronunciadas por Calderón el 19 de febrero de 2012, Día del Ejército y de la Fuerza Aérea:

---

[49] Mariana González, "Camisas, cinturones, carteras, pulseras y licoreras se pueden encontrar en 'El Chapo 701'", *SinEmbargo*, 17 de julio de 2019.

[50] Isabel Vincent, "El Chapo's wife and daughter launch competing fashion lines", *New York Post*, 6 de abril de 2019.

Estoy convencido de que un gobernante no puede quedarse cruzado de brazos ante el sufrimiento de la sociedad. Hay quienes sugieren que lo mejor hubiera sido no hacer nada y permitir que los delincuentes actuaran a sus anchas. Esas voces señalan que la violencia que se vive en algunas regiones del país es culpa del gobierno. Nada más alejado de la realidad. La violencia es causada por las bandas criminales; las muertes son provocadas por los delincuentes.[51]

Este y otros párrafos enteros fueron reutilizados en el discurso del presidente durante el Sexto Informe de Gobierno, el 3 de septiembre de 2012.[52] Se crea un efecto dialéctico de esa narrativa al contextualizarla con los documentos que vamos interponiendo sobre la cuidadosa reiteración de la militarización como un "imperativo categórico" para contener la violencia de los traficantes. Están, por ejemplo, estos cables diplomáticos que salieron de la embajada estadounidense en México y que fueron interceptados por Wikileaks.

La ahora siniestramente célebre expresión del entonces embajador Tony Garza —que pedía que México se "quitara los guantes"— marca otra "narrativa de seguridad" que tiene su propia genealogía ascendente con los subsecuentes embajadores estadounidenses en México, como Carlos Pascual (que irritó a Calderón al grado de pedir a Washington su reemplazo) o Christopher Landau, quien advertía cómo el presidente López Obrador se había vuelto a poner los guantes, pues había "adoptado básicamente una actitud de 'laissez faire' [dejar hacer] ante los cárteles, lo cual es obviamente problemático para nuestro gobierno [en EU]. Es un gran problema para México".[53] "Recuerda —me dice la directora— que Garza, Pascual y Landau representaban a los gobiernos de Bush, Obama y Trump, políticamente irreconciliables." Pero en México los mensajes de sus embajadas convergían en dos constantes:

---

[51] "Palabras del presidente Felipe Calderón Hinojosa durante la conmemoración del XCIX aniversario del Día del Ejército y XCVII aniversario del Día de la Fuerza Aérea", Temamatla, Estado de México, 19 de febrero de 2012. Documento extraído de la unidad dedicada a la redacción de discursos presidenciales sobre seguridad.

[52] Véase el texto del discurso íntegro del Sexto Informe de Gobierno del presidente Felipe Calderón en <https://archivo.eluniversal.com.mx/notas/868097.html>.

[53] "AMLO ha sido pasivo ante la actuación de los cárteles del narco: exembajador Landau", *Proceso*, 28 de abril de 2021.

ports (land, sea, and air).

-- The new administration should support the AFI Operations Center on Interdiction and Eradication.

-- DEA could usefully expand its methamphetamine programs (e.g., training for first responders and development of clandestine laboratory response teams).

--ATF has done much to address Mexican concerns about arms trafficking, but we need to move forward with ATF's Southwest

Border Strategy to increase cooperation with the PGR, expand Mexico's firearms tracing capabilities (E-Trace), enhance training, and improve post-seizure analysis and intelligence sharing.

Narcotics-Related Violence
----

9. (C) Mexico faces a crisis in narcotics-related violence. Nuevo Laredo is not unique. The level of violence all along the border is deeply alarming, as is the struggle among cartels in states such as Guerrero and Michoacan. We believe the GOM is acting in good faith, but it is trying to meet the threat using law enforcement tools that are hopelessly inadequate to the task.

10. (C) Engagement: We need Washington's help in impressing upon the new administration at the outset that it must recognize that it faces a crisis and act accordingly. It cannot win by sending detachments of federal police to the latest hot spot to set up checkpoints.

11. (C) Activities: There are many long-term institutional reforms that need to be made, and some are already in motion, particularly in the work that USAID is doing to support justice sector reform. These reforms at the state level need strong federal support, and federal reforms also need to be pushed vigorously. However, this problem will not wait.

-- The new administration should be encouraged to move quickly to propose an emergency regulatory or, if necessary, legislative package to give law enforcement the tools it needs, at least temporarily. Current rules for employing electronic surveillance, protecting witnesses, dismantling criminal organizations, extraditions, controlling cartel leaders in prison, etc. are too restrictive.

-- The U.S. of course can help with intelligence, training, expert advice, etc., but Mexico needs to act. Implicit in this (and perhaps not so implicit) is the signal that the new administration should not expect the USG to look the other way while border cities explode in violence. We want Mexico to take the gloves off in battling the cartels.

Fragmento del cable 3296, fechado el 15 de junio de 2006 y clasificado "confidencial" por el embajador Antonio Garza. En el último párrafo el embajador deja en claro el objetivo de Washington: "Queremos que México se quite los guantes para luchar contra los cárteles". Véase el sitio de Wikileaks <https://search.wikileaks.org/plusd/cables/06MEXICO3297_a.html>.

incentivar la guerra securocrática y promover la apertura energética. Lo demás eran matices coyunturales.

La detención en Los Ángeles del general Salvador Cienfuegos —secretario de la Defensa Nacional durante el gobierno de Peña Nieto— generó a finales de 2020 una disrupción entre ambos países que culminó con la exoneración del general en México y con una reforma en la Ley de Seguridad Nacional para regular los contactos de funcionarios mexicanos con agentes antinarcóticos y de inteligencia estadounidense.[54] Marcelo Ebrard, secretario de Relaciones Exteriores, escaló la tensión anunciando que el gobierno de López Obrador exigiría la revisión de la Iniciativa Mérida, considerando "muerto" el acuerdo original.[55] (Juan González, asesor de seguridad del presidente Joe Biden admitió que el gobierno tiene responsabilidad directa "en cuanto a la demanda de drogas y el tráfico de armas que llegan a las calles mexicanas y a manos de los cárteles de narcotráfico".)[56]

Posteriormente, el gobierno de México incluso interpuso una demanda en contra de 10 empresas fabricantes de armas en Estados Unidos que "están íntimamente vinculadas a la violencia que México vive hoy".[57] "De ningún modo buscamos contribuir a una defensa de la dudosa carrera del general, pero nos dimos cuenta de la importancia de preservar el expediente original integrado por la DEA con la desaseada —y francamente fantasiosa— investigación, que no sólo reproduce la vieja línea narrativa de *The Godfather*, reciclada de la década de 1980 cuando fue utilizada como el nombre de una investigación en contra del traficante Miguel Ángel Félix Gallardo, sino que

---

[54] Natalie Kitroeff, Alan Feuer y Óscar López, "México exonera al general Cienfuegos y afecta la maltrecha relación con Estados Unidos", *The New York Times*, 15 de enero de 2021.

[55] Mary Beth Sheridan y Kevin Sieff, "Mexico declares $3 billion U.S. security deal 'dead,' seeks revamp", *The Washington Post*, 29 de julio de 2021.

[56] J. Jesús Esquivel, "'Somos parte del problema': Juan González, asesor de Biden", *Proceso*, 12 de septiembre de 2021.

[57] La demanda se presentó en un tribunal federal de Massachusetts. Aunque no se anticipaba que tuviera éxito, varios expertos afirmaron que "esa acción podría brindar apoyo político al fortalecimiento de las regulaciones sobre armas en Estados Unidos, que se encuentran entre las más flexibles del hemisferio". Véase Natalie Kitroeff y Óscar López, "México demanda a empresas de armas en EE.UU.; las acusa de avivar la violencia", *The New York Times*, 4 de agosto de 2021.

adquiere un toque de dudosa alta tecnología con mensajes de un teléfono Blackberry supuestamente usado por Cienfuegos e interceptados por los agentes de la DEA", dice la directora.[58]

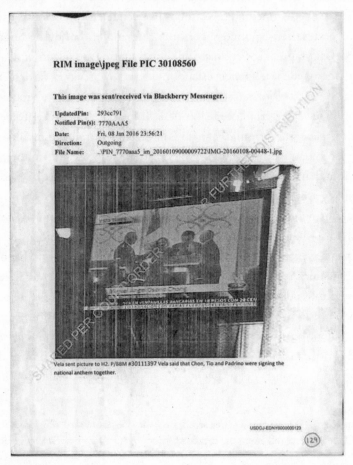

Hoja del expediente de la DEA en donde se acusa al general Salvador Cienfuegos de haber favorecido a la organización del traficante Juan Francisco Patrón, alias "el H2". Según la DEA, Cienfuegos fue identificado como "El Padrino" en esta fotografía enviada por miembros de la organización criminal. El expediente de la DEA se encuentra disponible en <https://www.gob.mx/cms/uploads/sre/informacion_recibida_por_la_sre_sobre_el_caso_del_general_retirado_salvador_cienfuegos_zepeda.pdf>.

---

[58] Juan Carlos Huerta, "Otra del 'Padrino': con Cienfuegos, el cártel del H2 creció y libró operativos", *El Financiero*, 20 de octubre de 2020.

Bajo el cristal que lo resguarda, el expediente tiene una apariencia vetusta, como sacado de un archivo olvidado, reciclando historias agotadas y carcomidas por el paso del tiempo.

En esta galería de imágenes podemos repasar a los personajes más recurrentes de las narrativas securitarias que antes solían incluir solamente las genealogías de narcotraficantes que poblaron tantas crónicas periodísticas dentro y fuera de México. Ahí están los presidentes gringos: Nixon (el creador de la primera versión de la "guerra contra las drogas"), Reagan (los "cárteles como amenaza a la 'seguridad nacional' de Estados Unidos"), Bush padre (la transición de la lucha contra el comunismo al combate al narcotráfico en Sudamérica), Clinton (el cierre y securitización de la frontera con México), Bush hijo y Obama (la militarización antidrogas en México junto con el saqueo energético). A la par de ellos están los mexicanos: Echeverría (la "Operación Cóndor", la primera campaña de exterminio binacional), López Portillo (la represora *pax priista* de criminalidad organizada por la DFS y las policías del país), De la Madrid (el desmantelamiento de la DFS, la policía política del régimen), Salinas de Gortari (la "narcotización" de la "seguridad nacional" y la creación del Cisen), Zedillo y Fox (el crecimiento desproporcionado de las Fuerzas Armadas), Calderón y Peña Nieto (la estrategia militarizada de exterminio), AMLO (la expansión de las Fuerzas Armadas y la política antiinmigrante). Los acompaña un retablo de funcionarios que protagonizaron episodios clave de la historia securitaria del país: Alejandro Gertz Manero (coordinador de la "Operación Cóndor" y fiscal general del gobierno de AMLO), Manuel Bartlett (la caída del sistema, el caso Camarena, la soberanía energética), Miguel Nazar Haro y José Antonio Zorrilla (los más notorios jefes de la DFS). Y no podía faltar el club selecto de policías utilizados para operar el estado de excepción mexicano hasta que fueron desechados por el mismo sistema: Florentino Ventura (que según la versión oficial mató a su esposa y a otra mujer antes de suicidarse),[59] Guillermo González Calderoni (asesinado en McAllen, Texas),[60] Genaro García Luna (detenido en Estados

---

[59] "Mexico's Interpol chief dead in suspicious 'suicide'", *Executive Intelligence Review*, vol. 15, núm. 39, 30 de septiembre de 1988, pp. 48-49.

[60] Juan Jesús Aznárez, "La caída del comandante", *El País*, 19 de febrero de 2003.

Unidos por nexos criminales)[61] y Luis Cárdenas Palomino (exdirector de Seguridad Regional de la Policía Federal y colaborador de García Luna, acusado de tortura).[62]

En esta sala se documenta la trágica vulnerabilidad de las verdaderas víctimas de la política antidrogas: los campesinos que se ven forzados a sembrar mariguana y amapola a falta de otras opciones de vida, los jóvenes morenos y pobres forzados al servicio de grupos paramilitares o de pandillas urbanas, sacrificados en "confrontaciones" desiguales con soldados y marinos entrenados en Estados Unidos, migrantes asesinados por policías también entrenados en Estados Unidos, con armas provenientes de Estados Unidos, objetos de una mirada y de una voluntad de muerte igualmente estadounidense. Son todos ellos sujetos redundantes y residuales en la era neoliberal que explota sus cuerpos en su breve vida y en su violenta muerte. Conforme Estados Unidos avanza hacia la gradual despenalización del consumo de sustancias ilegales, su agenda de "seguridad nacional" ha ido adaptándose con la inscripción de los otros enemigos constituidos por la guerra en las palabras: el *bad hombre* inmigrante y el "narcoterrorista" que supuestamente se "diversifica" traficando con frutas y verduras, combustibles robados y, desde luego, con seres humanos.[63]

"Aquí constatamos la zona más siniestra del discurso securitario: la industria extractiva que floreció en las regiones militarizadas del país", explica la directora. La batalla por los energéticos se disfraza de "guerra de cárteles"

---

[61] David Brooks, "García Luna, detenido en Dallas por corrupción y narcotráfico", *La Jornada*, 11 de diciembre de 2019.

[62] Juan Omar Fierro, "Detienen a Luis Cárdenas Palomino por imputaciones de tortura", *Proceso*, 5 de julio de 2021.

[63] "El crimen organizado se ha diversificado", según un reportaje de *Los Angeles Times*. Los "cárteles" ahora supuestamente protagonizan una "guerra sangrienta" por la industria del aguacate en Michoacán, el robo de gasolina en Guanajuato, el acceso a las minas de oro en Guerrero y las redes de extorsión de bares en la Ciudad de México. Un analista de seguridad dice que es "un mito que sólo se trata de drogas", aunque resulta todavía más mitológico que "pequeños grupos" de criminales extorsionen a las poderosas compañías mineras mexicanas y extranjeras que generan ganancias multimillonarias por todo el país y que han sido vinculadas con actos de violencia en contra de activistas comunitarios y ambientalistas que organizan movimientos de resistencia ante las prácticas de despojo de la industria extractiva. Véase Kate Linthicum, "Inside the bloody cartel war for Mexico's multibillion-dollar avocado industry", *Los Angeles Times*, 21 de noviembre de 2019.

en medio del proyecto de nacionalización del litio, o la lucha casi distópica por el control del agua en los desiertos del norte,[64] o el despojo territorial sufrido por los pueblos originarios de Oaxaca,[65] a quienes se les ha negado toda participación en el negocio transnacional de la energía eólica. El Museo de la Seguridad Nacional y el archivo de la DFS y el Cisen nos dan los elementos para entender, finalmente, que los "narcos" que poblaron el discurso oficial del siglo XX y principios del XXI fueron el resultado de una operación simbólica y militar, de una estrategia oficial para generar consenso ante la cada vez más pública y más generalizada expresión de la violencia biopolítica de nuestro permanente estado de excepción. Fueron todo eso, pero no los únicos enemigos inventados por la pulsión securocrática de los gobiernos neoliberales.

El mapa en el desierto

En esta última sala se proyecta un futuro improbable, pero no irrealizable, para transformar el discurso de guerra en una tecnología obsoleta de las políticas públicas. La guerra como una gubernamentalidad derrotada. Pero no basta suponer que se llega a ese punto simplemente despenalizando el tráfico y el consumo de todas las drogas, deteniendo el tráfico de armas y devolviendo al ejército a los cuarteles, sino desautorizando las narrativas securitarias en general. Ya hemos comprobado la rapidez con la que el "narco" puede ser reemplazado por ladrones de combustible, traficantes de humanos, extorsionadores de pequeños negocios, secuestradores exprés, hasta contrabandistas de aguacate. Suspendemos la imaginación concatenada de enemigos de la "seguridad nacional" porque ese dispositivo narrativo ha sido trastocado irreversiblemente. "Aunque México avanza hacia una nueva política de Estado sin securitarismo, ningún proceso de memoria cultural es homogéneo", admite la directora. "Este mismo espacio ha sido impugnado más de una vez. Pero si continuamos aquí es porque en efecto se está interrumpiendo la lógica de

---

[64] Jennifer González *et al.*, "Los explotadores del agua", Mexicanos contra la Corrupción y la Impunidad, 2019.
[65] Diana Manzo, "Energía limpia y contratos sucios. Así operan las eólicas en Oaxaca", *Connectas*, 2020.

guerra del discurso de 'seguridad nacional' con este espacio de memorialización que transforma en pasado terminado lo que alguna vez fue nuestro sangriento presente".

Estamos de regreso en el *lobby* del museo y advierto que la directora no me comentó nada sobre la enorme imagen de Borges que acompaña a Sherezade y Don Quijote. Notó la duda en mi rostro intrigado y me invitó a la reflexión final de la visita guiada. "Borges —me dijo observando el perfil del mítico escritor argentino y su tradición, colgando sobre nosotros como una cortina o un estandarte gigante— comprendió la relevancia de las narrativas que se vierten sobre sí mismas, que terminan por contar el relato de su propia historia, como ocurre en una de *Las mil y una noches* o con la novela de Cervantes en manos de Don Quijote, lector intrigado de sus propias aventuras." Entre esos espejos encontrados, "si los caracteres de una ficción pueden ser lectores o espectadores, nosotros, sus lectores o espectadores, podemos ser ficticios".[66] Pero hay que trasladar esa idea a un terreno mayor revisando la conocida viñeta borgeana "Del rigor de la ciencia", en la que imagina a un colegio de cartógrafos que construye el mapa de un reino tan preciso que cubre la totalidad exacta del reino. Cuando las siguientes generaciones se convencieron de la inutilidad del mapa, lo descartaron en el desierto, "donde perduran desplazadas ruinas del mapa, habitadas por animales y mendigos".[67]

Se propone un efecto similar con el Museo de la Seguridad Nacional, pero con la diferencia crucial que observó Jean Baudrillard: "El territorio ya no precede al mapa ni lo sobrevive. En adelante será el mapa el que preceda al territorio".[68] Me dice la directora: "Nosotros queremos recorrer el discurso securitario con tal precisión que se convierta en un mapa inútil cuando los visitantes descubran que *simula* una realidad sin referentes, pero íntimamente inscrita en nuestra percepción de la realidad." El museo es un mapa extendido que en su momento se confundió con un país, pero que en realidad nos muestra el desierto del discurso securitario que habíamos aceptado como lo

---

[66] Jorge Luis Borges, "Magias parciales del Quijote", *Otras Inquisiciones*, en *Obras completas. 1923-1972*, Buenos Aires, Emecé, 1974, p. 669.

[67] Jorge Luis Borges, "Del rigor de la ciencia", *El hacedor*, en *Obras* completas. *1923-1972*, Buenos Aires, Emecé, 1974, p. 847.

[68] Jean Baudrillard, *Simulacres et simulation*, París, Galilée, 1981, p. 10.

real. Al analizar las consecuencias simbólicas del ataque terrorista del 11 de septiembre Slavoj Žižek propone entender las imágenes mediatizadas de las torres del World Trade Center desplomándose como una forma de recorrer la distancia entre nuestra (simulada) realidad y la fantasía realizada (pero en una imagen televisada) del territorio estadounidense vulnerado por los aviones estrellados en las Torres Gemelas. Para ello recurre a lo que Jacques Lacan denominó "atravesar la fantasía": la confrontación con aquello que amenaza la estructura simbólica por medio de la cual percibimos lo que llamamos realidad. La fantasía establece los límites de nuestra realidad percibida, y de un modo paradójico estabiliza nuestro orden real percibido, pero al mismo tiempo lo amenaza como algo excesivo, algo que podría destruir esa "realidad": "Debemos entonces aceptar la paradoja de que, para realmente olvidar un evento, debemos tener la fuerza para recordarlo adecuadamente. Para dar cuenta de esta paradoja debemos tener en mente que lo opuesto de la existencia no es la inexistencia, sino la insistencia: aquello que no existe, continúa insistiendo, luchando por la existencia".[69]

Los cárteles no existen, pero insisten en existir. Al organizar un espacio para *atravesar la fantasía* de la "seguridad nacional" se nos revelan los límites de nuestra percepción de la realidad, los mecanismos y las carencias de esa simulación, el andamiaje del montaje que, como en el innecesario mapa de Borges, ahora podremos desechar siempre y cuando estemos dispuestos a recorrerlo una vez más.

Ya se pone el sol cuando salgo del museo. Me recibe la luz suave del Valle de México. El país sigue en apariencia siendo el mismo: los militares no han regresado a los cuarteles, los niveles de violencia tampoco han cedido, la disputa por los recursos del país no da tregua, los medios hablan de "narcos", "terroristas" y "maras" en una misma nota periodística. Pero mi perspectiva ha cambiado. Tal vez la directora del museo tenga razón, pienso mientras camino sobre el zacate fresco del Centro Cultural Los Pinos. Anticipo una suerte de claridad en la mirada de quienes recorran las salas del museo. Nombrar el origen, el desarrollo y los efectos del discurso de "seguridad nacional" en México, pero también su final como una época política cancelada, permitirá

---

[69] Slavoj Žižek, *Welcome to the Desert of the Real! Five Essays on September 11 and Related Dates*, Nueva York, Verso, 2002, p. 22.

a los visitantes construir un cerco epistémico, un *antes* y un *después*, para que aquello que por ahora constituye nuestra percepción de la realidad se convierta en un objeto inerte, delimitado por un tiempo y un espacio agotados, sin consecuencia en el presente: apenas un fantasma desvencijado, abandonado a las impiedades del desierto, ajeno a nuestro futuro.

Ciudad de México,
en un porvenir improbable, pero no imposible.

Nota editorial

Versiones anteriores de las últimas secciones de *La guerra en las palabras. Una historia intelectual del "narco" en México (1975-2020)*, aunque concebidas para el proyecto general del libro, fueron publicadas previamente como artículos independientes. Aquí las referencias de esas publicaciones, que fueron revisadas y ampliadas en la versión final del libro:

De la cuarta parte, capítulo 21, "Desposesión por militarización":

> "Desposesión por militarización en la era neoliberal: desplazamiento forzado, la 'guerra contra el narco' y los recursos naturales en México", *Fronteras de violencia en México y Estados Unidos*, Oswaldo Estrada (ed.), Valencia, Albatros, 2021, pp. 27-46.

De la cuarta parte, capítulo 22, "La Guardia Nacional y el migrante 'rescatado'":

> "La Guardia Nacional y la militarización de las fronteras", *Proceso*, 7 de Julio de 2019.
>
> "La guerra en las palabras. La Guardia Nacional y el lenguaje de la pacificación", *Proceso*, 16 de marzo de 2019.

De la cuarta parte, capítulo 23, "El juicio a 'El Chapo' y la renovación de la narrativa hegemónica":

"La narconarrativa después del 'juicio del siglo'", *Confluenze. Revista di Studi Ibe-roamericani*, vol. 12, núm. 1, 2020, pp. 5-28.

De la cuarta parte, capítulo 24, "La tentación de la guerra":

"La tentación de la guerra. Una lectura de la sobre la jornada violenta de Culia-cán", *Perro Crónico*, 5 de noviembre de 2019.

De la conclusión, "Visita guiada en el Museo de la Seguridad Nacional":

"Un museo y un archivo público para la DFS y el Cisen: una propuesta para el gobierno de AMLO", en *El cambio democrático en México. Retos y posibilidades de la Cuarta Transformación*, John M. Ackerman (ed.), México, Siglo XXI Edi-tores, 2019, pp. 744-767.

Agradecimientos

La guerra en las palabras. Una historia intelectual del "narco" en México (1975-2020) es el resultado de un proyecto crítico que abreva de mi doble experiencia como investigador académico y periodista. En este itinerario he tenido la suerte de contar con la generosa inteligencia y la amistad de colegas de ambos campos.

Agradezco primero a mis amigos y colegas de la City University of New York (CUNY) Lucas Marchante, Álvaro Baquero, Magdalena Perkowska, Fernando Degiovanni y José del Valle.

En el circuito académico mexicanista he contado con el imprescindible diálogo de mis compañeros de ruta Oswaldo Estrada, José Ramón Ruisánchez e Ignacio Sánchez Prado, con quienes he podido desarrollar una agenda de investigación múltiple y felizmente inmersa en un mutuo aprendizaje.

Indispensable ha sido también la colaboración y el intercambio de ideas y buenas luces con Willivaldo Delgadillo y Bernardo Jáuregui, dos extraordinarios colegas de mi *alma mater*, la Universidad de Texas en El Paso (UTEP), y coordinadores del notable Congreso de Literatura Mexicana Contemporánea, en donde he presentado primeras versiones de mis textos sobre narcotráfico y cultura.

Agradezco a mi amigo y colega John Ackerman por la oportunidad de presentar una primera versión de la conclusión del libro, la "Visita guiada en el Museo de la Seguridad Nacional", durante el congreso "La transformación histórica del régimen mexicano en un contexto global: los retos para el nuevo sexenio" del Programa Universitario de Estudios sobre Democracia,

Justicia y Sociedad (PUEDJS) de la Universidad Nacional Autónoma de México (UNAM) en 2018.

La primera versión de la sección "Desposesión por militarización" fue mejorada sustancialmente gracias a la enriquecedora discusión durante la V conferencia internacional South by Midwest de estudios culturales latinoamericanos, titulada ese año "Liquid Borders / Fronteras Líquidas" y organizada por mi brillante y admirada amiga y colega Mabel Moraña en la Universidad de Washington en Saint Louis en octubre de 2019. Esa primera versión e inglés fue incluida en el libro *Liquid Borders. Migration as Resistance*, Ed. Mabel Moraña, Nueva York, Routledge, 2021.

Otras versiones de mi trabajo fueron presentadas durante los congresos del grupo de académicos MexicanEast organizados en Boston University (2018) y la Universidad de Carolina del Norte en Chapel Hill (2019) por mis amigos y colegas Adela Pineda y Oswaldo Estrada, respectivamente. En ambos encuentros tuve la oportunidad de intercambiar ideas que mejoraron mi trabajo con los colegas Debbie Castillo, Ryan Long, Brian Price, Ana Sabau y Rafael Acosta. Destaco la insondable erudición y amistad de Pedro Ángel Palou, quien compartió numerosas referencias bibliográficas vitales para el marco conceptual de este libro.

Igualmente tuve la oportunidad de dialogar con colegas del circuito UC-Mexicanistas durante el congreso "Juan Bruce-Novoa" en la Universidad de California, Irvine, en 2018, y durante la Feria Internacional de la Lectura de Yucatán (Filey) de Mérida en 2019. Agradezco en particular a Viviane Mahieux, Jacobo Sefamí y la incomparable generosidad personal e intelectual de Sara Poot-Herrera.

En 2018 visité por primera vez la frontera entre Laredo y Nuevo Laredo para presentar parte de mi investigación invitado por el Laredo College, Texas A&M International y el periódico *El Mañana*. Agradezco la iniciativa de mi querida amiga y colega Irma Cantú y de la periodista Ninfa Cantú Deandar.

Durante la escritura del libro tuve la fortuna de contar con una estancia de investigación en el Advanced Research Collaborative del Graduate Center de CUNY en la primavera de 2019. Agradezco a mi colega Don Robotham las atenciones brindadas y las estimulantes discusiones de nuestras memorables sesiones de los jueves en el GC.

Mis alumnos doctorales dentro y fuera de CUNY han acompañado muchas de las reflexiones de este libro en conversaciones fascinantes y en extremo productivas. Agradezco a Sara Cordón, Zaida Godoy Navarro, Laura Pavón, Gus Jiménez, Luis Escamilla Frías, Armando Escobar, Luis Bernardo Quesada, Justo Planas, Roberto Elvira Mathez, Leticia Hernández, Marco Vizcarra, Vania Pigeonutt, Alejandro Soifer (¡y el hallazgo del Capitán América!) y Adrián Espinoza. Agradezco a los estudiantes organizadores del congreso XXXV Levy-Wasteneys Symposium "Beyond Borders: Unification and Division in Language and Literature de la Universidad de Toronto (2019) y de las Primeras Jornadas ReMCyC "Exilios, diásporas y redes en México, Centroamérica y el Caribe" en Santiago de Chile (2018), donde tuve el privilegio de dictar conferencias magistrales basadas en las investigaciones del presente libro.

Fueron cruciales los intensos debates con los colegas Luis Othoniel Rosa, Sayak Valencia, Jeffrey Lawrence y Laura Torres Rodríguez durante el congreso "Farmacotopías: literatura, droga y vida emergente" organizado en la New York University por el gran académico y amigo Julio Ramos, a quien tanto debemos generaciones enteras de latinoamericanistas en Estados Unidos.

Agradezco la amistad y generosidad de Sergio Rodríguez Blanco y Federico Mastrogiovanni, quienes me han permitido encontrar una segunda casa académica en el Departamento de Comunicación de la Universidad Iberoamericana, donde he podido desarrollar mucha de mi agenda de investigación en múltiples estancias en la Ciudad de México.

Debo un reconocimiento especial al trabajo pionero del sociólogo mexicano Luis Astorga, de quien he aprendido como lector y como visitante en sus seminarios en la Universidad Nacional Autónoma de México.

Las conversaciones con Juan Villoro, David Miklos, Héctor Toledano, Jorge Harmodio y Miguel Tapia han influido en el gozo escritural de este libro.

En el camino de las letras periodísticas agradezco a Los Extraditables: Guadalupe Correa Cabrera, Dawn Paley y Jorge Torres, disidentes adelantados en la desmitificación del "narco".

A lo largo de este proyecto tuve la suerte de dialogar sobre mi investigación con referentes clave del periodismo mexicano en sus respectivos programas de televisión: Ricardo Raphael, Jesús Escobar Tovar, Témoris Grecko y Julio Astillero.

En las mesas de debate, mucho debo al productivo análisis compartido por los periodistas y amigos Víctor Ronquillo y Ricardo Ravelo.

Las horas de aguda colaboración invertidas con Irmgard Emmelhainz, una de las más originales y sofisticadas intelectuales del México actual, me dieron enorme dicha y varios hallazgos del pensamiento potenciado en el horizonte de nuestra conversación siempre abierta.

Quiero agradecer por separado la generosidad intelectual y la lucidez crítica del periodista y amigo Arturo Rodríguez y el equipo de Notas sin Pauta, en particular a Arturo Santillán.

Este libro dialoga con la erudición documental de *La guerra y las palabras. Una historia intelectual de 1994* de Jorge Volpi, además de sus importantes colaboraciones periodísticas sobre violencia y seguridad en distintos medios de comunicación dentro y fuera de México.

En el National Archives and Records Administration de College Park, Maryland, tuve la suerte de contar con la ayuda experta de Thomas Mcanear, un intrépido explorador de los archivos oficiales.

Reconozco en especial la generosa ayuda del historiador Benjamin Smith, especialista en el tema y custodio de un impresionante acervo documental que informa aspectos clave de estas páginas.

En el Archivo General de la Nación en la Ciudad de México conté con la experiencia y la paciente diligencia de Diana Ávila, hábil rastreadora de tesoros documentales.

El profesionalismo y la amistad de Enrique Calderón, y la cuidadosa lectura de Eduardo Flores, mis editores en Penguin Random House, permitieron llevar este proyecto a buen puerto. Mi gratitud por el elegante diseño de la portada de Amalia Ángeles, que captura con elocuencia el proyecto del libro. Agradezco también la confianza y el entusiasmo de Ricardo Cayuela y Ariel Rosales, quienes apoyaron la conceptualización de este libro desde su inicio.

Cada minuto de una larga conversación virtual, diseminada en los meses de la pandemia desde la verdura de Tepoztlán hasta el bosque del Moyaone en Maryland, con mi amigo, el cineasta y comunicador Olallo Rubio, mejoró sustancialmente los argumentos de este libro.

A lo largo de este viaje me acompañaron las inolvidables horas de aprendizaje con Ignacio Alvarado, mi maestro y amigo desde mis años como reportero en *El Diario de Juárez*. Su trabajo periodístico es un referente central de este libro.

La mirada crítica del gran fotoperiodista Julián Cardona informó e inspiró mi proceso de investigación y escritura. Su inesperada muerte el 21 de septiembre de 2020 dejó un hondo vacío en la frontera y en quienes aprendimos de su singular pensamiento, original e irreemplazable. Su legado en miles de fotografías y textos son un archivo crucial para nuestro entendimiento del pasado, presente y futuro de la vida fronteriza que seguirá guiando el trabajo de investigadores académicos y periodísticos por igual.

Escribo porque existen Ximena, Mateo y Diana Zavala. Y Sarah Pollack, venturosamente a mi lado.

Índice onomástico

La guerra en las palabras de Oswaldo Zavala
se terminó de imprimir en marzo de 2022
en los talleres de
Litográfica Ingramex, S.A. de C.V.
Centeno 162-1, Col. Granjas Esmeralda, C.P. 09810
Ciudad de México.